MANESSE BIBLIOTHEK DER WELTLITERATUR

RICARDA HUCH

BRIEFE AN DIE FREUNDE

Herausgegeben und eingeführt
von Marie Baum
Neubearbeitung und Nachwort
von Jens Jessen

MANESSE VERLAG
ZÜRICH

CIP-Kurztitelaufnahme der Deutschen Bibliothek

Huch, Ricarda:
Briefe an die Freunde / Ricarda Huch
Hrsg. u. eingeführt von Marie Baum
Neubearb. u. Nachw. von Jens Jessen
Zürich: Manesse Verlag, 1986
(Manesse Bibliothek der Weltliteratur)
ISBN 3-7175-1710-4 Gewebe
ISBN 3-7175-1711-2 Ldr.

NE: Jessen, Jens [Bearb.]; Huch, Ricarda: [Sammlung]

BRIEFE AN DIE FREUNDE

AUS DEM VORWORT DER HERAUSGEBERIN ZUR ERSTEN AUFLAGE

Die hier vorliegende Sammlung setzt mit dem Jahre 1911 ein, da Ricardas Leben allmählich in ruhigere Bahnen einmündete, und erstreckt sich bis zu ihrem Tode. Viel wertvolles Material fehlt, da ganze Briefreihen von den Empfängern vernichtet wurden oder in den unruhigen Zeitläuften verlorengingen. Dieses Schicksal traf im besonderen die Briefe, die an die im Jahr 1903 verstorbene Großmutter, Emilie Hähn, gerichtet waren, ferner die Briefe an zwei Jugendfreundinnen, Hedwig Bleuler-Waser und Luise von Kehler, und an die Freunde der späteren Jahre Heinrich Wölfflin und Fanny Hoppe-Moser. Das sind unersetzliche Verluste; aber es ist genug geblieben, um neuen Einblick in das so bewundernswert geführte und gemeisterte Leben Ricarda Huchs zu gewähren.

Die Briefe sind chronologisch geordnet und nach bedeutenderen Lebensabschnitten aufgeteilt.

Allen, die mir mit der Hergabe von Briefen behilflich gewesen sind, sei hiermit nochmals der wärmste Dank ausgesprochen.

Heidelberg, im April 1955

Marie Baum

BIS ZUM AUSBRUCH DES ERSTEN WELTKRIEGS

(1911–1914)

Es lagen schwere Kämpfe und bittere Gefühle hinter ihr, als Ricarda im Jahre 1911 München zum Wohnsitz wählte. Zu dieser Stadt, Schauplatz der nächsten fünfzehn Jahre ihres Lebens, hatte sie eine zwiespältige Beziehung, wie aus den vielfach sich widersprechenden Urteilen in ihren Briefen hervorgeht. Und doch war, wohl ihr selbst unbewußt, nach dem Zusammenbruch ihrer zweiten Ehe (mit dem Vetter Richard Huch) ein Zug hierher in ihr gewesen, wo die Erinnerung an glückliche Jahre webte und vergangene Zeiten sich in neuer Form wiederbeleben sollten. Sehr bald – im Herbst 1911 – schreibt sie mir, sie lebe wieder in der gleichsam «kindlichen Atmosphäre, wie früher mit Manno [Dr. Ermanno Ceconi, ihrem ersten Ehemann] und Busi [der Tochter Marietta aus dieser Ehe], die mir vielleicht die zusagendste ist... Das Gefühl, mit Busi so unzertrennlich verbunden zu sein, ist mir immer gegenwärtig, und dabei das Gefühl, daß dies das Richtige ist und das Gute». Bis zum Ausbruch des ersten Weltkrieges, der Dr. Ceconi wieder nach seiner Heimat Italien zurückführte, verbrachte die Tochter, die an beiden Eltern leidenschaftlich hing, den Sommer im Hause des Vaters, den Winter bei der Mutter. Diese zeitweiligen Trennungen, die Ricarda nur durch regelmäßige Besuche des Kindes erträglich wurden, trafen sie jedesmal schwer. Erst während des Krieges fiel diese Last von ihr ab, und im Jahre 1919 stellte sich nach einem Wiedersehen in der Schweiz auch ein warmes freundschaftliches Verhältnis zwischen den früheren Gatten wieder her.

An die Vergangenheit knüpfte nun der Verkehr, als Ricarda München erneut zum Wohnsitz wählte, sogleich wieder an. Während der Jahre 1900 bis 1906 waren im Hause Ceconi die Studienfreundin und Zoologin Dr. Marianne Plehn, der Verleger Ernst Reinhardt und der Augenarzt Fritz Salzer fast täglich, wie in der eigenen Familie, aus und ein gegangen. Reinhardt wurde wegen nie versagender Treue im täglichen Leben und seiner sarkastischen Betrachtungsweise, Salzer als «Meister des Gelegenheitsgedichts» und steter Beleber der Geselligkeit hochgehalten, Marianne Plehn durchwärmte die Stunden mit der ihr eigenen Mischung von Güte und Strenge. Alle liebten das Kind, und ihre Freundschaft zu Manno, der als Italiener zunächst fremd in die deutsche Welt trat, beglückte Ricarda. Von dem Leben jener ersten Münchner Jahre hat Fritz Salzer in der zu Ricardas siebzigstem Geburtstag von ihren Freunden herausgegebenen Festschrift, *Ricarda Huch. Persönlichkeit und Werk,* eine humorvolle, anschauliche Schilderung gegeben. Er beschrieb die erste Begegnung mit Dr. Ceconi; sie waren zu dritt – Reinhardt, Salzer und Manno – in ein Café gegangen, «wo er zum ersten Male eines seiner nachmals in unserem Kreise berühmten Feuerwerke von Geist, Witz, tiefen sozialem Empfinden und philosophischen Einsichten in etwas gebrochenem Deutsch» losgelassen hatte. «Wir nannten das später einen ‹kosmischen Anfall› und begriffen sehr bald, was seine Frau meinte, wenn sie sagte, er habe sie dadurch so gefesselt, daß er Engel und Teufel in einer Person sein könnte.» Auch der Humor kam bei ihm «aus Tiefen seiner Natur, die niemand, der ihn nicht ganz genau kannte, hinter seiner so oft zur Schau getragenen heiteren Maske vermutet hätte». Und Humor, diesen «Götterfunken», erwartete Ricarda von jedem, mit dem sie in engere gesellige Beziehung trat. Es war die Humorlosigkeit mancher damals führender geistiger Kreise, die sie verhinderte, sich ihnen zu nähern.

München war vor dem Ersten Weltkriege Mittel- und Treffpunkt einer Gruppe von Malerinnen, die früher in dem seinerzeit berühmten Atelier Herterich studiert hatten und sich immer wieder zu der schönen Stadt hingezogen fühlten. Auch Käthe Kollwitz hatte zu ihnen gehört, doch war sie zu jener Zeit schon ganz an Berlin gebunden. Ricarda standen nahe Rose Plehn, Mimi von Geyso, Luise von Kehler, Sophie von Schewe, eigenartige, begabte Frauen. Rose Plehn, die Schwester der Zoologin, lebte mit Mimi von Geyso auf dem ererbten Plehnschen Gute Lubochin in Westpreußen, wo sie, bewußt gegen den Geist der Zeit kämpfend, eine alte Kultur aufrechterhielt, wo jedes Tier, jeder Baum gehegt und gepflegt wurde, wo die Elektrizität, auch als sie vom Gutsbetriebe nicht mehr fernzuhalten war, in das Wohnhaus nicht eindringen durfte, wo Musik erklang und Bilder entstanden, wo sich im Sommer eine ungewöhnliche Geselligkeit entfaltete. Unter den Gästen fanden sich neben Luise von Kehler, die dort Heimatrecht hatte, sehr häufig Lisbeth und Friedrich Huch, ferner Ludwig Klages, die Herausgeberin, die früh verstorbene Marianne Fiedler, Konrad Fiedlers Tochter und erste Frau von Johannes Müller-Elmau. Rose Plehn stand in München dem Stefan-George-Kreis nahe. Sie ist im Jahre 1945 auf ihrem Gute ermordet worden. Von Geyso ist ein Jugendbildnis Ricardas erhalten, wie alles, was sie schuf, von eigentümlichem Reiz. Ricarda liebte besonders Luise von Kehler, die mit feinstem psychologischem Verständnis Portraits malte, von denen noch manche erhalten und geschätzt sein mögen. Eine originelle Persönlichkeit war die Baronin Schewe, sie stand dem Dichter Björnson und seiner Tochter nahe. Mit ihr drang ein Stück Bohème in Ricardas arbeitsame und geordnete Welt.

Das Theater war durch die Hofschauspielerin Lisa Hohorst vertreten, die Jahre hindurch bei Ricarda wohnte. Sie war Deutsch-Russin und erwies sich als feinsinnige Übersetzerin russischer Lyrik. Eine kleine Schauspielschule leitete Lisbeth Huch, die wie ihr Bruder, der Schriftsteller Friedrich Huch, ihren Wohnsitz in München aufgeschlagen hatte. Andere Verwandte kamen zuweilen als gerne empfangene Gäste und ebenso alte Freunde aus der Studienzeit. Hedwig Waser, die

Literarhistorikerin und nächste Kameradin der ersten Züricher Jahre, hatte den Psychiater Professor Dr. Bleuler geheiratet und ging seitdem ganz in der neu entstehenden psychotherapeutischen Forschung ihres Gatten und seines damaligen Mitarbeiters C. G. Jung auf. Arbeit und Familienleben wußte sie aufs geschickteste zu vereinen. Ricarda ist immer in Fühlung mit ihr geblieben. Das Gedicht *Einer Freundin zum sechzigsten Geburtstag: Du pflückst nun Trauben, denn es ist Oktober, der Herbst ist reich* ... ist an sie gerichtet.

Mit Fanny Hoppe-Moser war Ricarda in der Züricher Zeit wenig, später aber in Berlin häufig zusammengetroffen und hatte sie auch auf dem Gut ihrer Familie in Böhmen besucht. Nach dem Tode ihres Mannes lebte sie in München. Sie war von der exakten Naturwissenschaft ausgegangen und durfte einer Universitätslaufbahn entgegensehen. Da wurde sie durch okkulte Erfahrungen unwiderstehlich dazu getrieben, den parapsychologischen Phänomenen, wie man sie heute nennt, nachzuforschen. Ein großes zweibändiges Werk über Okkultismus und ein späteres über Spukhäuser waren die Frucht dieser Arbeit, die bei den Parapsychologen Anerkennung gefunden haben.

So war der engere Kreis beschaffen, in dem Ricarda sich bewegte. Er erweiterte sich durch zahlreiche Beziehungen, wie etwa denen zur Frauenbewegung, die in Bayern von der früh verstorbenen, feinen und klugen Ika Freudenberg geleitet wurde; zu dem Schriftsteller Gerhard Ouckama

Knoop und seiner Frau; zu Clara Rilke-Westhoff, der Bildhauerin, die sich auch an einer Büste von Ricarda versuchte. Gerhard Ouckama Knoop lebte bis 1910 in Moskau als Leiter einer chemischen Fabrik und siedelte von dort nach München über. Er trat bald in Beziehung zu Ricarda. Deren Freundschaft zu seiner Gattin vertiefte sich nach dem Tode Ouckama Knoops und beider jüngeren Tochter Wera, der Rilke in seinen Sonetten an Orpheus ein Denkmal gesetzt hat.

Ein bunter Reigen, dieser Freundeskreis, wie er in seiner eigenartigen Zusammensetzung kaum anderswo als in dem München jener Zeit gefunden werden konnte. Die Liebe, die Ricarda aus ihm entgegenstrahlte, hat mit dazu beigetragen, daß sie die Bitterkeit der jüngst vergangenen Zeit schneller überwand, als man hätte hoffen und erwarten können.

Das eigentliche Fundament ihres Lebens war und blieb aber ihr Werk. In diesem Abschnitt sind die drei Bände *Der große Krieg in Deutschland* und der Roman *Der Fall Deruga* entstanden. Seit 1903 vertraute sie ihre Bücher dem Insel-Verlag an, mit dessen Leiter, Professor Anton Kippenberg, sie bis zu ihrem Tode in freundschaftlicher Verbindung stand. Den Anforderungen der Arbeit, des häuslichen Lebens, des freundschaftlichen Verkehrs und der Teilnahme an den Schicksalen der Menschen immer gewachsen zu sein, erforderte viel Kraft. Ricarda war von zarter Konstitution, und ein quälendes Leiden, das zu steter Rücksicht auf ihre Ernährung zwang, drückte sie oft nieder. In dieser wie in jeder andern Epoche ihres Lebens jedoch hat sie allen Hemmnissen zum Trotz in bewundernswerter Konzentration ihre dichterische Berufung erfüllt.

An Marie Baum (München, 2. Februar 1911)

... Wenn man so lange zusammenlebte [Ricarda hatte nach der Auflösung ihrer zweiten Ehe mit Richard Huch, ihrem Vetter und früheren Ehemann ihrer Schwester Lilly, einige Monate bei der Freundin in Düsseldorf zugebracht], möchte man sich zuerst alles erzählen. Natürlich geht es ja gar nicht, aber ein bißchen versuche ich es doch. Erst hab noch tausend Dank für alles Liebe, was Du mir getan hast, ... zu Weihnachten ... und dann die Reise. An dem letzten Tage in Paderborn hatte ich ordentliches Fieber inwendig – und es hätte doch so schön sein können. Es war mir so, als ob mich überall eine eisige feindselige Luft anfaßte, sowie ich aus meiner Zuflucht bei Dir herausträte ... Das quälende Gemisch von Empfindungen, unter denen ich leide, können sich die Menschen natürlich nicht vorstellen; übrigens kann man das wohl auch nicht, wenn man es nicht erfahren hat ...

Ich freute mich so unbeschreiblich auf Busi, – dann kam die Nacht in der verunglückten Pension dazwischen, wo ich wieder nicht schlief und wo die Kälte mir den letzten Rest meiner Kräfte aussog. Ich glaube, ich brauche noch eine ganze Weile, bis ich mich wieder erholt habe ... Natürlich friert mich fortwährend ein bißchen, es ist draußen bedeutend kälter als in Düsseldorf und in den Häusern auch...

Mit dem Arbeiten wird es wohl noch ein paar Tage dauern, erst muß ich ordentlich installiert sein. Busi wird in der Regel Montag, Freitag und Samstag mittag und nachmittag bei mir sein. In der Sylvesternacht schliefen wir dicht nebeneinander beim Weihnachtsbaum, das war schön...

An Marie Baum (München, 3. Juni 1911)

...Der Aufenthalt in einer Pension ist lähmend für mich; könnte ich nur von hier fort, wäre es vielleicht gleich besser. Gestern waren nun Wolfskehls hier, die ich gebeten hatte, um mit ihnen über Darmstadt zu sprechen. Die Auskunft war sehr deprimierend. Erstens wäre das Klima fast so schlimm wie in Heidelberg, für mich wahrscheinlich unerträglich. Dann wäre die Atmosphäre der Stadt von einer unbeschreiblich drückenden Enge... Wolfskehl meinte, für mich käme, wenn ich durchaus nicht hierbleiben wollte, doch am ehesten eine Universitätsstadt in Betracht, zum Beispiel Freiburg. Für mich möchte das ja auch wohl gehen, ich finde schließlich überall ein paar Menschen, aber Busi! Ihretwegen habe ich ja hauptsächlich an Darmstadt gedacht, nämlich wegen der Friedländer'schen Kinder. Ich werde mir jetzt von Martha noch Auskunft erbitten, welchen Eindruck sie hat; aber mit dem Klima ist es auf alle Fälle sehr bedenklich ... Wären Friedländers in Freiburg, würde ich nicht einen Augenblick in Zweifel sein. Schwaben liebe ich so sehr, aber ich bin ganz ohne Verbindung dazu ...

An Marie Baum (München, 27. Juni 1911)

... Du kannst mir vielleicht in einer wichtigen Sache Auskunft geben. Ich bin im Ehrenvorstande der neuen Frauenhochschule in Leipzig. Als ich mit Busi in Maderno war, bekam ich von der alten Frau Goldschmidt [Henriette G., Begründerin der Hochschule] einen Brief, in dem sie sich in rührender Weise bedankte, daß ich mich dazu bereit erklärt hatte. Ich war damals und nachher immer in diesen entsetzlichen Aufregungen, von denen Du ja weißt, und verschob die Antwort. Vor etwa acht Tagen dachte ich, daß ich nun endlich einmal schreiben müßte, und da fiel mir plötzlich ein, daß es vielleicht eine Rettung für mich wäre, wenn ich an der Hochschule eine Stellung bekäme. Du bist wahrscheinlich zuerst ganz fassungslos über diese Idee, besonders, da Du ja weißt, wie schrecklich es mir ist, Vorträge zu halten. Nun stelle Dir aber meine Lage vor – da hat es entschieden manches für sich. Sich aufs Geratewohl irgendwo niederzulassen, ist sehr schwer. Eine bestimmte Tätigkeit bringt mich von vornherein in einen bestimmten Kreis von Menschen. Ich muß, um den Ansprüchen zu genügen, meine Kraft zusammennehmen, kann mich also nicht mehr den vergiftenden Gedanken und Vorstellungen hingeben, denen sonst so schwer zu widerstehen ist. Was mich so besonders quält, ist immer Busis Existenz in der trüben Atmosphäre einer verlassenen Frau. Sowie ich einen Beruf habe, ist das anders, es ist Bewegung und Leben da, die Selbstüberwindung und Beherrschung, die ich brauche, um vergnügt zu sein usw., wird mir viel leichter gemacht durch den äußeren Zwang. Dann vor allen Dingen hätte ich gern irgendeine bestimmte Einnahme. Du hast keine Vorstellung, wie erschöpfend für die Nerven es ist, von der Hand in den Mund zu leben. Ich kann sagen, daß kaum eine Stunde vergeht, wo ich mich nicht im Unterbewußtsein mit der Frage beschäftige, ob ich wohl Geld einnehmen werde, wieviel ich wohl dafür bekommen werde usw. Nach meinen bisherigen Erfahrungen ist es so gut wie unmöglich für mich, von meinen Büchern zu leben, und dabei brauche ich immer mehr Geld für meinen Körper. Dies wären also die Erwägungen, die mich leiteten. Ich bekam unmittelbar eine Antwort von Frau Goldschmidt, voll Entzücken, ganz beseligt von der Aussicht; es wäre zwar schon alles besetzt (was ich mir ja hätte denken können), aber für mich könnte immer noch das eine oder andere Kolleg eingeschoben werden. Ich möchte aber jetzt meine materiellen Ansprüche schreiben, weil davon abhinge, ob es sich machen ließe.

Nach reiflicher Überlegung schrieb ich, ich müßte auf eine Einnahme von 2000 Mark jährlich mindestens sicher rechnen können. Eben bekomme ich nun schon eine Antwort, sie machen mir folgenden Vorschlag: Ich bekomme für dies Wintersemester 1000 Mark und habe dafür die Verpflichtung, ein Kolleg von ein oder zwei Stunden zu lesen. Dann könnten wir uns gegenseitig genau kennenlernen, das heißt die Hochschule und ich.

Nun liegt die Sache so: Das ist an sich ganz vernünftig und richtig. Aber ich habe das dringende und, ich glaube, richtige Bedürfnis, mit dem Herumreisen und Pensionsleben aufzuhören. Ich will überhaupt durchaus jetzt Busi zu mir nehmen. Ich glaube also, daß ein *Versuch* für mich sehr viel gegen sich hat. Ich dachte also, ihr zu antworten, ob sie mir wenigstens sagen könnte, sie *glaube,* daß etwas Festes unter den genannten Bedingungen daraus werden könnte.

Nun wollte ich vorher Dich fragen, ob Du vielleicht von der ganzen Sache unterrichtet bist, so daß Du selbst eine Meinung davon hast. Es wäre ja möglich, daß ein Gelingen der Schule überhaupt unwahrscheinlich ist, daß sie unpraktisch organisiert ist oder so. Kurz, schreibe mir bitte sofort, ob etwa wesentliche Gründe vorhanden sind, daß Du mir abrätst.

Marianne [Plehn] war beglückt über die Sache. Ich mußte wirklich über sie lachen, sie spricht so, als ob ich beinahe beneidenswert wäre, daß ich nach Leipzig gehen kann, und wollte mir zureden, es auch ohne eine finanzielle Sicherheit zu tun. Ich habe es ja auch deshalb eingeleitet, weil ich dachte, eine berufliche Stellung wäre unter den Umständen gut für mich. Ich würde ziemlich sicher in Leipzig schnell einen Kreis mit gemeinsamen Interessen finden – natürlich würde ich überall Bekannte finden können, hier aber ergäbe es sich von selbst, würde mir durch die Verhältnisse gewissermaßen aufgezwungen, und dies wäre eben das Nützliche für mich. Ich glaube, ich könnte ein belebtes, fröhliches Haus haben – an jungen Mädchen würde es ja nicht fehlen – das möchte ich eben für Busi so gerne.

Ach, daß man immer alles *schreiben* muß! Hätte ich doch daran gedacht, als ich Dich treffen konnte, aber damals ahnte ich noch nichts davon; es war ein ganz plötzlicher Einfall. Bitte schreibe mir sofort, ich möchte die Sache schnell erledigen und Frau Goldschmidt antworten...

An Marie Baum (München, 3. Juli 1911)

...Ich würde natürlich in jedem Zustand einen Vortrag zum Beispiel halten, aber wie reibt man sich bei solchen Selbstüberwindungen auf, wenn man ohnehin nicht sehr viel Kraft mehr hat. Es wechselt in mir der Drang, durch Betätigung mich wenigstens äußerlich herauszureißen, gewissermaßen im Stehen zu sterben, das Ideal aller Soldatenhelden, und dann das Bedürfnis nach Ruhe und kleinen stillen Verhältnissen in der Dämmerung. Dann sehne ich mich nach einer kleinen süddeutschen Stadt, zum Beispiel nach Tübingen, und als ich heute morgen eine schwärmerische Karte von ein paar Tübinger Studenten bekam, dachte ich, das wäre ein Fingerzeig, und ich sollte meiner Sehnsucht nach dem lieben Schwaben folgen. Wenn ich denke, daß ich in Leipzig durch die Vorträge immer beschäftigt und aufgeregt bin und Busi dann, schon unzufrieden, nicht einmal mich hat, dann wird mir ganz angst. Ich sage damit nicht, daß ich es ganz aufgegeben hätte, aber das, was ich dabei wage, türmt sich vor mir auf... An dem Orte, wo ich mich jetzt niederlasse, muß ich bleiben. Und es ist ja eigentlich unmöglich, mit einiger Sicherheit das Richtige zu treffen. [Die Verhandlungen wurden abgebrochen, weil Ricarda im Grunde auf die Freiheit schöpferischer Arbeit nicht verzichten konnte.]

Jetzt könnte ich mir etwas ansehen, wenn ich nicht durch die Kur gebunden wäre, die doch auch notwendig ist. Der Doktor meint, die Nerven könnten durch diese Kur wieder zu einer selbständigen Tätigkeit gebracht werden; ich habe nur immer die Sorge, daß vor allen Dingen doch die Aufregungen einmal aufhören müssen, und das wird ja unmöglich sein. Es heißt immer: Ja, Ruhe, Ruhe ist die Hauptsache; wie soll ich mir denn Ruhe verschaffen?...

An Anton Kippenberg (München, 14. Januar 1912)

Sehr geehrter Herr Doktor, ich habe Ihnen noch nicht für die zweite köstliche Sendung gedankt! Sehr habe ich mich über die Denkwürdigkeiten der dänischen Prinzessin *[Gräfin Leonora Christina Ulfeld: Leidensgedächtnis (1663–1685), neu herausgegeben im Insel-Verlag 1911]* gefreut, weil es in die Zeit fällt, mit der ich mich in den letzten Jahren besonders beschäftigt habe. Ich halte das für eine sehr dankenswerte Publikation. Sonst habe ich noch nichts gelesen – so geht es den elenden Selbstschreibern. Aber man freut sich auch am bloßen Besitz.

Heute war der junge Kassner hier und erzählte mit großer Liebe von einem verstorbenen Bruder von Ihnen. Ihren Autor Knoop [Gerhard Ouckama Knoop] sehe ich auch zuweilen – schade, daß der liebe feine Mensch krank ist...

An Marie Baum (München, 19. Februar 1912)

... Wenigstens ein sogenanntes Lebenszeichen muß doch mal wieder von mir kommen. Ich arbeite so rasend, daß das außerarbeitliche Schreiben kaum noch geht. Ich bin mir aber bewußt, daß das eine schöne Zeit ist – daß ich mir die so notwendige Arbeitszeit immer erkämpfen muß, bin ich ja gewöhnt, und vielleicht hat es sogar seinen Reiz. Meistens ist es so, daß ich von 8 oder 9 Uhr – je nachdem Busi zur Schule geht – bis 11 oder 12 arbeiten kann, an meinem geräumigen Schreibtisch in der Sonne, die hier so viel scheint. Jetzt stehen allerdings wieder Störungen bevor – meine Kati erweist sich immer mehr als gar nicht gesund, jetzt hat sie, d. h. schon lange, einen Kieferhöhlenkatarrh und wird Mittwoch operiert. Das arme Geschöpf tut mir schrecklich leid, besonders da sie auch Herzstörungen hat und gewiß nicht betäubt werden kann. Heute will ich zu dem Arzt und mich erkundigen, wie es nachher wird; natürlich muß sie sehr geschont werden, kann vielleicht eine Weile gar nicht arbeiten. Daß diese armen Mädchen so selten gesund sind, finde ich immer besonders schrecklich... Ich sagte Kati, Du kämest vielleicht im Winter, aber ich glaube kaum, daß sie dann noch da ist, denn ich *muß* ja ein Mädchen haben, dem ich viel Arbeit zumuten kann. Daß Du kommst, ist mir auch noch nichts Wirkliches, Du weißt ja, auf so lange im voraus kann ich nicht denken...

Die Empfindungen des Herzens betreffend, kann ich aber immer noch zufrieden sein; das habe ich, glaube ich, dauernd überwunden, und das war doch das Schwerste. Ich habe zuweilen in diesem Winter das Gefühl gehabt, das sei der glücklichste Winter meines Lebens. Beinahe zum Lachen, nicht wahr? Vielleicht kam es aus der Stimmung, in einem furchtbaren Kampf Sieger geblieben zu sein, und von dem Gefühl, jetzt auf einem gesunden, natürlichen Boden zu stehen.

Nun ist der schöne Winter vorbei, und es stehen lauter Veränderungen bevor, die ja der Glückliche fürchtet. Von April an habe ich kein Recht mehr auf Busi (bis nächsten Herbst) ... und dann werde ich wohl auch die Kati gehen lassen müssen, die jetzt gerade so schön eingewöhnt war ... Kurz, die Bäume dürfen nicht in den Himmel wachsen ...

An Marie Baum (München, 19. März 1912)

... Wie gerne meldete ich mich nun zu einem nachträglichen Geburtstagsbesuch an! Aber Du denkst Dir die Lage ganz ganz anders, wie sie ist. Ich muß in diesem Jahre so viel arbeiten, daß ich beinahe jeden Tag berechnet habe, wenn ich fertig werden will; und jetzt habe ich wieder vierzehn Tage vollständig verloren, weil Busi Mumps hatte, keine gefährliche Geschichte, aber er trat mit hohem Fieber auf, und ein Kind, das im Bett liegt, braucht natürlich Pflege. Bis sie wieder zur Schule kann, werden wohl noch ein paar Tage vergehen. Daß ich bei Dir arbeiten kann, weiß ich ja, aber es ist doch eine Unterbrechung ... Ich denke dies Jahr gar nicht zu verreisen, abgesehen von kleinen Ausflügen in der Nähe, zum Teil, um Orte und Gegenden für mein Buch *[Der große Krieg in Deutschland]* kennenzulernen.

Möglich wäre es auch, daß, wenn ich fort von hier wäre, meine Sicherheit doch wieder einen Stoß bekäme. Ich weiß es ja nicht, aber ich fürchte, jetzt gehört das gewöhnliche tägliche Leben, das ganze Gerüst des regelmäßig eingeteilten Tages noch ziemlich dazu. Ich gratuliere Dir also nur schriftlich und wünsche Dir *Glück,* das eigentliche blödsinnige Glück, nicht Arbeit, Veredlung, Zufriedenheit und dergleichen.

Ich finde den Zustand vollständiger Resignation eigentlich recht hübsch, aber ich bin ja auch zehn Jahre älter als Du und habe ein ganz anderes Leben hinter mir. Und dann habe ich ein Kind, und es braucht bloß etwas krank zu sein, damit ich fühle, daß ich übermäßig glücklich bin, wenn ihm nur nichts Ernstliches fehlt.

Die Monate, bis Du kommst, werden schnell genug vorübergehen, und dann werden wir uns viel zu erzählen haben. Von manchen Sachen fange ich gar nicht an zu schreiben, und ich frage Dich auch nichts, weil ich ja weiß, daß es Dir mit dem Schreiben ungefähr ebenso geht wie mir. An Deinem Geburtstag werde ich die Matthäuspassion hören.

Während Busi krank war, las ich ihr David Copperfield in einer sehr guten deutschen Übersetzung vor und hatte dabei einen ganz unerwarteten Genuß, da es mich in vieler Hinsicht so sehr entzückte. Ich habe Dickens als ganz junges Mädchen gelesen und vollkommen vergessen. Zu sehen, wie Busi alles aufnimmt, verdoppelt dann den Genuß.

Rose Plehn [Malerin und Besitzerin eines Gutes in Westpreußen] habe ich selten gesehen, freute mich aber immer an ihrer Schönheit und der Harmonie ihres Wesens. Lebewohl! Hoffentlich scheint Dir die Sonne...

An Marie Baum (München, 23. Juli 1912)

... Ich sitze auf meinem Balkon – allein –, das stört mich an Wochentagen nicht, aber am Sonntag kommt es einem unbillig vor, und darum lade ich Dich nun auf diese Weise ein. Weißt Du, wenn man es äußerlich hübsch hat, empfindet man es oft doppelt, daß das Hauptsächliche fehlt, und so schwankt man immer dazwischen, sich durch Äußeres trösten zu wollen und dies noch extra zu verabscheuen. Wenn ich mir denke, Du wärest in Person hier, würden wir gewiß darüber weglachen, denn eigentlich ist es komisch, daß man sich überhaupt so plagt. Ich habe eine Methode, die sich im ganzen bewährt; ich denke nämlich immer: wenn du nun jetzt tot wärest; und dann finde ich mich beglückt und ausgezeichnet, daß ich noch da bin. Eigentlich wollte ich von Dir erfahren, ob und wann Du kommst... Du weißt, daß ich auf Deine Reisebegleitschaft warte; hast Du gar keine Lust, können wir auch auf meinem Balkon sitzen... Ich war natürlich nach Zürich eingeladen, auch zu Hoppe-Mosers auf ihr Gütchen in Böhmen. Das letztere hätte mich in mancher Hinsicht angezogen, schon weil ich ja gern nach Prag möchte; aber einstweilen habe ich mir mit meinem Buch eine gewisse Aufgabe gestellt, die muß erst fertig sein, vorher unternehme ich gar nichts. Und nachher gehe ich gewiß auch nicht nach Böhmen und auch sonst nirgendwohin, außer der kleinen historischen Reise mit Dir... besonders weil Kati alle

Augenblick krank ist. Ach, es ist zum Verzweifeln! Heute war ich in einer Stimmung, mich bitter zu beklagen, daß ich auch in nichts, gar nichts Glück habe! Die Kati ist mir mit der Zeit so ans Herz gewachsen; aber für meine Verhältnisse ist es doch beinahe unmöglich, ein Mädchen zu behalten, dem immer wieder etwas fehlt. Jetzt hat sie sich verhoben ... und muß nun vielleicht lange liegen ...

Auch an meiner Arbeit *[Der große Krieg in Deutschland]* habe ich keine Freude – sondern zum ersten Mal in meinem Leben fürchte ich manchmal, daß die Anstrengung über meine Kräfte geht. Das würde nicht der Fall sein, wenn ich sie con amore machen könnte; aber da ich voraussichtlich nichts und jedenfalls viel, viel weniger damit verdiene, als ich müßte (wenn ich für ein Jahr angestrengter, fortwährender Arbeit 1000 Mark verdiene, so ist das doch ein Blödsinn, den ich mir nicht leisten kann), so eile ich mich natürlich rasend, um es aus der Welt zu schaffen, und das ist eben der Haken. Ich fand es so lieb von Dir, daß Du neulich schriebst, Du freutest Dich auf das Buch. Ob es wohl irgendein Mensch nachher liest? Ich habe momentan kein Urteil darüber, weißt Du; wenn man sich so intensiv mit einer Sache beschäftigt, verliert man den Maßstab dafür, wie interessant es im allgemeinen ist. Ich habe jedenfalls in dieser Zeit viel gelernt und übrigens beinahe einen Ekel gegen alle meine früheren Bücher bekommen. Sollte das übertrieben sein, so hat es gewiß auch seine gute Seite. Man täte gewiß gut, alles auch einmal von einer ganz andern Seite zu betrachten. Nur bin ich zu alt, als daß noch Nennenswertes dabei herauskommen könnte. Dies ist fatal. Das Alter stört mich beständig; immer, wenn ich irgendwelche Aussicht oder Hoffnungen – in bezug auf mögliche Leistungen – fassen möchte, fällt mir ein, daß es ja doch schon abwärts mit mir geht.

Ich habe das Gefühl, Dir lange nicht so gemütlich geschrieben zu haben, hoffentlich merkst Du das auch beim Lesen. Ich bin gar nicht in Eile. Schließe aber bitte nicht daraus, daß ich nur von unlustvollen Tatsachen berichten könnte, ich wäre deprimiert oder so was. Ich bin eigentlich ziemlich guter Dinge, wenn ich auch vermeide, mich zum Beispiel abends auf meinen Balkon zu setzen. Denn wenn ich unbeschäftigt draußen säße, würde ich melancholisch; aber ich tue so etwas einfach nicht. Ich rechne also auf Dich diesen Sommer oder Herbst...

An Anton Kippenberg (München, 4. August 1912)

Sehr geehrter Herr Doktor... Sehr erfreut bin ich, daß Sie den Preis [3. vermehrte Auflage der *Gedichte* von 1891] so verhältnismäßig niedrig angesetzt haben, hoffentlich kommt das dem Verkauf zugute. Ein Titel für die Gedichte ist mir noch nicht eingefallen, außer wenn Ihnen «Liebesgedichte» zusagt. Titel wie die manchmal beliebten «Singende Flammen», «Liebe über alles» usw. liebe ich nicht, und Sie tun es sicher ebenso wenig.

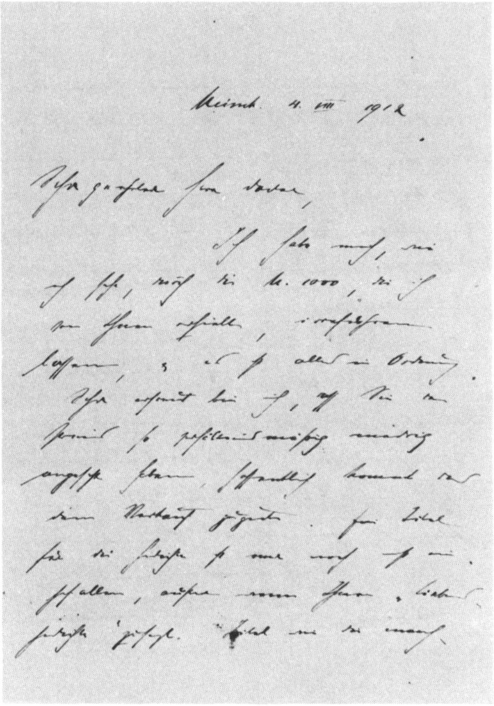

Brief an Anton Kippenberg (4. August 1912)

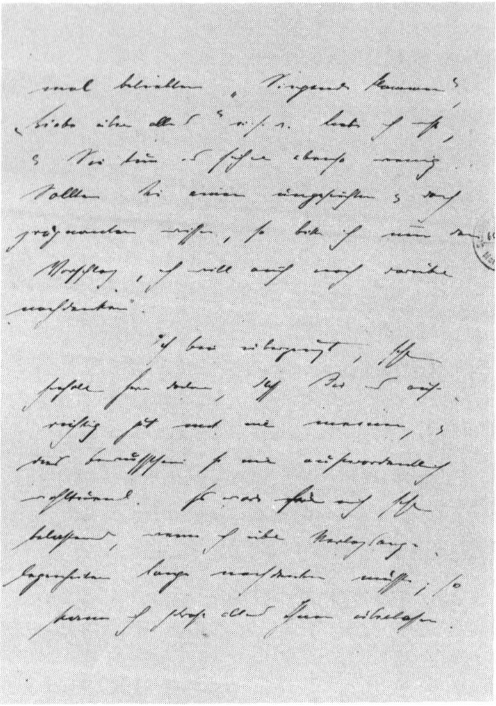

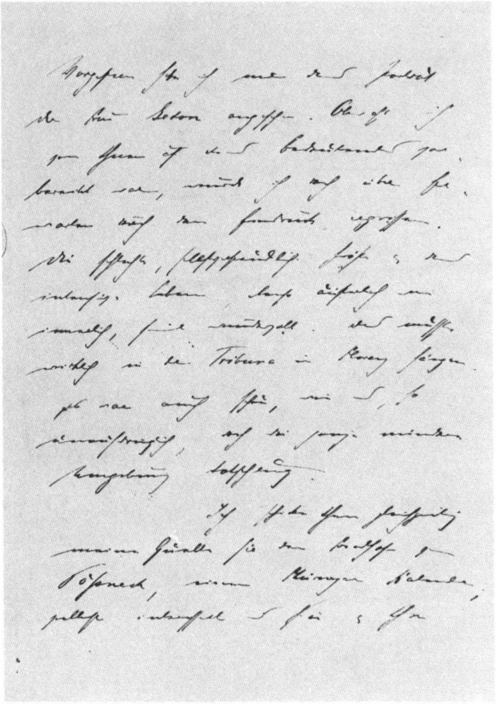

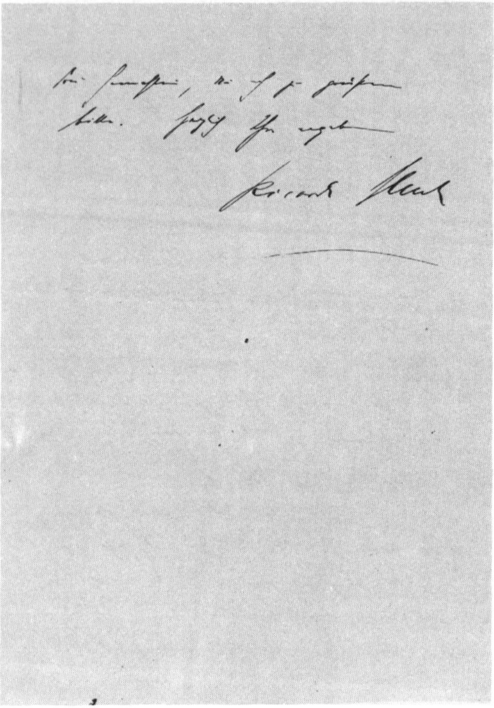

Sollten Sie einen ungesuchten und doch prägnanten wissen, so bitte ich um den Vorschlag, ich will auch noch darüber nachdenken.

Ich bin überzeugt, sehr geehrter Herr Doktor, daß Sie es aufrichtig gut mit mir meinen, und dies Bewußtsein ist mir außerordentlich wohltuend. Es wäre für mich sehr belastend, wenn ich über Verlagsangelegenheiten lange nachdenken müßte; so kann ich getrost alles Ihnen überlassen.

Vorgestern habe ich mir das Porträt der Frau Gedon [von Wilhelm Leibl] angesehen. Obwohl ich von Ihnen auf etwas Bedeutendes vorbereitet war, wurde ich doch über Erwarten durch den Eindruck ergriffen. Die schlichte, selbstverständliche Größe und das intensive Leben, ebenso äußerlich wie innerlich, sind wundervoll. Das müßte wirklich in der Tribuna in Florenz hängen. Es war auch schön, wie es, so unaufdringlich, doch die ganze mindere Umgebung totschlug.

Ich schicke Ihnen gleichzeitig meine Quelle für den Friedhof von Pößneck, einen Thüringer Kalender, vielleicht interessiert es Sie und Ihre Frau Gemahlin, die ich zu grüßen bitte...

An Marie Baum (München, 3. Dezember 1912)

... Ich höre von Marianne, daß Deine arme Mutter gestorben ist. Du weißt, daß jeder Todesfall etwas Erschütterndes für mich hat – und dieser ganz besonders, weil ich ja weiß, wie sehr Deine Mutter am Leben hing. Wie grausam und unbegreiflich das Leben ist! Ob Deine Mutter das eigentlich einzige Problem, sich mit dem Tode abzufinden, gelöst hat? Ich hoffe, daß wir uns nun doch Weihnachten sehen und daß Du mir dann davon erzählen kannst. Was Deine Empfindungen jetzt sind, kann ich mir gut vorstellen. Der Tod hat ja die schöne Kraft, das Bild des Menschen von allem Unwesentlichen zu lösen und dadurch abzurunden und in höherem Sinne wahr und sich selbst ähnlich zu machen. Ihr seid nun, Ihr Geschwister, meine ich, ganz von einander gelöst, und das wird wohl auch etwas Trauriges für Euch haben.

Ich könnte Dir nun noch viel schreiben, um Dich zu bewegen herzukommen; ich denke aber, wenn es überhaupt geht... kommst Du ganz von selbst. Du würdest es hier behaglich und ruhig haben, und daß ein lustiges Kind da ist – Busi – würde Dir gewiß nur lieb sein. Also melde Dich an, wann Du willst, Du bist hier zu Hause...

An Anton Kippenberg (München, 3. Januar 1913)

...Sie haben mir mit Ihrem reichhaltigen Bücherpaket eine große Weihnachtsfreude bereitet. Es bleibt doch, wie es scheint, in jedem Alter der schönste Augenblick des Festes, wenn man sich mit den neuen Büchern unter den Weihnachtsbaum setzt. Über das Blättern und Bilderbesehen bin ich zwar nicht hinausgekommen, das Eigentliche behalte ich mir für die Zeit vor, wenn ich einmal mit dem Krieg *[Der große Krieg in Deutschland]* fertig sein werde. Aber es führt gleich zu Ihrer diesbezüglichen Frage: Vor dem Sommer wird es nicht möglich sein können; kommt aber nichts dazwischen, was mich am stetigen Weiterarbeiten hindert, so hoffe ich, den Juli als Termin einhalten zu können. Daß Sie das Bild aus Vita somnium breve entfernen wollen, finde ich sehr gut. Gegen eine Änderung des Titels hätte ich auch nichts einzuwenden, wenn mich nicht der Gedanke beunruhigte, daß es, ohne irgendeinen Vermerk oder Hinweis, wie eine Irreführung des Publikums aussähe, indem es glauben müsse, es handle sich um ein neues Buch, daß ich mir aber von diesem Vermerk oder Hinweis kein rechtes Bild machen kann. Ließe sich diese Schwierigkeit heben, so scheint mir, daß Michael Unger ein naheliegender, klarer Titel wäre. Etwas anderes ist mir noch nicht eingefallen; vielleicht Ihnen?

Was die Widmann'schen Rezensionen betrifft, so ist der Gedanke gewiß sehr gut, und ich kann nichts dagegen einwenden. Propaganda ist ja nun einmal ein notwendiges Übel, und die Vornehmtuerei, es durchaus entbehren zu wollen, würde sicher nicht ungestraft bleiben. [Der Insel-Verlag brachte als Werbeschrift eine Zusammenstellung der im Laufe der Jahre im *Bund* erschienenen Besprechungen von Ricarda Huchs Werken aus der Feder Joseph Viktor Widmanns heraus, die ein Gesamtbild ihres Schaffens vermitteln sollte.]

Mit allem übrigen erkläre ich mich einverstanden, und es bleibt mir nur übrig, Ihnen für Ihre meinen Büchern gewidmete Sorgfalt herzlich zu danken. Wollen Sie bitte auch Herrn Dr. Buchwald für seine Anteilnahme meinen Dank sagen. Die Korrekturen habe ich erst heute besorgen können, so war ich durch das Nichtstun der Ferien beschlagnahmt...

An Marie Baum (München, 30. März 1913)

...Ich habe nun die Briefe von Henriette Feuerbach zu lesen angefangen. Denke Dir, bis jetzt fühle ich mich noch immer etwas abgestoßen davon berührt. Die Bescheidenheit wird mir fast etwas zu stark betont, ebenso die eigene Schwäche auf das weibliche Geschlecht geschoben. Und das ewige Schwelgen im Genie, – es ist eine Note darin, wie sie mir bei der Bettina auch immer so peinlich ist. Das hindert nicht, daß es mich sehr interessiert und daß ich mich auch für sie interessiere; und an ihren schrecklichen Ideen über Frauen und Frauenbildung ist wohl auch die Zeit mit schuld. Schließlich ist sie noch jung und wird sich entwickeln. Wenn ich Dir sage, daß sie mich bis jetzt immer ein bißchen an die Bettina und an die Hedwig [Bleuler-Waser] erinnert, wirst Du ohne weiteres wissen, was mich an ihr stört, und zugleich auch, wie sehr ich sie schätzen und lieben werde können, selbst wenn das so bleiben sollte.

Am nächsten Tag. – Ich habe gestern abend noch den ganzen ersten Teil gelesen, aber ohne der Sache eigentlich näher zu kommen. Dermaßen subjektive Menschen könnte ich vielleicht verstehen, wenn ich ihren persönlichen Reiz empfände, aber ohne diese Versöhnung sind sie mir schwer erträglich. Sie ist auch zu subjektiv, um nur einigermaßen ein Bild von den Feuerbachs zu geben. Die sind ja offenbar alle schwer neurasthenisch, aber man spürt nur ihr Drückendes, Ertötendes, nichts sonst. Als ich las, daß sie den ganzen Besitz der Emilie dem Anselm geopfert hätte, hätte ich das Buch vor Wut beinahe in eine Ecke geschmissen. Mit welchem Recht konnte sie das? Weil sie die arme Emilie nie mochte und den Anselm gewissermaßen mit sich identifizierte. Die ewigen Klagen, daß sie demütig sein muß, weil sie arm ist, berechtigen zu der Vermutung, daß sie entsetzlich praepotent gewesen wäre, wenn es ihr gut gegangen wäre.

Jedenfalls bitte ich Dich, höchstens über mich zu lachen, nicht Dich zu ärgern.

Gestern abend mußte ich auch noch ein Manuskript lesen – haarsträubender Unsinn! «Wer Arbeit liebt und Kartoffeln» usw. usw...

An Anton Kippenberg (München, 4. April 1913)

Sehr geehrter Herr Doktor, Sie haben mir eine große Osterfreude gemacht, indem Sie sich an meine Vorliebe für Dickens erinnerten; haben

Sie vielen Dank dafür. Auch die zierliche, saubere Biedermeierbibliothek war mir sehr erwünscht. Fast hatte ich einen merkwürdigen Eindruck, als ich nach zehn Jahren zum ersten Mal mein Buch von den Königen [*Von den Königen und der Krone,* 1913 vom Insel-Verlag übernommen, erstmals erschienen 1904] wieder las, vielmehr ich habe ihn, nun ich es lese. Ich weiß nicht, ob ich Ihnen je sagte, daß dies Buch mein Liebling ist, ja es ist eigentlich das einzige, das mir am Herzen liegt, und ich finde mein Gefühl jetzt bestätigt. Zum Teil mag es daran liegen, daß es ein so besonders glücklicher und schöner Sommer war, als ich es schrieb; ich denke aber, ich würde auch ohne das so urteilen oder wenigstens empfinden. Ich bin gespannt, was für ein Kleid Sie meinem Liebling anziehen werden, woraus Sie aber nicht schließen müssen, daß ich anspruchsvoll für ihn bin. Sie wissen, daß ich einfache Einbände liebe...

An Marie Baum (München, 15. Mai 1913)

...Eben kam mir auf merkwürdige Weise eine Einsicht, die ich Dir mitteilen muß. Es handelt sich um M. Als ich bei dem heutigen Anlaß über sie nachdachte, fiel es mir plötzlich wie Schuppen von den Augen: es gibt einen Typus, dem gegenüber Du die Urteilskraft verlierst (jeder hat natürlich einen solchen Typus), weil er Dich besticht, Dich irgendwie blind macht – M. und Henriette Feuerbach. Als ich deren Briefe las, mußte ich immer denken: wie ist es denn möglich, daß Du nicht fühltest, wie diese Frau beständig unter der Maske, sich für andere zu opfern, ihren Willen durchsetzt! Eine Eigenschaft, die Dir so antipathisch sein würde, sowie Du sie erkenntest! Ich schrieb Dir nie wieder über H. F., weil ich dachte, es wäre brieflich aussichtslos und wir sprächen uns doch einmal wieder... Jetzt bin ich so zufrieden, das, was ich nicht verstand an Dir, so gut untergebracht zu haben. Wenn Du nicht überzeugt bist, schadet es ja auch nichts...

Ich war in letzter Zeit sehr durch die Krankheit von Fritz beschäftigt. [Der Schriftsteller Friedrich Huch, Ricardas Vetter, starb 1913 nach schwerem Leiden.] Er hat so schrecklich gelitten, und Du weißt ja, was für eine starke Triebfeder das Mitleid bei mir ist. Ich hatte gehofft, ihn, wenn er außer Gefahr wäre, zu mir zu nehmen und bei mir verpflegen zu können; und da kam es plötzlich ganz anders...

An Marie Baum (München, 20. November 1913)

... Es ist dafür gesorgt, daß die Bäume nicht in den Himmel wachsen, und diesmal kam die niederdrückende Hand von Seiten meiner Gesundheit. Ich war so elend und schwach in den letzten Tagen, daß ich sogar manchmal abends geweint habe; und das ist doch ein Zeichen von großer Schwäche... Nun aber zum Teufel das verhaßte Thema!

Die nervöse Empfindlichkeit, die ein solcher Zustand mit sich bringt, machte, daß ich mir allerlei zu Herzen nahm, was mich sonst überhaupt garnicht berührt; zum Beispiel ärgerte ich mich, daß man jetzt überall liest, Thomas Mann wäre der größte lebende Epiker, und ich finde seine korrekt gedrechselten Sachen so unbedeutend im Grunde. Aber wie unbedeutend ist auch das! Ich weiß genau, daß alles, was mich kränkt, von meinem krankhaften Zustand kommt, und dennoch fühle ich die Kränkung.

Auch Busis Sorte von Begabung macht mir Sorgen. Als ich Manno kennenlernte, sagte er manchmal: wenn meine Kraft wäre wie meine Intelligenz, wäre ich wie ein Gott, und so leiste ich nichts. Und er war dann so verzweifelt. Daran mußte ich neulich denken, als Busi sagte, sie hätte nie Angst vor einem Extemporale, weil sie alles vollkommen begriffe und vorher garnicht für möglich hielte, daß sie Fehler machte; und nachher macht sie eine ganze Menge. Es ist eben ein schreckliches Mißverhältnis zwischen der Verstandeskraft und der produktiven Kraft...

An Marie Baum (München, 30. November 1913)

...Der goldene Honig kommt mir wirklich wie Götterspeise vor, und ich danke Dir tausendmal. Er scheint allerdings nur Luxus und garnicht nützlich zu sein, schade! Götter hatten ja natürlich auch keine Eingeweide...

Ich vergaß Dir zu schreiben, daß es etwas besonders Reizvolles für mich hatte, Deine Idee mit dem Telephon, weil Manno sie auch schon hatte. Ihm habe ich es aber abgelehnt. Du findest daran vielleicht gar nichts Schönes [nämlich, daß wir beide gleichzeitig, wenn auch unabhängig voneinander, an Hilfe für sie gedacht hatten], mich erinnerte es aber an den schönsten Augenblick meines Lebens, als ich, nachdem Busi ans Licht gekommen war, in Deinen und Mannos Armen erwachte. Wie wundervoll, einen Augenblick erlebt zu haben, an den man sich in jeder Epoche seines Lebens mit der gleichen Innigkeit errinnern kann.

Ich wollte, es gäbe die ewige Wiederkehr, sie ist mir überhaupt sympathisch, aber das wäre jedenfalls das Süßeste vom Süßen, der Magnet, auf den ich zustrebte. Sonderbar ist es, da ich mich doch eigentlich nur in der Tätigkeit glücklich fühle; aber vielleicht auch gerade darum. Also, ich fühlte mich wieder einmal von einem gemeinsamen wohltätigen Wunsche getragen, und das war das Hübsche daran. Im Grunde aber würde mich das Geläut zwar nicht stören, aber ich könnte vielleicht doch nicht so viel damit anfangen, da es mir unter den jetzigen Umständen doch kaum möglich wäre, mehr mitzuerleben, als ich tue...

Busi freut sich schon so auf Weihnachten, daß sie es gar nicht mehr aushalten kann. Das ist doch zu hübsch für mich...

An Marie Baum (München, 8. Februar 1914)

... Es liegt sonst nicht in meiner Natur, nachzutragen und zu hassen; und ich könnte jetzt leicht diese letzten Zeiten auslöschen und das Frühere wieder aufleben lassen. Da es aber in meiner Macht liegt, es zu unterdrücken, tue ich das. Traurigkeit ist etwas so Schreckliches, ich halte sie mir um jeden Preis fern, so lange es geht. Du glaubst nicht, wie entzückend sich Busi immer verhält: so gesund, so warm, so beinahe divinatorisch im Mitempfinden, und niemals auch nur einen Hauch von Sentimentalität. Ich habe es ja insofern leicht, die Anfälle der Bestie Traurigkeit zurückzuweisen.

Ich weiß nicht, was das ist, daß seit Friedrich Huchs Tode unablässig Menschen sterben, die in näherer Beziehung zu mir standen... Der Vers: «Es freue sich, wer da atmet im rosigten Licht», ist mir immer gegenwärtig...

An Marie Baum (München, 8. März 1914)

... Ich bin heute in der Stimmung, zu denken, daß es noch das Beste ist, in der Schlacht des Lebens mitten im Gewühl zu sein, so daß man gar nicht zur Besinnung kommt, und dann unversehens von einer Kugel getroffen zu werden. Du hast ja wenigstens das Gewühl – wenn es auch vielleicht zu äußerlich ist und die Seele zu wenig mitbewegt...

Ich habe meinen Zweck erreicht und für die

Schundgeschichte *[Der Fall Deruga]* von Ullstein 20000 Mark bekommen. Nun schreibe ich noch ein oder zwei, bis ich Busi so viel Geld hinterlassen kann, daß sie nicht abhängig zu sein braucht. Ich halte das für meine Pflicht – das nimmt noch etwa zwei Jahre in Anspruch, und dann kann ich mit dem Bewußtsein sterben, daß ich mein Leben ganz anständig durchgeführt habe. Es wäre ja schöner gewesen, ich hätte das nicht nötig gehabt – aber Du weißt ja, ich stehe auf dem Standpunkt, daß das alles sehr unwesentlich ist; man tut das Notwendigste, obwohl man auch davon nicht weiß wozu – eben nur, weil es die eigentliche Forderung ist...

An Marie Baum (München, 11. Juni 1914)

...Als ich Montag um 4 Uhr hier ankam, den Himmel von Pappe sah, eisige Kälte, widerliche Häuser, wurde mir das Herz schwer. Vor der verschlossenen Tür zu Hause lehnte ein großer Busch Lilien von Lisa Hohorst, und auf meinem Tisch im Vorzimmer lag ein Haufen Briefe, aber es machte mir alles keinen Eindruck... Ich packte aus, besorgte mir das Notwendige – denn Kati war noch nicht da – und wollte gerade zu Bett gehen, als Lisbeth Huch [Schauspielerin, ihre Cousine] kam, mit der ich dann noch bis zum späten Abend zusammensaß...

Ich fand auch die Nachricht vor, daß ich eine Bauernfeldprämie [Österreichischer Literaturpreis] von 2000 Mark bekommen habe, aber eigentlich ärgerte ich mich ein bißchen, daß ich es nicht vorher erfuhr, sonst hätten wir noch eine schöne Wagenfahrt machen können.

Eben kam Frau Rilke, und Marianne war auch da. Ach, Liebe, das himmlische Meran, die schönen, sanften Tage! Das gehörte auch mit zu dem Schönen, daß man so allein und so geborgen vor allem war. Selig, wer sich vor der Welt... Ich finde eigentlich alle Menschen so belästigend, und ich fürchte, ich bringe die Überwindung, mit den Menschen in lebhafter Berührung zu bleiben, immer weniger auf...

Tausend, tausend Grüße!

An Marie Baum (München, 4. Juli 1914)

...Die Abhandlung *[Natur und Geist als die Wurzel des Lebens und der Kunst]* schicke ich Dir, aber unkorrigiert; es sind also vielleicht Fehler darin, und ich habe auch noch dies und das geändert, aber die Hauptsache ist ja da. Ich bin eigentlich ein schrecklicher Mensch – wie war ich damals in dieser Gedankenwelt versunken, und sowie es ganz fertig war, verlor es jedes Interesse für mich. Es geht mir eigentlich mit all meinen Büchern so, und ich komme mir – mit Büchern – manchmal vor wie ein wildes Tier, das sie nur hinschmeißt und sich dann nicht mehr darum kümmert. Ich fürchte sogar, ich bringe nicht mehr das genügende

Interesse für das geplante Buch über den hysterischen Charakter des 17. Jahrhunderts zusammen. Will mich aber bemühen...

An Gertrud Knoop (München, 23. Juli 1914)

Liebste Frau Knoop, haben Sie Dank für die schönen Rosen und für Ihr Gedenken! Ich denke oft an Sie und wieviel Schmerzliches der Aufenthalt an dem Ort, wo Sie letztes Jahr mit Ihrem Manne [gestorben 6. September 1913] zusammen waren, für Sie haben muß. Der Schmerz ist ja deswegen nicht geringer, weil Sie ihn so schön tragen; Sie sollen doch aber wissen, wie erhebend und ergreifend es für alle, die Sie kennen, ist, zu sehen, was Sie aus dem Leiden machen. Hilfe dazu sind Ihnen ja allerdings Ihre reizenden Töchter, die in für mich immer wieder überraschender Weise die Eltern repräsentieren. Möchte der Regen Sie etwas verschonen, der die letzten Tage meiner ersten Jahrhunderthälfte erbarmungslos überschüttet hat. Busi und ich haben uns aber trotzdem herrlich amüsiert.

Da mein Geburtstag ist oder war, wage ich – trotz der schönen Rosen – noch einen Wunsch, den ich immer schon gern geäußert hätte: es gibt eine so schöne Photographie Ihres Mannes, auf die mir meine Zuneigung für ihn und Sie wohl auch einen kleinen Anspruch gibt. Würden Sie sie mir schenken? Ich habe sie bei irgend jemandem gesehen, vielleicht bei Frau Rilke, und wäre sehr froh, sie zu besitzen. Ganz gelegentlich natürlich! Ihnen Sonnenschein wünschend, Ihre R. H.

An Marie Baum (München, 27. Juli 1914)

... Es tut mir so wohl, und ich sehe alles ein, aber weißt Du, keiner kann doch aus seiner Haut. Es ist ein interessantes Problem, wie weit eigentlich die Veränderungsmöglichkeit geht. Ich glaube, Du kennst doch hauptsächlich meinen seelisch-geistigen Menschen. Nun ist der andere ja kein Ungeheuer, jedenfalls ist er aber da, den ich selbst am unmittelbarsten empfinde, und ich fühle oft, daß ich manchen Menschen ganz anders erscheine, als ich mich empfinde. Dir wird es sonderbar vorkommen, daß ich mich am besten immer von Manno gekannt fühlte, mit dem ich verhältnismäßig wenig geistige Beziehung hatte, weit mehr seelisch-elementare.

... Gottlob lichten sich jetzt die Gratulationsverdankungen, etwas dergleichen bedrückt mich sehr.

Ich wünsche, es wäre wieder alles im alten Geleise – und ich bei der Arbeit. Ob ich mich zu Wallenstein entschließe, weiß ich noch nicht; so ganz überwiegend bin ich noch von nichts ergriffen.

Sei Du froh, daß Du noch zehn Jahre bis zum Fünfzigsten hast...

KRIEGS- UND NACHKRIEGSZEIT

(1914–1919)

Im Jahre 1914 vollendete Ricarda ihr fünfzigstes Lebensjahr. Als sie später auf das sechste Jahrzehnt zurückblickte, hatte sie das Gefühl, daß es reich und fruchtbar gewesen sei. Nun war ja ihr Leben immer reich, weil sie den Stoff, den es ihr bot, zu formen und zu meistern verstand; und weil sie bei drohender Dürre mit Instinktsicherheit Wechsel und Wendung herbeiführte. Aber die beiden ersten Kriegsjahre haben doch schwer auf ihr gelastet. Sie, die Historikerin, hat den Krieg von Anbeginn an klarer und nüchterner beurteilt als die meisten Deutschen. Ihr Auge sah den Untergang alter, das Heraufkommen neuer gesellschaftlicher Kräfte, und sie schöpfte zunächst Hoffnung, die freilich nicht lange anhielt. Mit dem modernen Staat, mit der modernen Entwicklung hat sie sich nie befreunden können. Zu späteren Arbeiten haben die damals gewonnenen Einsichten und Erkenntnisse starke Anstöße gegeben. Auch persönlich litt sie. Während der Krieg durch seine Anforderungen viele in lebendige Tätigkeit versetzte, fühlte Ricarda sich vereinsamt, beiseite stehend. Die Bewältigung der alltäglichen Schwierigkeiten ging oft bis an die Grenzen ihrer Kraft, den tiefsten Kummer aber bereitete es ihr, der heranwachsenden Tochter keine frohe Jugend, keine gesunde Entfaltung schaffen zu können. So erwuchs der Plan, sich zeitweilig in die zweite Heimat, die Schweiz, zurückzuziehen. Er gewann im Sommer 1916 Gestalt. Unerwartet, fast überschwenglich war der seelische Aufschwung. Der belebende Atem ging von der Natur aus, die sie zuerst auf den Höhen am Thuner See umfing, dann von der schönen Stadt Bern, die ihr in Geschichte und Gegenwart so vieles bot, was sie in Deutschland vermißte, und nicht zumindest von den Menschen, mit denen sie Freundschaft schloß.

Emmy von Egidy, die Tochter des bekannten Sozialethikers und selbst als Schriftstellerin hervorgetreten, besaß in der Nähe von Thun ein kleines Gut, im Glockental, das sie damals bewohnte. Ricarda war ihr gelegentlich in München begegnet und nahm mit Dank die Vermittlung zu dem Hause des Ständerats Leo Merz in Bern an, die sich so beglückend für sie und ihre Tochter auswirken sollte. Leo Merz, der im Hauptamt Regierungsrat im Kanton Bern war und einige Jahre auch seinen Kanton im Ständerat vertrat, stand ebenso wie sein Bruder, der Bundesrichter Viktor Merz, mitten im praktischen Leben. Mit größtem Interesse ließ sich Ricarda von beiden über die sozialen, politischen und wirtschaftlichen Verhältnisse der Schweiz unterrichten. Bis zu ihrem Tode, also drei Jahrzehnte hindurch, hat diese Freundschaft mit den Eltern und den Töchtern Merz gedauert, von denen Elsbeth – später Lehrerin am kantonalen Berner Lehrerinnenseminar in Thun – ihr fast als eigene Tochter galt, während die jüngste,

Eva – damals noch ein Kind, später Mitarbeiterin am Radio Bern –, ihr in den letzten Lebensjahren besonders nahetrat. Merzens wohnten zu jener Zeit in der Stadt, bezogen aber später ein etwas außerhalb an der Aare gelegenes Patrizierhaus in der Elfenau, das Ricarda oft gastlich aufgenommen hat. Das Untertauchen bei Freunden, wo die eigenen häuslichen Sorgen von ihr abfielen, hat für sie immer einen besonderen Reiz gehabt. In der entzückendsten Weise konnte sie dafür danken, etwa: sie habe wie auf einer Wolke geruht, oder: die Tage seien wie fremde goldene Vögel vorbeigeflogen.

Die Freundschaft mit Merzens war nicht der einzige, wenn auch der größte menschliche Gewinn jener Jahre. Mit Liebe und Verehrung hing Ricarda an Professor von Salis, ihrem Arzt, der ihr zur Linderung ihrer körperlichen Beschwerden hilfreich gewesen ist. Mit seiner Tochter Helene, die im Alter Marietta nahestand, verband sie die gleiche fast mütterliche Liebe, die sie für die Töchter Merz empfand. Helene von Salis heiratete den Juristen und Rechtsphilosophen Dr. Arthur Baumgarten, der zuerst als Universitätsprofessor in Frankfurt a. M. wirkte, dann im Jahre 1933 nach Basel ging, weil er seine Kinder nicht im Hitler-Deutschland erziehen wollte, und später Rufen nach Leipzig und Berlin (DDR) folgte.

Durch Leo Merz, der ausgesprochen künstlerische Interessen hatte, kam Ricarda auch mit einer Reihe von Berner Künstlern in Berührung, deren einer, der Maler Martin Lauterburg, – nicht zu ihrer Freude – ein für ihren Geschmack allzu modernes Bildnis von ihr gemacht hat. Regierungsrat Merz verwaltete das Kulturreferat des Kantons Bern und kam in dieser Eigenschaft, um über Berufungen an die dortige Universität zu verhandeln, öfters nach Deutschland, wo er zugleich seinem Sammeleifer für Gemälde, Schmuck, geschnittene Steine nachgehen konnte. Ricarda nahm die Tochter Elsbeth für ein Studiensemester mit nach München. So ergaben sich auch außer den gegenseitigen Besuchen mannigfaltige Gelegenheiten, die begründete Freundschaft zu pflegen.

Für ihr und ihrer Tochter Leben war es ein bedeutsames, einschneidendes Moment, im Sommer 1919 in der Schweiz Ermanno Ceconi wiederzusehen. Der schöne Dreiklang der Vater, Mutter und Kind verbindenden Kräfte, der Ricardas erster Ehe ihre warme Tönung verliehen hatte, stellte sich sofort wieder her und hat bis zu Ceconis frühem Tode unvermindert fortgedauert. War schon damals in ihre Neigung zu ihm sehr viel liebevolle Sorge gemischt, durch die sie ihn eine harte Jugend hatte vergessen und überwinden machen wollen, so tritt dieser Zug jetzt in verstärktem Maße hervor. Oft klingen die Briefe, als seien sie an einen geliebten, zu behütenden jüngeren Bruder gerichtet. Seit dieser Wiederbegegnung haben Ricarda und ihre Tochter jährliche, oft über lange Zeiträume ausgedehnte Besuche in Padua gemacht, wo Dr. Ceconi mit einer gelähmten Schwester, Lucy, und einer von allen sehr geliebten langjährigen Helferin in Haus und Praxis, Angelina, lebte.

Obwohl durch diese häufigen Reisen nach Padua und auch nach der Schweiz sich das Schwergewicht der Lebensweise verlagerte, bürgerte sich Ricarda schnell wieder und vielleicht sogar etwas fester als in der Vorkriegszeit in München ein. Die schon vor der Ausreise nach Bern geschlossene Freundschaft mit Heinrich Wölfflin bereicherte ihr Leben; zu dessen Schüler und jüngerem Freund, dem Kunstkritiker und Kunstschriftsteller Ulrich Christoffel, und seiner Frau trat sie in warme herzliche Beziehungen, an äußeren Anerkennungen fehlte es nicht – das nun folgende letzte Drittel des Münchner Aufenthalts konnte sich auf breitem Fundament errichten.

An Marie Baum (München, 9. August 1914)

...Ich dachte mir wohl, daß Ihr dort den Krieg noch ganz anders spüren würdet als wir hier. Hier kann man fast sagen, daß man mehr das Erhebende von einem allgemeinen Gefühlsaufschwung merkt. Not ist ja hier gar nicht, die meisten Fabriken und Firmen zahlen den Zurückbleibenden weiter, es ist einstweilen alles gut organisiert und eine enorme Hilfsaktion. Ich persönlich stehe allem fern, und ich bin ja nun einmal für das Komische empfänglich, ich kann nichts dafür – ich muß über manches lachen –, zum Beispiel, daß jetzt schon jeder ein Schurke ist, außer den Deutschen und der zu ihnen hält, und daß alle Gott anrufen und überzeugt sind, er würde die verfluchten Feinde vertilgen usw. Das Hetzen der Spione berührt mich auch so schrecklich, besonders hier, wo fast nur ganz harmlose Leute darunter zu leiden hatten. Schon jetzt leben die häßlichsten populären Instinkte auf – unter der Maske patriotischer Begeisterung, d.h. Maske ist nicht das richtige Wort, denn sie glauben es wohl selbst. Ich rege mich einstweilen noch nicht sehr auf, weil ich mir denke, es kann und wird nicht sehr lange dauern, und weil ich von der Überlegenheit der deutschen Kraft und Kultur wirklich überzeugt bin.

Ich glaube, es fehlt mir an Phantasie, mir das Zukünftige und Etwamögliche so lebendig auszumalen, sonst weiß ich nicht, warum alles in einer so bodenlosen Aufregung ist und ich nicht. Marianne [Plehn] ist so erregt, daß ich manchmal Mühe habe, ohne Zusammenstoß mich durchzuschlängeln. Es gibt so viele Sachen, die mich mehr aufregen. Zum Beispiel diesen Sommer erzählte mir mein Doktor einmal, es vergingen keine acht Tage, daß nicht ein Mädchen oder eine Frau zu ihm käme und ihn himmelhoch anflehte, sie von einer Schwangerschaft zu befreien, und es täte ihm im Herzen weh, weil er sähe, daß ihre ganze Existenz davon abhinge, und er dürfe es doch nicht tun. Es wäre einmal vorgekommen, daß eine Frau schon vier blödsinnige Kinder geboren hätte und wieder schwanger geworden war, und viele Ärzte hätten sich dafür eingesetzt, aber man hätte nichts erreicht, die Frau hätte das Kind austragen müssen. Die Leiden der Frauen sind permanent, und es kümmert sich kein Mensch darum, d.h. Du natürlich schon, aber im allgemeinen. Nun also, diese dauernden Leiden nehme ich mir viel mehr zu Herzen, und übrigens, wenn es dann wirklich schlimm kommt, dann muß man es eben tragen.

Ein bißchen fängt die Haltung Italiens mich zu beunruhigen an – ich meine für mich persönlich –, das könnte in Bezug auf Manno bedenkliche Konsequenzen haben. Von meiner Schwester habe ich nichts gehört... Rodi hat nicht gedient, aber im

Landsturm wird er ja sicher mit müssen, wenn er nicht freiwillig gegangen ist.

Wenn ich ein Mann wäre, ging ich gerne mit, aktiv sein ist immer schön. Das bist Du ja auch, wenn auch in der weniger wohltuenden Form; aber ich fürchte, wenn das lange dauert, werde ich mir noch recht überflüssig vorkommen. Für Krankenpflege und dergleichen ist ein solcher Andrang, daß man einstweilen alle zurückschicken muß ...

An Marie Baum (München, 7. Januar 1915)

... Das Gedicht damals im Insel-Almanach *[Der du gekämpft und überwunden]* habe ich nicht in Gedanken an den jungen Wernicke [Sohn einer Braunschweiger Jugendfreundin] gemacht; solche Art Gedichte mache ich eigentlich für mich, es sind gewissermaßen Melodien, die ich mir selbst, wenn ich mich müde fühle, vorspiele, da mir doch sonst niemand mehr etwas Schönes vorspielt. In dem Augenblick scheinen sie mir dann schön ... Fanny Hoppe-Moser schrieb mir vor ein paar Tagen einen langen Brief: besonders in Österreich gäbe es so viele Kranke (seelisch Kranke), die nicht essen, nicht sprechen, nur immerzu vor sich hinweinen. Und gibt es wirklich ein Äquivalent? ...

Mir ging es über Weihnachten körperlich gar nicht gut, jetzt freue ich mich aufs Arbeiten. Solange Busi Ferien hat, gibt es das nicht. Busis geliebter Klassenlehrer ist inzwischen eingerückt; das bedeutet große Trauer und wird eventuell den Schuleifer etwas dämpfen. Wenn sie nun wenigstens Frauen in die vielen Lücken eintreten ließen, aber dazu ist in Bayern keine Hoffnung...

An Katharina Kippenberg (München, 13. Februar 1915)

... Wie freut es mich für Sie, daß Ihr Mann nicht in unmittelbarer Gefahr ist. Ich, wenigstens, würde in Ihrer Lage froh sein; für die römischen Frauen, die stolz sind, ihre Männer und Söhne dem Vaterland opfern zu können, habe ich kein Verständnis. Muß das sein, so muß man es wie jede schwere Notwendigkeit mit Anstand ertragen; das ist etwas anderes.

Da Sie mir die Adresse Ihres Mannes nicht mitgeteilt haben, und er auch wahrscheinlich sich um das Geschäftliche jetzt nicht kümmert, ich aber nicht weiß, wer ihn vertritt, wende ich mich mit einer Frage an Sie. Ich habe eine Untersuchung über Wallenstein *[Wallenstein. Eine Charakterstudie]* in den nächsten Tagen vollendet und möchte gern, daß das Buch im Laufe des Jahres gedruckt wird. Nun muß ich doch wissen, wie der Insel-Verlag sich dazu stellt. Ich denke, da es historisch ist und zur deutschen Geschichte Bezug hat, wird es Leser finden. Es wird nur ein schmaler Band werden, ist nicht geradezu eine Biographie, ich würde es eher eine psychologische Untersuchung nennen, obwohl sie sich natürlich auf biographische Daten aufbaut. Ich denke mir, Sie nehmen so viel Anteil an den Verlagsgeschäften, daß Sie selbst Bescheid wissen; sonst schreiben Sie mir vielleicht, ob ich mit Ihrem Herrn Gemahl oder mit wem sonst zu correspondieren habe. Mit herzlichem Dank für Ihren liebenswürdigen Brief R.H.

Was Sie über meinen Dreißigjährigen Krieg schreiben, fand ich zu hübsch, – etwas Gedichtetes für sich.

An Anton Kippenberg (München, 18. Februar 1915)

... Von Ihrer Frau Gemahlin habe ich Ihre Adresse erfahren, und ich denke, sie teilte sie mir mit, damit ich mich mein Buch betreffend mit Ihnen in Verbindung setzte. Sie wundern sich vielleicht, daß ich die ganze Zeit gearbeitet habe, während so viele Menschen – auch ohne größere Notwendigkeit – ganz aus ihrer gewohnten Tätigkeit durch den Krieg herausgerissen sind. Wenn ich ins Feld gehen könnte, würde ich mit Leib und Seele dabei sein; da das nicht möglich ist, lebe ich so weiter wie bisher. Ich denke mir, Sie exerzieren Rekruten ein, nicht wahr? Das ist natürlich schön, wenn man so unmittelbar nützlich mitwirken kann; die Männer haben es immer besser.

Nun also, ich habe mein Buch über Wallenstein fertig, und wie mir Ihre Frau Gemahlin schrieb, wird der Insel-Verlag es trotz des Krieges bringen. Das Manuskript müßte aber doch wohl erst einmal gelesen werden. Wem soll ich es schicken? Sie haben jetzt natürlich keine Zeit. Vielleicht doch so viel, um mir darüber Bescheid zukommen zu lassen...

An Katharina Kippenberg (München, 2. November 1915)

...Daß Sie den Picard abgelehnt haben, kann ich wohl begreifen. Er selbst hat zugegeben, daß er den Impressionismus auf impressionistische Art bekämpft hat. In einer Zeitschrift oder als Broschüre könnte es vielleicht gerade deswegen Wirkung tun.

Für meinen Wallenstein wünsche ich mir mehr solche Leser wie Sie es sind. Ich glaube wirklich, der Psychologie damit einen Dienst getan zu haben, und daß ich das konnte kommt daher, daß ich oft mit Wallensteinern in Berührung gekommen bin. Ich ziehe sie an, weil ich in Wirklichkeit handeln kann; sie mich, weil sie es in der Phantasie tun. D. h. sie ziehen mich durchaus nicht alle an, es muß noch der Reiz der Wallensteinschen Persönlichkeit dazukommen.

Ich sehe mich nun genötigt, Ihnen eine längere geschäftliche Auseinandersetzung zu machen, da es doch einmal sein muß. Wie ich Ihnen, glaube ich, erzählte, arbeite ich seit einiger Zeit an einem Luther-Buche, in dem ich mich hauptsächlich mit Luthers Lehre befasse, erst ganz an zweiter Stelle mit seiner Person und seinem Leben. Das Buch wird voraussichtlich den Titel haben: Briefe an einen Freund über Luthers Glaubenslehre. Die Briefform soll es populär, angenehm lesbar machen. Selbstverständlich möchte ich das Buch in Ihrem Verlag erscheinen lassen; die Lage zwingt mich aber, gewisse Bedingungen zu stellen. Bisher habe ich Ihren Gemahl das Geschäftliche regulieren lassen in dem festen Vertrauen, er werde so gut für mich sorgen, wie es seine Pflicht für den Verlag zu sorgen irgend zulasse. Jetzt muß ich einmal von dem bisherigen Weg abgehen, weil ich mehr Geld einnehmen muß. Da ich niemanden habe, der meine Finanzen ordnet, muß ich es selbst tun, es ist einfach eine Notwenigkeit. Ich möchte also, daß von diesem Buch 5 Auflagen sofort gedruckt und bezahlt werden, die Auflage zu 1 000 Expl. und pro Auflage 800 M. Event. könnte die erste Hälfte sofort und die zweite bezahlt werden, nachdem die beiden ersten Auflagen vergriffen wären. Ich möchte aber, daß der Preis des Buches nicht hoch wäre, damit es sich leichter verkaufte. Der Band wird etwa doppelt so stark wie der Wallenstein werden. Daß der Verlag etwas riskiert, glaube ich nicht, und zwar in Hoffnung auf den Gegenstand. Vielen Menschen werde ich wirklich etwas sie sehr Interessierendes sagen können; und dann kommt der äußere Umstand des Luther-Jubiläums dazu. Schließlich versteht es sich von selbst, daß Ihnen das Manuscript zur Verfügung steht, bevor Sie sich endgültig entschließen. Sollten Sie aber von vornherein sich zu meinen Wünschen ablehnend verhalten, so bitte ich Sie, es mich wissen zu lassen, damit ich das Buch anderswo unterbringe, was ich, wie Sie gewiß ohne weiteres glauben werden, sehr ungern täte. Noch vergessen habe ich ein letztes zu sagen: daß ich das Buch sofort erscheinen lassen möchte, wenn es fertig ist. Leider glaube ich nicht, daß das noch vor Weihnachten der Fall sein wird; aber gesetzt, es würde 4 Wochen nach Weihnachten fertig, so möchte ich, daß es, obwohl außer der üblichen Zeit, dann sobald wie möglich herauskäme. Ich glaube nämlich, daß das Interesse für diesen Gegenstand von der äußeren Gelegenheit unabhängig ist; es ist eigentlich aktuell – wenn ich mich nicht täusche, was ja immerhin möglich ist – und wird so gekauft werden, wie etwa Kriegsliteratur, womit man ja auch nicht auf bestimmte Gelegenheit wartet...

An Anton Kippenberg (München, 15. Februar 1916)

...Gestern las ich in einem reizenden Band von Goethes Liebesgedichten, den Sie mir früher einmal geschenkt haben, und entdeckte am Schlusse des Bandes, daß er eigens für mich gedruckt ist. Entweder habe ich das vergessen oder früher übersehen; jedenfalls überraschte es mich, und da Sie gerade im Lande sind, danke ich Ihnen dafür, sei es zum zweiten oder zum ersten Male. [In numerierte Luxusausgaben pflegte Professor Kippenberg für die Freunde des Verlages statt der Nummern eindrucken zu lassen: «Dieses Buch wurde über die Auflage hinaus gedruckt für X.»]

Daß meine Bücher gelesen werden, ist mir eine große Freude, gerade daß sie in breitere Schichten kommen. Vor allen Dingen wünschte ich, daß das mit meinem Luther-Buche *[Luthers Glaube. Briefe an einen Freund]* der Fall wäre, das mir wie die Frucht meines Lebens vorkommt. Ich hoffe, in acht oder zehn Tagen mit dem Manuskript fertig zu sein, und werde es Ihnen dann sofort schicken.

Ob Ihre Äußerung, daß der Friede vielleicht nicht mehr fern sei, etwas mehr als nur ein Wunsch ist?

Ich habe die Absicht, wenn mein Buch fertig ist, auf eine kurze Zeit nach Berlin zu reisen. Das erwähne ich für den Fall, daß Sie zufällig auch dort wären; aber Ihr Urlaub wird überhaupt gar nicht so lange dauern …

An Marie Baum (München, 18. Mai 1916)

… Dein Brief brachte mir die Erquickungstropfen, die man doch von Zeit zu Zeit braucht. Es gibt ein Herz, das mit einem schlägt; wenn man das nicht weiß, ist es schwer zu leben. Ich bin im Grunde überzeugt, daß Du der einzige Mensch bist, der meinen Luther so aufnehmen wird, wie ich mir, während ich ihn schrieb, einbildete, daß sehr viele Menschen ihn aufnehmen würden; der einzige vielleicht, der nachher etwas Praktisches daran knüpfen wird, worauf es mir eigentlich ankommt. Ich fühle, wie sonderbar es ist, daß ich diese Briefe gerade an X. richte und daß es viel verständlicher gewesen wäre, wenn ich sie Dir zugeeignet hätte. Das hängt, glaube ich, damit zusammen, daß ich in X. einen Teil meines eigenen Ich spüre, das Ich, das ich Gott sei Dank in meinem Leben einigermaßen überwinden konnte. Du hast mich nicht so nötig, überhaupt nicht nötig, um in der Hauptsache den rechten Weg zu finden. Frauen sollen nun überhaupt einmal auf Männer wirken, sie sind bestimmt, die Männer mit Gott zu verbinden...

Was Manno betrifft, so kennst Du ihn nicht, wie ich ihn kenne. An Manno habe ich die helfende Liebe, wie Du es nennst, erlebt; ich kann ihm das nie vergessen, ich danke ihm das Beste, was ich habe. Es ist an ihm das Wunderbare, daß die Liebe so frei von jeder Moral, überhaupt von jedem *Gedanken* ist, und gerade darum spürt man den göttlichen Hauch so besonders stark. Manno kann zum Beispiel – ich habe das mit angesehen – von dem heißesten Rachedurst gegen jemanden erfüllt sein; im Augenblick, wo derselbe Mensch hilfsbedürftig ist, reißt Manno sich selbst in Stücke, um demselben Menschen zu helfen. Er lebt eigentlich nur in diesen Augenblicken. Es strömt dann eine göttliche Kraft von ihm aus, in der alles auflebt. Ich hatte immer das Gefühl, ich könnte nicht sterben, solange Manno bei mir wäre...

Ich war wirklich wieder sehr elend. Denke Dir, eines Morgens schrieb ich Dir, Du möchtest zu mir kommen, weil ich bestimmt glaubte, ich müßte sterben. Nachher erschrak ich aber vor mir selbst, zerriß den Brief und bat Marianne [Plehn], zu mir zu kommen, denn ich fühlte, daß ich durchaus einen Menschen brauchte, der mir zuspach. Marianne tat es auch auf eine so reizende Art, daß ich ganz glücklich war, es getan zu haben; man muß viel mehr Ansprüche an die Menschen machen und sie zwingen, aus sich herauszugehen...

Adieu, mache Dir ja keine Gedanken um meine Gesundheit. Ich denke doch, es geht wieder vorwärts, und außerdem glaube ich bestimmt, es geschieht nur das, was gut ist...

An Marie Baum (München, 14. Juni 1916)

...Ich hatte neulich ein merkwürdiges Erlebnis. Du weißt, daß es mir sehr schlecht ging, es blieb mir nichts anderes übrig, als noch einmal zu dem Arzt zu gehen, den ich schon seit Jahren kenne... Schließlich gab er dem eine andere Wendung, indem er die Frage aufwarf, ob es eine bösartige Geschwulst sein könnte, also Carcinom. In dem Fall müsse man operieren, und ich weiß, daß eine Operation an der Stelle ziemlich aussichtslos wäre. Nun also, er sagte, er wolle Untersuchungen machen, in acht Tagen soll ich wiederkommen und das Resultat hören. Diese acht Tage, wo ich sozusagen auf mein Todesurteil warten sollte, waren eigentlich das Entsetzlichste, was ich je erlebt habe.

Gesagt habe ich zu niemandem etwas, ich mußte sogar möglichst vergnügt scheinen, da Busi durch den elenden Zustand, in den ich geraten war, ihrerseits furchtbar aufgeregt wurde. Kurz, nach acht Tagen teilte mir der Doktor mit, daß es nichts Bösartiges wäre, und er meinte auch, es wäre überhaupt nur nervös. Ich war in einem Taumel von Seligkeit, aber am allerschönsten waren die nächsten Tage, wo ich so ganz still das Gefühl des Lebens genoß. Seitdem geht es wieder besser.

... Es ist jetzt ja sehr schwer, sich gut zu ernähren, es macht mich manchmal ungeduldig, daß ich so viel Geld und Nachdenken darauf verwenden muß, und doch ohne besonderes Ergebnis. Die schrecklichen Zustände, in denen ich vorher war, sind aber vorbei, weil ich mich wieder richtiger behandle und auch fast garnicht arbeite... Nachher ist mir eingefallen, daß der komische Doktor mir doch das alles ersparen konnte, ich brauchte ja garnichts davon zu wissen. Es ist mir übrigens nicht im mindesten gelungen, mich mit dem Tode auszusöhnen, außer theoretisch, was ja aber ganz eine Sache für sich ist; nur abends, wenn ich ganz erschöpft war, war mir alles gleichgültig...

Denke Dir, ich hatte einen Artikel geschrieben, in dem ich auf die Selbstverwaltung zu sprechen kam; den schickte mir Bie (Neue Rundschau) wieder zurück, weil er ihn jetzt nicht bringen könnte. Und ich weiß, daß er sehr gern Sachen von mir nimmt. Überhaupt merkte ich, daß ich alle Welt gegen mich haben werde und daß ich noch froh sein kann, wenn man meine Sachen überhaupt druckt. Ehe ich meinen Luther nicht fertig in der Hand habe, glaube ich auch nicht, daß er erscheint.

Ich dachte Pfingsten lebhaft an das schöne Miltenberg [unser Pfingstaufenthalt 1915]; hier hat es ununterbrochen geregnet seit mehr als vierzehn Tagen...

An Marie Baum (Aeschi über Spiez, 8. August 1916)

...Auch das Schicksal meines Luther-Buches ist mir nicht mehr so wichtig; es wird wohl seinen Weg machen, wahrscheinlich viel langsamer, als ich erst dachte, und vielleicht auch nur so, daß es auf wenige wirkt, die den Gehalt dann der Menge besser mundgerecht machen. Ich möchte Dir gern eingehend auf alles, was Du schreibst, antworten. Du weißt ja aber, wie es mit Schreiben ist. Von der Einkleidung in Briefe hatte ich gerade gedacht, die würde die Auffassung erleichtern. Daß Dir die Form spielerisch vorkommt, sollte das nicht zum Teil daran liegen, daß Dir eine bestimmte Vorstellung von dem Empfang vorschwebt? Und ganz richtig ist diese gar nicht, ich könnte wahrhaftig auch sagen, ich hätte diese Briefe an mein anderes Ich gerichtet. Und ebenso könnte ich sagen, ich hätte an alle diejenigen geschrieben, die so sind. Gebsattel [Arzt und Psychologe] hat auch gleich bemerkt, der interlocuteur sei der Typus, den ich immer schon dargestellt hätte, zum Beispiel in

Confalonieri. Dieser Typus gehört zu meiner Person, das ist ja ganz klar. Soviel ich bis jetzt gehört habe, empfinden manche Leser das Persönliche, das die Briefform ermöglicht, als besonders anziehend. Dies Persönliche würdest Du vermutlich in keinem Fall vermissen, weil Du mich kennst; für Fernerstehende ist das aber doch anders. Jedenfalls, ob Du nun recht hast oder nicht, gehört diese Form zu dem persönlichen Gepräge, ohne das ich ein Buch gar nicht schreiben könnte und ohne das es mich nicht ein bißchen freuen könnte.

Was die andere Sache betrifft, den Versuch, den Zusammenhang zwischen dem Körperlichen und Geistigen darzustellen, so bin ich darauf gefaßt, daß man es nicht begreifen und etwa sogar lächerlich machen wird. Trotzdem habe ich die Überzeugung, daß es im *allgemeinen* richtig und daß es gerade ganz besonders wichtig und eigentlich der Kern des Buches ist. Hier sitzt gerade das «das ist». Das Geistige *ist* das Körperliche und umgekehrt. Ich erinnere mich deutlich, daß ich einmal noch in Zürich mit Marianne [Plehn] darüber stritt – und sie sah mich an, als ob ich arabisch spräche. Das Sichtbare ist das Unsichtbare von der andern Seite betrachtet, das Äußere vom Inneren. Der Gegensatz zwischen Gehirn und Geschlecht, Intellekt und Sinnlichkeit und die Zusammenfassung beider durch das Herz ist das Gegebene, die Grundlage der Welt und aller Weltanschauung, das einzusehen ist eben notwendig. Daß der Gegensatz erst mit Christus perfekt wurde und daher auch mit Christus erst die Selbsterkenntnis und die große persönliche Liebestat eintreten konnte, das als das Wesen des Christentums gezeigt zu haben, halte ich gerade für das Verdienst meines Buches. Dazu gehört aber auch die Einsicht, daß dieser Gegensatz und diese Wiedervereinigung etwas ganz Reales sind. Man muß sich vor allen Dingen des abstrakten Denkens entwöhnen und wissen, daß Worte und Bilder wirklich Sachen bedeuten. In der Sprache Luthers und der Bibel ist mit Herz wirklich das Herz gemeint, und so ist es auch. Warum soll es denn lächerlicher und unmöglicher sein, daß das Blut Träger oder körperliche Darstellung (wie man es nun ausdrücken will) der Ideen ist, als gewisse Stellen im Gehirn? Du mußt auch nicht denken, ich hätte mich nicht vorher in guten naturwissenschaftlichen Werken dessen, was ich sagte, vergewissert. Ich mußte oft laut aufschreien, so stimmte alles mit meinen Voraussetzungen. Daß von der Tätigkeit der Blutdrüsen gerade die Phantasie, das Schöpferische abhängt, wirst Du doch wissen. Die Verbindung zwischen Herz und Körper ist vermutlich durch die Nerven dargestellt, das wäre also die Seele. Klarer hätte ich noch sagen müssen, daß Herz, Gehirn und Geschlecht auch wieder eine Einheit bilden sollen gegenüber dem Körper. Daß einmal naturwissenschaftlich gründlich gebildete Menschen dies alles im einzelnen begründen werden, daran zweifele ich nicht...

An Gertrud Knoop (Bern, 21. Februar 1917)

Liebe Frau Knoop, wie lieb von Ihnen, mir so ausführlich zu erzählen, ich höre fast gar nichts und bin sehr dankbar für die Schwabinger Chronik. Aber warum mißbilligen Sie die Wolfskehl'sche Anwandlung? Es muß doch wirklich herrlich für ihn sein, daß er mal eine regelmäßige Tätigkeit hat. Neulich las ich zum ersten Mal das «Exemplar» von Annette Kolb. Es ist mit viel Geschick geschrieben, das ist wahr, aber das Verstiegene und Flackernde darin beelendet mich sehr, und ich finde es trostlos, daß das die moderne Frau sein soll. Und diese Liebe zu dem Exemplar, das ist doch etwas Würdeloses, da möchte man doch mit einem Donnerwetter zwischenfahren...

Hier fängt die Ernährungsfrage auch an zu dämmern, und ich muß manchmal lachen, wenn sie so erschrocken sind, daß es mal keine Butter gibt oder dergleichen. Über Kälte will ich nicht klagen, denn das wird Ihnen auch bekannt sein. Bitte einen Gruß an P.'s. Es scheint eine begabte, aber absonderliche Familie zu sein, Apothekers sind das ja leicht. Herzlichen Gruß an Lilinka [die Tochter], und zwar auch von Busi. Ich denke Ihrer oft, tun Sie es zuweilen auch an mich. Ihre Ricarda Huch.

An Elsbeth Merz (Bern, 3. Januar 1918)

... Nein, so bin ich doch nicht, daß ich nur fröhliche und energische Menschen möchte! Die Hauptsache ist, daß man so ist, wie man ist, und wenn einem zum Weinen ist, soll man nur weinen. Die Jugend bringt es auch so mit sich, ich hatte auch eine Periode, wo mir immer die Tränen nahe waren, besonders im Frühling. Es ist ganz natürlich; wenn man reellen Grund hat, ist man eigentlich viel besser dran, weil man dann meistens etwas dazu oder dagegen tun muß, und dann kommt man besser drüber weg. Es kann ja aber nichts schaden, wenn man sich alles Gute und Schöne vorhält, was einem Grund gibt vergnügt zu sein. Schließlich hängt das Glück nur davon ab, wieviel Fähigkeit man hat andere und anderes zu lieben, und daran fehlt es Dir doch nicht.

Denke Dir, Elschen, Busi und ich haben diesen ganzen Tag im Bett zugebracht, weil unser Zimmer zu kalt war, um darin zu hausen. Es war eigentlich hübsch, wenn auch etwas unmoralisch, nur konnten wir ja wirklich nichts dafür... Schade daß wir unser schönes Weihnachtszimmer so garnicht genießen können. Am sechsten Januar sind wir in Glockenthal, danach hoffen wir Dich bald hier zu sehen...

An Katharina Kippenberg (Bern, 10. April 1918)

...Ich hätte längst Ihren lieben und interessanten Brief beantworten sollen; da aber «unser» Buch daran schuld ist, daß ich es noch nicht tat, werden Sie es vielleicht eher begreifen. Das Arbeiten war diesen Winter für mich sehr anstrengend der Kälte wegen, wir hatten selten mehr als 10 Grad im Zimmer, meistens wurde überhaupt nicht geheizt. Ich habe jetzt wieder ein bißchen gedoktert, und das hat geholfen. Hoffentlich merkt man dem Buche *[Der Sinn der Heiligen Schrift]* einmal nicht an, wieviel Arbeit darin steckt. Jetzt bin ich so weit, daß ich wenigstens den Zusammenhang im Ganzen habe; ich sehe erstens, daß es länger wird, als ich erst meinte, und zweitens, daß es später fertig wird. Wenn alles gut geht, denke ich doch im September fertig zu sein; im Oktober möchte ich nach München zurück. Wenn einmal der Frühling kommt, wird wohl alles leichter. Was ich zu Ihrem Plane über die Geschichte der menschlichen Seele zu sagen habe, finden Sie vielleicht in meinem Buche; wenigstens kann ich, bevor das fertig ist, nichts anderes sagen. Was Sie von der Veränderung des Lebens sagen, interessiert mich sehr; es ist wohl nötig, daß es weniger extensiv wird, damit es intensiver werden kann. Hier wird es bald auch so werden, daß eine Reise von Bern nach Thun so etwas wird wie von Europa nach Amerika...

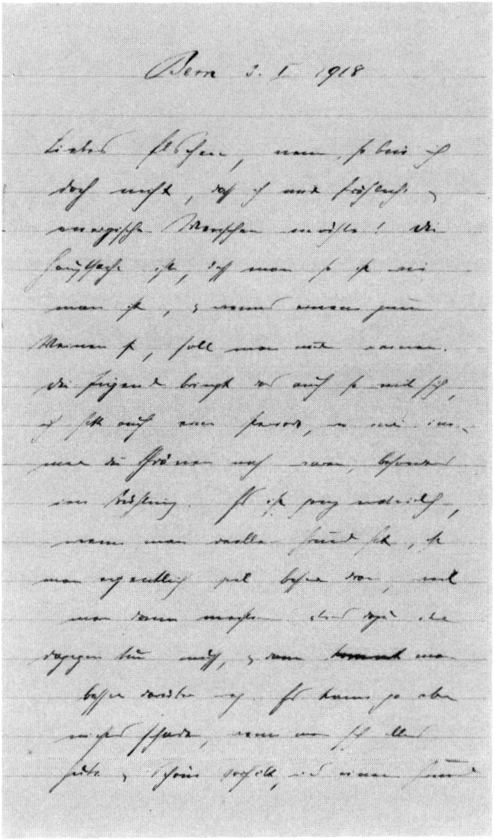
Bern 3. I. 1918

Brief an Elsbeth Merz (3. Januar 1918)

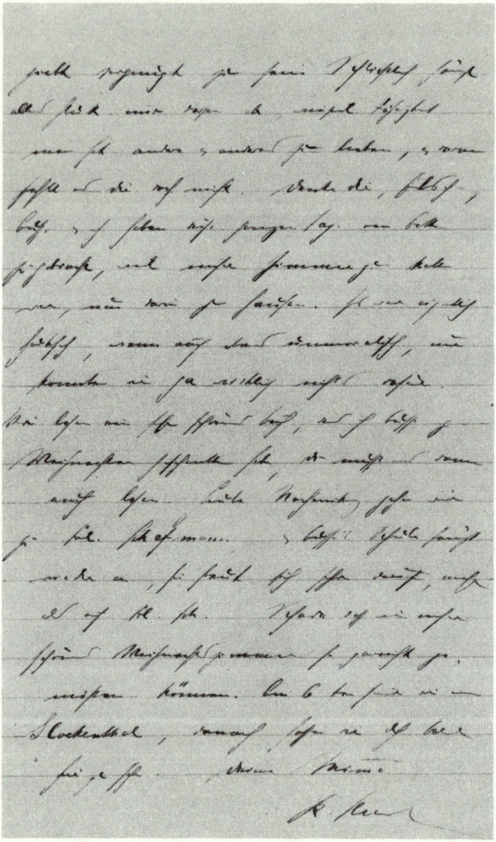

An Helene von Salis (München, 17. September 1918)

... Ein Brief von Dir ist ein großes Vergnügen, Du erzählst so goldig, und noch viel goldiger ist die Illustrierung durch die Bildchen. Ich kann mir Deinen Vater in dem kavaliermäßigen Auto prachtvoll vorstellen, es paßt ausgezeichnet für ihn...

Wir haben inzwischen hier viel erlebt, die großen Erschütterungen häuften sich so, daß man sie eigentlich kaum mehr spürte. Der Zusammenbruch so alter Mächte hat etwas Tragisches, und es kränkte mich anfangs, daß das Tragische im allgemeinen so wenig empfunden wurde. Schließlich muß man aber einsehen, daß sie wohl nicht hätten stürzen können, wenn sie nicht schon innerlich ganz morsch gewesen wären und nicht mehr lebendig im Herzen des Volkes gewurzelt hätten; infolgedessen läßt der Sturz im allgemeinen kalt.

Ich war schon vor dem Kriege davon überzeugt, daß unsere Kultur auf einem toten Punkt angelangt war und daß eine Erneuerung kommen müßte. Wie so etwas kommt, das weiß man ja aber nicht, und man kann es auch nicht herbeiwünschen, obwohl man es für notwendig hält. Vielleicht kommt nach dem entsetzlich Bitteren, was man hat schlukken müssen, ein neues Leben. Es ist erfreulich zu sehen, mit welcher Intensität sich alles der Bewegung anschließt, das gibt Hoffnung, daß etwas Rechtes daraus wird. Daß auch das Universitätswesen einer Erneuerung bedarf, davon haben wir ja öfters gesprochen, und man sieht es hier vollkommen ein; damit ist natürlich das Neue noch nicht da; wenn man nur daran glaubt, wird es schon kommen. Schade, daß Du nicht hier bist, Lenerl, und das alles miterlebt hast, es war auch manches zum Lachen. Ist wohl Dein Bruder schon wieder bei Euch?

Wir sind immer noch sehr hauswirtschaftlich, ich habe das Gefühl, daß es mir sehr gut bekommt, habe auch früher mit Deinem Vater davon gesprochen, daß mehr Tätigkeit im Hause mir wahrscheinlich gut täte. Nur brennt manchmal etwas an, weil ich natürlich nicht immer in der Küche sein kann und, wenn ich Besuch habe, manchmal vergesse, daß irgendein Gemüse auf dem Feuer steht. Abends, wenn wir zu Hause sind, lese ich vor, während Elsbeth stickt und Busi Patiencen legt. Das ist sehr gemütlich ...

An Marie Baum (München, 21. November 1918)

... Ich schreibe Dir eigentlich nur, damit Du mir schreibst. Ich wüßte so gern, wie es dort aussieht und was Du machst. Gestern hörte ich, in Hamburg [mein damaliger Wohnsitz] würde es furchtbar radikal, d. h. bolschewistisch. Ich finde, begeistern kann man sich für das Neue nicht, aber man sieht durchaus ein, daß etwas Neues kommen muß, und insofern kann man ja restlos mitgehen. Ich hatte eigentlich Lust, eine, soweit es mir möglich ist, glühende Propaganda zu machen, damit ein Reichsverweser auf Lebenszeit gewählt würde (Prinz Max von Baden), eine Art Wahlkönig, nur daß man den Namen nicht ausspricht. Da sagte Wolfskehl neulich, viele neigten doch zu einer Kollektivregierung, und obwohl ich das im Grunde jämmerlich finde, scheint es mir doch, als hätte Deutschland augenblicklich nicht die Kraft zu einer Einzelvertretung und als müßte es sich ausruhen, so wie man auch Nervenkranke sich einfach ausruhen läßt. Was denkst Du zu dieser Idee: ich finde, Deutschland müßte sich sozusagen selbst kolonisieren oder besiedeln, es müßten aus den Großstädten Gruppen von Menschen, zum Beispiel je hundert, auswandern und sich in den zahllosen schönen kleinen Landstädten niederlassen, die wir haben.

Einzelne können das nicht tun, weil sie da verloren wären, darum müßten sich viele zusammentun, verschiedenste Berufszweige, wirklich in der Art von auswandernden Kolonien. Wenn ich nur wüßte, wie man so etwas bekanntmacht und dafür werben könnte...

An Marie Baum (München, 4. Januar 1919)

...Mit der Wahl in Frankfurt [zur Nationalversammlung] ist es nichts geworden. Es soll also wohl nicht sein, und es mag sein, daß es zu anstrengend für mich gewesen wäre. Ich hätte es in vieler

Hinsicht gern getan, obgleich ich aus langer Erfahrung weiß, daß nie jemand auf mich hört, mag ich auch das Beste und Richtigste sagen. Es kommt manchmal vor, daß ich Leute entzückt und bewundernd über irgendein neues Buch sprechen höre; sehe ich dann näher zu, handelt es sich um das, was ich in meinem kleinen Buch Natur und Geist oder in Luthers Glaube gesagt habe und worüber dieselben Leute den Kopf geschüttelt oder sogar gelacht haben. Entweder die Leute verstehen überhaupt nicht, was ich sage, oder sie verstehen es falsch; natürlich gibt es Ausnahmen...

Übrigens richtig eine politische Laufbahn, dazu müßte ich mein Leben ganz anders einrichten, was für Busi wohl kaum gut wäre. Ich finde auch, daß das im allgemeinen nichts für Frauen ist, oder das Familienleben müßte aufhören, und das wäre doch ein Unglück...

Weißt Du, daß ich meine Wohnung kündigen mußte? Etwas wehmütig ist es mir, sie zu verlassen, wo ich so besonders glücklich war.

Ich dachte daran, nach Schwaben oder Baden zu ziehen, aber da kein rechter Grund und Antrieb dazu da ist, werde ich wohl hierbleiben...

An Marie Baum (Baden/Schweiz, 28. Juli 1919)

...Abgesehen davon, daß wir Manno wirklich gesehen haben, war an dieser Reise vieles verfehlt, besonders insofern, als ich mich schlechter als vorher befinde. Zu der Reise nach Schuls war nicht mehr recht Zeit, wir hatten immer Kälte und Regen und Kofferein- und Kofferauspacken. Ich schreibe Dir das, um begreiflich zu machen, daß ich nie geschrieben habe. Ich war tatsächlich sehr indolent, aber die Umstände waren mit daran schuld. Die Unterzeichnung des Friedens hat einen furchtbaren Eindruck auf mich gemacht, ich konnte mich nicht recht davon erholen. Beständige Nadelstiche und Keulenschläge; schließlich half ich mir dadurch, daß ich keine Zeitung mehr ansah, das läßt sich aber auch schwer durchführen...

Wir sind hier noch einen Tag mit Emmi Reiff [Freundin aus den Züricher Jahren] zusammen, fahren heute abend nach Winterthur, um Fräulein Wölfflin guten Tag zu sagen, und Mittwoch nach München. Ich freue mich darauf, wieder eine regelmäßige Tätigkeit und eigene Häuslichkeit zu haben.

Manno hat viel durchgemacht, und man merkt es ihm sehr an; davon ausführlicher, wenn ich in München bin. An Umziehen denke ich zunächst nicht, ich habe vor allen Dingen ein Bedürfnis nach Ruhe. Was ich am intensivsten wünsche, ist, irgendwo auf dem Lande zu leben, mit einigen Menschen, die man liebt, und zu arbeiten, was der Tag fordert. Ob sich das nicht doch noch erreichen läßt? Eine Kolonie gründen in der Bodenseegegend! Weißt Du, Laufenburg, Säckingen da herum...

An Marie Baum (München, 2. September 1919)

... Ich habe jetzt nur noch selten das Plus, das ich früher fast immer hatte, und ich denke jetzt manchmal ordentlich mit Beschämung, so ist es nun den meisten Menschen immer zumute. Das Schlimmste ist eigentlich, daß ich selbst jetzt noch viel kräftiger bin als die arme Busi, obwohl der Unterschied zwischen uns nun nicht mehr so groß ist. Allerdings bedrückt mich auch unsere Lage so sehr; solange ich in der Schweiz war, zehrte mich das Gefühl der Rache und des Hasses fast auf, hier legt sich nun das Gefühl wie Blei aufs Herz, daß wir das alles ja garnicht anders verdient haben. Ich meine das natürlich nicht im demokratischen oder sozialdemokratischen Sinne, gegen die Alldeutschen gelacht, und auch nicht umgekehrt. Sicherlich gibt es auch ehrenwerte und selbst bedeutende Persönlichkeiten, zum Beispiel Naumann war gewiß eine; aber das eben ist das Schreckliche, daß die Zeit keine Persönlichkeiten will und duldet, es sind doch immer nur die Schatten dessen, was sie hätten sein sollen. Ich dachte bei Naumanns Tode lebhaft an Dich und was Du von ihm erzählt hattest, und daß es Dir sehr nahegehen würde.

... Etwas Positives ist der himmlische Sonnenschein. Genießest Du ihn denn nun auch? Ich wollte Dir noch so vielerlei schreiben, kann mich aber durchaus nicht mehr darauf besinnen ...

An Marie Baum (München, 9. Oktober 1919)

... Da bist Du also wieder in dem alten Karlsruhe! [Ich hatte Ende 1919 ein Referat im badischen Arbeitsministerium angenommen.] Ich könnte Dich beneiden, wenn ich mir vorstelle, wie alles so dicht beisammen und übersichtlich ist, das allein erweckt in mir schon ein Wohlgefühl. Komisch, daß alle Leute übereinstimmend sagen: nein, Karlsruhe ist ausgeschlossen, es ist zu langweilig. Langweiliger, als München für uns ist, kann eigentlich garnichts sein. Es ist ein beständiger Druck auf mir, daß ich Busi so gar keine Jugend verschaffen kann; immer ist sie nur mit mir oder anderen älteren Frauen zusammen, es ist zum Verzweifeln. Und in Italien wird es womöglich noch schlimmer sein, denn Manno hat gar keinen Verkehr, und hätte er ihn auch, so können wir als Deutsche ja gar nicht mit Italienern umgehen. Ich merkte das neulich, als eine Italienerin mich besuchte; es gab gleich einen heftigen Krach. Allerdings war sie Pazifistin, und mit derartigen Leuten gerate ich sofort aneinander. Überhaupt sieht es ja in Italien bedenklich aus; ich halte es für möglich, daß wir da die Bolschewisterei gleich fortsetzen können. Noch ist ja die Einreiseerlaubnis nicht da.

... Es hat mich wirklich erregt, daß Wilson krank ist und die Art seiner Krankheit. Ein einziges Mal las ich in Bern eine längere Rede von ihm und sagte sofort, der Mann *ist* eigentlich schon geisteskrank, denn er belügt sich dauernd selbst. Damals dachte man natürlich, ich wäre verrückt, so etwas zu sagen. Es war mir nicht möglich, wieder etwas von ihm zu lesen, so ekelte mich diese schaukelnde Atmosphäre an...

Die Nummer der Hilfe über Naumann, die Du mir schicktest, habe ich gelesen. Er muß ein sehr guter und auch persönlich sehr anziehender Mensch gewesen sein, aber den Versuch der Bäumer, einen Helden aus ihm zu machen, finde ich ganz verfehlt; dazu gehört etwas ganz, ganz anderes, was man komischerweise heutzutage gar nicht mehr kennt und auch nicht will. D'Annunzio ist ja durch seine Eitelkeit nur lächerlich – und doch! – wenn wir nur einen solchen hätten. So arm an Persönlichkeiten ist doch kein Land wie Deutschland. Ob es noch einmal anders wird?

Heute muß ich wieder den Öfen nachjagen, so geht es fast täglich, von kontinuierlichem Arbeiten ist keine Rede...

An Marie Baum (München, 15. November 1919)

...Ich denke, wir werden gegen den 25. reisen [erste Reise nach Padua]. Die Pässe sind noch nicht aus Berlin zurück. Es kommt mir vor, als spränge ich in einen Abgrund; ich weiß selbst nicht, warum ich so ein unheimliches Gefühl dabei habe... Wir werden allgemein so beneidet, als ob wir in ein fix und fertiges Paradies gehen; die Deutschen haben darin etwas Rührendes, wie das Wort Italien die

Vorstellung von etwas Überirdischem in ihnen auslöst. Kein anderes Volk hätte das. Hätten sie nur ebensoviel Gefühl nationaler Ehre. Wären alle von einem gemeinsamen Gefühl der Entrüstung, der Rache, des Zornes durchdrungen, wieviel leichter wäre dann alles zu ertragen. In den besetzten Gebieten sollen aber Haß und Ungeduld schon einen hohen Grad erreicht haben. Neulich traf ich einen jungen Mann, der den ganzen Feldzug mitgemacht hat, nur einmal leicht verwundet war und nun mit Entzücken von allem Schönen und Großen sprach, was er gesehen hätte. Auf einen solchen kommen allerdings zehn, die seelisch geknickt sind...

Ich schreibe Dir dann von Padova aus. Aus unserer Erfahrung weiß ich, daß die Korrespondenz recht gut läuft, etwa fünf Tage dauert ein Brief... Ich bin so gewohnt, vor Kälte zu zittern, daß ich es auch tue, wenn es zufällig mal wo warm ist...

An Marie Baum (Padova, 26. Dezember 1919)

...Neben mir steht das hübsche Gestellchen für Zeitungen, das Du mir vor Jahren einmal geschenkt hast [um die Jahrhundertwende in Triest], weißt Du noch? Ich bin mitten in die Vergangenheit versetzt. Das ist ein eigentümliches Gefühl, und es wurde mir ziemlich schwer, mich daran zu gewöhnen. Augenblicklich ist Mannos Bruder Guido hier als Weihnachtsbesuch, selbst dieser, den ich doch nur so wenig gesehen habe, begrüßt mich mit dieser selbstverständlichen Verwandtenliebe, die mir so sehr gefällt an den Italienern. Seine Söhne nennen mich mit Geläufigkeit «zia», und ich schäme mich ordentlich, daß ich mir zu dem allem erst einen Ruck geben muß. Busi und ich haben ein Stockwerk, das heißt drei Zimmer, ganz für uns; mittags essen wir jeweils mit Mannos Schwester und einem seiner Neffen, und Manno erscheint erst zum Abendessen.

Busi schwelgt in Familie... Bis jetzt leide ich noch schrecklich unter dem Nichtsprechenkönnen. Manchmal verzweifle ich daran, es je zu lernen, d.h. so sprechen zu lernen, daß das Sprechen ein unmittelbarer Ausdruck meines Geistes ist. Ich komme mir wie in einem Gefängnis vor, aus dem ich nie heraus kann. Übrigens habe ich nicht den Eindruck, daß hier eine eigentliche Geselligkeit sich bilden kann; man muß sich auch denken, daß Padova eine kleine Provinzstadt ist, so etwa wie Hildesheim oder Landshut. Die Universität scheint keine große Rolle zu spielen. Ich denke mir, künftig werden wir während des Sommers hier sein und im Winter in München.

... Denke Dir, ich merke, daß ich garnicht mehr unbefangen Deutsch schreibe; das kommt von dem beständig Italienisch lesen, sprechen, hören. Augenscheinlich bin ich momentan auf einer Stufe, wo ich weder das eine noch das andere richtig kann. Schreibe mir, wie es Dir geht! Du kommst mir so weit, weit weg vor! Und bist es ja auch...

An Elsbeth Merz (Padova, 31. Dezember 1919)

... Der letzte Tag des Jahres nimmt sich von außen sehr traurig aus; es kommt ja aber auf ihn nicht an, und wer weiß, morgen lacht uns vielleicht die Sonne und deutet auf glückliche Tage im neuen Jahr. Solche wünsche ich Dir so viele, wie der Mensch ertragen kann, der ja bekanntlich zwischenhinein auch einige widerwärtige braucht. Du sagst vermutlich, von denen hättest Du genug und schöne könntest Du nie zu viele haben, womit Du aber nur den Übermut und die hohen Ansprüche der Jugend beweisest. Nun also, ich wünsche Dir hauptsächlich, daß Dein Vater wieder recht gesund und kräftig wird, und dann, daß Du jeden Morgen recht viele Briefe neben der Kaffee- (oder Schokoladen)tasse findest, daß Du des Studiums durch ein mehr oder weniger glänzendes Examen ledig wirst... und schließlich, last but not least, ein entzückendes Kapitel in das Buch der Liebe.

Um Deine Weihnachtshetze habe ich Dich sehr beneidet, dergleichen gibt es hier nicht. Bei uns wird zwar Weihnachten gefeiert, aber es ist doch etwas Importiertes, und der Erdgeruch fehlt und die Atmosphäre der fröhlich und feierlich gehobenen Stimmung. Was Du von den Weihnachtsfeiern schreibst, die Du mitgemacht hast, interessierte mich, ich glaube, man ist davon meistens etwas enttäuscht, weil unsere religiösen Symbole nun einmal abgegriffen und schal geworden sind, man hält sie wohl hoch, aber man ist doch nicht mehr mit ganzem Herzen dabei. So scheint es mir wenigstens. Ich war hier bei einer protestantischen Feier, wo die Kinder Süßigkeiten beschert bekamen. Es brannte ein kleiner Weihnachtsbaum in einem recht armseligen kleinen Raum, der als Kirche dient, und es wurden zum Teil hübsche Lieder gesungen, die aber nicht choralmäßig waren wie unsere. Alles hatte einen ärmlichen, genügsamen Charakter, der wohl rührend und anziehend war; aber, da die protestantische Kirche hier weder verfolgt wird noch eine Zukunft hat, doch auch ziemlich zwecklos.

Jetzt muß ich gleich mit Busi und einem netten jungen Mann auf Suche nach einer Gitarre gehen. Es ist nämlich gar nicht mehr auszuhalten, daß wir so ohne Musik sind. Wie würde ich Dich jetzt feiern, wenn Du uns vorspieltest!...

DIE LETZTEN MÜNCHENER JAHRE

(1920–1927)

Im Jahre 1924 erreichte Ricarda das sechzigste Lebensjahr. Während sie den fünfzigsten Geburtstag in aller Stille mit ihrer Tochter auf Reisen begangen hatte, ließ sie sich dieses Mal feiern, von Freunden, von der Öffentlichkeit, wie denn das neu beginnende Jahrzehnt überhaupt ein Jahrzehnt der Ernte bedeuten sollte. Freilich weisen nur wenige Stellen ihrer Briefe darauf hin, aber das ist durchaus charakteristisch für sie. In guten Zeiten pflegte Ricarda sich ganz der Gegenwart hinzugeben, ihre intimeren Briefe stammen überwiegend aus nachdenklichen Stimmungen, dunklen Stunden. Das gilt im besonderen von diesem Zeitabschnitt, in welchem Licht und Schatten sich seltsam mischten. Er umfaßt reiche Erfüllung in ihrem Werk und erhält seinen Glanz durch das jugendliche Leben der Tochter. Ricarda, sonst größeren Festlichkeiten abhold, führte sie auf Gesellschaften, Tanzfeste, Maskenbälle, lud junge Leute zu sich ins Haus und genoß das Geschwirr von Verliebtheit und Musik, das zur Jugend, das zu München gehört. Die alten Freunde kamen und gingen, viel Wohnbesuch stellte sich ein, so daß ihr das Heim zuweilen fast wie ein Hotel erschien. Und aller Unruhe zwang sie mit großer Willensstärke doch immer Stunden intensiver Arbeit ab.

Zu den üblichen Reisen nach Padua und in die Schweiz trat mehrmaliger Aufenthalt in der Elmau, die Ricarda zum interessanten Erlebnis wurde. Sie genoß es, daß man dort «gelebt werde», das heißt, daß sich die Berührung mit Menschen, guter Musik und der herrlichen Natur ohne eigene Anstrengung einfach von selbst ergab. Hier schloß sie Freundschaft mit Adolf Harnack und dem Theologen Erich Förster und ihren Familien, mit Frau Luise Böhm, der Witwe des badischen Kultusministers, deren Sohn sich mit Marietta verlobte. Zu den fast täglichen Gästen ihres Münchener Heims gehörte Hans Feist, der sich später als Übersetzer von Pirandello und Christopher Fry einen Namen gemacht hat. Damals lebte er, von Arbeit nicht überbürdet, viel reisend, in angenehmen äußeren Verhältnissen. Als er im Jahre 1933 in die allgemeine Verfolgung seiner Glaubensgenossen geriet, half ihm Ricarda durch Empfehlungen in der Schweiz, wo ihm noch Jahre des Erfolges vergönnt waren. An dem Erleben ihrer Freunde und Schützlinge nahm sie immer von ganzem Herzen teil, ja sie verschwendete sich an sie oft bis an die Grenzen der Kraft. «Schwer ist doch das Schicksal der meisten Menschen, wenn man nur so die Tatsachen betrachtet. Wären nicht die schönen Augenblicke und die herrlichen Gefühle – aber diese sind ja auch das Eigentliche.»

Zunächst nur auf schriftlichem Wege setzte die Beziehung zu Professor Dr. Reinhard Buchwald ein. Er hatte ihre im Insel-Verlag erschienenen

Bücher als Lektor betreut und, ergriffen von ihrem religiösen Werk, dessen Gehalt in einer kleinen Schrift «Quellen des Lebens» zusammengefaßt. Später traf sie ihn in Heidelberg wieder und blieb bis zu ihrem Tode freundschaftlich mit ihm verbunden. Bei der am Bestattungstage von der Stadt Frankfurt veranstalteten Trauerfeier hielt er die Gedenkrede.

Zu jener Zeit drang der Tod in die Reihen ihrer Altersgenossen. Martha Friedländer, eine Jugendfreundin der Herausgeberin, die im Jahre 1907 in Wien die Bekanntschaft mit Ricarda vermittelt hatte, verlor ihren Gatten, den Chemiker Professor Paul Friedländer, mit dem sie zuletzt in Darmstadt gelebt hatte. Martha Friedländer siedelte nach München über und widmete sich hier mehr, als es ihr vordem möglich gewesen war, der Bildhauerkunst, in der sie Beachtliches leistete. Ihr Freundeskreis war groß. In fast mütterlichem Verhältnis stand sie zu Elisabeth Langgässer, in deren später herausgegebenen Briefen auch an sie gerichtete zu finden sind. Sie mußte erleben, daß nach 1933 ihre drei Töchter in die Fremde gingen, weil ihr Leben oder ihre Laufbahn hier bedroht waren – ihr Großvater, Ludwig Friedländer, Universitätsprofessor in Königsberg, bekannt durch sein großes Werk *Die Sittengeschichte Roms,* war Jude.

Der Tod traf auch Ricarda selbst in nächster Nähe. Stärker als durch alle die angedeuteten weitergreifenden Beziehungen war dieser Lebensabschnitt durch ihre neue Verbundenheit mit Ermanno Ceconi geprägt worden. Diese beiden so verschiedenartigen Menschen empfanden einander als unentbehrlich, bis in die tiefsten Wurzeln des Seins verwachsen. Wenn Ricarda ihn mit ihrer Liebe hielt, so gab er ihr einen Halt, der sich nicht besser veranschaulichen läßt als durch ihren Wunsch, vor ihm, unter seiner helfenden Hand zu sterben. Er wurde ihr nicht erfüllt. Ceconis frühes Scheiden, das diesem Abschnitt sein Ende setzt, hat sie nie ganz verwunden.

An Elsbeth Merz (Padova, 27. Januar 1920)

... Wenn ich Dir Deine Dissertation einigermaßen erleichtern kann, so freut es mich sehr. Schreibe in Gottes Namen drauf los, ich schwöre Dir, es nie zu lesen, denn sonst komme ich mir so verstorben vor. Ich schicke Dir gleichzeitig eine andere Dissertation [von *Paula Mutzner, Die Schweiz im Werke Ricarda Huchs, Bern 1935*], die ich auch nicht gelesen habe, damit sie Dir vielleicht irgendeine Anregung gibt, sei es zum Widerspruch oder sonst. Auch gibt es eine Schrift von O. Walzel über R. H. und den epischen Stil *[Oskar Walzel, Ricarda Huch. Ein Wort über die Kunst des Erzählens, Leipzig 1916]* oder ähnlich, das habe ich auch nicht gelesen. Wenn möglich, bilde Dir doch beim Schreiben ein, Du schriebest einen Brief, dann kommt es jedenfalls hübsch heraus. [Elsbeth Merz hat später ein anderes Thema gewählt.]

Reynold habe ich einmal in Bern sprechen gehört, in einer Versammlung, wo über den Anschluß von Arlberg verhandelt wurde. Er war sehr für diesen Anschluß und verteidigte seine Ansicht mit ausgezeichneten Gründen. Ich fand alles, was er sagte, sehr gut und richtig, und er sprach glänzend und geistvoll, so daß der Berner und der Appenzeller, die außer ihm noch sprachen, gar nicht gegen ihn aufkamen. Trotzdem muß ich gestehen, daß diese mir eigentlich besser gefielen. Daß er aber als Lehrer sehr anregend ist, daran zweifle ich nicht. Was mich störte, war, glaube ich, das instinktive Gefühl, daß es ihm mehr auf seine Person als auf die Sache ankommt.

Ich habe jetzt eine Schülerin [ihre Schwägerin Lucy Ceconi], der ich Deutsch beibringe; da ich es auf Italienisch tun muß, lerne ich dabei. Das Komische ist, daß ich ihre Fragen nie beantworten kann, da ich keine Ahnung von der Grammatik habe, von der deutschen nämlich. Außerdem habe ich eine Katze, die die süßeste ihres Geschlechtes ist. Sie sitzt beim Essen auf meinem Schoß und legt ihr Pfötchen auf meinen Löffel oder meine Gabel, wenn sie auch was will. Busi, das arme Kind, hat es, objektiv betrachtet, gar nicht schön; sie führt das traurigste Leben, das man sich denken kann, von jungen Männern, Hofmachen und dgl. keine Rede, aber sie ist beseligt, weil sie ihren Vater hat, was will man mehr?

So, jetzt hoffen wir, daß die Post nicht über Nacht wieder gestreikt hat...

An Gertrud Knoop (Padova, 19. Februar 1920)

Liebste Frau Knoop, Ihre Schilderung der letzten Lebenstage Ihres teuren Kindes [der Tochter Wera] zerreißt das Herz und tut doch auch wohl; sie ist mir unvergeßlich. Ich kann mir vorstellen,

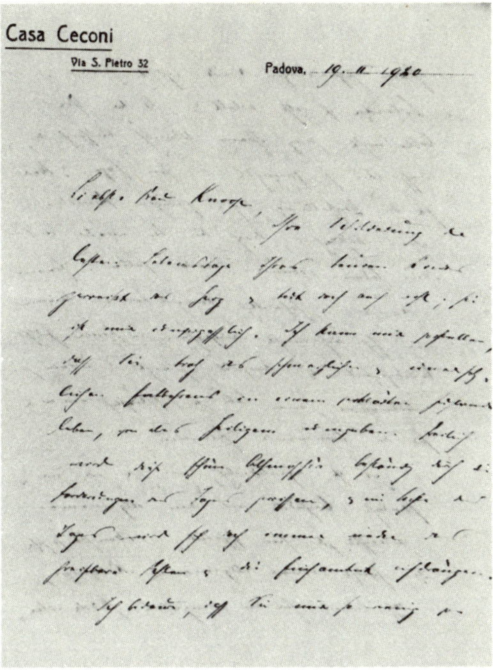

Casa Ceconi

Via S. Pietro 32

Padova, 19. II 1920

Brief an Gertrud Knoop (19. Februar 1920)

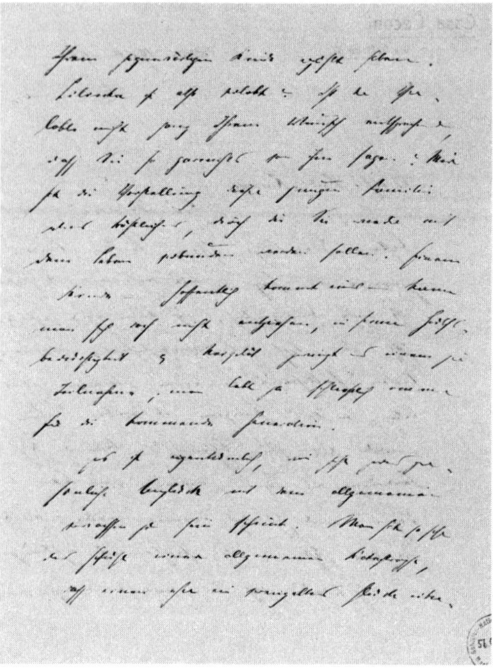

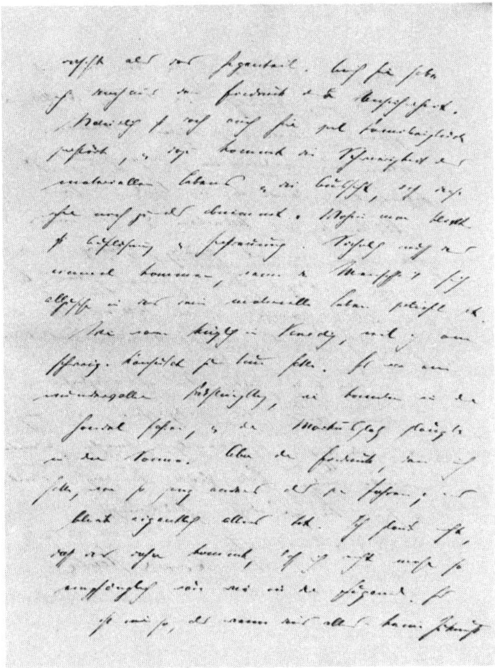

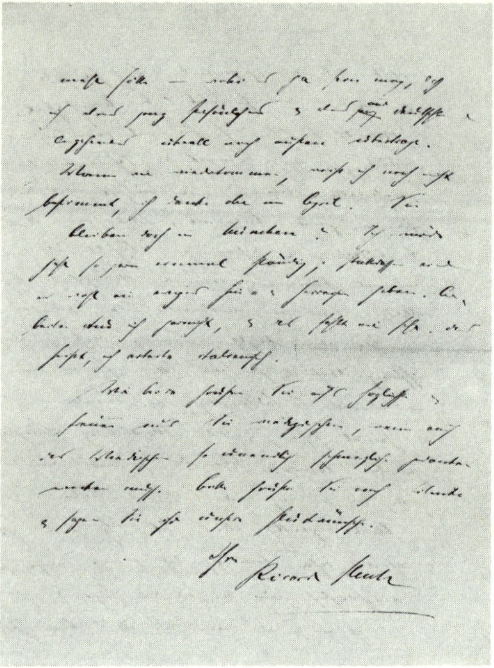

daß Sie trotz des schmerzlichen und unersetzlichen Entbehrens in einem verklärten Zustande leben, von etwas Heiligem umgeben. Freilich wird diese schöne Atmosphäre beständig durch die Forderungen des Tages zerrissen, und im Licht des Tages wird sich doch immer wieder das greifbare Fehlen und die Einsamkeit aufdrängen.

Ich bedaure, daß Sie mir so wenig von Ihrem gegenwärtigen Kind erzählt haben. Lilinka ist also verlobt? Ist der Verlobte nicht ganz Ihrem Wunsche entsprechend, daß Sie so garnichts von ihm sagen? Mir hat die Vorstellung dieser jungen Familie etwas Tröstliches, durch die Sie wieder mit dem Leben verbunden werden sollen. Einem Kinde – hoffentlich kommt eines – kann man sich doch nicht entziehen, in seiner Hilfsbedürftigkeit und Naivität zwingt es einen zur Teilnahme; man lebt ja schließlich immer für die kommende Generation.

Es ist eigentümlich, wie jetzt jedes persönliche Unglück mit dem allgemeinen verwachsen zu sein scheint. Man hat so sehr das Gefühl einer allgemeinen Katastrophe, daß einen eher ein vereinzeltes Glück überrascht als das Gegenteil. Auch hier habe ich durchaus den Eindruck der Unsicherheit. Natürlich ist doch auch hier viel Familienglück zerstört, und dazu kommt die Schwierigkeit des materiellen Lebens und die Aussicht, daß diese eher noch zu- als abnimmt. Wohin man blickt, ist Auflösung und Zerstreuung. Sicherlich muß das einmal kommen, wenn die Menschheit sich allzusehr in das rein materielle Leben vertieft hat.

Wir waren kürzlich in Venedig, weil ich am schweizerischen Konsulat zu tun hatte. Es war ein wundervoller Frühlingstag, wir konnten in der Gondel fahren, und der Markusplatz glänzte in der Sonne. Aber der Eindruck, den ich hatte, war so ganz anders als vor Jahren; es blieb eigentlich alles tot. Ich glaube nicht, daß es daher kommt, daß ich nicht mehr so empfänglich bin wie in der Jugend. Es ist mir so, als wenn das alles keine Zukunft mehr hätte – wobei es ja sein mag, daß ich etwas ganz Persönliches und etwas nur Deutschland Angehendes überall nach außen übertrage.

Wann wir wiederkommen, weiß ich noch nicht bestimmt, ich denke aber im April. Sie bleiben doch in München? Ich würde jetzt so gerne einmal ständig; stattdessen wird es wohl ein ewiges Hin- und Herreisen geben. Arbeiten tue ich garnicht, und das fehlt mir sehr. Das heißt, ich arbeite italienisch.

Wir beide grüßen Sie aufs herzlichste und freuen uns Sie wiederzusehen, wenn auch das Wiedersehen so unendlich schmerzliche Gedanken wecken muß. Bitte grüßen Sie auch Lilinka und sagen Sie ihr unsere Glückwünsche. Ihre Ricarda Huch.

An Marie Baum (Padova, 28. Februar 1920)

... Wie froh bin ich, daß es Dir gut geht. Ich hätte nur gern Näheres über Deine persönlichen Beziehungen in Kalrsruhe gewußt, ob Dir da das Blümchen und der Schmetterling blühen, die man zum Leben braucht. Ich bin jetzt manchmal ein bißchen (aber nicht sehr) melancholisch, weil ich denke, meine produktive Kraft ist ganz erschöpft. Und wahrscheinlich war es doch das, was mich früher so besonders glücklich machte. Jedenfalls wird die Zeit, wo ich produktiv bin, immer kürzer. Man hat ja aber auch solche Zeiten, vielleicht liege ich nur mal ein paar Jahre brach. Es ist äußerlich alles so erschwert, von dem Druck, der seit 1918 auf einem liegt, garnicht zu reden. Natürlich sind hier beständig große und kleine Nadelstiche zu erdulden; zum Beispiel wenn ich nur höre, wie sie klagen, daß es ihnen so schlecht gehe, «obwohl sie doch gesiegt haben», muß ich an mich halten. Im allgemeinen bemühen sich aber alle sehr, durch nichts zu verletzen, und ich höre fast von jedem, den ich kennenlerne, Deutschland würde sich gewiß eher erholen als Italien. Wenn ich es nur auch glauben könnte! Und manchmal wünsche ich's nicht einmal. Sondern ich denke, es muß eine große Welle über ganz Europa gehen, die Platz für das Neue macht. Vielleicht geht das sehr langsam, mit großen Zwischenräumen, ähnlich wie zur Zeit der Völkerwanderung.

Unser Leben geht fabelhaft einförmig hin: morgens schreibe ich Briefe oder arbeite, nachmittags wieder bis vier Uhr, dann gehe ich mit Busi spazieren, um fünf holen wir Manno ab, um halb acht essen wir zu Abend und um neun gehen wir meist zu Bett. Manno arbeitet den ganzen Tag und macht nicht einmal eine Mittagspause. Eigentlich ist er um diese Arbeitskraft zu beneiden, aber manchmal kommt mir dies Leben doch unnatürlich vor, besonders wenn er gerade sehr jung aussieht... Busi lernt fleißig Italienisch und ist glückselig, wenn sie zwischen Manno und mir sitzt oder geht; ein Glück, das eigentlich selbstverständlich ist und das sie jetzt wie etwas Wundervolles genießt.

Unsre Zukunftspläne sind so, wie ich Dir schon schrieb: daß wir im Sommer hier und im Winter in München sein wollen. Der Winter hier war fabelhaft, in der Sonne ist es jetzt schon wie Sommer. Leider ist es so drückend, ähnlich wie in Triest, das macht wohl auch, daß ich mich nie im Vollbesitz meiner Kräfte fühle...

An Ermanno Ceconi (München, 23. April 1920)

...Nun ist alles wieder, wie es war, die Reisemüdigkeit ist überwunden... Wenn ich an Dich denke, zieht mein Herz sich zusammen, aber mein Körper bewegt sich in dieser Luft entschieden leichter. Die Reise war gräßlich, der Eindruck vom Elend in Innsbruck unerträglich, es warf mich ganz um, diese abgezehrten, geduldigen Menschen... Cenzi holte uns ab, unsere Wohnung war voll Blumen, es war ein reizender Empfang... Natürlich regnet es ununterbrochen, seit wir hier sind; aber bis zu diesem Zeitpunkt soll es wundervolles Wetter gewesen sein. Bis Innsbruck fuhren wir mit ein paar Tschechoslowaken [wohl eher Jugoslawen], die aus Mailand kamen; wie *die* Italien haßten, sie schwelgten ordentlich in der Vorstellung, daß bald eine Revolution käme.

Ich entbehre es sehr, nicht zu wissen, was täglich in Padova passiert, bitte, mein Herz, schreib doch oft ausführlich ... Wärest Du nur auch hier, wie schön könnte es dann sein!

So, jetzt muß ich mich den Tagesgeschäften widmen. Adieu, Liebling, grüße alle tausendmal ...

An Helene von Salis (München, 3. Juli 1920)

... Wie kannst Du nur denken, daß ich Dir böse wäre? Nein, ich wußte nur, brauchen tatest Du mich nicht in Deinem jungen Glücke, und das war mir ein herrlicher Vorwand für meine leider immer zunehmende Schreibfaulheit. Also Du heiratest im schönen Julimonate, in dem ich geboren bin. Ich stehe mich gut mit ihm und glaube bestimmt, er bringt Dir Glück. Daß wir nicht dabei sein können, tut mir schrecklich leid, ich hatte mir das so hübsch gedacht. Nein, wir sehen Dich und Deinen Mann hoffentlich recht bald in München, das ist ein Magnet, Du wirst es sehen. Zum Zeichen der alten Liebe und Freundschaft schicke ich Dir ein Bildchen von Busi und mir, und Busi stellt sich außerdem noch glückwünschend mit einem Blumenstrauß bei Dir ein. Die arme Busi mußte heute zu einem kleinen Tanzfest im Freien ... Da ein Gewitter im Anzuge ist, und die pflegen hier recht massiv zu sein, sorge ich mich ein bißchen, und man kann wohl sagen, daß wir bisher von den Freuden der Jugend mehr Last als Lust haben. Ich finde aber doch, mit zwanzig Jahren muß man hier und da tanzen. Du wirst denken: nur gut, daß das hinter mir liegt. Ja, das ist eben nur das Vorspiel, für Dich geht der Vorhang auf. Bitte grüße Deinen Bräutigam und sage ihm, daß ich mich sehr darauf freue, seine Bekanntschaft zu machen.

Wie gerne möchte ich in Basel – Ihr reist doch gewiß über Basel – Euch auf Deutschlands Schwelle begrüßen! In Gedanken tue ich es von Herzen ...
P. S. Deine Schrift hat sich geändert, sie ist viel zügiger – sagen wir hemmungsloser geworden ...

An Marie Baum (München, 17. Juli 1920)

... Ich sehe mich jetzt manchmal selbst außer mir, was ich früher nie tat, und mißfalle mir dann; Alterssymptom; und sollte ich nicht zuweilen unzufrieden sein? Gott, das ist ja unerheblich neben Spa [Nachkriegsverhandlungen], ich kann Dir nicht sagen, wie sehr mich alles anwidert! Es ist doch so, daß nur die Russen noch Größe aufbringen, weil sie untergehen können. Auf was für eine miserable Art gehen wir unter!

Nun aber, da man trotzdem persönlich weiterlebt – es geht mir diesen wundervollen Sommer manchmal so, daß ich ganz hingerissen bin von der

Schönheit des Naturlebens, das uns in diesem Jahr so überschwenglich reich umfängt. Ich habe bis jetzt die Absicht, wenn Manno bis Mitte August dagewesen ist, nachher Cenzi in die Ferien reisen zu lassen und dann mit Busi auf etwa acht Tage wegzugehen. Ich dachte aber eigentlich, Goethe und Luther nachzuziehen, Weimar, Wartburg, Eisenach und so weiter, das ich ja alles noch nicht kenne. Wie denkst Du darüber?...

An Ermanno Ceconi (München, 1. September 1920)

Geliebter Manno, unsere Briefe haben sich gekreuzt. Ich schrieb Dir wegen des Assistenten, und da ich wollte, daß es schnell ginge, habe ich die andere Sache, wegen welcher ich Dir schreiben wollte, aufgeschoben, nämlich mit Pia [Dr. Ceconis Halbschwester]. Ich wollte Dich bitten, sie freundlich aufzunehmen und unbefangen herzlich mit ihr zu sein, soviel es Dir möglich ist... Sie ist doch ein so liebes Geschöpf, ich habe sie mir gegenüber nie anders gefunden; obwohl ich sie weiß Gott damals nicht so aufnehmen konnte, wie ich gern gewollt oder gesollt hätte. Sie hat verstanden, daß das an den Umständen und nicht an meinem Willen lag. Lieber Manno, es macht mich manchmal traurig, daß es mir scheint, als nähme Deine Warmherzigkeit ab. Ich persönlich habe das gewiß nicht erfahren, mir gegenüber fühle ich Dich gleich, wenn Du es auch nicht immer äußerst;

aber ich sehe doch, wie Du sonst und mit andern bist. Als ich Dich kennenlernte, empfing ich einen so überwältigenden Eindruck, weil ich durch Dich zum ersten Mal die göttliche – im Gegensatz zur natürlichen – Liebe kennenlernte, die überall da liebt, wo man helfen kann. Ich werde das nie vergessen, wie es auf mich gewirkt hat; aber um so schrecklicher ist es mir, wenn ich ansehen sollte, wie das bei Dir erstarrt und austrocknet. Wenn man die Nächsten gerade nicht liebt, um sich nur Fremden oder Leidenden zu widmen, so ist das doch ein Unding, und die höchste Liebe würde dadurch ganz entwertet. Natürlich kann man Liebe nicht erzwingen; deshalb kann ich auch gar nichts tun, als Dich zu erinnern, wie Du einmal warest, und Dir vorstellen, wie furchtbar es wäre, wenn Du Dich ändertest. In der Jugend egoistisch zu sein, ist natürlich, je älter man wird, desto offener, mitteilender, versöhnlicher, weitherziger sollte man werden. Es ist unnatürlich und entsetzlich, wenn es umgekehrt ist. Wärest Du nur nicht gezwungen, in Padova zu sein, ich glaube, der Aufenthalt an einem Ort, wo Du ungern bist, verhärtet Dich so. Betrachte es doch als einen Übergang, Du wirst doch wieder einmal hierher kommen. Sowie Du das Haus abgezahlt hast, können Lucy und Dirce [die Schwestern] vielleicht die größere Hälfte des Hauses vermieten und damit genug verdienen, um zu leben. Dann kannst Du nach München kommen und bist nicht darauf angewiesen, viel zu verdienen. Aber was hat man vom Herrlichsten in der Welt, wenn man es nicht fühlt? An Deinem Gefühl liegt alles, das Du nicht hast oder nicht haben willst. Ließest Du Dich doch mehr gehen, äußertest Dich natürlicher, schachteltest Dich nicht so ein ... Alle würden Dir mit so viel Liebe begegnen, wenn Du nur wolltest; das Verlangen, wie ein unzugänglicher Gott angebetet zu werden, ist natürlich ungerechtfertigt und komisch, das mußt Du doch selbst sagen.

Busi findet Mailand schön, kühl, herrlich und denkt mit Kummer, daß Du in Padova sein mußt ... Guido [Ceconi] zeigte ihr ganz offen und natürlich, daß er sie lieb hat; Manno, warum kannst Du das denn nicht auch Deinen eigenen Angehörigen gegenüber? ...

An Ulrich Christoffel (München, 14. Dezember 1920)

... Dieser stille, schneebeladene Winternachmittag soll endlich einmal Ihnen und Ihrem Buche *[Die romantischen Zeichnungen von Runge bis Schwind, München 1920]* gewidmet sein. Hätte ich Ihnen nicht längst schreiben sollen, was für einen Eindruck es mir gemacht hat? Ich weiß doch von mir selbst, daß man der Zeugnisse bedarf, die einem über den Zusammenhang mit der mitlebenden Welt Versicherung geben. Wenn ich so lange gewartet habe, geschah es eigentlich, glaub ich, in dem Bewußtsein, daß Sie im Grunde des Kunst- und Lebensgefühls meiner Zustimmung gewiß sind. Es war mir beim Lesen eine fortwährende Freude, das hervorgehoben und betont zu finden, was mir auch wichtig und wesentlich vorkommt. Besonders gut gefallen mir die liebevoll verweilenden Schilderungen, die einen noch einmal so viel auf den betreffenden Bildern sehen lassen, als man vorher sah. Um ein Beispiel anzuführen, so fiel mir als schön die Stelle vom Walde als dem Beschützer des Märchens auf; aber es gibt ja viele solche. Der Reichtum unserer deutschen Kunst kommt einem so recht zur Besinnung. Mich wundert, warum Sie Steinle beiseite gelassen haben? Er hat doch viel sehr Liebliches und ist ein merkwürdiges Beispiel für das, was Sie von Führich sagen, wie man als Mensch kirchlich sehr beschränkt sein und im Kunstwerk doch zu einem rein menschlichen Ausdruck gelangen kann. Die gelegentlichen Vergleiche mit Ingres finde ich sehr interessant, sie lassen einen wünschen, daß einmal das Eigen- und Einzigartige dieser deutschen Kunst durch Vergleiche mit anderen Nationen noch mehr hervorgehoben würde. Ludwig Richter und Schwind können doch anderswo nicht einmal recht begriffen werden, weil man diese Art bürgerlich-bäuerlichen Lebens und entsprechende Ideale anderswo garnicht kennt. Es ist ja für uns auch vorbei. In der Dichtung ist diese versunkene Lebensanschauung bei uns nicht Gestalt geworden, Richter und Schwind müssen uns einen Dickens, Gotthelf, Keller ersetzen. Nachdem ich das Buch gelesen habe, kann ich Ihnen erst ordentlich dafür danken. Es ist mir ein lieber Besitz und soll nun zuweilen an Ihrer Stelle mit uns plaudern.

Daß es Ihnen in Italien so gut gefallen hat, begreife ich; es ist nun einmal die zweite Heimat für uns Deutsche. Im Winter ist es aber garnicht schön, die etwas dürftige Architektur bedarf durchaus der vollen sommerlichen Vegetation. Überhaupt phantasielos sind die Italiener im Vergleich mit uns, aber ihre Natürlichkeit und ihr gesunder Menschenverstand sind etwas Wundervolles, um so beneidenswerter, je absurder die Leute hier werden.

Meine Tochter ist eben mit einem jungen Freund in die Tanzstunde gegangen; zuweilen hört sie auch Vorlesungen an der Universität, ich weiß nicht, wo sie sich besser amüsiert.

Ich beschäftige mich unter anderm damit, eine Weihnachtskrippe zusammenzustellen aus alten holzgeschnitzten Figuren. Aber es kostet viel Lauferei und Geld, und trotz allem habe ich es bis jetzt nur zu einem Elefanten, einem Engel, einem Pferd und dem Kopf einer Maria gebracht. Wir freuen uns dies Jahr besonders auf das Fest, nachdem wir vorigen Winter in Padova die eigentliche Weihnachtsstimmung doch vermißten. Zu Weihnachten hoffte ich, daß ein hiesiger Berner Freund nach Hause reisen und endlich ein verspätetes Hochzeitsgeschenk für Sie mitnehmen würde. München war bezaubernd während dieses schönen Sommers, ich habe es eigentlich noch nie so genossen ...

An Leo Merz (München, 1. Januar 1921)

...Ich hatte mir das richtige, behagliche Lesen Ihres Briefes auf die erste Mußestunde verspart, welche eben, am Neujahrsmorgen, eingetreten ist; und wie ich mir Ihren Schreibtisch nebst Schreibkrampf lebhaft vergegenwärtigte, fühlte ich das Bedürfnis, Ihnen gleich zu antworten, und habe also das neue Datum für Sie zum ersten Male aufgeschrieben. Es ist doch eigen, wie man begierig und doch mit einer gewissen Scheu vor dem herabgelassenen Vorhang steht und aus seinen Bewegungen etwas von der Zukunft zu enträtseln sucht. Gerade um Mitternacht erhob sich ein starker Südwind, wir standen alle auf dem Balkon und witterten in die helle Nacht. Daß es ein stürmisches Jahr wird, hält man in jetziger Zeit für leicht möglich.

Vor drei oder vier Jahren haben wir einmal die Sylvesternacht bei Ihnen [während Ricardas zweijährigem Aufenthalt in Bern] verlebt. Vor ein paar Abenden war Wölfflin bei uns, und da sagte ich gesprächsweise, man müßte mit allem einmal abschließen können, so hätte ich jetzt auch mit der Schweiz abgeschlossen, trotz der mächtigen Rolle, die sie in meinem Leben gespielt hätte. Dies war nicht etwa ein Ausdruck der Abneigung, nur das Gefühl, daß die Wirkung, die einst von der Schweiz auf mich ausging, jetzt abgeschlossen ist, und daß das zusammentrifft mit der faktischen Unmöglichkeit für uns, sich in der Schweiz aufzuhalten [als Folge des Krieges]. Deswegen denke ich doch an meinen ersten Aufenthalt in Zürich 1887 und an den Sommer in Aeschi 1916 als an Höhepunkte zurück.

Neulich fiel es mir recht auf, daß mein Leben zum großen Teil zwischen Schweizern verflossen ist und verfließt. Ganz abreißen darf das doch nicht; sie müssen zu uns kommen, solange wir nicht zu ihnen können.

Mit Bruckner ist es mir gegangen so wie Ihnen in der ersten Hälfte, d. h. ich habe nur einmal etwas von ihm gehört (ich weiß nicht mehr, was es war), und das ist spurlos an mir vorübergegangen. Ich werde aber die 3. Symphonie hören, sobald Gelegenheit dazu ist, auf Ihre Bürgschaft hin. Ich habe mir sogar vorgenommen, Schreker und Korngold und alle diese modernen Ausgeburten kennenzulernen, damit man nicht das gegen die Jugend sich verschließende Alter wird.

Busi hat mir allerdings gesagt, ich wäre noch zu jung – weil ich nämlich unter ihren Verehrern denjenigen bevorzuge, der mir am meisten gefällt, obwohl die Vernunft eher gegen ihn spricht. Sie merken, in welcher Atmosphäre wir leben. Es dreht sich alles um Liebe, und dazu bläst der Föhn und wärmt die Sonne auf eine unnatürlich südliche Weise. Es wird wohl dick hinterher kommen.

Ich wollte, ich könnte Ihnen den entscheidenden Stoß nach einer Seite Ihres Berufes geben, und den richtigen natürlich; aber das kann wohl nur ein sogenannter Zufall. Ich denke mir, ob das Gefühl, das Sie warnt, nicht vielleicht zu groß für Sie wäre? Es läßt sich allerdings vieles dagegen sagen, denn man hat ja auch mehr Schwung für das, was man gern tut. Ich wünsche Ihnen jedenfalls mehr Leichtsinn, für welchen Beruf es auch sei.

Ja, nun schließe ich, denn dies war der letzte Fetzen Papier, den ich noch auftrieb. Viele, viele Grüße Ihnen allen. Denken Sie daran, daß München im Frühling ganz etwas anderes ist als München im Spätherbst...

An Marie Baum (München, 10. Januar 1921)

...Gleich, nachdem Du fort warst, fiel mir ein, daß ich ja kaltes Wasser trinken müsse; das tat ich, und da ging es mir fast unmittelbar besser. Ich bin jetzt auf und fuhrwerke leidlich herum, obwohl ich mich noch etwas klapprig fühle. Diese leichte Entzündlichkeit der Haut ist etwas sehr Fatales, ich dürfte nie heiß trinken oder essen, aber Du kannst Dir ja denken, wie schwer das durchführbar ist, da doch das Essen warm auf den Tisch kommt und man auch manchmal Eile hat. Es gibt doch so eine Sage von der Selbstverbrennung von Säufern; Dickens hat das einmal benutzt, und Gotthelf erzählt einen Fall von einem entsetzlich gottlosen Bauern, der auch trank und den dann schließlich der Teufel holte, wie das Volk sagte. Das ist dasselbe Leiden, manchmal hat es mich schon schwer deprimiert, daß ich dasselbe haben muß, woran die allergottverdammtesten Kreaturen zugrunde gegangen sind. Andererseits begreife ich es aber auch wieder. Das Fatale ist die vollkommene Kraftlosigkeit, die damit verbunden ist, es wird nun aber schon wieder besser für diesmal...

Busi will ihn nicht heiraten, und ich hatte mich schon ein bißchen in den Gedanken hineingelebt und lasse ihn ungern fahren. Zureden würde ich ihr aber nie sehr, denn aus Busi spricht immer die reine Natur, die recht hat... Das Sinnliche und Satanische, das in dem Jungen steckt und das mich hingerissen hätte, lehnt Busi ab, obwohl sie den Reiz fühlt... Ich glaube, ich werde so lange leben, wie es für Busi notwendig ist. Heute morgen hatte sie Klavierstunde, die hat sie so gern, aber sie kann kaum bis zum Schluß aushalten, und nachher ist sie vollkommen am Ende ihrer Kräfte...

An ein Mitglied der Dante-Gesellschaft (München, 1. Februar 1921)

...Soeben habe ich den Bericht über die letzte Sitzung des Ausschusses für die Dante-Feier gelesen und fühle den lebhaften Wunsch, mich dazu zu äußern. Da ich aber keinen von den übrigen Mitgliedern kenne, weiß ich nicht, wie ich meine Bemerkungen anbringen kann, und da ist mir eingefallen, daß Sie sie an Herrn Rathenau übermitteln könnten, der dazu gehört. Es würde Ihnen natürlich unbequem sein, das von mir Gesagte zu wiederholen oder zusammenzufassen, und es genügt ja auch, wenn Sie meinen Brief einfach weitergehen lassen. Ich habe nämlich den Eindruck, daß man die Veranstaltungen zu der Feier übertreibt. Wozu an allen Schulen Vorträge und Belehrungen? Diese Dante-Feier wird doch immer nur eine Angelegenheit weniger Gebildeter bleiben, Volkssache kann sie nie werden. Wäre es überhaupt erstrebenswert? Dantes Göttliche Komödie ruht auf scholastischem Grunde, die Schönheiten der Dichtung sind Dantes starker Persönlichkeit zu danken und durchbrechen gleichsam seine starre Weltanschauung. Mit unserem Faust kann sich die Göttliche Komödie nicht vergleichen. Ich liebe die Italiener sehr und bin sehr dafür, daß eine Gedenkfeier in angemessener Weise begangen wird, aber ich möchte doch auch, daß man für Dante nicht ebensoviel tut oder womöglich mehr, als für unsere eigenen Heroen. Ich habe die bedeutendsten Kunst- und Literaturzeitschriften durchblättert, die in Italien während des Krieges erschienen sind; es zeigt sich darin eine vollkommne Unkenntnis unseres Geisteslebens und ein lächerlicher Mangel an Verständnis dafür. Die Grundauffassung war, daß Deutschland nie etwas Originales oder Geniales hervorgebracht hätte, es wurde geschwelgt in Beschimpfungen und stupiden Behauptungen. Wir bleiben uns nur selbst treu, wenn bei uns derartige Verfälschungen nicht möglich sind; aber ich finde doch, daß wir Ursache haben, neben der Anerkennung der Fremden die nationale Würde zu wahren. Wenn wir die Männer des Risorgimento feierten, Mazzini, Garibaldi, Cavour und die Unzähligen, die sich opferten, um ihr Land von der Fremdherrschaft zu befreien, so hätte das jetzt tiefen Sinn und Berechtigung. Wir brauchten derartige Vorbilder. Dante könnte uns auch bedeutungsvoll sein als der Anhänger der Idee der Weltmonarchie, innerhalb derer die Nationen in gleichsam verwandtschaftlichen Beziehungen standen. Aber die Verhältnisse sind seitdem so verändert, die Rolle, die Deutschland damals spielte, so verschieden von der jetzigen, daß es heikel wäre, Vergleiche zu ziehen. Was nun aber Dante, den Dichter betrifft, so glaube ich nicht, daß er auf Deutschland jemals einen großen, allgemeinen Einfluß ausgeübt hat, noch ausüben wird. Man darf auch nicht vergessen, daß Italien sich in Dantes Namen erneuert hat, Dante ist das Symbol für die Neu-Einigung Italiens und die Idee der Vorherrschaft Italiens in Europa. Standbilder Dantes wurden überall errichtet, um den Anspruch Italiens auszudrücken; es steht uns nicht an, dies Symbol so rückhaltlos zu feiern, im Augenblick, wo das deutsche Tirol den Ansprüchen Italiens geopfert worden ist. So sehr ich für eine geziemende Dante-Feier bin, kann ich nicht umhin, gegen eine maßlose Dante-Schwärmerei zu protestieren. Wir sollten bei dieser Gelegenheit zeigen, daß wir das Große fremder Nationen zu schätzen wissen, und daß wir an die Fortdauer der in den Naturen der beiden Völker begründeten Wechselwirkung zwischen

Italien und Deutschland glauben und sie wünschen; aber eine gewisse Zurückhaltung würde uns dabei wohl anstehen und jedenfalls die Betonung, daß wir eher ohne Dante denkbar sind, als Dante damals ohne das Römische Reich Deutscher Nation denkbar war.

So lange Briefe pflege ich gar nicht zu schreiben und Sie vielleicht nicht zu lesen. Das macht ja auch nichts, wenn Sie ihn nur weiterschicken und ihn irgend jemand an zuständiger Stelle liest. Mit bestem Dank im voraus, Ricarda Huch.

An Marie Baum (München, 13. März 1921)

...Zu meinem neuen Buch *[Entpersönlichung]* bekomme ich jetzt die Druckbogen, und da kam mir gestern nacht, als ich ein paar Stunden nicht schlief, der Gedanke, ich möchte etwas tun, was ich noch nie getan habe, nämlich dies Buch den beiden Menschen widmen, die den größten Einfluß auf mich gehabt haben (abgesehen von meinen Eltern und Großeltern natürlich), nämlich Dir und Manno. Ich weiß, daß es Dir zunächst verwunderlich vorkommt, gerade mit Manno in einer so engen Verbindung genannt zu werden; aber glaube mir, Du bist im Irrtum, und es ist nun einmal so. In Euren Armen erwachte ich wieder zum Leben, als Busi geboren war, und in Euren Armen werde ich mich fühlen, wenn ich einmal sterbe, solltet Ihr auch nicht bei mir sein. Siehst Du, Manno frage ich garnicht um Erlaubnis, dessen bin ich sicher, und insofern ist er Dir über! ...

In der Hauptsache habe ich die Sicherheit bewundert, mit der Busi ihn abgelehnt hat [s. Brief vom 10. Januar 1921], obwohl er durch seine Persönlichkeit stark auf sie wirkte; ich bezweifle, ob ich in ihrem Alter dazu imstande gewesen wäre.

Er hatte etwas unbeschreiblich Verführerisches, und ganz verschmerzen kann ich ihn auch nicht; nicht wegen des Verführerischen, sondern wegen des Traurigen, Hilfsbedürftigen, was sich ihm selbst zum Trotz an einen zu klammern schien. Es ist schade, daß er reich ist; wäre er arm, so hätte ich es auch doch nicht dahin kommen lassen. So mußte doch noch ein anderer Standpunkt in Betracht gezogen werden, der das Menschliche stört.

Ich schreibe jetzt, vielmehr schmiere, meine Lebenserinnerungen [diese Erinnerungen sind nur bruchstückweise geschrieben und veröffentlicht worden], um sie Busi für einen Notfall zu hinterlassen. Ich schmiere sie im Schweiße meines Angesichtes, denn mich mit Vergangenem beschäftigen ist mir, als wenn man einer Katze das Fell verkehrt streicht, und außerdem habe ich doch das meiste vergessen. Wie schön wäre es, wenn ich das bei Dir fertigmachen könnte, Du könntest vielleicht manches ergänzen, und wir amüsierten uns dabei ...

An Marie Baum (München, 8. April 1921)

... Über private Lebensgestaltung habe ich doch garnichts gesagt, und alles, was ich darüber zu sagen wüßte, ließe sich in die Worte fassen: Jeder tue seine Pflicht, oder: Du sollst Gott über alles lieben und deinen Nächsten wie dich selbst. Sonst komme ich zu dem Schluß, daß sich die Lebensgestaltung des einzelnen nicht ersprießlich ändern läßt, wenn nicht der Staat ganz andere Formen annimmt. Ich dachte daran, Dir die Druckbogen meines neues Buches *[Entpersönlichung]* zu schikken, aber vielleicht würde das Deine Arbeit nur erschweren, statt sie zu erleichtern.

Ich bin manchmal so degoutiert, daß ich mir sehnlich wünsche, aufs Land ziehen zu können und nichts mehr von Menschen, d. h. Städten zu hören und zu sehen. Kennst Du eigentlich den Fall Kaiser? Ach, ich habe doch nicht die Geduld, es zu erzählen. Meistens, wenn man die Zeitung gelesen hat, ist einem ganz übel, bei den Zeitschriften noch mehr. Von der Schicht der Gebildeten und Besitzenden ist wirklich wenig mehr zu hoffen.

[In einer Karte vom 12. April 1921 heißt es dazu:] Natürlich kann sich das Ganze wieder ändern, wenn die einzelnen sich ändern, aber diese auch nicht ohne das Ganze. Der Fall Kaiser war allerdings so, man fand allgemein, für einen Dichter sei es keine Schande zu stehlen, die Schande treffe nur Deutschland, das seine Dichter nicht besser versorge. Dabei hatte er aber selbst gesagt, daß er in einfachen Verhältnissen nicht leben könne, er müsse Luxus haben…

An Helene von Salis (München, 12. April 1921)

…Für die zugesandten Blätter danke ich Dir. Mir scheint, die Gesinnung, die sich darin ausspricht, teile ich; sowie man aber formuliert, was man denkt und will, ergeben sich leicht Differenzen. Ich würde nicht sagen: Immanenz oder Transzendenz, sondern Gott ist sowohl immanent wie transzendent. Daraus ergeben sich dann natürlich wieder gewisse Folgerungen, auf die ich hier nicht eingehen will. Für alle Fälle will ich Dir aber mein neues Buch *[Entpersönlichung]* schicken lassen, das Anfang Mai erscheinen wird. Durchaus teile ich die Ansicht Deines Mannes, daß man unsere akademische Philosophie garnicht brauchte, da die Philosophie in der Religion enthalten ist. Leid tut es mir aber doch, daß Ihr so zurückgezogen lebt. Gleichgültige, fremde Menschen stören allerdings nur, aber es gibt doch auch Freunde, und daß sich die finden mit der Zeit, hoffe ich.

Kürzlich hatten wir Besuch vom Bundesrichter Merz, der ein Studiengenosse Deines Vaters war. Ich wurde von der Berner Freistudentenschaft gebeten, in Bern aus meinen Werken vorzulesen, aber da ich das nie tue, kann ich die Gelegenheit, das geliebte Bern wiederzusehen, nicht benutzen…

An Marie Baum (Padova, 8. Juni 1921)

... Sowie ich verreise, merke ich an tausend Dingen, daß es nicht mehr ist wie früher, daß ich eben krank oder kaputt oder gebrechlich bin, ein Name schöner als der andere. Zuhause geht alles so gewissermaßen lautlos, wenn es mal nicht weitergeht, kann ich mich lautlos zu Bett legen; auf Reisen ist das alles schwierig und peinlich. Hier ist es besonders schlimm wegen der Schwüle und tiefen Lage, etwa so wie am Bodensee, nur noch dreimal schlimmer. Heute ist nach einem Gewitter ein frischer Tag, den benütze ich gleich zum Schreiben. Wir wären längst wieder abgereist, wenn uns Manno nicht so entsetzlich leid täte. Er führt wirklich ein elendes Leben, wie es meinem Gefühl nach alle in Padova führen, aber er noch unter erschwerenden Umständen. Obwohl er doch nun über fünfzig ist, habe ich immer noch das Gefühl, daß er sich instinktiv hilfesuchend an mich hält, und im Grunde komme ich mir abscheulich vor, daß ich überhaupt weggehe.

In Wien war im Zentrum, wo wir wohnten, ein enormer Verkehr, daß ich immer Angst hatte vor dem Augenblick, wo man die Straße kreuzen mußte. In den Geschäften ein Luxus und eine Pracht, wovon man in München keine Ahnung hat – und ich dachte doch schon, man sähe in München ungewöhnlich schöne und luxuriöse Sachen –, die Preise phantastisch. Dazwischen dann die Krüppel und Bettler und verhungert aussehende Leute.

Wir reisen wahrscheinlich in zehn Tagen. Noch kann ich es nicht glauben, es kommt mir vor wie eine Befreiung aus dem Gefängnis. Zum Arbeiten hätte ich wohl Zeit, komme aber doch wenig dazu, weil ich mich meistens zu schlecht fühle, komme mir maßlos überflüssig vor...

An Marie Baum (München, 5. Oktober 1921)

... Daß man nicht immer gleichbleibt, ist selbstverständlich; nur ein gewisser Kern erhält sich, an dem man immer wieder zu finden ist. Ich war früher außergewöhnlich unbewußt, ich tat immer, was ich mußte, und war deshalb nie uneins mit mir, selbst wenn ich wußte, daß ich unrecht tat. Die glückliche Freude an sich selbst, die man hat, wenn man nie über sich nachdenkt und sich wie etwas Gegebenes nimmt, das garnicht anders sein kann, habe ich nicht mehr. Ich denke zuweilen über mich nach und bin dann gar nicht mit mir zufrieden. Das ist nicht zu ändern, es ist eine natürliche Entwicklung. Sie wird dadurch gefördert, daß ich nicht mehr so viel zu tun habe wie sonst oder nicht mehr in der absorbierenden Art. Auch davon ist die Ursache vielleicht hauptsächlich (wenn auch nicht nur) in mir selbst, d. h. in einer gewissen Ermüdung zu suchen. Du findest gerade das furchtbar, aber es ist doch so, daß man einmal seinen Gipfel überschreitet, und ich glaube, ich habe ihn überschritten. Das schmerzt mich zuweilen, gerade weil ich noch kräftig genug bin, es zu empfinden. Da ich aber doch noch lebe, halte ich für ganz möglich, daß noch einmal eine Gelegenheit, ein Zeitpunkt kommt, wo ich alle meine Kraft brauchen muß und sie dann auch habe, darum bin ich nicht etwa unglücklich. Was Du unter verbittert meinst, kann ich gar nicht begreifen. Ich bin verbittert nur über manche öffentlichen Dinge, wie es ja kaum anders sein kann ... Ich bin oft über vieles erbittert; mir scheint aber, man müßte gleichgültig und gefühllos sein, um es nicht zu sein ...

Sehr vieles liegt an meinem körperlichen oder vielmehr nervösen Zustand, durch den ich mich immer gehemmt fühle. Übrigens habe ich jetzt, während ich in Elmau war, bemerkt, daß ich in der Höhe ganz gesund bin, geradeso wie, wenn ich in der Tiefe bin, z. B. in Padova, es ganz unleidlich ist. Das hat mir einen großen Schwung gegeben, und ich male mir jetzt immer aus, wie ich in die Höhe kommen könnte, nach Mittenwald oder Innsbruck ziehen oder dergleichen.

Etwas mehr Äußerliches ist das, daß ich eigentlich seit Jahren nie mehr recht zum Arbeiten komme. Ich verzettele mich im Haushalt, in überflüssigen Briefen, die doch geschrieben sein müssen, in zahllosen überflüssigen Besuchen, die ich doch nicht abwälzen kann, weil ich sonst ganz allein stände. Mein Schreibtisch ist immer bedeckt mit unbeantworteten Briefen ohne Interesse für mich, die mich belasten. Ich bin immerzu von Kleinigkeiten belastet, die meine Kraft aufzehren und mir keine Befriedigung geben. So haben es natürlich viele Frauen, ich war aber früher verwöhnt dadurch, daß ich von einem Tage zum andern Geld verdienen und mir mit Gewalt die Zeit zum Arbeiten freihalten mußte. Jetzt geht es auch, wenn ich nicht fortwährend neue Bücher schreibe, und darum habe ich das Gefühl, es wäre Egoismus, wenn ich das Arbeiten so in den Vordergrund schieben wollte. Es kränkt mich auch, daß mein Leben sich trotz dieser Verzettelung so verengert – mein Verkehr wird immer spärlicher –, an viel Menschen würde mir ja gar nichts liegen, hätte ich nur zwei oder drei, die irgendeine Beziehung zum öffentlichen Leben haben, so wäre ich ganz zufrieden.

Trotz allem, was ich zusammensuche, um Dir zu erklären, was ich als Beeinträchtigung empfinde, fühle ich mich immer noch als Glückliche. Aber, das ist richtig, ich habe nicht mehr dauernd den Schwung, den ich früher hatte, über alles Hemmende und Beeinträchtigende hinauszugehen. Vieles trifft mich jetzt, was mich früher gar nicht anrührte – das ist eine Jugendkraft, die ich in dem Maße nicht mehr habe.

Jetzt mache ich mir manchmal auch finanzielle Sorgen, obwol ich ja besser stehe als früher – aber die Lage ist auch ganz anders als früher. Ich muß doch jetzt manchmal damit rechnen, daß meine Arbeitskraft abnimmt, daß ich doch vor Busi sterbe usw. Aber auch das ist nichts Ernstliches – ich will Dir damit nur erklären, daß es auch äußerlich allerlei Hemmendes gibt, was ich nicht immer so schnell überwinden kann. Du würdest auch wahrscheinlich einen anderen Eindruck von mir haben, wenn wir längere Zeit zusammen wären. «Ein unnütz Leben ist ein früher Tod.» Ich komme mir jetzt manchmal unnütz vor, das ist es eben. Wenn Du mit diesem allen nichts anfangen kannst, so ist es doch nicht meine Schuld. Ganz verständigen könnten wir uns doch nur mündlich, denn ich verstehe natürlich nicht ganz, wie ich mich in den Augen der andern ausnehme...

An Marie Baum (München, 20. Oktober 1921)

...Busi ist selig, denn Singen ist das einzige, was sie mit ganzer Seele treibt, und ich kann auch nicht umhin, wieder Hoffnung zu schöpfen, obwohl ich mir immer alles vorhalte, was dagegen spricht. [Ricarda machte sich damals Sorgen um die gesundheitliche Konstitution ihrer Tochter.] Wenn doch etwas daraus würde! Mir fiele eine Last vom Herzen, gar nicht allein wegen der Berufsmöglichkeiten, sondern weil für Busi das Leben gleich einen ganz andern Inhalt bekäme, wenn sie sich ihrer Neigung und Begabung gemäß betätigen könnte...

Nächstes Jahr werde ich sie vermutlich einmal eine Weile allein lassen, und dann wollen wir zusammen sein wie einst...

An Ulrich Christoffel (München, 6. November 1921)

Lieber Dr. Christoffel, auch wir haben inzwischen allerlei gesehen und erlebt, und zum Teil dasselbe wie Sie, indem wir im Frühling ein paar Tage in Wien waren. Da ich in Wien meinen Mann, den Vater meiner Tochter, kennenlernte und mich dort in der kleinen Kirche bei dem schönen Donnerbrunnen verheiratete, ist mir die Stadt voller Erinnerungen, und ich freute mich sehr, sie wiederzusehen. Da mußte es nun wirklich an den ganzen sechs Tagen, die wir dort waren, ununterbrochen regnen, so daß wir Wien eigentlich gar nicht zu Gesichte bekamen, außer einmal von dem wundervollen Belvedere aus, dem Palast des Prinzen Eugen. Unsere schönsten Augenblicke waren infolgedessen im Café oder in der Gemäldegalerie. Dort waren meine größte Freude einige kleine Bilder von fast unbekannten Malern, die zur Zeit und am Hofe Kaiser Rudolfs II. lebten.

Eine entzückende Venus von Heintz [Joseph Heintz] (ich erinnere den Namen nicht genau) ist da zum Beispiel und verschiedene Bilder von Roelant Savery, von denen es leider keine Reproduktionen gibt. Und die herrlichen Baldung Grien! Überhaupt kann man sich gar nicht satt sehen. Wäre es nur etwas besseres Wetter gewesen, so hätte ich mich viel auf dem sogenannten Heldenplatz aufgehalten, wo die schönen Reiterstatuen vom Prinzen Eugen und Erzherzog Karl sind. Der hat wirklich etwas Heroisches. Dabei fällt mir die Beerdigung unseres letzten Königspaares ein, die wir gestern mitangesehen haben. So etwas versteht man in München doch wie nirgends sonst; beinah ungesucht scheint die größte künstlerische Wirkung hervorgebracht zu sein. Wir hatten Glück, indem wir vom Verlagshause Kurt Wolff in der Luisenstraße zusehen konnten und gerade den Blick auf die Propyläen hatten. Dort oben waren sechs oder acht Soldaten im Stahlhelm aufgestellt, die von Zeit zu Zeit den langsam unter den Propyläen durchschreitenden Zug mit Fanfaren begrüßten. Sie sahen aus wie Erzengel, so etwas Ehernes und Großes lag darin. Oben auf den Eckpalästen loderten Flammen in den grauen Himmel. Auf dem Königsplatz dahinter spielte Musik, zum Beispiel «Die Himmel rühmen des Ewigen Ehre». Im Zuge waren sehr viele Offiziere, prachtvolle Gestalten, und die ganze Reichswehr im Stahlhelm. Der Zug dauerte beinah drei Stunden. Das Ganze wirkte erschütternd, ich glaube, weil viele nicht an den bayerischen Ludwig, sondern an das untergegangene und mit Füßen getretene Deutschland dachten.

Eine Oktoberwiese gab es diesmal auch wie in alten Zeiten – es war aber doch nicht wie sonst. Nur den unbeschreiblich schönen Sommer haben wir uneingeschränkt genossen. Meine Tochter ist eben in einem Konzert im Odeon und hört die Eroica; daher kann ich Ihnen keine Grüße von ihr ausrichten. Sie hat jetzt Singstunde und hofft sehr auf die Entwicklung ihrer Stimme. Ihnen und Ihrer Frau alles Gute wünscht Ricarda Huch.

An Ermanno Ceconi (München, 30. März 1922)

Mein lieber armer Manno, schreib uns doch keine Briefe, wenn es Dir Mühe macht, eine Karte genügt ja, auf der möglichst genau steht, wie es Dir geht. Du leidest gewiß schrecklich darunter, daß Du weder Kaffee noch Tee trinken darfst. Ich weiß, wie es ist, wenn ich vor meiner Mehlsuppe und meinem Glase Wasser sitze, während die andern prassen und schlemmen, wie wenn sich das von selbst verstünde. Mit Prassen und Schlemmen meine ich Tee trinken. Man gewöhnt sich aber an alles, es kommt vor, daß ich beinahe Sehnsucht nach Wasser habe.

Bei uns ist es wieder kalt, Schnee liegt, und unser großes Zimmer, in das wir leichtsinnigerweise schon wieder eingezogen sind, wird nicht warm. Ah, wie ist man des Winters müde!...

Sehr hübsch war es neulich mit Herrn Krall aus Elberfeld [Besitzer der sogenannt denkenden Pferde, die damals viel von sich reden machten], der süße Geschichten von seinen Pferden erzählte. Du weißt ja wohl, daß sie sprechen, indem sie mit den Hufen klopfen, so in der Art, wie die Gefangenen an die Wand klopfen, um sich zu verständigen. Einmal war ihm ein Pferd durchgegangen und in einen benachbarten Wald gelaufen, von wo man es nur mit Mühe hatte heimbringen können. Am andern Tage sagte es: «Wald gehen schön.»... Überhaupt waren diese Geschichten sehr hübsch, aber dann erzählte er so viel von Geistern und mit solcher Selbstverständlichkeit, als ob es Maikäfer wären, daß man das Gefühl bekam, man könnte jeden Augenblick auf einen treten. Ich war froh, als ich unbelästigt wieder zu Hause war. Kemmerichs [Max K., Verfasser von *Gespenster und Spuk, München 1921*] Vortrag war sehr witzig, voll Hiebe auf die Wissenschaft, aber viel gesagt hat er eigentlich nicht, nur kam es darauf heraus, daß man ein Kamel ist, wenn man nicht an Geister glaubt. So geht es ja in zugrunde gehenden Kulturen; es ist ganz amüsant und manchmal komisch, aber im Grunde doch ein rechtes Elend...

An Ermanno Ceconi (München, 12. April 1922)

Mein lieber Manno, es ist immer noch Winter, gestern morgen war eine vollständige Schneelandschaft, die allerdings bald wegschmolz. Die Sehnsucht nach Wärme reibt einen ganz auf... Wir hätten gerne Ostern einen kleinen Ausflug gemacht, aber es scheint nichts daraus zu werden...

Was sagst Du zu den Russen in Genua? [Vorverhandlungen für den deutsch-russischen Vertrag von Rapallo] Ich bewundere diese Leute, schon die Tatsache, daß sie dort zugelassen und anerkannt sind, ist enorm. Sie sind doch die eigentlichen Sieger. Hier fängt man an, sehr düster in die Zukunft zu sehen; aber eigentlich weiß ja niemand etwas...

Plage Dich nicht mit Briefschreiben, wenn es Dich anstrengt, eine Karte tuts ja auch. Wir wollen sehen, daß wir Dir etwas Leichtes, Amüsantes zum Lesen schicken können . . . Sei tausendmal gegrüßt, mein armer kranker volpinetto, grüße alle . . .

An Marie Baum (Padova, 2. Juni 1922)

. . . Wie das hier wundervoll ist, daß sich so ein goldener Tag an den anderen reiht, wie wenn es nicht anders sein könnte, so daß man Regen, Trübe und dergleichen ganz vergißt, das ist wirklich paradiesisch. Es ist mir dies Jahr viel erträglicher, weil es frischere Luft ist und weil wir auch angemessener leben. Manno arbeitet vormittags und liegt nachmittags zu Bett. Abends steht er auf, und gegen neun bis Mitternacht gehen wir aus und sitzen auf irgendeiner Piazza, wo es dann so kühl ist, daß wir gern eine Jacke anziehen. In der Dunkelheit sieht man das Schäbige, Herabgekommene der Häuser nicht, das mich immer so stört, sondern nur edle Formen, geheimnisvolle Mauern; übrigens wird jetzt auch viel mehr gearbeitet, man merkt, daß die Stadt lebt und gedeiht.

Manno geht es besser, aber es ist doch noch ein rechtes Elend. Manchmal merkt man, daß er an den Tod denkt und unruhig bewegt, vielleicht sogar geängstigt ist; aber er würde das nie zugeben, sondern behauptet im Gegenteil, er könnte den Augenblick nicht erwarten, wo er sterben könnte. Übrigens ist das bis jetzt nur vorübergehend, und er nimmt dann auch leicht wieder einen Aufschwung. Wir sind nun schon drei Wochen fort, in vierzehn Tagen etwa fahren wir zurück. Das Herz wird mir schwer sein, da ich mich nun einmal für Manno verantwortlich fühle, eventuell komme ich im Herbst nochmal her.

Zum Arbeiten komme ich so leidlich; wenn ich mehr Kraft hätte, könnte ich mehr leisten. Ich habe bemerkt, daß die Schwierigkeit darin liegt, daß ich immer das Innere und Äußere möglichst zugleich darstellen möchte.

Ich denke es mir reizend, wenn Du Kropotkin *[Fürst P. A. Kropotkin, Memoiren eines Revolutionärs, Stuttgart 1907]* vorliest und der Junge [der 15jährige Sohn von Emil Strauß lebte damals bei mir] und das Naturkind [meine Hausgehilfin, eine junge schleswig-holsteinische Bauerntochter] zuhören. Ich habe es vorigen Winter Busi und M. [eine junge Schweizerin] vorgelesen; zuweilen merkte ich, daß sich in M.'s Kopf alles drehte, daß einer ein Revolutionär und Kommunist war und zugleich als Held einer Geschichte betrachtet werden sollte, das war ihr sehr komisch. Ich finde übrigens, daß die Jugendgeschichte den meisten Reiz hat, wie meistens bei Lebenserinnerungen ...

An Ermanno Ceconi (München, 24. November 1922)

... Ich bin Gott sei Dank wieder munter, es war wirklich zu ärgerlich. Wie unbeschreiblich schön ist es, gesund zu sein, ich preise mich aber auch jeden Morgen glücklich, wo ich mit dem Gefühl aufwache, daß mir nichts fehlt. Noch wichtiger ist natürlich, daß Busi nicht krank ist... Was für schreckliche Sachen gibt es überall, das menschliche Leben ist eine Tragödie...

Morgens beim Frühstück muß ich mich jetzt immer über Mussolini und Italien ärgern. Spaß macht mir nur, an den Ingrimm D'Annunzio's zu denken, der sich so gänzlich ausgeschieden sieht und über den kein Mensch mehr spricht. Er sitzt gewiß und brütet etwas aus, um Mussolini zu übertrumpfen...

In der Schweiz herrscht Aufregung, weil eine große Vermögensabgabe stattfinden soll, vom Vermögen von einer gewissen Höhe an. Im Dezember wird darüber abgestimmt, und die Betroffenen finden es natürlich furchtbar. E. redet schon immer ganz, wie wenn sie eine arme Frau wäre, zu komisch.

Wie geht es Dir? Badest Du noch? Arbeitest Du auch nicht zuviel? Ich fürchte immer, wenn Du Dich wieder kräftig fühlst, übertreibst Du es, und Du hattest Dir doch so fest vorgenommen, das nie mehr zu tun. Ich grüße alle, besonders die liebe Angelina...

An Marie Baum (München, 14. Dezember 1922)

... Irgendwie ändert man sich ja natürlich, ich zum Beispiel bin so viel kritischer geworden, namentlich mir selbst gegenüber. Vielleicht bin ich auch gar nicht kritischer geworden, es strömt nur nicht mehr so unaufhaltsam wie sonst, und darum scheine ich kritischer. Wie dem auch sei, früher fand ich, was ich schrieb, im Augenblick, wo ich es schrieb, schön, oder wenigstens als müßte es so und nicht anders sein. Jetzt mißfällt mir alles, manchmal bin ich im Zweifel, ob ich überhaupt etwas veröffentlichen soll. Ich habe ein dunkles Gefühl, es sollte ganz anders sein, und doch weiß ich es nicht anders zu machen. Allerdings komme ich auch nie mehr dazu, mich richtig in etwas zu versenken, eigentlich wundere ich mich, daß überhaupt etwas fertig wird. Im Januar denke ich aber, daß ich meinen geliebten Bakunin *[Michael Bakunin und die Anarchie]* in den Druck geben kann. Wie anders dachte ich, würde das Buch, als ich den Gedanken faßte ...

An Katharina Kippenberg (München, 25. Dezember 1922)

... Wir sind vor ein paar Tagen ungefähr gleichzeitig mit Ihrem Brief aus Italien wieder hier eingetroffen, ich leider garnicht wohl. Gern möchte ich Ihren Wunsch erfüllen, könnte ich Verse oder sonst goldene Worte aus dem Boden stampfen! Ich habe nichts, an dieser harten Tatsache wird mein guter Wille zu Schanden. Wenn ich freie Zeit habe, arbeite ich, trotzdem bin ich schon seit längerer Zeit garnicht produktiv und kann es nicht erzwingen. Wenn aber, wie Sie schreiben, Rilke 10 Jahre lang geschwiegen hat, warum soll es mir nicht auch mal ein oder zwei Jahre verstattet sein? Mir selbst ist viel wohler, wenn die Ader fließt, aber sie tut mir nicht immer den Gefallen. Wir leben ja auch in einer Zeit, wo etwas geschieht, und das Geschriebene kommt mir garnicht mehr wichtig vor. Vielleicht ist das auch ein Grund meiner Unproduktiviät. Sie und Ihren Gatten herzlich grüßend Ihre R. H.

An Katharina Kippenberg (München, 6. Juni 1923)

... Ich stelle Ihnen die beiden einzigen Gedichte, die ich habe, zur Verfügung. Etwas anderes kann ich Ihnen leider nicht anbieten. Herzlich grüßend Ihre R. H.

MONDNACHT

Eine gelbe Eule uralt
Durch den Tannenwald streicht
Lautlosen Flugs bei Nacht
Auf Beute paßt.
Der Mond ists; klettert von Ast zu Ast,
Behend und leicht,
Kein Zweiglein kracht.
Nun ist sie oben, die Mörderin,
Hält das Mäuslein umkrallt,
Fliegt lautlos über die blauen Wipfel hin.

*

Wie du von Schönheit schäumst,
Herrlicher Becher Welt!
Noch den Rand, der die Fülle kaum hält,
Golden umsäumst!

Meine Lippen trinken beglückt
Was der feurige Tag mir mischt;
Wenn die Sonne erlischt,
Von Sternen die Nacht noch durchzückt.

Rausche fort, rausche fort, edle Flut,
Schenk mir voll ein, schaffendes Licht!
Bis der Becher zerbricht,
Und gesättigt die Seele ruht.

An Martha Friedländer (München, 10. September 1923)

Meine liebe, liebe Martha, wieviel lieber möchte ich Sie jetzt in meine Arme nehmen, als Ihnen schreiben, wie ich mit Ihnen traurig bin. Daß man auch so schrecklich wenig für jemanden tun kann, den man lieb hat und der leidet. Indem ich mich in Ihre Lage dachte, kam mir aber doch die Hoffnung, daß Ihr Schmerz nicht bitter ist, sondern getröstet durch die Erinnerung an wahrhaft glücksvolle Zeiten und daran, daß Sie Ihrem Manne so viel sein konnten, so unendlich viel mehr als andere Frauen. Er hat Sie geliebt, ich glaube, seit er Sie kannte, und immer nur Sie, und allein das hat seinem Leben einen Glanz gegeben, der stärker gewesen sein muß als alle andern etwaigen Enttäuschungen. Das macht wohl in gewisser Weise Ihren Schmerz nur größer, aber das ist ja ein natürlicher, man weiß ja, daß man nur ein paar Minuten lebt – wirklich, wenn es vorüber ist, scheinen es doch nur Minuten gewesen zu sein. Ich erinnere mich noch so deutlich, als ich zuerst mit B. [Marie Baum] zu Ihnen kam [in Wien] und als ich Sie dann mit Manno in der Porzellangasse in Wien besuchte, als Eva und Lolla [die Töchter] klein waren – es erscheint so grausam, eigentlich unfaßbar, daß etwas, was einmal war, so ganz und für immer vorüber sein soll. Es ist ja aber auch nicht verloren, für Sie ist es lebendig, und wieviel anderes Schönes noch außerdem, und wird Sie immer begleiten. Wenn man auf schöne, glückliche Augenblicke in der Vergangenheit zurücksieht, ist man wie ein Gesättigter im Vergleich zu Hungernden, die das nicht hatten, auch wenn diese Augenblicke in der Art sich nie wiederholen können.

Liebe Martha, wie wird sich Ihr Leben nun gestalten? Sie werden hoffentlich nicht materielle Sorgen haben? Darüber wäre ich gerne beruhigt ... Gewiß sind alle Kinder jetzt bei Ihnen, bitte grüßen Sie sie herzlich von mir und auch von Busi. Busi, die ihren Vater so zärtlich liebt, versetzt sich lebhaft, mit großem Mitgefühl in ihre Stimmung ... Ich bin in Gedanken viel bei Ihnen, möchte es Ihnen doch ein Trost sein zu wissen, wieviel warme Freundschaft Sie umgibt. Von ganzem Herzen Ihre Ricarda.

An Ermanno Ceconi (München, 16. März 1924)

So gib mir auch die Zeiten wieder,
Da ich noch selbst im Werden war,
Da sich ein Quell gedrängter Lieder
Ununterbrochen neu gebar,
Da Nebel mir die Welt verhüllten,
Die Knospe Wunder noch versprach,
Da ich die tausend Blumen brach,
Die alle Täler reichlich füllten.
Ich hatte nichts und doch genug,
Den Drang nach Wahrheit und die Lust am Trug.
Gib ungebändigt jene Triebe,
Das tiefe schmerzensvolle Glück,
Des Hasses Kraft, die Macht der Liebe,
Gib meine Jugend mir zurück!

Diese wunderbaren Verse aus dem Faust fielen mir bei Deinem letzten Brief ein. Ja, die Jugend ist alles; man muß eben zusehen, daß man selbst in Padova oder in einem von Wasser und Brot lebendigen schäbigen Körper ein junges Herz behält. Und außerdem muß man sich an der Jugend freuen, die einen zu überleben bestimmt ist. Was willst Du überhaupt sagen mit Deinen festen kleinen Zähnen und rosigen Wangen und Deiner Arbeitskraft! Ich, ja ich könnte wohl jammern ... In Berlin ging es mir die letzten Tage schon schlecht ... etwas besser ist es ja jetzt, aber durchaus noch nicht wieder in Ordnung, und was das Unangenehmste ist, ich weiß überhaupt nicht, was schuld sein kann ...

Hör mal, im Hitlerprozeß hat jemand den Antrag gestellt, man sollte seinen Geisteszustand untersuchen, er hätte eine solche Idiosynkrasie gegen Juden, wenn er einen sähe, möchte er ihn auf der Stelle niederschlagen. Das Gericht hat jedoch den Antrag abgelehnt…

An Ermanno Ceconi (München, 19. März 1925)

…Deine Zukunftspläne finde ich sehr hübsch, ich denke mir, es würde Deinem Leben einen neuen Reiz geben, wenn Du Schüler hättest. Man muß die Funktionen seines Alters erfüllen – womit ich aber nicht gesagt haben will, Du wärest nicht noch sehr jung…

Ich muß jetzt einen Aufsatz über die Ehe schreiben, und da ich ihn fertig haben möchte, bevor wir zu Dir fahren, werde ich mich von jetzt an etwas kurz fassen in meinen Briefen. Ich bekomme 1 000 Mark dafür, und ich habe mit Bedauern gehört, daß man mir auch mehr gegeben hätte, wenn ich es verlangt hätte. Willst Du mir vielleicht mit einigen drastischen Aussprüchen über den Gegenstand beistehen?…

An Reinhard Buchwald (Halle/Saale, 26. Juli 1925)

Sehr geehrter Herr Buchwald, mit großem Bedauern bin ich gestern an Jena vorübergefahren. Ich war dadurch gebunden, daß meine Tochter gestern abend ihren von Berlin kommenden Verlobten treffen wollte, sonst hätte ich die Reise anders eingerichtet. Es wird nun wohl kaum möglich sein, daß ich Sie sehe, ich kann Ihnen nicht einmal eine genaue Route angeben, da wir, als mit der Gegend unbekannt, uns der Freiheit überlassen müssen, da zu bleiben, wo es uns gefällt, und umgekehrt. Ich wäre schrecklich gern einen Tag in Jena geblieben, die Persönlichkeit Abbes ist mir außerordentlich interessant; aber wenn ich jetzt dahin zurückginge, müßte ich alle anderen Pläne aufgeben. Ohnehin kann ich längst nicht alles sehen, was ich möchte, und muß auf ein späteres Mal hoffen. Gern hätte ich auch Ihren Rat vernommen; nun lasse ich mich in einem dunkeln Drange treiben, der sich aber meist als ganz richtig erweist. So hat Merseburg sogar meine Erwartungen noch übertroffen. Morgen wollen wir nach Nordhausen, womöglich Mühlhausen, dann Eisenach, Wartburg, Erfurt und Schmalkalden und schließlich Tabarz mit dem Inselsberg... und morgen in acht Tagen wollen wir schon wieder zu Hause sein.

Wenn Sie gerade Zeit haben, schreiben Sie mir doch bitte, wer Karl Bröger ist. Sie erwähnten ihn, wenn ich nicht irre, in Ihrer Schrift. Sein Name fiel mir auf als Verfasser von ungewöhnlich schönen Gedichten. Mit herzlichen Grüßen Ricarda Huch.

An Anton Kippenberg (München, 12. September 1925)

... Den Inhalt meiner Geschichte *[Der wiederkehrende Christus. Eine groteske Erzählung]* bildet die komische Situation, die daraus entsteht, daß eine christusähnliche Persönlichkeit in unserer sich der Humanität befleißigenden, zugleich aber sehr materiellen Zeit erscheint. Die Mächte des Tages versuchen die Persönlichkeit, deren Bedeutung sich geltend macht, für ihre Interessen auszunützen. Da ihnen das nicht gelingt, möchten sie sie beseitigen, ohne daß es aber zu wahrer Tragik oder zum Märtyrertum kommt, was der Zeit nicht gemäß ist. Weil das Komische ins Groteske gezogen ist und wegen der skizzenhaften Ausführung habe ich die Erzählung Schwank genannt; ich würde sie als Komödie bezeichnet haben, wenn das Wort nicht auf etwas Dramatisches schließen ließe.

Hieraus können Sie vielleicht die gewünschten Zeilen zusammenstellen oder zusammenstellen lassen. Die Fahnen werde ich mit möglichster Schleunigkeit korrigieren und Ihnen in den nächsten Tagen zurückschicken ...

An Reinhard Buchwald (München, 21. November 1925)

Sehr geehrter Herr Buchwald, vor einigen Tagen erhielt ich Ihre Schrift über die Volkshochschule *[Dennoch der Mensch! Die Volkshochschule als geistige Bewegung, Jena 1925]* und habe sie sofort gelesen. Der Gegenstand ist mir sehr interessant; ich verfaßte gleich nach der Revolution 1918 einen Aufruf zur Gründung einer Volkshochschule sowie auch zur Auswanderung aus den Großstädten und Ansiedelung in den kleinen Städten; er wurde damals nicht angenommen, was mir nachträglich ganz recht war, da ich mehr als eine allgemeine Anregung ja doch nicht hätte geben können. Ich dachte an die Volkshochschule eigentlich als Wanderschule, so daß die Lehrer von einem zum anderen gingen, jeder gerade über das spräche, was ihm am Herzen liegt, was er beherrscht. Von den ungeheuren Schwierigkeiten, die einer Verwirklichung entgegenstehen, hatte ich nur eine unbestimmte Ahnung; es war mir sehr wichtig, durch Ihre Schrift unterrichtet zu werden, was schon geschehen und wie es sich anläßt.

Sie haben meinen Namen [in der oben genannten Schrift] allzu rühmlich genannt, ich kann leider sehr wenig tun. Zu lehren, Vorträge zu halten, hat mich oft leidenschaftlich gelockt; ich habe es nun endgültig aufgegeben, weil ich beides, Schreiben und Sprechen, nicht könnte und weil es mir töricht scheint, etwas, was ich leidlich gut kann, aufzugeben, um etwas zu lernen, was ich doch nie wirklich gut machen könnte. Dazu müßte ich jünger sein und namentlich gesünder. Andererseits habe ich erfahren, wie wenig man durch Bücher ausrichtet; es ist erschreckend, wie wenig man verstanden, wie man oft mißverstanden wird. So haben zum Beispiel viele Leser meines Buches «Entpersönlichung» geglaubt, ich wollte damit *für* Entpersönlichung wirken. Ich bin aber ganz Ihrer Meinung, die Sie in den Vers am Schluß Ihrer Schrift setzen [«Tu deine Pflicht. Nach dem Erfolge deines Handelns frage nicht!» *(Bhagavadgita)*]. Man soll nicht zuviel fragen, ob das Abendland noch einmal zu einer Kultur sich erheben kann, ob man mit dem, was man tun kann, viel oder wenig ausrichtet, man soll eben tun, was man kann und wozu man sich getrieben fühlt. Ein handelndes Leben, das ich am höchsten stelle, ist mir verwehrt, hauptsächlich durch meine sehr langsame Entwicklung; ich lebte immer triebhaft, die Erkenntnis fing bei mir erst zu einer Zeit an, wo der ganze Mensch schon dem Abstieg sich nähert. Übrigens hatte ich auch nun einmal die ausgesprochene Begabung zum Schreiben, die sich durchsetzen mußte.

Beim Lesen Ihrer Schrift befestigt sich in mir wieder das Gefühl, das ich oft habe, wie wunderschön die Zeit ist, die wir erleben. Man klagt sie so an, und doch läßt sich nichts Schöneres denken als die Möglichkeit, die man oft hat, anzugreifen, Pläne zu verwirklichen, Neues zu versuchen. Es ist gut, daß man sich an diesem Gefühl kräftigen kann, wenn die niederschlagenden Eindrücke kommen, an denen es natürlich nicht fehlt. Mit aufrichtigem Dank, Ricarda Huch.

An Katharina Kippenberg (München, 9. Februar 1926)

... Es tut mir furchtbar leid, wenn Sie mir böse sind – ich hatte wirklich übersehen oder vergessen, daß die Angelegenheit so eilte. Ich einen Brief schreiben und noch dazu einen hübschen, der sich sehen lassen kann! Auf meinem Schreibtisch liegt ein Haufen von Briefen, die reell beantwortet werden müßten, und nicht einmal der wird erledigt. Ich lege oft die Briefe nur halb gelesen fort, damit sie nicht die Masse, die auf meinem Gewissen liegt, vermehren. Sie müssen sich vorstellen, daß ich diesen Winter immer halb krank bin, man droht mir immer mit einem Sanatoriumsaufenthalt, wo ich weder Besuch noch Briefe überhaupt würde empfangen dürfen. Ich vergesse alles, so übermüdet ist mein Kopf. Ja, liebe gnädige Frau, es ist ein deplorabler Zustand, in dem ich dann auch noch für die Aussteuer meiner Tochter sorgen muß, die Ende März heiratet. Und abgesehen von alledem – seit vielen Jahren war die kleine Tour in Thüringen, die ich im vorigen Sommer machte, meine einzige Reise. Ich könnte wohl auch davon etwas erzählen, aber nicht so schnell, und nur wenn ich mich ein bißchen kräftiger fühlte. Bitte, absolvieren Sie mich! Sie wollen doch gewiß nicht die Zahl meiner Quälgeister vermehren! Ihre R. H.

An Elsbeth Merz (München, 20. April 1926)

...Es war so lieb von Dir, mir nach Padova zu schreiben, wo ich mich wirklich entsetzlich unglücklich gefühlt habe. Der Abschied [von der Tochter] hier war mir durch den Zwang der Gäste [zur Hochzeit der Tochter] etwas erleichtert; in Padova kam es mir viel schrecklicher zum Bewußtsein. Auch Manno war mehr davon bedrückt, als ich gedacht hatte, wir fühlten uns so recht als kinderloses Ehepaar, vielmehr als alt. Bis jetzt lebte man immer noch in der Illusion, ein kleines Kind zu haben. Ich hatte solche Angst vor dem einsamen Hause hier, daß ich meine Abreise beschleunigte, damit es nur erst überstanden wäre; auch fühlte ich mich verpflichtet, etwas für das Hausvermieten zu tun. Die Reise und das Ankommen waren auch wirklich sehr bitter, obwohl die lieben Christoffels und Lisa [Hohorst] mich abholten. Nun ich einigermaßen installiert bin und arbeite, geht es besser; solange ich arbeite, vergesse ich alles. Es kommt mir schon wie ein Märchen vor, daß hier einmal den ganzen Tag gelacht und geschwätzt und gescherzt wurde – ganz still ist es oder wäre es, wenn nicht die Lisa [Hohorst] ab und zu telephonierte. Mit der Wohnung ist noch nichts verändert... Bleuler-Wasers [Professor Bleuler, Psychiater an der Universität Zürich, und Hedwig Bleuler-Waser, Ricardas Studienfreundin] aus Zürich waren neulich hier, haben in Braunau ein Medium gesehen, das sich unmittelbar vor ihren Augen hoch in die Luft hob und dort schweben blieb. Es war strahlendes Wetter hier bis gestern abend, schöner, glanzvoller als in Italien. Man hätte gern so recht aus vollem Herzen glücklich sein mögen. Von Busi höre ich noch garnichts, außer kurzen Karten; Franz [Böhm, der Schwiegersohn] wurde in Freiburg krank, und sie sind acht Tage später in Berlin angekommen, als festgesetzt war. Näheres weiß ich noch nicht...

An Ermanno Ceconi (München, 6. Juni 1926)

... Geliebter Manno, wie wird mir, wenn ich höre, daß es Dir zu warm ist! Hier ist es kalt, und ich würde immerzu heizen lassen, wenn ich nicht wüßte, daß es das Mädchen ungern tut. Heute muß es aber doch sein, da ich den ganzen Tag zu Hause bin, ausgenommen, daß ich zum Essen ausgehe. Gott, was habe ich in meinem Leben schon zusammengefroren! Im Himmel ist man hoffentlich ganz nahe an der Sonne wie an einem Kaminfeuer... Das Bild von Manetto ist reizend [Guido Ceconis Sohn]. Wenn ich mir denke, er wäre der letzte Ceconi, so muß ich allerdings sagen, daß er den eigenartigen Charme der Familie würdig vertritt...

Ich denke nie an Busi, d. h. ich stelle sie mir nie vor, was ein großer Unterschied ist; denken tue ich natürlich oft an sie. Wenn ich mir so manches vorstellte, was war und was ist, käme ich aus dem

Jammer nicht heraus. Anstatt dessen tue ich beständig etwas, in das ich möglichst vertieft bin, und überlasse mich nie Erinnerungen oder Sehnsucht oder dergleichen. Diese Methode hat nur das gegen sich, daß man dabei etwas trocken und stumpfsinnig wird; aber ich käme mir doch zu albern vor, wenn ich für mich allein dasäße und weinte. Übrigens muß ich ja natürlich arbeiten, um Geld zu verdienen. Ich habe nicht mehr das Gefühl, als wäre irgend etwas damit gewonnen, wenn ich ein Buch schreibe; aber das Geldverdienen ist schon notwendig...

An Martha Friedländer (München, 20. Juli 1926)

... Mein Geburtstag [der erste nach der Heirat der Tochter] brachte mir viele Freuden und Überraschungen – Busi kam schon eine Woche vorher, Manno kam am Morgen meines Geburtstages ganz unverhofft für mich, und auf diesem Goldgrunde und dem strahlenden Sonnenschein prangten viele wunderschöne Blumen, darunter die weißen Nelken von Ihnen mit einem unbeschreiblichen blaßrosa Lebenshauch. Für uns in München war es der schönste Tag des Jahres, jedenfalls der erste richtige Sommertag. Gestern abend endigte diese Periode mit einem entsetzlichen Gewitter. Heute morgen war Marianne [die Tochter der Empfängerin] da, mit einem Strauß Alpenrosen und noch ganz erfüllt von ihrer waghalsigen Bergbesteigung. Sie sah sehr blühend aus und war voll Lust auf neue Unternehmungen...

Liebe Martha, es waren schöne, erquickende Tage bei Ihnen in Ihrer schönen Wohnung [in Darmstadt] und unter Ihrer gütigen Pflege, ich werde noch oft daran denken. Wenn man sich nicht mitteilen wollte, was einen bewegt, wozu wäre man dann befreundet? Es wäre mir sehr leid, wenn Sie denken könnten, daß Sie mir durch noch so viele Mitteilungen etwas anderes als Freude bereiteten. Für alles und die schönen Nelken tausend Dank...

An Marie Baum (München, 30. Januar 1927)

...Der Hauptgrund, warum ich in Berlin traurig oder niedergeschlagen war (um gleich in medias res zu gehen), war, daß ich mich von Anfang an nicht gut befand; nachdem Du fort warst, ging es mir noch recht schlecht. Du glaubst nicht, wieviel Kraft ich in solchen Fällen aufwenden muß, um einigermaßen mitzuleben, und wie es manchmal an mir frißt, daß ich beständig an meinen Körper denken muß... Der Gedanke, daß ich mit diesen 3000 Mark hängen bliebe, ängstet mich beständig. Schulden zu machen, ist ohnehin nicht mein Fall, vollends nicht, seit ich fühle, daß meine Kraft abnimmt, und seit ich sehe, wie die äußeren Verhältnisse immer ungünstiger werden. Früher dachte ich immer: Geld ist ganz gleichgültig, ich arbeite einfach und verdiene mir, was ich brauche. Wie mir nun zum ersten Mal klar wurde, daß es gar nicht von meinem Arbeiten abhängt (abgesehen davon, daß ich die Arbeitskraft von früher nicht mehr habe), sondern von äußeren Verhältnissen, auf die ich keinen Einfluß habe, hatte das für mich etwas sehr Niederdrückendes. Ich kann mir das Leben ohne meine Arbeit einstweilen nicht vorstellen, sowie aber meine Arbeit nichts mehr einbrächte, dürfte ich auch nicht mehr arbeiten. Dies übrigens sind nur Gespenster, ich denke doch, daß es noch weitergeht.

Schließlich bedrückt es mich auch, dies München zu verlassen, ganz besonders aber dies Haus, in dem ich sechzehn Jahre glücklich war, mindestens zwölf Jahre vollkommen glücklich, bedenke, was das sagen will. Es ist genug, das gehabt zu haben, ich sehe das ein, es ist aber doch schwer, sich davon zu trennen. Es hängt natürlich nicht am Hause, aber dies Haus war das Symbol davon.

Weiter liegt nichts vor; ich glaube, wenn einmal meine Wohnung vermietet ist, wird ein Stein von meinem Herzen fallen und es beträchtlich höher schlagen. [Es handelte sich um die Abfindung für einen Wohnungstausch zwischen München und Berlin. Die Angelegenheit wurde schließlich zufriedenstellend erledigt. Ricarda übersiedelte im Sommer 1927 nach Berlin.]

Es stört mich, daß ich garnicht weiß, wo Du bist und in welche Richtung ich spreche...

An Ermanno Ceconi (München, 8. Februar 1927)

...Du hast Dich gewiß gewundert, daß ich so lange nicht geschrieben habe. Ich war wieder krank, überhaupt ist es mir seit Berlin nicht eigentlich wieder wohl gewesen. Dazu kam gerade Felix [Huch] – der jüngere Bruder von Fritz [Friedrich Huch] – mit seiner zweiten Frau, einer reizenden Russin. Felix fängt jetzt auch an, Bücher zu schreiben, übrigens ist er sehr sympathisch, so daß selbst Reinhardt es fand. Vorgestern abend war er in einem Konzert, das ein Geiger gab, Florizel von Reutter, mit dem er befreundet ist. Den brachte er nach dem Konzert zu uns, weil er Spiritist ist und mich das interessierte. So etwas Komisch-Groteskes kannst Du Dir nicht vorstellen. Geister sind für ihn täglicher Umgang und gar nichts Besonderes, er sprach von ihnen wie von anderen Bekannten, nur so, wie wenn sie ein bißchen absonderlich wären und man manchmal eine Auge zudrücken müßte. Einmal meldete sich bei ihm eine Intelligenz (so nennen sie die Geister), die um Hilfe bat, weil sie auf irgendeinem Berge in der Schweiz in einer Gletscherspalte liege... Er spricht auch oft zum Beispiel mit Paganini und mit Schleich, dessen Memoiren *[Carl Ludwig Schleich, Besonnte Vergangenheit, Berlin 1921]* Du gelesen hast. Eine Dame aus dem Kreise der Spiritisten fragte Schleich: «Wie geht es Ihnen drüben, Herr Geheimrat?» Schleich sagte, es ginge ihm sehr gut, er hätte furchtbar viel zu tun, denn er müßte die Ärzte inspirieren, daß sie zu vernünftigen Ansichten kämen; «aber das hält schwer bei den Idioten». Du glaubst nicht, was für einen Blödsinn er ernst und ruhig als das Selbstverständlichste vorbrachte. Ich tat die ganze Zeit, als ob ich alles glaubte, damit er recht viel erzählte und um ihn nicht zu beleidigen... Lebwohl. Deine arme R. wankt langsam dem Grabe zu, worin sie doch so ungern sein möchte. Ich melde mich dann auch bei Dir und führe hübsche, geistreiche Gespräche...

An Ermanno Ceconi (München, 6. April 1927)

... Gestern habe ich erfahren, daß die unglückliche Emmi [Reiff-Frank] wirklich Krebs hat und daß es schnell zu Ende gehen wird. Sie war nach der Operation in Meran zur Erholung, doch wurde es wieder schlimmer und sie mußte nach Zürich zurück. Marianne besuchte sie dort, kam gestern wieder und hat mir das Nähere berichtet. Ich fahre nun morgen hin, bleibe etwa bis Sonntag dort, fahre dann nach Bern und am Mittwoch oder Donnerstag über den Lötschberg nach Italien. Ich wäre sonst auf der Rückreise durch die Schweiz gefahren, aber unter den Umständen ist es richtiger sofort. Gott sei Dank hat Emmi keine Ahnung von dem, was ihr fehlt. Ich habe eine entsetzliche Angst, Du weißt ja, wie feige ich bin, und kannst es Dir vorstellen. Vergnügt und unbefangen neben einem lieben Menschen sitzen und wissen, daß er sterben muß – ich habe immer Angst, daß ich es nicht durchführen kann. Wäre nur der erste Augenblick vorbei, wo ich sie wiedersehe; denn sie sieht natürlich furchtbar verändert aus. Ich wohne nicht bei ihr, sondern wahrscheinlich bei Wölfflins. Schreibe mir bitte unter Emmis Adresse. Du darfst aber nichts von Gefahr oder schwerer Krankheit erwähnen, nur so, wie wenn sie nicht ganz wohl wäre ... Ich fahre morgen mittag. Ach, ich wollte, ich wäre erst in Padova ...

An Ermanno Ceconi (Berlin, 22. Mai 1927)

Geliebter Manno, einen Brief von Dir aus dem Krankenhaus zu bekommen, ist ungewöhnlich und unerfreulich; hoffentlich bist Du jetzt wieder draußen. Daß wir ungeduldig auf einen Bericht warten, wie es Dir geht, ist selbstverständlich. Seit den schönen Tagen am Comer See hat mir das Leben noch nicht wieder besonders gelächelt, nur unser Reisetag von München nach Berlin war sehr hübsch. Ich kann mich schwer an die Wohnung und an die Stadt gewöhnen – in München wars eben so wunderschön und bequem wie ein alter Handschuh, der einem paßt. Eine Großstadt ist etwas Fürchterliches. Zuerst war es kalt und heute regnet es. Ich muß eine Masse Briefe schreiben und möchte lieber arbeiten, kurz, es regnet Widerwärtigkeiten. Das Hübsche, daß ich mit Busi zusammen bin, nicht zu erwähnen, ist natürlich undankbar, aber so ist der Mensch. Ach, ich wollte, wir säßen noch einmal auf dem Schiff und führen nach Bellagio und ließen uns von der Sonne bescheinen... Von Emmi kommen schreckliche Nachrichten. Nein, Manno, Du darfst nicht vor mir sterben! Das ist mir dabei wieder ganz klar geworden. Du mußt mir helfen, sollte es einmal ein solches Ende mit mir nehmen. [Ricarda verbrachte in diesem Jahr viele Monate in Padua an Ceconis Kranken- und Sterbebett.] Busi singt eben, von Franz begleitet, «come raggio di sol» – sie hat doch eine bezaubernde Stimme, wenn auch nicht umfangreich...

An Fritz Salzer (Padova, 16. Oktober 1927)

... Sie werden gleichzeitig die Photographien [Röntgenplatten] von Manno erhalten oder sie schon erhalten haben; dazu möchte ich noch ein paar Worte sagen. Wenn Sie sich dazu äußern, schreiben Sie ja nichts, was Manno entmutigen könnte. Er spricht zwar immer davon, daß er sterben müsse, aber im tiefsten Grunde hofft er doch auf Heilung, und es wäre schrecklich, wenn ihm das genommen würde. Er meint zum Beispiel, der Abszeß, oder was es nun ist, könnte sich nach dem Rücken zu entwickeln und dann könnte man herankommen von außen. Kurz, er rechnet mit allerlei rettenden Möglichkeiten, um so mehr, als er sich meistens recht gut fühlt, nur zuweilen hat er

Schmerzen, und das drückt ihn dann etwas nieder. Die Arsenkur, die sie ihn machen lassen, hebt wohl auch seine Kräfte, er kann gut 3 bis 4 Stunden am Vormittag arbeiten. Tuberkulose soll es nicht sein; ich glaube fast auch, daß Manno jetzt am besten tut, hier zu bleiben, wo er die Zerstreuung durch die Arbeit hat, und übrigens so viel Bequemlichkeit, wie er sie in einem Hotel außer gegen Unsummen kaum haben könnte. Er behauptet sogar, daß die Hitze für die Geschwulst gut wäre, warum, weiß ich nicht. Mir wäre es ja lieb, wenn Sauerbruch die Photographien sehen und seine Meinung sagen könnte; er würde es mir schon zu Gefallen tun, ich weiß nur gar nicht, wo er ist. Manno will allerdings bis jetzt durchaus nichts von einer Operation wissen. Vielleicht wären Sie von selbst mit Ihren Ausführungen Manno gegenüber vorsichtig gewesen; aber manche Menschen denken, Ärzte wären über alle menschlichen Regungen, wenn es sich um Krankheit, Leben und Tod handelt, erhaben, und das ist natürlich nicht der Fall. Da Manno nicht merken soll, daß ich Ihnen schreibe, beeile ich mich. Grüßen Sie bitte Reinhardt, ich möchte ihm auch mal schreiben, hätte ich nicht sowieso schon von morgens um 7 Uhr an die verdammte Feder in der Hand. Es ist himmlisches Wetter, wir stehen um 5 oder 6 Uhr auf und gehen um 11 Uhr zu Bett...

An Elsbeth Merz (Padova, 29. Oktober 1927)

... Deine Worte tun mir immer wohl, wenn sie mir auch nicht helfen können. Helfen kann ja niemand mehr – ich habe auch schon lange aufgehört, um das Leben des Unglücklichen [des schwer erkrankten Dr. Ceconi] zu bitten, ich bitte nur noch um seinen Tod, damit seine Leiden aufhören. Aber auch das wird nicht gewährt. Ich dachte schon, ob es ein Naturgesetz ist, daß jeder Mensch soviel Schmerzen durchmachen muß, wie er Freuden gehabt hat? Aber das kann auch nicht sein, denn es gibt viele Menschen, denen es vom Anfang bis zum Ende immer gut geht, und andere, die nichts als Unglück haben. Es ist vergeblich, darüber nachzudenken. Busi kommt wahrscheinlich am Montag mit Franz zusammen. Es quält mich, daß ich sie veranlaßt habe zu kommen, während ich ihr doch diesen Jammer noch etwas hätte ersparen sollen, denn es kann noch lange dauern.

Busi hat mir von Dir erzählt und daß Du aus Deinem Leben viel zu machen weißt und es Dir selbst reich machst, woran ich nie gezweifelt habe. Irgendeine Tätigkeit, in der man seine Kraft brauchen kann, ist Glück, und ein sichereres als manches andre. Trotzdem wünsche ich Dir auch noch anderes, und unverhofft wird es kommen. Ich dachte es mir früher so hübsch, Dich einmal zu besuchen; jetzt kann ich mir nicht denken, daß mein Herz jemals wieder einen Aufschwung nehmen könnte. Es sind so viele unvergeßliche

Schmerzensbilder darin eingebrannt. Siehst Du, Dir sollte ich so gar nicht schreiben, weil ich weiß, daß es Dir weht tut – ach, wie schwach ist man oder bin ich. Nun habe ich den Brief einmal geschrieben und schicke ihn auch ab. Vielleicht, wenn Du ihn bekommst, ist Busi schon bei mir, und das ist ein Trost... [Ermanno Ceconi starb nach schwerem Leiden am 3. November 1927.]

JAHRE IN BERLIN

(1928–1932)

Schauplatz der nächsten fünf Jahre war Berlin. Diese Stadt wird immer als wichtiger Einschnitt in Ricardas Leben zu bezeichnen sein, weil dort der Enkel Alexander – anfangs Sandrino, später Kander genannt – zur Welt kam. Das süße Stimmchen des Kindes, die lebendige Entwicklung des Knaben bedeuteten für sie einen neuen, unsäglich beglükkenden Lebensinhalt. Durch seine Geburt wird das Zusammenleben Ricardas mit Tochter und Schwiegersohn zur *Familie,* und diese bildet von nun an den Mittelpunkt.

Sie erweiterte sich durch den Verkehr mit nahen Verwandten. In Berlin wohnte Ricardas ältere Schwester Lilly Huch mit ihrer Tochter Mimi, während Käte, die jüngere – mit dem Ministerialrat im Auswärtigen Amt Friedrich Gaus verheiratet –, ihr Haus in einem der Vororte besaß. Sie und ihre beiden Kinder, Heinrich und Marianne, werden in den Briefen erwähnt. Lillys Sohn Roderich war nicht in Berlin ansässig, kam aber oft dorthin. Ricarda am nächsten stand die zarte Mimi, die durch ihren Doppelberuf als Bibliothekarin und Pflegerin der Mutter sehr überlastet war. Die Wohnung, die Böhms und Ricarda in der Uhlandstraße gefunden hatten, lag nur wenige Schritte von der Lillys entfernt, ein seltener Glücksfall in einer großen Stadt, der häufiges Zusammentreffen erleichterte. Auch der in Harzburg ansässige Bruder Rudolf Huch, Jurist und Schriftsteller, kam öfters zu Besuchen herüber. Im übrigen lebte Ricarda in jener Zeit wenig gesellig. Anfangs hielt die Trauer um Ermanno Ceconi sie davon zurück, und als der Schmerz durch die Geburt des Enkels gemildert wurde, ergab es sich von selbst, daß sie und ihre Tochter die häusliche Ruhe vorzogen. Das Kind war von Anbeginn an eine Quelle der Freude, später infolge seiner originellen Bemerkungen und Reaktionen, die mir als «Kanderiana» mitgeteilt wurden, auch eine solche unerschöpflicher Erheiterung.

In dem kleinen Familienkreis, der auch den Kater Pelle und die tüchtige, etwas herrschsüchtige Hausgehilfin Marie einschloß, lebte es sich warm und behaglich. Der Schwiegersohn hat in der bereits erwähnten Festschrift der Freunde *(Ricarda Huch. Persönlichkeit und Werk)* eine liebevolle und nach der geistigen Seite hin aufschlußreiche Schilderung davon gegeben. Gelegentlich brachte er Gäste ins Haus; der Verkehr mit Familie Harnack wurde wieder aufgenommen, Ricarda kannte die Sozialpädagogin Anna von Gierke und das von ihr geleitete Charlottenburger Jugendheim, sie traf zuweilen mit Vertreterinnen der Frauenbewegung zusammen und wurde durch Vermittlung der Herausgeberin mit Käthe Kollwitz bekannt. Junge Leute kamen ins Haus, darunter zwei Töchter von Martha Friedländer, und auch an durchreisenden Besuchern fehlte es nicht. Aber ein kleiner, fester, geselliger Kreis, der ständig den Alltag verschönt und erwärmt, konnte sich in Berlin nicht bilden. Das hatte den Vorzug, Ricarda für ihre Arbeit mehr Muße zu lassen, als sie früher in München gehabt hatte. Sie nutzte sie zu der großen Auseinandersetzung mit dem modernen Staat, die sie beschäftigte und beunruhigte, seit durch den Weltkrieg ihr Blick auf die politischen Zeitereignisse gelenkt worden war.

Ricardas Anschauung vom Leben der Völker entsprach das Römische Reich Deutscher Nation, das sie das Reich der Beziehungen zu nennen pflegte. Dessen Spuren hatte sie noch in der Schweiz angetroffen, in Deutschland nicht mehr. In ihren Städtebildern *Im alten Reich* fing sie ein, was ehemals freies deutsches Volksleben bedeutet hatte. Aber das heutige politische Treiben war so völlig verschieden davon – was war die Ursache, wo lag der Wendepunkt?

Ein erster Schritt zur eigenen Klärung der sie bedrängenden Fragen war ihr Buch *Michael Bakunin und die Anarchie* gewesen, worin sie die Lehre von der An-archie, der Freiheit der Person und des Volkes von einer staatlichen Machtsphäre, dargestellt hatte. Franz Böhm, ihr Schwiegersohn, war damals im Reichswirtschaftsministerium tätig, stand also im Dienst des modernen Staates und war somit der berufene Führer in diese ihr fremde Welt. Den Niederschlag ihrer geistigen Auseinandersetzung bildet das Buch *Alte und neue Götter (1848). Die Revolution des 19. Jahr-*

hunderts in Deutschland. Wohl in keiner anderen als in der Berliner Atmosphäre hätte dieses Werk entstehen können.

Aus der betonten Zuwendung zur deutschen Geschichte erwuchs für Ricarda eine bedeutsame Beziehung. Dr. Martin Hürlimann, der Begründer und Leiter des Atlantis Verlages, trat im Jahre 1930 mit der Bitte an sie heran, die Einleitung zum Bande *Deutschland* seiner Orbis terrarum-Bücher zu schreiben. Die gemeinsamen historischen Interessen, persönliche Sympathie und Vertrauen führten dazu, daß Ricarda von nun an ihre Werke – von wenigen, im einzelnen immer begründeten Ausnahmen abgesehen – dem Atlantis Verlag überließ. Dr. Hürlimann hat es ihr in der Folge ermöglicht, in Ruhe ihre dreibändige *Deutsche Geschichte* zu schreiben, die sie ohne sein Interesse und seinen verlegerischen Beistand kaum hätte ausarbeiten können.

Diese in Berlin begründete und später fortentwickelte freundschaftliche Beziehung findet einen besonders hübschen Ausdruck in den Versen, die Ricarda ihrem Verleger zu seinem fünfzigsten Geburtstag gewidmet hat. Der Tag fiel auf den 27. Dezember 1947, am 17. November des gleichen Jahres ist Ricarda Huch von uns gegangen. Sie muß die Verse also zu einer Zeit geschrieben haben, da sie unter den größten Anstrengungen und höchstem seelischen Druck die heimliche Ausreise von Jena nach dem Westen, die ja viel eher eine Flucht war, betrieb. Nicht genug bewundern kann man, daß sie dabei die Kraft fand, ihren Humor noch einmal in so leichter, liebenswürdiger Form spielen zu lassen.

VERLEGER, AUTOR, BUCH ...

Verleger, Autor, Buch – nicht zu verkennen
Sind sie als mächtiges Triumvirat,
Ein liederliches Kleeblatt sie zu nennen,
Ist nur der neidgetränkte Witz parat.
Gewiß ist, diese drei sind nicht zu trennen,
Ob rühmlich oder schelmisch ihre Tat,
Und wenn sie unter sich auch scharmuzieren,
Daß sie vereint die Geisterwelt regieren.

Wenn ich mit des Verlegers Lob beginne,
Ist zu bemerken, daß man's übertreibt.
So mancher gleicht im Grunde einer Spinne,
Die ihre Opfer zwar nicht ganz entleibt,
Doch die Gefangnen mit betörtem Sinne
Im Netze fronen läßt. Schreibt! heißt es, schreibt!
Was Neues! Was noch niemals dagewesen!
Romane, spannend und zugleich erlesen!

Der Autor leider geht nicht ohne diesen,
Wohl wäre der Verleger besser dran,
Wenn Manuskripte wüchsen auf den Wiesen
Wie Primel, Rosmarin und Löwenzahn.
Denn die Autoren, immer Geistesriesen
Nach ihrer Meinung, Frau sowohl wie Mann,
Sind eine schwere Last im Spinnennetze,
Verfolgend eigne, seltsame Gesetze.

Der eine muß die Stimmung sich errauchen,
Der sucht sie im Burgunder oder Sekt,
Der will im Lärm der Großstadt untertauchen,
Wenn sich der andre auf dem Land versteckt.
Der ist im fernen Süd nur zu gebrauchen,
Wo kein Besuch von Freunden ihn erschreckt;
Muß jener die Archive erst durchwühlen,
Ist dieser auf der Jagd nach Hochgefühlen.

Der Dichter, launisch, eitel, buntbeflügelt,
Scheint er den Schmetterlingen gleich zu sein.
Umherzugaukeln liebt er ungezügelt,
Oft fällt ihm mondenlang nichts ein,
Als daß er sich in Versen selbst bespiegelt,
Dann, wenn er trunken ist von Liebespein,
Befällt ihn je das dichterische Rasen.
Und schließlich gibt es auch solide Phasen.

Ein Buch ensteht! Das Glück ist überschwenglich:
Ein Weisheitsborn! Ein Schatz! Ein Kapital!
Bald aber fragt sich der Verleger bänglich:
Ist's auch aktuell? Ist's nicht zu radikal?
Nicht etwa gar in Politik verfänglich?
Und ist's vor allen Dingen nicht zu schmal?
Der Käufer wird sein gutes Geld nur wagen,
Kann dicke Bücher er nach Hause tragen.

Ein Buch, was ist es, wird es nicht gelesen,
Gefällt es nicht dem spröden Publikum?
Und könnte auch der Erdkreis dran genesen,
Leicht bringt es eine feile Feder um.

Gehäuft im Keller mag es dann verwesen,
Der so beredt war, bleibt auf ewig stumm,
Zerfetzt von eines Kritikasters Besen,
Dazu die Arbeit! Dazu so viel Spesen!

Der Wegelagerer am Musenpfade,
Der Kritiker, der ist den dreien feind,
Sein Trachten ist, daß er dem Buche schade;
Doch ist es glänzend, wie die Sonne scheint,
Hervorgegangen aus dem Feuerbade,
Verleger und Verfasser dann vereint,
Sie folgen vaterstolz und voll Vergnügen
Im Geist des teueren Kindes Siegeszügen.

Verleger und Verfasser sind ja beide
Des Buches Väter, und wie täte je
Ein Vater einem andern was zuleide!
Das Gleichnis mit der Spinne tut mir weh.
Ein Hirt ist der Verleger, und zur Weide
Führt er die Herde in den fetten Klee.
Als Gärtner müht er sich, die oft so wüsten
Gefilde der Kultur frisch aufzurüsten.

Als Vater, Gärtner, Hirt ist er zu preisen,
Besonders einer, der uns wohlbekannt,
Den Gratulanten wünschend heut umkreisen,
Weil fünfzig Kerzen festlich ihm entbrannt.
Des Jünglings Hitze und dem Frost des Greisen
Gleich fern in schöne Mitte nun gebannt.
Auf dieser Höhe, die er froh erstiegen,
Mög er noch viele Jahre stehn und siegen.

Autoren mögen sich zu ihm gesellen
Voll Witz, Humor, Geschmack, Gefühl und Geist,
Sich stets verjüngend an den Musenquellen,
Von Nektar und Ambrosia gespeist.
Die Bücher mögen zu Lawinen schwellen,
In denen das Geschick der Menschheit kreist,
Sie seien übersetzt in alle Zungen
Und von den Lesern aller Welt verschlungen.

Der Berliner Aufenthalt endete, als Franz Böhm, dessen zeitweilige Berufung an das Reichswirtschaftsministerium im Herbst 1932 abgelaufen war, beschloß, die Universitätslaufbahn zu beschreiten. Dazu bedurfte es noch der Erwerbung des Doktortitels und der Habilitation. Für beides war eine heimatliche Universität geeignet, und er wählte Freiburg, den Wohnsitz seiner Mutter. Da er während dieser Zeit mit Einnahmen nicht zu rechnen hatte und der Erfolg ja auch nicht sicher feststand, war Sparsamkeit geboten. Man sah von der Einrichtung eines neuen Familienheims vorerst ab, Franz lebte bei seiner Mutter, und Ricarda teilte mit Tochter und Enkel den Haushalt der Freundin in Heidelberg. Damit begann eine kurze Wanderzeit, bis Jena wieder eine Heimat bot.

An Ulrich Christoffel (Berlin, 15. Januar 1928)

Lieber Dr. Christoffel, ich muß ordentlich Atem schöpfen, um für so ein schönes Geschenk *[Ulrich Christoffel, Die Deutsche Kunst als Form und Ausdruck, Augsburg 1928],* wie Sie mir gemacht haben, zu danken. Wenn ich es schön nenne, so bezieht sich das zunächst auf die Ausstattung, die ganz und gar erfreulich ist; auf den Inhalt nur, insofern ich den ersten Abschnitt gelesen habe und außerdem Ihre ruhevolle und durchleuchtete Sprache und Darstellung aus andern Sachen kenne und liebe. Ich fand in diesem ersten Abschnitt ungemein vieles, was mich interessierte und anregte und auch manches, was mich freute, weil es mit besonderen Eindrücken übereinstimmte, die ich hatte. So, zum Beispiel, wenn die westfälischen Kirchen Sie an heilige Bäume erinnern. Daß ich noch nicht weitergelesen habe, kommt eigentlich daher, daß ich das Buch zum abendlichen Vorlesen bestimmt habe; denn ich bin überzeugt, daß sich Busi und Franz [der Schwiegersohn] auch daran erbauen würden. Es hat damit aber große Schwierigkeiten: drei Personen unter einen Hut zu bringen, ist immer viel schwerer als zwei. Franz ist manchmal abends, nachdem er den ganzen Tag auf dem Büro gedruckst hat, müde, was man gut begreifen kann, und dann langt es nur noch für ein bequem schleichendes Gespräch oder ein Spielchen. Zuweilen ist auch ein Besuch da, eine von meinen Freundinnen oder meine Nichte. Größere Geselligkeit haben wir natürlich diesen Winter nicht, d.h. Franz und Busi gehen zuweilen aus, ich nur zu ganz intimen Freunden. Busi und ich haben uns noch sehr wenig wieder gefunden oder erholt, das ist ja auch begreiflich; wir haben zu viel durchgemacht und gelitten [durch den Tod Dr. Ceconis], als daß so kurze Zeit es lindern könnte. Es ist auch ein Glanz aus unserm Leben geschwunden, den – mir wenigtens – nichts anderes wiedergeben kann, und Busi sehr schwer.

In unserer Wohnung bin ich ganz eingelebt und in unserem Quartier auch, sogar an die Straßenübergänge habe ich mich gewöhnt. Zuerst, wenn ich ausging, dachte ich immer, wer weiß, ob du heil oder lebendig wiederkommst, es ist ja aber auch egal, einmal muß es doch sein; jetzt habe ich mir die Methode, seelenruhig zwischen Autos, Trams und andern Vehikeln durchzuschleichen, leidlich angeeignet. Recht nett ist es, daß wir in die Stadt fahren, wie wenn man vom Lande kommt, es ist so etwas Außergewöhnliches und ein richtiger Anlaß. Überhaupt macht man sich eben unter allen Umständen ein Leben zurecht, wie es einem entspricht, natürlich mit Unterschieden.

Und wie geht es Ihnen beiden? Was für Aussichten und Pläne haben Sie? Mit wem verkehren Sie?... Busi grüßt tausendmal. Ich denke, daß ich in einiger Zeit wohl nach München kommen werde, bestimmte Pläne habe ich noch nicht. Und wann kommen Sie nach Berlin? Ach, wie hübsch wäre es, wenn sich plötzlich die Tür auftäte und Sie stünden da! So war es vor Weihnachten mit Herrn Merz aus Bern. Seien Sie inzwischen sehr herzlich gegrüßt von Ricarda Huch.

An Helene Baumgarten-von Salis (Berlin, 25. März 1928)

... Was Du mir von dem besorgniserregenden Zustand Deines Vaters [Ricardas Arzt in Bern] schreibst, hat mich betrübt; als ich ihn sah, lag eben eine schwere Krankheit hinter ihm, und er schien sich gut erholt zu haben ... Man führte mich direkt in Deines Vaters Arbeitszimmer. Er fuhr offenbar geärgert von der Arbeit auf und drehte sich abwehrend nach mir herum; als er mich dann erkannte, veränderte sich sein Gesichtsausdruck zur Freundlichkeit, und das war so reizend. Wenn Du mir mit ein paar Worten gelegentlich Nachricht gäbest, wie es ihm geht, wäre ich Dir sehr dankbar.

Ich war damals in Bern, weil ich über Zürich (um meine Freundin Emmi Reiff noch einmal zu sehen, die todkrank war) nach Padova reiste, nicht ahnend, was für einer schrecklichen Zeit ich entgegenging. Busi und ich können uns noch gar nicht finden; sie, ihr Vater und ich hingen so fest zusammen, daß wir uns wie zerrissen fühlen, obwohl wir uns doch gegenseitig so lieben und Busi ihren

Mann hat. Vielleicht, wenn sie Kinder bekommt, wird für sie noch einmal ein neues Leben beginnen können. Wenn Du nach Berlin kämest, das wäre zu hübsch; diese Ostern erwarten wir Elsbeth Merz, die jetzt Lehrerin in Thun ist...

An Marie Baum (Berlin, 25. September 1928)

...Ich war bei Anna von Gierke [Sozialpädagogin], die mir das Charlottenburger Jugendheim zeigte. Die vielen fröhlichen und niedlichen jungen Mädchen machten einen allerliebsten Eindruck. Es kommt mir wie ein modernes Kloster vor. Nur sollte man für alle die netten Mädchen einen Mann in Bereitschaft haben, wenn sie herauskommen...

An Marie Baum (Berlin, 2. Oktober 1928)

... Sehr merkwürdig fiel mir bei der Lektüre *[Max Weber, Ein Lebensbild von Marianne Weber, Tübingen 1926]* auf – darüber sollte man aber eigentlich besser sprechen –, daß ich plötzlich von Max Weber wieder das Gefühl hatte, als sei er ein Schauspieler. Dasselbe hatte ich ganz spontan – denn ich war ja auf ganz anderes gefaßt –, als ich ihn das einzige Mal einen Vortrag halten hörte. Ich denke mir, es kommt daher, daß der Quell der Instinkte in seinem Innern nicht strömte und daß er das mit dem Bewußtsein ersetzte, wogegen ich nun einmal sehr empfindlich bin. Man ist doch sehr mit seiner Familie verwachsen. Die meinige war sehr stark naturverbunden, auch das etwaige idealistische Streben hatte immer den natürlichen Hintergrund; daher wird es kommen, daß ich von weitem spüre, wie etwas im Bewußten den Ursprung hat, was meinem Gefühl nach in der Tiefe des Unbewußten wenigstens wurzeln müßte. Wahrscheinlich bin ich dabei oft ungerecht, ich kann aber nicht anders, ich kann höchstens mein Urteil mit dem Verstande korrigieren …

An Leo Merz (Berlin, 11. Februar 1929)

… Wenn Sie etwas dazu tun können, daß Strich [Dr. Fritz Strich, Professor der Literaturgeschichte in München] nach Bern kommt, tun Sie es doch! Er war in München nächst Wölfflin der meistgehörte und meistgeliebte Lehrer. Der leidige Antisemitismus ist schuld, daß keine Berufungen an ihn kommen. Sicher würde er Bern und Bern ihm zusagen und guttun. Viele herzliche Grüße von Haus zu Haus …

An Helene Baumgarten-von Salis (Berlin, 7. Mai 1929)

… Nun ist Dein lieber Vater also doch geschieden! Wie sehr traurig. Als Du das letzte Mal von unverhoffter Besserung schriebest, glaubte ich schon, er sollte den Seinigen und allen, die ihn liebten und verehrten, noch länger erhalten werden. Und daß er noch so viel hat leiden müssen und Deine arme Mutter mit ihm! Es ist unbeschreiblich schwer, einen Menschen, den man liebt, hinsterben sehen zu müssen und nicht helfen zu können. Als ich ihn das letzte Mal in Bern sah, war er noch so frisch, man merkte ihm garnicht an, daß er eben von einer Krankheit aufgestanden war. Ich kann ganz mit Dir fühlen, was der Verlust einer solchen Persönlichkeit bedeutet. Sein energisches, entschlossenes Wesen, verbunden mit seiner Güte, hat damals, als er mich behandelte, so belebend auf mich gewirkt; er gehörte zu den Menschen, von denen eine Kraft ausgeht. Wenn sie nicht mehr da sind, ist es, wie wenn plötzlich die Sonne nicht mehr da wäre. Du, liebes Lenerl, bist nun selbst ein Mittelpunkt für Dein Haus, es ist eine Hilfe für Dich, daß die Deinigen Dich brauchen und daß Du Dich deshalb dem Schmerz nicht lange hingeben darfst. Es ist natürlich, die Eltern zu verlieren und doch, ich sehe es an Busi, ist es manchmal nie ganz zu überwinden. Ich denke mit herzlicher Liebe an Dich, und die schönen Zeiten in Bern stehen wieder lebhaft vor meiner Erinnerung. Und wenn ich wieder hinkomme, ist er nicht mehr da; es ist sehr traurig...

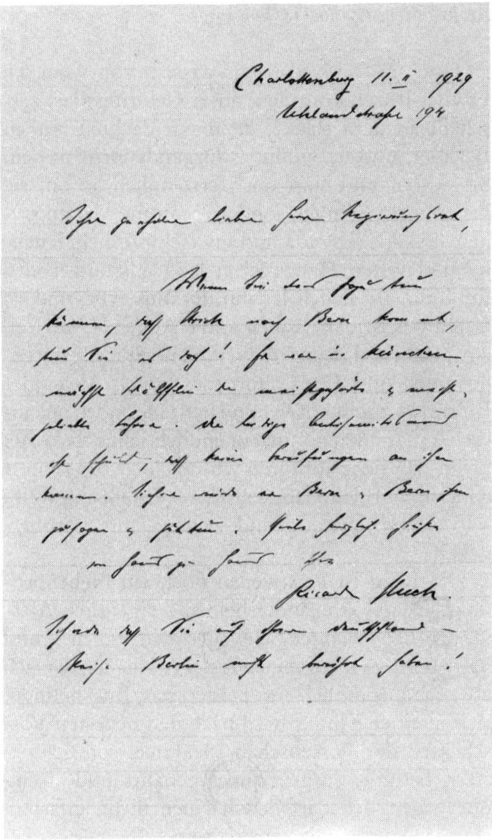
Charlottenburg 11. II 1929
Uhlandstraße 194

Sehr geehrter lieber Herr Regierungsrat,

Ricarda Huch.

Brief an Leo Merz (11. Februar 1929)

An Leo Merz (Berlin, 18. Juni 1929)

... Gott sei Dank, daß wir wissen, von wem die Evviva-Rosen kommen, unser Gehirn ist fast zerschellt an dem Rätsel; denn wir dachten nur an Berliner, und da wollte es nirgends recht passen. Sie waren und sind noch erstaunlich schön, sie haben nicht Stengel, sondern Stämme, darauf stehen sie kerzengerade und unerschütterlich, leuchten und duften. Haben Sie vielen Dank und ebenso für Ihren Brief. Ich las ihn der Busi vor, und da traten uns beiden Tränen in die Augen – zum Teil ein Zeichen, daß unsere Nerven noch recht mitgenommen sind. Die Geburt [des Enkels Alexander Böhm] war sehr schwer und hat 24 Stunden gedauert – 24 Stunden können unendlich sein, ich dachte nicht, daß sie je aufhören würden, obwohl ich mir dauernd vorhielt, daß, wie ich aus Erfahrung weiß, selbst zehn, zwanzig und sechzig Jahre vorübergehen.

Das Kind ist einstweilen noch ein Nebenprodukt. Es soll Alexander heißen – eigentlich Alessandro nach meiner Schwägerin in Italien – und hatte bei der Geburt einen Aztekenschädel, der sich aber schon ziemlich europäisiert hat. Busi befindet sich in einer Klinik, wird nach den neuesten Vorschriften der Wissenschaft verarztet, von Schwestern betreut, ausgezeichnet genährt und streng überwacht. Ich darf den Kleinen nicht anfassen, aber ich darf wenigstens da sein.

Infolgedessen habe ich viel zu tun, sonst würde

ich Elsbeth auch noch schreiben, aber es geht heute nicht mehr; an Frieda habe ich ein paar Worte geschrieben.

Wie schön, wenn ich den Festmonat [Juli, in den sowohl Ricardas wie Leo Merzens Geburtstag fielen] bei Ihnen verbringen könnte! Ich hoffe es sehr, und Busi wünscht auch energisch, daß ich gehe. Daß ich eine Woche vor dem 13. kommen kann, halte ich aber für ausgeschlossen, und auf länger als vierzehn Tage rechne ich nicht; das wäre aber auch schon wunderschön...

An Leo Merz (Berlin, 20. Oktober 1929)

... Sie haben also Ihren Sommer im Süden verlängert. Wie beneidenswert! Uns blinkt schon lange das rote Ofenauge, das aber ganz gemütlich ist, da wir nun doch einmal in sehr gemäßigtem Klima leben. So eingesponnen werden wir diesen Winter zubringen, daß mir das flotte Leben, das ich diesen September in Bern geführt habe, ganz abenteuerlich vorkommt. Jetzt geht es langsam von einer Säuglingsmahlzeit zur anderen weiter; Unterbrechungen oder Ablenkungen werden möglichst vermieden. Es ist eigentlich sehr hübsch, besonders weil der Gegenstand, um den sich alles dreht, so goldig ist.

Ich habe aber doch Zeit gefunden, das viel beredete Buch von Reynold, La Suisse et la Démocratie, zu lesen. Ich versuchte es in Zürich zu kaufen, fragte aber in allen Buchhandlungen vergebens danach und kam darüber sogar in einen scharfen Wortwechsel mit einem Verkäufer. Nachträglich habe ich begriffen, daß man das Buch in Zürich ignoriert; wenigstens wäre das eine erlaubte Gegenwehr gegen den Haß auf Zürich und Bern, hauptsächlich aber Zürich, der darin angesammelt ist. Nein, ich war wirklich sehr enttäuscht. Das Gute, was etwa darin sein könnte, ist ganz verkümmert durch einen Wust von Unwahrheit und Verdrehung; fanatischer Franzose, Katholik und Aristokrat zusammen ist offenbar gefährlich. Der Mann ist sehr unglücklich, daß in der Schweiz auch germanische Elemente sind und daß die Schweiz, wenn man ehrlich sein will, von den deutschen Kantonen gegründet ist. Allerdings gibt es eine Theorie, die ihn retten könnte, daß nämlich die Alemannen eigentlich gar keine Germanen, sondern Kelten sind, und er hätte sie auch gewiß angenommen; aber es gibt so vieles, was ihm in der Schweiz mißfällt, und deshalb müssen doch Germanen da sein, denen man die Schuld daran zuschieben kann; denn sonst müßte man ja die Kelten oder Lateiner dafür verantwortlich machen, die doch engelrein sind. Eigentlich ist es komisch, dann hat es aber doch wieder etwas Betrübendes, gerade weil doch gute Körner darin sind. Zwar, ob es möglich ist, daß die Schweiz die Welle des Sozialismus aufhält, gewissermaßen eine Insel in Europa bildet, wo die alten Ideale gerettet werden? Dann hätte sie nicht zum Teil industrialisiert werden müssen, und ohne Industrie scheint doch nun einmal kein Land bestehen zu können, jedes fällt ihr früher oder später anheim.

In Berlin gibt es immer allerhand Sensationen, erst der plötzliche Tod Stresemanns, die großartige Beisetzung – von der wir nichts gesehen hatten –, jetzt der Kampf um das Volksbegehren. Zur Eröffnung des Pergamon-Museums wird Wölfflin herkommen und eine Rede halten; das ist aber erst im nächsten Jahr.

Gestern abend rief plötzlich Emmy von Egidy an, wir erwarten sie heute nachmittag. Ich habe sie seit Jahren nicht gesehen, bin neugierig, ob ich sie sehr verändert finden werde. Als ich sie kennenlernte, war Busi ein kleines Kind, noch nicht ein Jahr alt, jetzt ist das Enkelkind da; so gehen oder vielmehr so laufen die Jahre und das Leben. Man sollte jede Stunde bewußt genießen, und das tue ich auch nach Möglichkeit und habe es nachdrücklich in Bern getan...

An Elsbeth Merz (Berlin, 30. Dezember 1929)

... Dein Brief kam mit mehreren anderen zusammen an, und als ich sie gelesen hatte, überlief mich ein warmes, glückliches Gefühl. Den freundschaftlichen Beziehungen gegenüber, die man im Leben erwirbt, vielmehr die das Leben einem schenkt, ist alles andere unwichtig, sie machen einen reich. Der Nobelpreis [man wollte von der

Schweiz aus Ricarda für den Nobelpreis vorschlagen] kommt gar nicht dagegen auf, obwohl es natürlich schade ist, daß einer ihn bekommen hat, der ohnehin reich ist, und obwohl ich ihn vorzüglich hätte verwenden können. Es gibt jetzt in Deutschland so viel bedürftige Menschen, auch in den Kreisen, die früher wohlhabend waren; es muß eine Lust sein, da mit vollen Händen schenken zu können. Zu den Unglücklichen dieser Art gehört auch die arme U. – ihr Schicksal lastet geradezu auf mir, obschon ich sie eigentlich nur flüchtig kenne. Ihr Onkel, der ein großes Gut in Polen hat, ist plötzlich gestorben und hat, man muß annehmen in einer Art Sinnesverwirrung, das ganze Gut einem armen Schmiedelehrling vermacht, der auf seinem Gute arbeitete, weil er ein germanischer Typus ist, was sein Neffe, U.'s Mann, nicht ist. Aber auch er bekommt es nicht, sondern die Polen haben sofort alles beschlagnahmt ohne irgendeinen Rechtsgrund, nur weil sie das schöne Gut haben wollen. Als Deutsche sind sie wehrlos. Nun prozessieren sie und müssen noch in Sorge sein, wie sie dann nachher die großen Prozeßkosten zahlen sollen ... Der Onkel war ihr einziger Halt, er gab U. und ihrem Mann einen monatlichen Zuschuß, ohne den sie garnicht hätten heiraten können. Das Schlimmste von allem ist noch, daß U. fortwährend krank ist – kurz, es ist ein solches Elend, das einen krank macht, wenn man dabeisteht und doch nicht helfen kann.

Ja, nun habe ich Dir so traurige Geschichten

erzählt, statt von unserem schönen Weihnachtsbaum und den vielen hübschen Sachen, die ich geschenkt bekommen habe. Busi hat allerdings mit Genugtuung konstatiert, daß Du uns weit übertriffst; sie war nämlich etwas unglücklich, weil sie fand, wir hätten zuviel bekommen. Bei Dir scheint es ja eine richtige Aussteuer zu sein ... Deine Schilderung von Eurem Lichterkrieg hat uns sehr amüsiert. Wir haben auch zugesehen, wie sie ausbrannten und wie die Schatten des Baumes an der Decke herumglitten; und am Donnerstag nachmittag wurde er noch einmal angezündet, als Busis Ärztin bei uns zu Besuch war, und nun tun wir es noch einmal Sylvester. Heute abend gehn wir in die «Verkaufte Braut». Preetorius – aber den kennst Du wohl nicht – hat es neu inszeniert und uns Billette geschickt. Hier ist die Oper so teuer, daß wir auf eigene Kosten fast nie hingehen.

Wer ist nun der Nächste am Besuchen? Nur sollte man in warmer Jahreszeit kommen, nicht so wie Du das letzte Mal. Nun, wir werden sehen, was das Jahr bringt...

An Elsbeth Merz (Heidelberg, 11. August 1930)

... Wie wunderbar italienisch ist das Bild von Ascona. Die Bogen, die Fensterläden und besonders die weißen Platten im Pflaster – es ist mir, als wäre ich dort und fühlte die Sonne und das Aroma.

Heute ist es der 14. geworden, ich wurde damals

unterbrochen. Du warst wohl nie in Heidelberg? Es ist lieblich und großartig, und wenn es nur nicht meistenteils regnete, würde ich es sehr genießen. Aber es ist auch im Hause hübsch, meine Freundin verwöhnt mich sehr, ich erlabe mich am Nichtstun, denn ich war wirklich müde, nachdem ich mich schrecklich mit einem Buch *[Alte nnd neue Götter (1848). Die Revolution des 19. Jahrhunderts in Deutschland]* geplagt hatte, das sehr dick ist und ziemlich mißraten. Ich bemühe mich, nicht daran zu denken, aber schon drohen die Druckbogen und werden mir die schöne Ferienstimmung verderben. Du weißt gewiß, was es heißt, müde sein und sich nach Nichstun sehnen. Es ist zwar so schön, in seiner Arbeit aufzugehen – man könnte darauf ein Wort von Victor Hugo anwenden, das ich einmal las: Vous qui souffrez parceque vous aimez, aimez plus encore, mourir d'amour c'est en vivre, so daß man statt aimer travailler setzte; aber ich fürchte, Deine Arbeit kannst Du nur sehr zum Teil mit Leidenschaft betreiben, und wahrscheinlich ist gerade die langweiligste die, die Du nicht loswerden kannst.

Wir haben Pläne zum Ausfliegen in die Umgegend, sowie es schönes Wetter wird. Wie lange werden wir warten müssen? Einiges haben wir auch so schon gemacht, gestern waren wir in Frankfurt und Mainz. In den Zwischenstunden lese ich allerlei – ein Büchlein über Rilke und ein dickes Buch über Stefan George *[Friedrich Wolters, Stefan George und die Blätter der Kunst, Berlin 1930]*, das mich sehr interessiert und amüsiert. Es behandelt bedeutende Probleme, und wenn es sie auch von einem falschen Punkte aus anfaßt, meiner Ansicht nach, so ist das immerhin anregend; außerdem ist es ja auch ein Stück meines Lebens. Man glaubt sich noch mitten im Leben, und schon ist man Vergangenheit geworden. Ja, freu Dich, daß Du noch grade in der Mitte bist, Du wirst gewiß noch interessante Entwicklungen erleben.

Im September, wenn wir wieder zuhause sind, wird mir Busi hoffentlich noch viel von Dir und Euch allen erzählen. Ich bin so froh, daß sie wieder eine Weile bei Euch war; nächstes Jahr mußt Du irgendwann zu uns kommen. Mir ist immer, als wärest Du Busi mehr als Freundin, beinahe Schwester, und ich möchte so gern, daß dies Band bliebe. Wenn man sich nicht zuweilen sieht, lebt man sich aber doch auch bei aufrichtiger Freundschaft auseinander...

Wie hübsch war es doch voriges Jahr in Thun bei Dir und an dem Abend in Spiez! Hoffentlich erleben wir noch ähnliche Sommertage in den kommenden Jahren. Pflege Dich nur immer recht und iß möglichst viel. Grüße die Deinigen und sei umarmt...

An Ulrich Christoffel (Berlin, 27. November 1930)

...Ihr und Ihrer Frau Brief erfreute uns und stimmte uns zugleich wehmütig, indem er an die Zeit erinnerte, wo unsere Freundschaft die schöne

Wärme sinnlicher Gegenwart hatte. Daß alles immer so flüchtig und bruchstückhaft ist!...

Wölfflin habe ich sehr wenig gesehen. Ich hatte das Gefühl, daß ohnehin so viele an ihm zerrten, und außerdem waren wir auch wenig unternehmungslustig. Ich fand ihn übrigens, obwohl er eine Zeitlang über Erkältung klagte, in voller Kraft und Blüte.

Ihren Aufsatz über Martin Lauterburg [Maler in Bern] habe ich, wie alles, was Sie schreiben, mit Genuß gelesen, und es freut mich, daß Lauterburg in so verständnisvoller Weise und kongenial gewürdigt wird, denn ich habe ihn sowohl persönlich gern, wie ich ihn hochbegabt finde. Aber wenn ich so auf die Nachwelt käme, wie er mich gemalt hat, wäre ich doch betrübt. Ich muß lachen, wenn ich die verschiedenen Urteile vergleiche – mehrere rieten mir, mir das Bild nicht anzusehen, weil es mir einen zu unangenehmen Eindruck machen würde. Martha Friedländer sagte, ich könnte Lauterburg verklagen, weil er mich so dargestellt hätte, daß es mich den Menschen verekeln müßte. Ich finde, er hat keinen Respekt vor meinem Gesicht; er hat etwas Außerordentliches malen wollen und dazu mich benützt, nicht die Absicht gehabt, ein treues Bild von mir zu machen. Natürlich hatte er als Künstler das Recht dazu – aber mir wäre es lieber, er hätte meinen Namen dann nicht genannt. Was mich betrifft, so hätte ich kaum gemerkt, daß ich etwas mit dem Bilde zu tun habe. Moderne Maler malen meistens nur ihre augenblicklichen

Impressionen – die können sehr interessant sein –, aber als Ebenbilder von mir oder befreundeten Personen ziehe ich gute Photographien vor. Maler malen mehr sich selbst als den andern…

An Grete Christoffel (Berlin, 27. November 1930)

…Alles, was Sie während der Krankheit Ihrer armen Schwester gelitten haben, konnte ich mit Ihnen fühlen, da ich es ja selbst erfahren habe. Es ist das entsetzlich Grausame an dieser Krankheit, daß man Monate hindurch den Tod unerbittlich kommen sieht und daß es eigentlich doch über die Kraft des Menschen geht, am Krankenbett eines Geliebten zu leben, wenn man ganz ohne Hoffnung ist. Es ist etwas, was einen an den Rand des Wahnsinns bringen kann, und um es aufzuhalten, klammert man sich an Hoffnungen, an die man im Grunde nicht glaubt. Manchesmal bin ich in dem glühend heißen Sommer 1927 in eine der offenen kühlen Kirchen von Padova gegangen und habe Gott zu zwingen versucht – beten kann man es eigentlich nicht nennen –, und im tiefsten Innern wußte ich ja doch, daß es umsonst war. Und dann kam die schreckliche Zeit, wo ich betete, daß es schnell zu Ende gehen möchte, weil ich fühlte, daß mir die Kraft ausging. Ich kann, was ich damals durchgemacht habe, nicht überwinden und verschmerzen; Sie sind noch jung und werden es gewiß. Aber es bedeutet immer eine große Erschütterung, wenn einem der Tod so nahetritt. Merkwürdigerweise ist ja alles so eingerichtet, daß man ihn oft auf lange Zeiten vergessen kann, und man lebt hin, als gäbe es gar keinen. Am Anfang des Sommers bewegte mich sehr der Tod Harnacks. Es war ein so feiner, wahrhaft liebenswürdiger Geist, in der letzten Zeit schon fast durchsichtig verklärt. Allerdings hat es nichts Herzzerreißendes, sondern eher etwas Erhebendes, wenn ein Mensch im hohen Alter stirbt, und einer, der so reichlich alles gegeben und genommen hat, was ihm bestimmt sein konnte. Wenn jemand in der Fülle der Kraft stirbt, gleichsam vom Leben losgerissen werden muß, das erscheint einem widernatürlich, und man kann sich nicht damit abfinden.

Ihnen fließen viele Quellen des Glücks (wie mir auch, natürlich!), und die werden Sie sicherlich bald ganz heilen, wenn auch die Lücke bleibt...

An Elsbeth Merz (Berlin, 7. Dezember 1930)

...Es ist mir ein Trost zu hören, daß aus dem Verfahren gegen Bassanesi doch nicht die ganze Schweiz spricht. [Am 11. Juli 1930 warf ein Flugzeug über Mailand Flugblätter der Geheimgesellschaft «Gerechtigkeit und Freiheit» ab, um die Italiener zum Kampf gegen den Faschismus aufzurufen. Pilot war Giovanni Bassanesi, gebürtig im Val d'Aosta, der seit 1930 als Emigrant in Paris lebte, von wo aus er sein Unternehmen leitete.

Bei dem Rückflug über die Alpen stürzte er auf Schweizer Boden ab, blieb aber am Leben. Italien forderte seine Auslieferung, die natürlich verweigert wurde. Die öffentliche Meinung der Schweiz nahm großenteils Partei für ihn. Im November 1930 wurde er in Lugano vor Gericht gestellt, aber nur wegen unbefugten Überfliegens und Landens auf Schweizer Boden zu vier Monaten Gefängnis verurteilt, die durch die Untersuchungshaft – im Militärhospital zum Zwecke der Behandlung seiner Verwundungen verbracht – abgebüßt waren. Also ein durchaus gnädiges Urteil. Unabhängig von diesem aber entschied sich der Bundesrat zur Ausweisung, eine Maßnahme, die weithin – aber nicht überall – Unwillen erregte. Offenbar bezieht sich die Stelle hierauf.] Als ich es las, war ich um so mehr verblüfft, als ich dachte, die Schweiz wäre gegen Mussolini eingestellt; es wurde mir wirklich schwer zu glauben, daß vor Erfolg und Macht das Rechtsgefühl so zurückweicht. Ich persönlich habe eine große Vorliebe für Mussolini – aber das hat ja mit der Sache gar nichts zu tun. Es ist wirklich sehr schade, und ich begreife, wie es Dich schmerzen muß. Ich bin zu der Einsicht gekommen, daß die Menschen, die die Politik machen, in der Regel weder die klügsten noch die besten Menschen sind; es ist eher eine etwas mindere Sorte. Wenn einmal ein Bedeutender dazukommt, kann er Ernormes leisten. Warum ist das wohl so? Ich glaube nicht, daß es immer so gewesen ist, sondern es hängt wohl mit dem modernen staatlichen Betriebe zusammen. Es scheint mir, auch das staatliche Leben ist mehr oder weniger eine Industrie geworden. Natürlich hat der Schweiz von jeher die Gefahr nahegelegen, im Bewußtsein, klein und schwach zwischen übermächtigen Staaten zu sein, sich vor dem Mächtigen zu beugen, wie das ja gerade in betreff des Asylrechtes öfters vorgekommen ist. Wahrscheinlich brauchte sie gar nicht so ängstlich zu sein. Ich denke mir, je fester und rechtlicher sie aufträte, desto mehr würde sie respektiert...

Ein kleines Kind ist doch eine Himmelsgabe; bei uns ist jetzt soviel Glück und Heiterkeit durch das Bübchen, das täglich hübscher und gescheiter und drolliger wird. Sowie es wach ist, ertönt sein helles Zwitscherstimmchen und macht einem begreiflich, daß hier gelebt wird und daß das Leben sehr wichtig und schön ist. Das ist ja auch für den Lehrer das Hübsche, daß er immer mit Werdenden zu tun hat, mit unendlichen Möglichkeiten, und nicht mit verkümmerten Realitäten. Franz und Busi fahren das Bübchen spazieren – es ist Sonntag vormittag –, Pelle [eine Katze], das andere Kind, sitzt dicht neben mir auf dem Schreibtisch. Ich bin schon mit Weihnachtsvorbereitungen beschäftigt, das macht mir viel Spaß... Da Du Dich jetzt mit Geschichte und Politik befassest, interessiert Dich vielleicht mein neues Buch, und ich dachte daran, es nicht Deinem Vater, sondern Dir zu schicken. Dann habe ich mich aber doch für Deinen Vater entschieden – wegen des Herkommens –, von dem Du es Dir ja geben lassen kannst. Es ist leider ein dicker Wälzer und vermutlich etwas langweilig. Es erscheinen Haufen von neuen Büchern – aber niemand will kaufen bei unserer allgemeinen Armutei. Man sieht dem Winter mit unbestimmtem Grauen entgegen...

An Werner Hegemann (Berlin, 1930)

[Nach Erscheinen des Buches *Das Jugendbuch vom großen König, Leipzig 1930,* das er ihr zugesandt hatte.] Sehr geehrter Herr Hegemann, Sie haben mir mit der Übersendung Ihres Buches eine große Freude gemacht, nicht nur weil es so geistreich, amüsant und klug ist, sondern auch weil Ihr Standpunkt im allgemeinen ganz der meinige ist. Ich habe so wenig Mitkämpfer auf der gleichen Linie, daß es mir eine Genugtuung war, so unerwartet einem zu begegnen. Was ich etwa gegen Ihre Darstellung äußern könnte, ist folgendes: Ein König ist nicht nur eine Privatperson, sondern ein Symbol. Die Phantasietätigkeit des Volkes verähnlicht ihn bewußt und unbewußt dem Ideal, das in ihm lebt, wenn er sich irgend dazu eignet. So wurde Friedrich der Große der Vertreter protestantischer Geistesfreiheit. Es ist die tragische Verwicklung in der deutschen Geschichte, daß man nicht wünschen kann, die Habsburgische Herrschaft hätte sich über ganz Deutschland uneingeschränkt erstreckt, obwohl man es wünschen möchte und sollte. Jetzt hat sich die geistige Lage so geändert, daß Zwang und

Schrecken notwendiger erscheinen als Freiheit; es gab aber eine Zeit, wo das ganz anders war. Diese Bemerkung hebt meine Übereinstimmung mit Ihrem Standpunkt nicht auf; nur empfinde ich vielleicht lebhafter als Sie, was diese Frage so verwickelt und problematisch macht.

Eine besondere Freude ist es mir, daß Sie Arndt, der so töricht unterschätzt wird, als geistvoll rühmen. Das ist er wirklich; aber er ist nun einmal als der gute, brave, aber unwissenschaftliche etikettiert, und ich zweifle, ob es möglich sein wird, das deutsche Publikum eines Besseren zu belehren. Überhaupt ist der Deutschen Unkenntnis ihrer Geschichte sehr zu beklagen; ich glaube, daß auch daran die Glaubensspaltung mit schuld ist. Indem ich Ihnen nochmals für die schöne und mir wertvolle Gabe danke, verbindlich grüßend, Ricarda Huch.

An Leo Merz (Berlin, 14. Juli 1931)

... Gestern morgen, als ich dem Briefträger die Türe aufmachte, sagte er: Wissen Frau Doktor schon, daß die Darmstädter Bank ihre Zahlungen eingestellt hat? Und die andern großen Banken wackeln auch! Auf der Straße, auf der Post, wo man hinkam, hörte man nichts als ein Gemurmel, aus dem die Worte «Dresdener», «Deutsche» und ähnliche hörbar wurden. Der Unstern dieses Tages verdunkelte Ihren Geburtstag für mich. Zwar hätte ich Ihnen schon am Samstag oder Sonntag schreiben müssen, wenn der Brief rechtzeitig eintreffen sollte; das hatte ich wegen eines unvorhergesehenen auswärtigen Besuches aufgegeben, hätte mich aber gestern wenigstens durch einen telegraphischen Glückwunsch bemerkbar gemacht, wenn nicht dieser Donnerkeil in früher Stunde uns auf den Kopf gefallen wäre. Schon öfters hatten Busi und ich davon gesprochen, daß wir das kümmerliche Kapitälchen, das ich mir wieder zusammengeschuftet habe, nicht auf der «Deutschen Bank» lassen wollten, und nun doch den richtigen Augenblick versäumt. Sollte ich es aber noch losbekommen, ganz oder teilweise, würde ich es bestimmt in einen Strumpf stecken und mich nie mehr mit dem Drachen der Geldwirtschaft einlassen. In diesen Jammer hinein schüttet sich mit bornierter Energie Regen wie Scheuerwasser, es hört gewiß nie mehr auf. Was ergibt sich aus allem diesen für ein Geburtstagsbriefertrag? Daß Sie sich Ihres gesicherten Schweizerglückes heute doppelt froh bewußt sein sollen. Wohl dem, dem diese endlose Misere erspart bleibt.

Mein armer Manno pflegte in solchen Fällen zu sagen: Ach, sei doch ruhig, es ist doch nur Geld! Das haben wir uns jetzt auch gesagt; aber ganz ohne Geld geht es doch leider nicht. Wir sind nun gespannt, was für eine Wunderblume aus den beiden Bankfeiertagen erblühen wird... Hoffentlich können wir im Herbst auch die Elsbeth mal wieder bei uns haben. Bis dahin hat sich ja wohl der Himmel über unserem unglücklichen Deutschland wieder geklärt. Unser Bübchen ficht das alles nicht an, es spielt und lacht und randaliert von früh bis spät, und wenn man das helle Stimmchen hört, muß man mitlachen.

Franz, der tief vergraben ist in seine Dissertation, so daß er alles übrige nur wie im Traume erlebt, und Busi, die bis über beide Ohren in der Säuglingspflege steckt, haben mich gebeten, Ihnen ihren Glückwunsch auszusprechen. Wir haben alle sehr bedauert, daß Sie, da Sie doch schon einen Schritt nach München gemacht hatten, nicht noch einen weiteren nach Berlin unternahmen. Wenn wir erst in Baden sind, können wir uns eher mal begegnen. Freundlicherweise werden Sie unsern Glückwunsch an Ihrem Geburtstag vermißt haben – vielleicht haben Sie sich den Zusammenhang gedacht. Vergessen haben wir Sie nicht – es lebe die alte Freundschaft!...

An Leo Merz (Berlin, 18. Juli 1931)

... Meine Überraschung über das Geschenk, das Sie mir ankündigten, war so groß, daß es fast ein Erschrecken war. Es war gut, daß es Abend war – da kam bald ein langer tiefer Schlaf, der beruhigte. Vor dem Einschlafen zogen viele Bilder an mir vorüber – wie ich zu allererst vor mehr als vierzig Jahren in die Schweiz kam, welchen Einfluß das auf mein Leben und mich hatte, so daß ich sie lange als nicht nur meine zweite, sondern als meine eigentliche Heimat empfand, und was sie fortwährend für mich bedeutet hat. Wenn Sie bedenken, in welchem Augenblick diese Schweizer Freundesgabe kam, gerade als hier alles ins Wanken geraten ist und ich ernstlich mit der Möglichkeit rechnete, zum zweiten Mal die materielle Basis des Lebens verloren zu haben, werden Sie begreifen, daß ich von so vielen verschiedenen Gefühlen erschüttert war, unter denen vielleicht im Augenblick das lebhafteste das Gefühl von dem Unglück und der Hilflosigkeit unseres ganzen Volkes war, mit dem jeder einzelne verbunden ist. Jetzt, bei ruhiger Überlegung, sage ich mir, daß dies Geschenk ja vorbereitet sein mußte, daß es unmöglich in Beziehung zu der letzten Katastrophe stehen kann; aber gestern abend überlegte ich mir das nicht, sondern es war mir, als ob angesichts dieses Unglückes sich hilfreiche Freundeshände nach mir ausstreckten. Vermutlich also hat das Geschenk gar nichts damit zu tun; um so merkwürdiger, daß es gerade zu einem Zeitpunkt kommt, wo es mir wirklich eine unbeschreibliche Beruhigung gibt, zu wissen, daß ich Geld in der Schweiz habe, ohne mich der Kapitalflucht schuldig gemacht zu haben. Ich habe oft daran gedacht, ob es nicht richtig wäre, etwas Geld nach der Schweiz zu bringen; aber ich unterließ es immer aus staatsmoralischen Gründen. Sie, lieber Herr Regierungsrat, und Frieda waren sicher die Urheber dieses großartigen Gedankens...

An Leo Merz (Berlin, 19. Juli 1931)

... Gestern konnte ich nicht weiterschreiben. Nun muß aber mein Dank schleunigst zu Ihnen gelangen, denn etwas anderes als danke sagen kann ich ja gar nicht, obwohl es etwas Sonderbares hat, für ein solches Geschenk danke zu sagen. Und damit gut. Übrigens hoffe ich sehr, daß ich das Geld zunächst nicht brauche, denn einstweilen rechnet man doch damit, daß wir über diese Krise hinwegkommen. Daß ich aber im schlimmsten Falle einen Rückhalt habe, ist außerordentlich beruhigend. Niemand faßt jetzt Pläne, von meinen Bekannten bleiben die meisten, die in die Ferien reisen wollten, zu Hause in einem unbestimmten Gefühl der Besorgnis. Bis zum September wird man wohl klarer sehen. Sollten aus meinem Brief meine Freude und mein Dank für Sie und Frieda nicht ganz spürbar hervorgehen, so schreiben Sie es bitte dem Umstande zu, daß ich mich erst allmählich in so etwas Überraschendes, so ganz Ungeahntes hineinleben muß ...

An Elsbeth Merz (Berlin, 24. Juli 1931)

... Für so viele Glückwünsche habe ich Dir zu danken – und für das schöne Taschentuch! Man könnte wirklich meinen, ich wäre in diesem Jahre ein Glückskind gewesen; aber nun haben sich so viele dunkle Wolken zusammengeballt, daß man sich kaum denken kann, wie es ohne Gewitter abgehen soll. Dieser unruhvollen und sorgenvollen Stimmung kann man sich nicht ganz entziehen, wenn man sich auch in alles das Gute verstecken möchte, das das Leben einem als Einzelmenschen an Liebe und Freundschaft gegeben hat. Gerade wenn das Volk im Unglück ist, empfindet man, wie sehr man dazugehört. Der einzige Lichtblick im öffentlichen Leben ist, daß wir, wie es scheint, in Brüning einen bedeutenden Mann haben. Er hat zwar so etwas Undurchdringliches, wie oft Katholiken haben, und gar nicht das Expansive und Hinreißende, was ich so sehr liebe, aber sein fester Wille und seine Selbstbeherrschung imponieren doch. Ich bin gespannt, wie es weiter mit ihm geht; wenn er sich nur nicht zu bald aufreibt, wie unsere unglücklichen Staatsmänner jetzt zu tun pflegen.

Gestern abend ist Franz mit unserem Bübchen zu seiner Mutter gefahren. Es war so beseligt, in der Eisenbahn zu fahren, daß es die Busi und die Marie, die mit an der Bahn waren, beim Abschied keines Blickes gewürdigt hat. Hoffentlich hat die Begeisterung angehalten. Um diese Zeit muß es in Freiburg angekommen sein, und wir erwarten nun das Telegramm, das uns darüber beruhigt...

Unterwegs waren wir auf der Bank, um die 200 Mark abzuheben, die für die nächsten paar Tage erlaubt sind. Es war natürlich sehr voll, und jeder wartete in sichtlicher Besorgnis, ob er auch etwas bekäme. Ich verstehe von Geldgeschäften absolut gar nichts und sehe staunend den Vorgängen zu.

Wie schön wird es in meinem geliebten Wien sein, wo Du jetzt vermutlich bist. Ich möchte so gern mal wieder hin, obwohl es mich traurig stimmen würde. Wir trafen uns dort mit Manno entweder 1921 oder 1922, zur Zeit, als der Bolschewismus in Italien war, und wegen eines allgemeinen Eisenbahnstreikes hatte Manno nur mit großen Unterbrechungen und Schwierigkeiten bis Wien kommen können. Reinhardt war auch da, und wir waren sehr lustig! Die Stadt war aber damals so heruntergekommen, daß das Vergnügen doch dadurch beeinträchtigt wurde. Wie ist seitdem alles verändert.

Busi und ich hoffen sehr, daß es uns gelingt, Anfang September in die Schweiz zu kommen. Feste Pläne kann man ja kaum machen. Und dann begleitest Du uns, nicht wahr? Ich möchte so sehr gern, daß Du einmal zur schönen Jahreszeit hier wärest – dann präsentiert sich Berlin eindrucksvoll, sogar blendend. Ich schwärme für die Umgebung, sie hat einen ganz besonderen Zauber...

An Ulrich Christoffel (Berlin, 30. Dezember 1931)

...Sie haben mir ein unbändiges Vergnügen gemacht mit Ihrem Plan, nach Griechenland zu reisen! Das finde ich gar zu flott und originell! Andere Leute würden sich einkapseln, sich vergrämen und verbittern – nein, Sie raffen sich auf und fahren nach Griechenland. Es gefällt mir so außerordentlich, ich möchte Sie umarmen. Ich hoffe, es wird schön, und Sie schreiben wundervolle Reisebriefe, die sich noch auf eine ungeahnte Art ergiebig für Sie erweisen. Daß Sie mir so schöne chinesische Bilder geschickt haben, sollte mich eigentlich gar nicht freuen – Sie dürfen künftig gar keine Geschenke mehr machen, bis sich wieder irgendeine goldene Pforte für Sie geöffnet hat; aber reizend finde ich sie doch, besonders die Spatzen haben den ganzen eigentümlichen Zauber dieser Kunst. Es ist schon sehr hübsch, Weihnachten Pakete auszuwickeln. Sind meine Eierlöffelchen rechtzeitig angekommen? Ich gab sie Dr. Hürlimann von der Atlantis mit, der eine Woche vor Weihnachten nach Zürich fuhr. Gewählt habe ich sie, weil sie, was für fahrende Leute wichtig ist, nicht viel Platz wegnehmen und man sicher von Zeit zu Zeit Eier ißt, ob man nun in einer honetten Wohnung in Zürich oder in einem Zelt auf der Wanderschaft lebt. Es ist mir aber doch lieb, Sie einstweilen noch in Zürich zu wissen. Wo wir Ende des Jahres sein werden, weiß ich auch noch nicht. Ich bliebe am liebsten in Berlin oder ginge nach München, Zürich – aber ins Badische zieht es mich gar nicht. Das einzig Lockende ist die Nähe der Schweiz, wohin Sie vermutlich auch, wenn Sie vom Honig des Hymettos gesättigt sind, zurückkehren. Wünschen wir uns gegenseitig gute Sterne...

An Leo Merz (Berlin, 29. April 1932)

... Endlich sind die letzten Bände vom Buchbinder geliefert. [Es handelt sich um Schweizer Städtebilder, die in der Zeitschrift *Corona* erschienen waren und zusammengefaßt als Sonderdruck herauskamen.] Nun kommt noch das Verpacken! Und dann kommt für Sie das Verschicken – wie schrecklich lästig und wie fatal, daß ich Ihnen das nicht abnehmen kann! Eine schwierige Frage war mir auch das Einschreiben einer Widmung. Sie werden an ein gänzliches Eintrocknen meiner Phantasie glauben, wenn Sie sehen, daß ich in alle Bücher dasselbe und noch dazu so überaus Simples geschrieben habe. Ich weiß nicht, wie weit meine Phantasie gereicht hätte, jedenfalls hatte die Vorstellung, zwanzig verschiedene Verslein oder geistvolle Inschriften auszubauen, etwas so Alpdruckmäßiges für mich, daß ich von vorneherein davon abstand. Und einen oder zwei Geistesblitze zwanzig oder zehnmal zu wiederholen, kam mir auch geschmacklos vor. So ist es zu dem dürftigen Resultat gekommen. Demjenigen, der die Mühe des Verpackens und Abschickens übernimmt – vielleicht sind Sie es nicht selbst –, danke ich vielmals.

Ich war froh, daß Sie nicht kamen, während Elsbeth hier war, denn es war so schlechtes winterliches Wetter, und das kennen Sie ja zur Genüge bei uns. Gestern ist auf einmal der Frühling mit Wucht eingezogen, so daß es mir auf dem Balkon fast zu heiß wurde. Wie wäre es im Mai, wenn die berühmte Obstblüte an den Seen ist? Könnten Sie Frieda nicht dazu herbringen? Der Frühling ist wirklich schön hier, das kann ich versprechen. Natürlich sind Sie auch allein willkommen; von den geschnittenen Steinen, die es vermutlich gibt, will ich gar nicht reden, ein paar Straßen sind ganz voll Antiquitäten. Es wäre so hübsch, wenn Sie noch einmal kämen, während wir hier sind. Ich verlasse Berlin gar nicht gern, es hat viele Vorzüge. Wir waren gestern in einem Kino, das ich Ihnen dringend empfehle – Shanghai-Express – wirklich ein Kunstwerk...

An Leo Merz (Berlin, 6./12. Juni 1932)

...Freuen Sie sich, Sie haben vierhundert Mark gespart! Die Sammlung ist mit vierhundertfünfzig weggegangen, der Anhänger mit hundertzehn. [Ricarda hatte es übernommen, auf einer Berliner Kunstauktion gewisse Stücke für Leo Merz zu erwerben, doch hatte er den Preis begrenzt.] Sie können für das Geld einen Ausflug nach Frankfurt machen, wenn wir in Heidelberg sind, nicht? Es ging ein Bekannter von uns mit, der sich auf Auktionen versteht, aber es war nichts zu machen, die Händler hatten das Übergewicht. Es war eine sehr amüsante Versammlung, außer mir waren an berühmten Leuten noch Gerhart Hauptmann und Justi da, die sich aber dadurch von mir unterschieden, daß sie einiges ersteigerten, namentlich antike Scherben. Der Auktion beizuwohnen, war uns wirklich ein besonderes Vergnügen; wäre es dies aber auch nicht gewesen, hätten wir sie gern Ihnen zu Gefallen besucht. Hätten Sie uns nicht vorher geschildert, wie es auf Auktionen zugeht, würde uns alles ein böhmisches Dorf gewesen sein, so konnten wir uns einigermaßen zurechtfinden. Die beiliegende Zeitungsnotiz wird Sie interessieren. An die Wiederbelebung des Kunstmarktes glaube ich nicht recht, wer weiß, aus welchem Grunde gerade diese Auktion so erfolgreich war. An den Bildern fand ich gar nichts, nur die Dosen waren mir begehrenswert. Den Elsheimer [eine kleine Landschaft, die Ricarda erworben hatte] habe ich mir inzwischen geholt, es ist ein schönes Bild, das man lieber gewinnt, je mehr man es ansieht. Sollte ich es auf die Dauer nicht halten können, so wird der Erwerb Sie sicher nicht gereuen.

Hier ist große Erregung wegen des neuen Kabinetts, schwere Enttäuschung in bezug auf Hindenburg. Wohin wird das führen?...

An Martin Hürlimann (Berlin, 19. Juli 1932)

... Wir hätten so gern von Ihnen frische Reiseeindrücke gehört, waren aber an aller Geselligkeit gehindert, weil erst unser Bübchen krank war, dann meine Tochter auf Rat des Arztes mit ihm ans Meer gefahren ist. Beide finden es dort wundervoll und sind sehr glücklich. Da ich immer hoffte, Sie persönlich zu sprechen, habe ich versäumt, Ihnen zu sagen, wie sehr das Wiedersehen mit meinem Stein [*Stein, Der Erwecker des Reichsgedankens, 1925;* übernommen vom Atlantis Verlag] mich überrascht und erfreut hat. Gar nicht wiederzuerkennen! Das Buch ist wirklich wunderhübsch ausgestattet, nur finde ich – in Berlin muß man doch ein bißchen meckern –, daß es zu teuer ist. Geradezu bezaubert bin ich von dem Fontanebuch, das ich geschenkt bekommen habe. Durch die Photographien gesehen ist die Mark ein Paradies. Ich finde sie übrigens auch in Wirklichkeit wunderschön und leide jetzt schon das Heimweh voraus, das ich haben werde, wenn ich fort bin. Für die Atlantis-Hefte Ihnen zu danken, ergreife ich gern wieder die Gelegenheit, auch das letzte war eine Quelle der Augenlust, Anregung und Belehrung. Es ist mir unbegreiflich, woher Sie immer wieder das Material nehmen. Wenn unsere Zeit nur einigermaßen zur Beschaulichkeit geeignet wäre, müßte Ihr Verlag florieren ...

An Anton Kippenberg (Berlin, 17. August 1932)

... Fast könnte ich Ihnen böse sein, daß Sie mich in die Notwendigkeit versetzen, nein zu sagen, was ich so ungern tue! Dies ist die Situation: wir geben am 1. Oktober unsere Wohnung hier auf, so daß ich vom 15. September bis 15. Oktober durch Pakken und Übersiedeln gänzlich beschlagnahmt bin und als Arbeitender ausschalte. Mir blieben also drei Wochen, um den Essai [über Gustav Adolf] zu machen. Sie weisen mich auf den dreißigjährigen Krieg, wo schon alles vorläge; aber das ist nicht so, wiederholen kann und mag ich mich nicht. Entweder man faßt die auf Gustav Adolf bezüglichen Kapitel zu einem Insel-Büchlein zusammen, oder ich mache etwas Neues, ein historisches Portrait. Daß ich nach beinahe zwanzig Jahren den Stoff nicht mehr beherrsche, ist klar; also muß ich mich erst wieder hineinarbeiten. Es ist mit den kurzen Essais über eine geschichtliche Person immer eine heikle Sache: man muß den Stoff genau so gut kennen, wie wenn man ein dickes Buch darüber schreiben wollte. Folglich würde sich die Sache nur lohnen, wenn ich viel Geld damit verdiente; aber die Insel-Bücher bringen bekanntlich wenig ein. Sie werden begreifen, daß ich diesen Punkt in Betracht ziehe, da meine Einnahmen so gering geworden sind. An sich würde ich gern über Gustav Adolf schreiben, weil er mir besonders sympathisch ist; aber selbst wenn die finanziellen Bedingungen günstig wären, fürchte ich, daß die Zeit zu kurz wäre. Urteilen Sie selbst! Sie müssen das Manuskript doch sicher schon vor dem 1. November haben?

Nun bleibt mir noch übrig, Ihnen die Übersiedlung zu erklären; wahrscheinlich habe ich Ihnen, da ich Sie nie persönlich traf, noch nicht davon erzählt. Mein Schwiegersohn hat sich entschlossen, die Universitäts-Karriere einzuschlagen und wird im Wintersemester in Freiburg als Privatdozent auftreten. Da wir nicht wohl auf eine vielleicht, hoffentlich nur kurze Zeit mit Sack und Pack umziehen können, wird zunächst mein Schwiegersohn bei seiner Mutter wohnen, die in Freiburg lebt, während meine Tochter und ich nebst Kind zu einer Freundin von mir nach Heidelberg ziehen. So ist es am billigsten. Man sagte meinem Schwiegersohn, daß er jetzt sehr gute Aussichten hätte, bald einen Ruf zu bekommen, weil – merkwürdigerweise – an Juristen, besonders in seiner Spezialität, Mangel sei. Sollte er nach zwei Jahren noch keinen Ruf bekommen haben, würde er wieder in den Staatsdienst eintreten, da ich länger nicht imstande bin, den Karren allein zu ziehen. Es wird Sie vielleicht wundern, daß ich mich sehr schwer von Berlin trenne, ich habe mich so in die Landschaft verliebt, daß mich nicht einmal Heidelberg lockt, eher abschreckt. Hier freute ich mich von einem Sonntag auf den andern, wo wir Ausflüge machten; kaum jemals habe ich mein Herz so an eine Landschaft gehängt. Überhaupt ist der Norden doch schön. Ich war jetzt in Königsberg und Danzig, herrlich das Meer und die Küste, wenn man auch sonst nur traurige Eindrücke empfängt. Einen so langen Brief habe ich seit Menschengedenken nicht mehr geschrieben!...

An Martin Hürlimann (Berlin, 19. September 1932)

... Als Sie mir zum ersten Male von dem Plan einer deutschen Geschichte sprachen, stellten Sie mir in Aussicht, daß der Verlag mir jährliche Vorauszahlungen leisten würde, damit ich imstande wäre, mich der großen Arbeit ganz zu widmen. Auf meinen Wunsch kamen wir dann überein, daß Sie mir nur das zweite Jahr, nämlich 1933, diese Zahlung machen würden. Nun haben sich seitdem die Verhältnisse verändert, und zwar zum schlechteren, und ich weiß nicht, ob Sie die Verabredung noch einhalten können, an die Sie ja nicht gebunden sind, da sie nur mündlich war, und an die ich Sie überhaupt in keinem Fall als gebunden betrachten würde. Nur möchte ich wissen, wie meine Lage eigentlich ist, ob Sie unsere mündliche Besprechung ausführen können und wollen oder nicht, damit ich mich allenfalls nach einem andern Verleger umsehe ... Ich schreibe Ihnen, weil es mir peinlich wäre, wenn Sie sich durch unsere frühere Verabredung bedrückt fühlten, und andererseits, um über meine eigene Lage Klarheit zu gewinnen ... [Es blieb bei der Vereinbarung.]

An Leo Merz (Heidelberg, 20. Oktober 1932)

... Sie schreiben so wenig entzückt von Rom – auch Elsbeth. Das kann ich so gar nicht begreifen, auf mich hat es einen unbeschreiblichen Eindruck gemacht – so groß und so behaglich kleinstädtisch, so klassisch und so romantisch, landschaftlich so wundervoll! Ob es sich seitdem – seit 1903 – so verändert hat? Oder sind nur die nicht vorhandenen Gemmen schuld daran? Ich erinnere mich übrigens, daß mein Mann mir einmal einen Ring mit einer Gemme schenken wollte und daß ein Bekannter von ihm, ein großer Antiquar, ihm davon abriet, weil es keine echten alten Gemmen mehr gäbe; was man kaufte, wäre nur wertloses Zeug. Warum Sie sich nur so auf Gemmen kaprizieren? Es gibt doch sonst so viel hübsche Sachen, z. B. Dosen. Oder dann anderen Schmuck, Emaille oder schön gefaßte Steine. Hier gibt es auch Antiquare, ich bin aber noch nicht dazu gekommen, mir anzusehen, was sie haben.

Ich habe nicht gerade Todesahnungen, aber Todesgedanken; denn deren kann man sich in meinem Alter gar nicht erwehren. Kürzlich starben in Berlin nacheinander Slevogt und Orlik, beide etwa so alt wie ich oder etwas jünger; und jeder findet das ganz natürlich. Ich bemühe mich, daraus den Schluß zu ziehen, daß ich jeden Tag, wo ich gesund aufwache, als ein Geschenk und ein Fest betrachte. Es gelingt nicht immer – zum Beispiel, wenn es so unablässig regnet wie hier –, aber sehr oft glückt es mir doch, eine Verstimmung oder einen unerfreulichen Eindruck dadurch zu überwinden, daß ich denke: ich lebe doch noch, atme, sehe das Licht, bin noch nicht zu den Schatten gegangen. Ich möchte, ich könnte noch recht viel reisen – leider geht das aus mancherlei Gründen nicht, schon deshalb noch nicht, weil ich eine allzugroße Arbeit übernommen habe. Aber im nächsten Frühjahr hoffe ich doch zu der Gründungsfeier der Züricher Universität zu kommen...

An Elsbeth Merz (Heidelberg, 27. Dezember 1932)

...Das Bild von mir hat letzten Sommer ein Professor in Königsberg gemacht, sollte es Dir nicht gefallen, kannst Du es ja zerreißen. Ich habe ihm nur zweimal ein paar Stunden dazu gesessen, es war ein netter Mann in einem hübschen Hause, und die Sonne floß in Strömen. Überhaupt – es war wunderschön an der Ostsee, ich möchte gern wieder hin.

Willst Du uns hier nicht mal besuchen? Wir leben sehr behaglich. Busi kocht mit jedem Tag leckerer, woran Dir freilich nichts liegt, aber es würde Dir doch vielleicht gut anschlagen. Sehr bekömmlich ist auch, daß man so viel lachen muß, über das Bübchen nämlich, das die komischsten Sachen sagt, immer in einem tadellosen, beinahe gewählten Deutsch. Es ist jetzt auch sehr verliebt in seine Mutter und sagt ihr beständig zierliche Lobsprüche über ihre Schönheit. Neulich sah er eine Photographie von ihr auf meinem Schreibtisch, da sagte er: «Ach, da ist ja meine Mama, die ich so lieb habe! Das ist meine Liebste!» Ich bin aber auch noch ganz wohlgelitten. Zu Weihnachten hat er unter anderem eine Lokomotive von etwas ungewöhnlicher Form bekommen, die er kurzweg die «Komische» nennt. Die Schicksale und Zustände «der Komischen» bilden seit Weihnachten unsern hauptsächlichen Gesprächsgegenstand.

Blickt man aus seinem kleinen Privatkreis heraus, so sieht man ja lauter Schlimmes und Trauriges, so daß man unsicher wird, ob man auch ein Recht hat zu genießen. Aber ich – wer weiß, wann ich in das unbekannte dunkle Land hinüber muß – deshalb freue ich mich der Erde jeden Tag und jede Stunde, wie ich es noch kann. Man weiß ja auch nie, was geschieht – vielleicht ist plötzlich mal wieder alles Geld weg, was man mühsam seit der letzten Katastrophe zusammengerafft hat –, also es lebe der Tag, der einem geschenkt ist. Fast am meisten drückt mich das Schicksal eines jungen italienischen Arztes, der zu zehn Jahren Gefängnis verurteilt wurde als schuldig der Verschwörung gegen das Leben Mussolinis. Er ist allerdings Sozialist und Gegner Mussolinis, aber an der Verschwörung ganz unschuldig, wird nur deshalb verfolgt, weil er ein Freund von Matteotti [Politiker und Gegner Mussolinis] war und an dem Schicksal von dessen unglücklicher Witwe und Kindern Anteil nimmt. Ich kann gar nicht daran denken – und wenn man weiß, wie gräßlich die italienischen Gefängnisse sind. Ich habe sonst so viel Sympathie für Mussolini, aber manchmal wünsche ich doch, sein Regiment möge irgendwie ein Ende nehmen.

Von meiner Freundin Hedwig Bleuler-Waser und von Wölfflin bekam ich Berichte über die pompösen Hauptmannfeiern in Zürich, und die Hedwig will über die Hauptmannschen Frauengestalten schreiben oder vortragen...

HEIDELBERG UND FREIBURG

(1933–1936)

In Heidelberg hat Ricarda ihr siebzigstes Lebensjahr vollendet. Als sie im Oktober 1932 einzog, war ihr die Stadt schon vertraut. Sie hat sich von Anbeginn an dort wohlgefühlt, die Landschaft sowohl wie die damals noch kleinere, übersehbare Universitätsstadt sagten ihr zu. Der gesellige Kreis, dem die Herausgeberin, die einen Lehrauftrag an der Universität innehatte, angehörte, nahm sie sofort mit großer Herzlichkeit auf; auch traf sie in der Familie des Professors von Baeyer alte Münchener Bekannte und in Professor Buchwald den Korrespondenten früherer Zeit. In besonders nahe Verbindung trat sie mit Gustav und Lydia Radbruch, Marianne Weber und Pfarrer Hermann Maas. Sie lernte Elisabeth von Thadden und das von ihr begründete Landerziehungsheim in Wieblingen kennen und blieb mit ihr bis zu ihrem schrecklichen Tode (1944) in freundschaftlicher Verbindung. Eine der wenigen Skizzen, die sich aus ihren Vorarbeiten zu dem Gedenkbuch für die Märtyrer des Dritten Reiches erhalten haben, galt ihr; sie ist in dem Buche von Annedore Leber *Das Gewissen steht auf* im Jahre 1954 veröffentlicht worden.

Der zweijährige Aufenthalt war fast überreich an Ereignissen. Im Februar 1934 erlitt Ricarda einen Unfall, der sie vier Monate ans Krankenhaus fesselte und nur langsam überwunden werden konnte. Die Orthopädische Klinik war von Ordensschwestern geführt, und der Einblick in das Leben dieser Frauen sowie ihre liebevolle, geduldige Pflege beeindruckten und beglückten sie. Fast bei jedem späteren Aufenthalt in Heidelberg hat sie die Schwestern aufgesucht und sich des Wiedersehens gefreut.

1933 kam die nationalsozialistische Partei zur Macht. Ricardas unerschütterlich tapfere Haltung diesem Regime gegenüber spricht sich gleich anfangs in dem Briefwechsel aus, den sie mit dem Präsidenten der Preußischen Akademie der Künste, dem Komponisten Max von Schillings, führte. Zunächst erlebten wir hier mit Empörung den Boykott vom 1. April 1933, die Absetzung vieler Professoren und Beamten; die Erörterungen, ob die Gefährdeten ausharren oder auswandern sollten, beschäftigten uns lebhaft. Auch Gustav Radbruch wurde als Sozialdemokrat durch die neue Regierung sofort seines Amtes enthoben. Aus der gewohnten Tätigkeit gerissen, fand er sich schnell darein, die unerwartete Muße zu schriftstellerischen Arbeiten zu benutzen. In den Briefen finden sein Feuerbach- und sein Fontane-Buch Erwähnung, womit aber nur ein Teil seiner reichen Produktion getroffen wird.

Pfarrer Hermann Maas, der nach 1945 durch seine Liebe und sein Eintreten für den Staat Israel weiteren Kreisen bekannt geworden ist, teilte mit Ricarda den unbeirrbaren Widerstand gegen das nationalsozialistische System, besonders die Verfolgung der jüdischen Menschen. Wir hörten seine Predigten, solange ihm noch die Kanzel offenstand; er hat ihr in Frankfurt die Trauerrede gehalten.

Marianne Weber, seit 1920 verwitwet, hatte sich, nach zuerst schwerem inneren Zusammenbruch, in dem alten schönen Familienhause an der Ziegelhäuser Landstraße ein neues Leben aufgebaut. Ihre «Akademische Geselligkeit» hielt einen Kreis freiheitlich gesinnter Menschen zusammen, als die Zerklüftung des sozialen Gefüges durch den Nationalsozialismus jeden über die intimste Nähe hinausgreifenden Verkehr erschwerte. Natürlich wurde Ricarda dort sofort mit Freude empfangen. So kam es, daß ihr siebzigster Geburtstag aufs festlichste begangen werden konnte.

Nachdem Tochter und Enkel bereits im Frühsommer 1934 nach Freiburg übergesiedelt waren, folgte ihnen Ricarda im Herbst dorthin nach, wo inzwischen eine Wohnung gefunden war. Im Gegensatz zu Heidelberg haben sich Ricarda und Marietta in Freiburg nie recht wohl gefühlt, obwohl sie gegen die Schönheit der Stadt und deren Umgebung nicht blind sein konnten. Dazu trugen in erster Linie die bedrohlichen Verhältnisse an der Universität bei, wo den Dozenten der juristischen und volkswirtschaftlichen Fakultät in ihrer mutigen Haltung eine aufgeregte und aufgewiegelte Studentenschaft gegenüberstand. Diese Kämpfe, an denen Franz Böhm leidenschaftlich beteiligt war, bildeten den Mittelpunkt des Erlebens und der Tagesgespräche. Mutter und Tochter haben sich nach zweijährigem Aufenthalt ohne großes Bedauern von Freiburg getrennt, obwohl der Abschied von Süddeutschland und von der nahen Schweiz doch als etwas Einschneidendes empfunden wurde. Franz Böhm dagegen löste sich ungern aus dem Kreis seiner Freunde und Mitkämpfer, konnte aber begreiflicherweise den Ruf nach Jena, als vorerst freilich nur kommissarischer Verwalter eines Ordinariats, nicht ausschlagen. So endeten die Wanderjahre mit der Übersiedlung nach der Stadt, die Ricarda fast bis zu ihrem Ende festgehalten hat.

An Martin Hürlimann (Heidelberg, 30. März 1933)

... Ihr Potsdam-Buch ist ja gerade im richtigen Augenblick erschienen! Und da das gewiß unbeabsichtigt war, weil gar nicht vorauszusehen, ist es als ein Glückszeichen aufzufassen, das Sie gewiß bei der Rückkehr von der Hochzeitsreise [Dr. Hürlimann hatte sich in Potsdam mit Bettina Kiepenheuer verheiratet] erfreut hat. Oder doch nicht so ganz? Mir war Potsdam immer lieb als schönes Bild von etwas Gewesenem; als Symbol des Künftigen ist es mir eher peinlich. [Anspielung auf die Veranstaltung vom 21. März 1933, bei welcher Hindenburg und Hitler in der Garnisonkirche zu Potsdam Ansprachen hielten.]

Daß Sie mich an den Leichtsinn mahnen, dessen jeder bedarf, der etwas Großes unternimmt, ist sehr dankenswert; denn mir ist ja dieser Leichtsinn, den ich früher in so hohem Maße besaß, leider ziemlich abhanden gekommen. In ein paar Wochen denke ich Ihnen eine Art Grundriß des fatalen Buches *Deutsche Geschichte* geben zu können, namentlich auch im Hinblick auf etwaige Illustrationen ...

Ich fürchte, die sogenannte Revolution versetzt dem Buchhandel noch den Todesstoß. Vielleicht irre ich mich – aber einstweilen, glaube ich, werden die Leute überhaupt nichts lesen mögen, oder dann nur Aktuelles. Aber – wir wollen sehen, wie der Hase läuft! Es gibt gottlob immer wieder einmal Überraschungen... Wir haben so himmlisches Frühlingswetter hier, daß man die vielen Italienfahrer fast bedauern muß – sie hätten es gar nicht nötig, so weit zu reisen. Heidelberg ist wirklich seines Ruhmes wert...

An Marie Baum (Heidelberg, 9. April 1933)

... In aller Eile – ich muß wieder einen Brief an die Akademie schreiben, sie wollen mich aufs Teufelholen in der Akademie festhalten... Neulich feierten R.'s [die Bewohner des oberen Stockwerks] eine Orgie in der Badewanne, wovon die Folge ein großer feuchter Fleck in unserm Badezimmer war. Bübchen hatte das gehört und war in größter Aufregung, nahm jeden bei der Hand – auch die Barbara [Tochter des Psychiaters Hans W. Gruhle, Kanders Spielkameradin] – und zeigte den Fleck. Man hörte ihn durch die ganze Wohnung laufen und laut rufen: Der Deckel zerbrochen, das Töpfchen zerbrochen und nun der Fleck im Badezimmer! (Die Welt ist aus den Fugen, Schmach und Gram, daß ich zur Welt, sie einzurichten kam!) Zum ersten Mal beklagte er tief, daß Du nicht da wärest, denn er brannte vor Ungeduld, Dir den Fleck zu zeigen und zu hören, was Du sagtest...

Die neuen Maßnahmen sind ja wieder heillos. An der Universität Freiburg wurde ein zweiundzwanzigjähriger junger Mensch als Regierungskommissar eingeführt!...

BRIEFWECHSEL ZWISCHEN RICARDA HUCH UND DER PREUSSISCHEN AKADEMIE DER KÜNSTE

Preußische Akademie der Künste
Abteilung für Dichtung

Vertraulich!

Berlin, den 14. März 1933

Sehr geehrter Herr Kollege! Die Sitzung vom 13. dieses Monats, unter Teilnahme des unterzeichneten Präsidenten (Tagesordnung «Stellungnahme zu lebenswichtigen Fragen der Abteilung»), zu der Sie eingeladen waren, hat zu folgendem Ergebnis geführt: In Anbetracht der Lage müssen von der Abteilung sofortige Entschlüsse gefaßt werden. Die Abteilung unternimmt den Versuch, sich aus sich selbst heraus neu zu organisieren; sie sieht sich gezwungen, allen Mitgliedern die anliegende Frage vorzulegen, und bittet um sofortige Beantwortung ausschließlich mit ja oder nein und Ihre Unterschrift. Die Antwort muß spätestens am 21. März bei der Akademie eingetroffen sein.

Mit kollegialem Gruß

Max v. Schillings

Erste Anlage

Vertraulich!

Sind Sie bereit, unter Anerkennung der veränderten geschichtlichen Lage weiter Ihre Person der Preußischen Akademie der Künste zur Verfügung zu stellen? Eine Bejahung dieser Frage schließt die öffentliche politische Betätigung gegen die Regierung aus und verpflichtet Sie zu einer loyalen Mitarbeit an den satzungsgemäß der Akademie zufallenden nationalen und kulturellen Aufgaben im Sinne der veränderten geschichtlichen Lage.

Ja
Nein (Nichtzutreffendes bitte durchstreichen)

Name: Ort und Datum:

Zweite Anlage

Berlin, den 18. Februar 1933

Zu dem Ausscheiden von Mitgliedern der Preußischen Akademie der Künste.

Wie der Amtliche Preußische Pressedienst mitteilt, hat der Regierungskommissar für das Preußische Kultusministerium, Rust, den Präsidenten der Preußischen Akademie der Künste, Max v. Schillings, unmittelbar nach dessen Rückkehr von seiner Reise zu sich gebeten und ihn ersucht, eine Stellungnahme der Akademie zu einer Frage herbeizuführen, die für ihn von entscheidender Bedeutung sei. Heinrich Mann, der Vorsitzende der Abteilung für Dichtung an der Akademie der Künste, hatte einen Aufruf mitunterzeichnet, der mehrere Tage lang an den Berliner Anschlagsäulen angebracht war. In ihm wurde zur Bildung einer einheitlichen Front der SPD und der KPD aufgerufen, damit man nicht in der Barbarei versinke. Der Aufruf schloß mit dem Appell: Setzt die Verantwortlichen unter Druck!

Der Reichskommissar führte gegenüber dem Akademiepräsidenten aus, daß er für die Haltung des Vorsitzenden der Abteilung für Dichtung die Körperschaft als solche verantwortlich machen müsse und zunächst an die Aufhebung der Dichterabteilung gedacht habe. Reichskommissar und Akademiepräsident kamen dann dahin überein, daß zunächst die Gesamtakademie selbst Gelegenheit haben müsse, zu dem Verhalten Heinrich Manns Stellung zu nehmen. Demgemäß berief der Präsident beschleunigt eine Vollsitzung der Akademie für den gleichen Tag ein. Diese Sitzung wurde nach § 23 der Akademiesatzung durch einstimmigen Beschluß für vertraulich erklärt.

Außerhalb der Sitzung jedoch fand eine Aussprache zwischen dem Präsidenten und Heinrich Mann statt.

Hierbei erklärte Heinrich Mann sich bereit, sein Amt als Vorsitzender der Abteilung für Dichtung niederzulegen und aus der Akademie auszuscheiden. Er erkannte dabei an, daß der Präsident nicht anders handeln könne, da er an das Wohl und das Bestehen des Ganzen denken müsse.

Im Verlauf der Sitzung erklärte auch Stadtbaurat Martin Wagner seinen Austritt aus der Akademie.

Bereits am Nachmittag hatte sich Frau Professor Käthe Kollwitz entschlossen, auf ihre Mitgliedschaft in der Akademie zu verzichten.

Ricarda Huch, Heidelberg

[ohne Datum, vermutlich 18. März 1933]

An den Präsidenten der Akademie der Künste zu Berlin

In Erwiderung Ihres Schreibens vom 14. März bestreite ich Ihre Kompetenz, mir eine Frage von so unübersehbaren Konsequenzen vorzulegen, und lehne infolgedessen ab, sie zu beantworten. Die Mitglieder der Akademie werden nach Wortlaut der Statuten zur Ehrung und Anerkennung ihrer Leistungen berufen, ohne daß ein politisches Bekenntnis von ihnen gefordert wurde. Ich bin, seit ich der Akademie angehöre, stets mit Nachdruck dafür eingetreten, daß bei der Wahl der Mitglieder nichts anderes maßgebend sein darf als ihre künstlerischen Leistungen und die Bedeutung ihrer Persönlichkeit. Daran werde ich auch künftig festhalten.

Ricarda Huch

Der Präsident
der Akademie der Künste

Berlin, 22. März 1933

Sehr verehrte gnädige Frau, Sie haben darin vollständig recht, daß nach dem Wortlaut der bisher gültigen Satzung der Akademie meine an die Mitglieder gestellte Frage nicht zu meinen Kompetenzen gehört. Aber wir befinden uns ja in einem Zustand der allgemeinen politischen und geschichtlichen Umwälzung, in der man auf die Satzungen und Statuten nicht mehr allein sich beziehen kann, wenn man zu lebensnotwendigen Beschlüssen gelangen will. Im Einvernehmen mit der Abteilung für Dichtung ist der Beschluß gefaßt worden, außerhalb der Satzung allen Mitgliedern diese Frage zur Beantwortung vorzulegen.

Ich erlaube mir jedoch aus Ihrem Brief zu entnehmen, daß Sie zwar eine Beantwortung dieser Frage nicht zu geben wünschen, daß Sie aber andererseits auch nichts dagegen einzuwenden haben werden, wenn wir ein Mitglied von Ihrer hohen geistigen Bedeutung, Ihrem tiefen konservativen Lebensgefühl und Ihrer großen ins Volk reichenden schöpferischen Wirkung als Künstler weiter zu den Unseren zählen dürfen.

Mit dem Ausdruck ganz besonderer vorzüglicher Verehrung Ihr sehr ergebener

Max v. Schillings

Heidelberg, 24. März 1933

Sehr geehrter Herr Präsident, aus Ihrem Schreiben vom 22. März schließe ich, daß Sie meine Ablehnung, die mir vorgelegte Frage zu unterzeichnen, so aufzufassen gedenken, als hätte ich sie mit Ja beantwortet. Ich kann aber dies Ja um so weniger aussprechen, als ich verschiedene der inzwischen vorgenommenen Handlungen der neuen Regierung aufs schärfste mißbillige.

Sie zweifeln nicht, davon überzeugt mich Ihr Brief, daß ich an dem nationalen Aufschwung von Herzen teilnehme; aber auf das Recht der freien Meinungsäußerung will ich nicht verzichten, und das täte ich durch eine Erklärung, wie die ist, welche ich zu unterzeichnen aufgefordert wurde. Ich nehme an, daß ich durch diese Feststellung automatisch aus der Akademie ausgeschieden bin. Übrigens müßte ich darauf gefaßt sein (erlauben Sie, daß ich den ernsten Gegenstand durch einen Scherz würze!), wenn ich in dieser Form in der Akademie bliebe, mein Leben im Zuchthaus zu beschließen als «in einen nationalen Verband eingeschlichen».

Ricarda Huch

Preußische Akademie der Künste

Berlin, den 6. April 1933

Hochverehrte gnädige Frau, die Fülle der Arbeiten der letzten Zeit und die Abhaltungen durch die Hundertjahrfeier der Musikabteilung der Akademie lassen mich erst heute dazu kommen, Ihren geschätzten Brief vom 24. März zu erwidern.

Sie betonen mit Recht, daß ich nicht daran zweifle, daß Sie an dem nationalen Aufschwung von Herzen teilnehmen. Sie legen aber unserer, den Mitgliedern zur Stellungnahme vorgelegten Erklärung einen nicht zutreffenden Sinn unter, wenn Sie annehmen, daß sich aus einer bejahenden Stellungnahme zu ihr ein Verzicht auf das Recht der freien Meinungsäußerung ergeben würde. Dies ist selbstverständlich keineswegs der Fall. Der Inhalt der Erklärung besagt doch nur, daß die Mitglieder, die ihr beitreten, gesonnen sind, im Sinne des nationalen Aufschwungs weiter an den Aufgaben der Akademie mitzuwirken und sich nicht öffentlich in einen Gegensatz zu der Regierung, die die Trägerin dieser nationalen Bewegung ist, zu setzen.

Zur Vorlage dieser Erklärung gab uns das Verhalten des Herrn Heinrich Mann Anlaß, der in einem öffentlich plakatierten Aufruf die Sozialdemokratische und Kommunistische Partei zu einem Zusammenschluß und gemeinsamen Vorgehen gegen die nationalen Parteien bei der letzten Wahl aufforderte. Herr Heinrich Mann hat ja, wie Ihnen bekannt, aus seinem Verhalten die einzig mögliche Konsequenz gezogen und ist aus der Akademie ausgetreten. Daß Sie durch Ihre mir dargelegte Auffassung «automatisch aus der Akademie ausgeschieden» seien – dem vermag ich in Übereinstimmung mit meinen Herren Kollegen von der Dichterabteilung nicht beizustimmen. Ihr Austritt aus der Abteilung würde eine seltsame, unlogische Parallele zum Fall Heinrich Mann ergeben, die ganz sicher nicht in Ihrem Sinn liegen würde. Daß Sie in Ihren Anschauungen mit diesem Herrn und mit Herrn Dr. Döblin (der inzwischen ebenfalls aus der Akademie ausgetreten ist) im entschiedensten Gegensatz stehen, das ist, wie mir von Herren der Dichterabteilung versichert wird, früher in Sitzungen, deren Beratungen auf politische und weltanschauliche Gebiete führten, deutlich genug hervorgetreten. Es würde daher in der Öffentlichkeit nur mißverstanden werden, wenn auch Sie, ebenso wie Heinrich Mann und Dr. Döblin, aus der Akademie ausscheiden wollten. Daß ein solcher Schritt von Ihrer Seite undenkbar ist, das ist uns allen klar, denen Ihre deutsche Gesinnung und nationale Einstellung aus Ihrer von uns verehrten Persönlichkeit und aus Ihrem künstlerischen Schaffen bekannt ist. Wir können Ihnen nur versichern, daß es zu dieser Überzeugung für uns der formalen Unterzeichnung der Erklärung nicht bedarf. Wir erhoffen aber von Ihnen ein bestimmtes Wort darüber, daß Sie uns treu bleiben werden, denn wie sollten wir die Möglichkeit gewinnen, die Abteilung für Dichtung im Sinne deutscher, nationaler Kunst zu stärken und auszubauen, wenn wir auf die Zugehörigkeit und Mitarbeit von Persönlichkeiten verzichten müßten, die schon längst auf die Gesinnung eingestellt sind, der die jetzige große nationale Bewegung zum Siege verholfen hat?

Das Recht der freien Meinung verbleibt jedem nach wie vor; die Abteilung wünschte durch die Versendung der Erklärung nur die Sicherung gegen unangebrachte, mit der nationalen Bewegung unvereinbare öffentliche politische Betätigung und zugleich ein Bekenntnis der Bereitschaft zur Mitarbeit an den Aufgaben der Akademie im nationalen Sinne. Dies möchte ich nochmals besonders betonen.

Mit der Versicherung größter Verehrung, Ihr ganz ergebener

Max v. Schillings (Präsident)

Heidelberg, 9. April 1933

Sehr geehrter Herr Präsident, lassen Sie mich zuerst danken für das warme Interesse, das Sie an meinem Verbleiben in der Akademie nehmen. Es liegt mir daran, Ihnen verständlich zu machen, warum ich Ihrem Wunsche nicht entsprechen kann. Daß ein Deutscher deutsch empfindet, möchte ich fast für selbstverständlich halten; aber was deutsch ist und wie Deutschtum sich betätigen soll, darüber gibt es verschiedene Meinungen. Was die jetzige Regierung als nationale Gesinnung vorschreibt, ist nicht mein Deutschtum. Die Zentralisierung, den Zwang, die brutalen Methoden, die Diffamierung Andersdenkender, das prahlerische Selbstlob halte ich für undeutsch und unheilvoll. Bei einer so sehr von der staatlich vorgeschriebenen Meinung abweichenden Auffassung halte ich es für unmöglich, in einer staatlichen Akademie zu bleiben. Sie sagen, die mir von der Akademie vorgelegte Erklärung werde mich nicht an der freien Meinungsäußerung hindern. Abgesehen davon, daß eine «loyale Mitarbeit an den satzungsgemäß der Akademie zufallenden nationalen und kulturellen Aufgaben im Sinne der veränderten geschichtlichen Lage» eine Übereinstimmung mit dem Programm der Regierung erfordert, die bei mir nicht vorhanden ist, würde ich keine Zeitung oder Zeitschrift finden, die eine oppositionelle Meinung druckte. Da bliebe das Recht der freien Meinungsäußerung in der Theorie stecken.

Sie erwähnen die Herren Heinrich Mann und Dr. Döblin. Es ist wahr, daß ich mit Herrn Heinrich Mann nicht übereinstimmte, mit Herrn Dr. Döblin tat ich es nicht immer, aber doch in manchen Dingen. Jedenfalls möchte ich wünschen, daß alle nichtjüdischen Deutschen so gewissenhaft suchten, das Richtige zu erkennen und zu tun, so offen, ehrlich und anständig wären, wie ich ihn immer gefunden habe. Meiner Ansicht nach konnte er angesichts der Judenhetze nicht anders handeln, als er getan hat.

Daß mein Verlassen der Akademie keine Sympathiekundgebung für die genannten Herren ist, trotz der besonderen Achtung und Sympathie, die ich für Dr. Döblin empfinde, wird jeder wissen, der mich persönlich oder aus meinen Büchern kennt. Hiermit erkläre ich meinen Austritt aus der Akademie.

Ricarda Huch

Preußische Akademie der Künste

Berlin, den 9. Mai 1933

Sehr geehrte gnädige Frau! Auf Ihr gefälliges Schreiben vom 9. dieses Monats erwidere ich Ihnen ergebenst, daß die aus Anlaß der Umbildung der Abteilung für Dichtung erschienene Pressenotiz [Im April erschien eine Pressenotiz über die Preußische Akademie, in der Ricarda Huch noch als Mitglied genannt wurde. Sie beschwerte sich darüber und verbat sich die weitere Nennung ihres Namens als Akademiemitglied. Leider ist von diesem Brief keine Abschrift vorhanden, nur die oben wiedergegebene Antwort, die sie auf ihre Beschwerde erhielt.] nicht von der Akademie, sondern vom Ministerium ausgegangen ist.

In vorzüglicher Hochachtung, Ihr sehr ergebener

Max v. Schillings (Präsident)

An Helene Baumgarten-von Salis (Heidelberg, 3. Sept. 1933)

... Sage doch Deinem Manne vielen Dank für seine Rede auf Feuerbach, die mich um so mehr interessierte, als ich, wenn ich mehr Köpfe und Hände hätte, gern mal etwas über die Familie Feuerbach geschrieben hätte, die so ungewöhnlich gutes Material für eine Familiengeschichte gäbe. (Jetzt schreibt Professor Radbruch hier ein Buch über Feuerbach. Er hat den Vortrag Deines Mannes gehört und hoch gerühmt.) Ich finde den Vortrag herrlich, belehrend, ohne schwer zu sein, begeisternd, ohne überschwenglich oder verschwommen zu sein. Er gibt in großen, sich ergänzenden Zügen ein erschöpfendes Bild, und es steht eine Gesinnung dahinter, die einen, gerade heute, erhebt und tröstet. Kurz, es war mir ein Genuß, den Vortrag zu lesen, für den ich dankbar bin. Dein Besuch wird mir jederzeit die größte Freude machen... wann immer Du kommst und magst, Du wirst mit offenen Armen empfangen...

An Golo Mann (Heidelberg, 8. Oktober 1933)

Lieber Golo, wenn auch Ihr Brief kein Freudenschrei sein konnte, so hat er mich doch als Lebenszeichen sehr erfreut; ich denke mir auch, daß es eine Zeitlang hübsch sein muß der Familie zu leben und Horaz oder was man sonst schön findet zu lesen, nur darf es nicht zu lange dauern. Darüber läßt sich

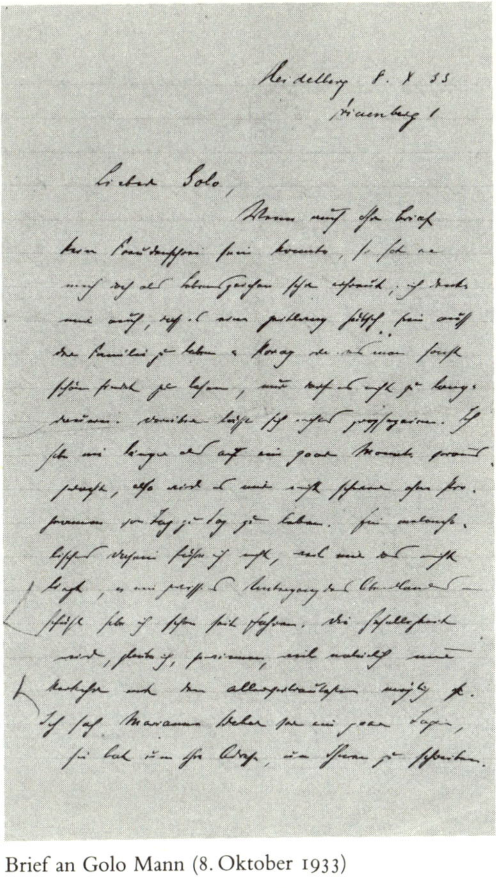
Heidelberg 8. X 33

Lieber Golo,

[illegible]

Ich sah Marianne Weber vor ein paar Tagen, sie bat mich um Ihre Adresse, um Ihnen zu schreiben.

Brief an Golo Mann (8. Oktober 1933)

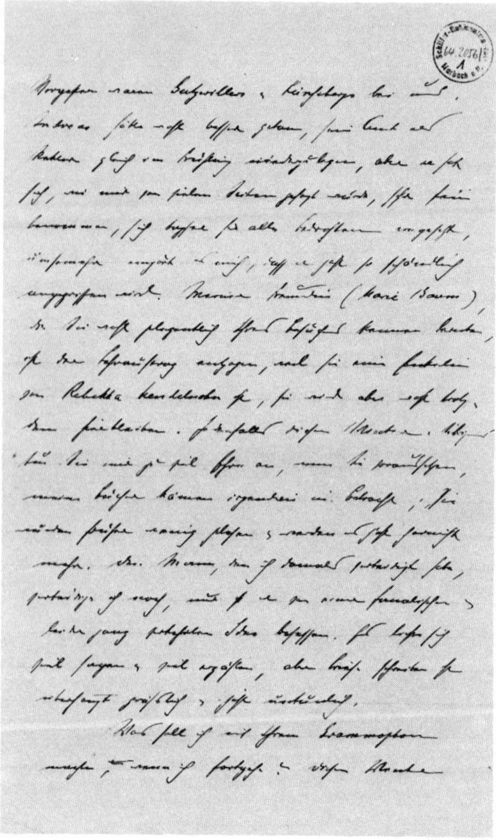

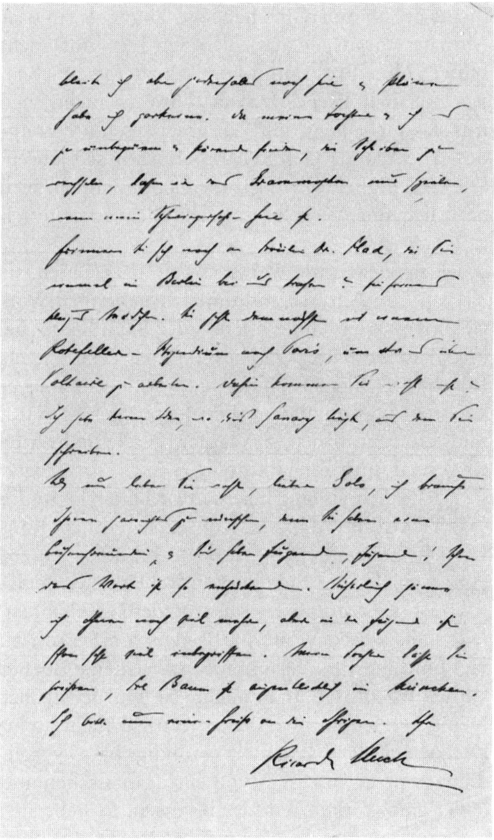
Richard Strauss

nichts prophezeien. Ich habe nie länger als ein paar Monate vorausgedacht, also wird es mir nicht schwer ohne Programm von Tag zu Tag zu leben. Ein melancholisches Dasein führe ich nicht, weil mir das nicht liegt, und ein gewisses Untergang-des-Abendlands-Gefühl habe ich schon seit Jahren. Die Geselligkeit wird, glaube ich, gewinnen, weil natürlich nur Verkehr mit den allervertrautesten möglich ist.

Ich sah Marianne Weber vor ein paar Tagen, sie bat um Ihre Adresse, um Ihnen zu schreiben. Vorgestern waren Gutzwillers und Künßbergs bei uns. Andreas hätte wohl besser getan, sein Amt als Rektor gleich im Frühling niederzulegen, aber er hat sich, wie mir von vielen Seiten gesagt wird, sehr fein benommen, sich tapfer für alle Bedrohten eingesetzt, umsomehr empört es mich, daß er jetzt so schändlich angegriffen wird. Meiner Freundin (Marie Baum), die Sie wohl gelegentlich Ihres Besuchs kennenlernten, ist der Lehrauftrag entzogen, weil sie eine Enkelin von Rebekka Mendelssohn ist, sie wird aber wohl trotzdem hierbleiben. Jedenfalls diesen Winter. Übrigens tun Sie mir zu viel Ehre an, wenn Sie voraussetzen, meine Bücher kämen irgendwie in Betracht; sie wurden früher wenig gelesen und werden es jetzt gar nicht mehr. Den Mann, den ich damals verteidigt habe, verteidige ich noch, nur ist er von einer fanatischen und leider ganz verkehrten Idee besessen. Es ließe sich viel sagen und viel erzählen, aber Briefe schreiben ist überhaupt gräßlich und jetzt untunlich...

Und nun leben Sie wohl, lieber Golo, ich brauche Ihnen garnichts zu wünschen, denn Sie haben eine Busenfreundin und Sie haben Jugend, Jugend! Schon das Wort ist so entzückend. Sicherlich gönne ich Ihnen noch viel mehr, aber in der Jugend ist schon viel inbegriffen... Ich bitte um einen Gruß an die Ihrigen. Ihre Ricarda Huch

An Martin Hürlimann (Heidelberg, 12. Oktober 1933)

...Bravo! Das war mal eine feine Überraschung. Ungefähr bis zur fünfzehnten Seite hatte ich ahnungslos gelesen, da fiel es mir wie Schuppen von den Augen, daß Sie der Verfasser sein müßten. [Es handelt sich um Dr. Hürlimanns Schrift *Der eidgenössische Gedanke, Sendschreiben eines Schweizers an seine lieben, getreuen Eidgenossen.* Sie war gegen die sog. «Fronten» gerichtet, bei denen sich solche Schweizer sammelten, «die sich etwas anfällig gegen die neuen deutschen Parolen zeigten».] Mein Schwiegersohn und meine Tochter haben sich mit mir sehr gefreut. Ich werde mir eine Anzahl Exemplare verschaffen und sie verschenken. Hoffentlich nützt es. Daß etwas so Schönes und Nützliches auch schön gesagt worden ist, macht es doppelt wertvoll. Ich hatte Ihnen ohnehin schreiben wollen, um Ihnen zu sagen, daß ich das letzte Atlantis-Heft so besonders schön fand; man kann sich gar nicht satt daran sehen...

An Golo Mann (Heidelberg, 4. Februar 1934)

Lieber Golo, ich freue mich, daß Sie ein ganz klein bißchen Glück gehabt haben, vielleicht kommt mehr nach. Sie sehen es doch für ein Glück an, eine Beschäftigung zu haben? Wenn Sie z. B. hier in Heidelberg wären, hätten Sie auch mehr Ärger als Vergnügen, denn man ist doch nur selten mit der Haltung der Menschen ganz einverstanden. Ich würde Ihnen einen längeren Brief schreiben, wenn nicht die Vorstellung eines schielenden oder triefenden Auges, das unberufen diese Zeilen lesen könnte, meine Feder borstig machte. Infolgedessen will ich Ihnen nur sagen, daß ich herzlich Ihrer gedenke... Wohin ich im Frühling oder Sommer gehe, das hängt vom Schicksal meines Schwiegersohnes ab, das sich noch nicht übersehen läßt. Und was habe ich verteidigt oder gebilligt? Ich glaube es gibt nicht viele in Deutschland, die eine so unversöhnliche Haltung haben. Ja, bei solchen Briefwechseln ist es nicht leicht, sich zu verstehen. Leben Sie möglichst wohl! Auch von meiner Tochter herzliche Grüße. Ihre R. H.

An Anton Kippenberg (Heidelberg, 5. Mai 1934)

Sehr geehrter Herr Professor, nachdem meine Tochter während der letzten Monate als meine Sekretärin fungiert hat [Ricarda lag nach einem Unfall in der Orthopädischen Klinik der Universität Heidelberg], muß ich jetzt die ihrige sein, da sie ihre Übersiedlung nach Freiburg vorbereitet und nach allen Seiten beschäftigt ist. Ich hingegen habe uferlos Zeit und schon ziemlich viel Kraft. Sie wünschen eine neuere Photographie von mir? Da sehe ich wieder, wie die Zeit eilt; es scheint mir, als hätte ich mich fortwährend photographieren lassen, und dabei ist es mindestens sechs Jahre her, daß Frau Lendvai-Dirksen [Photographin in Berlin] Aufnahmen von mir gemacht hat. Man fand sie damals sehr interessant, und es sind welche hie und da erschienen, vielleicht sind sie Ihnen bekannt. Das ist aber wohl nicht, was Sie wollen. Und kleine geknipste Liebhaberbildchen meinen Sie gewiß auch nicht. Im Augenblick kann ich mich auch noch nicht photographieren lassen, obschon ich in den letzten Tagen stürmische Fortschritte gemacht habe. Ich würde sagen, ich könnte gehen, wenn es nicht noch sehr weh täte, und allein kann ich es auch noch nicht – aber in ein paar Tagen können diese letzten Hemmungen überwunden sein. Kurz, ich beginne zu hoffen, daß ich einmal wieder ich selbst sein werde.

Es tut mir leid, Ihnen kein Bild anbieten zu können, es hätte mir natürlich Freude gemacht, im Inselschiff zu erscheinen. Eigentlich hatte ich dem Photographieren überhaupt ganz und gar abgeschworen ...

An Martin Hürlimann (Heidelberg, 15. Juli 1934)

... Es ist mir ganz recht, wenn das Kapitel über die Kreuzzüge aufgenommen wird ... ich denke, es müßte nach dem Kapitel Friedrich Barbarossa kommen [in *Deutsche Geschichte* Bd. I].

Mit den Franzosen ist es so: die mittelalterlichen, wo man den germanischen Einschlag noch sehr spürt, habe ich sehr gern – die späteren muß ich hauptsächlich nach ihrer Literatur beurteilen, und die sagt und gibt mir nichts ...

Übrigens weiß ich, daß namentlich die Franzosen der Provinz sehr liebenswerte Menschen sind oder sein sollen, und weiß aus Ihrem Frankreich-Bande, wie wunderschön das ganze Land und seine Bauten sind. Der Vorschlag der Autoreise ist lokkend – vielleicht kommt einmal eine Zeit, wo ich dazu fähig bin, einstweilen wäre mir stundenlanges Sitzen noch eine Qual. Gehen fällt mir auf die Dauer leichter als Sitzen. Das hindert mich, Pläne für die Zukunft zu machen.

Das letzte Kapitel werden Sie inzwischen erhalten haben. Hier ist ein Professor, dessen Spezialität Nikolaus von Cusa ist [Professor Dr. Ernst Hoffmann]; durch ihn erfuhr ich, daß nach der neuesten Forschung Cusa die Beweglichkeit der Erde nicht ausgesprochen hat. Obwohl das im allgemeinen noch nicht bekannt ist, glaube ich doch, mich danach richten zu müssen. Wäre der Unfall nicht gewesen, hätte ich mich rechtzeitig darüber informiert ...

Dankschreiben nach Ricarda Huchs 70. Geburtstag am 18. Juli 1934 (Heidelberg, Juli 1934)

Zu meinem siebzigsten Geburtstage habe ich viele Glückwünsche und Gaben erhalten. An einem Zeitpunkt, wo unter dem Anhauch des Alters das Irdische sich aufzulösen und zu wanken beginnt, strecken sich mir gleichsam hilfreiche Hände entgegen, als wollten sie mir ein Bild unvergänglicher Heimat in liebevollen Herzen aufgehen lassen, wo ich eine dauernde Stätte zu finden gewiß sein dürfte. Dafür meinen wärmsten Dank auszusprechen ist mir ein tief empfundenes Anliegen. Ricarda Huch.

An Golo Mann (Heidelberg, 27. Juli 1934)

Lieber Golo, noch sehe ich Sie, wie ich Ihnen zum ersten Mal in der Uhlandstraße die Tür öffnete: Klein, schüchtern, absonderlich und reizvoll; ich schloß Sie gleich ins Herz und behielt Sie seither darin, obwohl Sie jetzt vermutlich zum Manne herangereift, gefestigt und würdig sind. Ich danke für die Eintragung in das Album, das meine größte Geburtstagsfreude war, es ist schon von außen entzückend anzusehen. Im übrigen können Sie sich denken, daß ein 70. Geburtstag stark mit Schattenseiten belastet ist. Glücklicherweise kann ich schon wieder recht gut gehen.

Nun möchte ich wissen, was ich mit Ihrem Grammophon machen soll, wenn ich – ungern –

Heidelberg verlasse. Vermutlich im Oktober, soweit man Pläne machen kann. Ich habe von Wölfflin und einem andern Schweizer Freund ein ganz modernes Grammophon zum Geburtstag bekommen, das elektrisch betrieben wird und zugleich Radio ist. Ich stehe natürlich machtlos vis-à-vis – aber mein Schwiegersohn versteht sich auf solche Sachen. Da derselbe augenblicklich Privatdozent in Freiburg ist, werde ich dorthin übersiedeln. Sie sagen: Auf Widersehen! Wann? Wo? Alles Gute Ihnen! Ich bitte um einen Gruß an die Ihrigen. Ihre R. H.

An Leo Merz (Heidelberg, 30. Juli 1934)

... Als ich Ihren Brief las, den Sie mir zum Geburtstag schrieben, Ihre liebevoll freundschaftlichen Worte, dachte ich bewegten Herzens an alles, was für Busi und mich Ihre und Ihrer Familie Bekanntschaft bedeutet hat. Sie sind gar nicht aus unserm Leben wegzudenken – es wäre, wie wenn eine Lichtquelle ausgelöscht würde. Busi war fast noch ein Kind, als wir Sie kennenlernten, und sie wuchs so in den Familienkreis hinein, daß sie zu allen Ihren Kindern fast geschwisterlich steht. An meinem 60. Geburtstag soll ich eine Rede auf die Freundschaft gehalten haben – ich verglich die Liebe mit dem Wein und die Freundschaft mit dem Wasser, letzteres in meinen Augen ein höheres Lob als in den Ihren –, und dieses Mal [an ihrem 70.

Geburtstag] redete Reinhardt auf die Freundschaft. Elsbeth hat Ihnen vielleicht davon erzählt – er sagte, daß in jeder Freundschaft auch etwas Eros wäre. Wie dem auch sei – ohne Freunde ist der Mensch ein armer Teufel, und ich muß es Fräulein von Egidy immer danken, daß sie uns zusammengeführt hat. So schön Sie auch durch Elsbeth vertreten waren, habe ich Sie und Frieda doch vermißt. Die lange Tafel mit den meist weißhaarigen Köpfen nahm sich sehr stattlich aus, und die jugendlich braunen erglänzten um so schöner.

Im ganzen glaube ich, daß sich alle anderen besser amüsiert haben als ich – ich habe es nicht gern, Mittelpunkt zu sein. Am Abend bei einer ausgezeichneten Bowle war es besonders ausgelassen – ich beneidete die andern, erstens, weil sie alkoholisch befeuert waren, zweitens, weil sie nicht siebzig Jahre alt wurden.

Unter dem mancherlei Tröstenden, was mir geboten ist, steht das wunderbare Musikinstrument obenan [ein Radioapparat]. Vielleicht lerne ich es mit der Zeit handhaben, obwohl ich technisch ganz unbegabt bin; einstweilen bin ich auf junge Bekannte angewiesen, die damit umzugehen wissen, und später wird Franz der Dirigent sein. Der Konzertabend, den sie veranstalteten, fiel sehr gut aus. Ich freue mich des Besitzes, von dem ich sicher bin, daß er mir viel glückliche Stunden verschaffen wird, und ich danke Ihnen viel-, vielmals für das köstliche, wunderbar ausgedachte Geschenk. Was man auch gegen das Zeitalter der

Technik und des Industrialismus sagen mag – daß man sich seine Lieblingsmusik zu Hause vorspielen lassen kann – von längst verstorbenen Sängern Lieder vorsingen lassen kann – ist eine Bereicherung des Lebens.

Das alles und mehr hätte ich Ihnen gern persönlich gesagt, aber ich fürchte, es wird in diesem Jahre nichts daraus werden. Nach Berlin muß ich durchaus, weil meine Schwester krank war und ich mir nicht verbergen kann, daß wir beide *alt* sind – sie noch fünf Jahre älter als ich. Ob man es nun fühlt oder nicht, die Tatsache läßt sich nicht aus der Welt schaffen.

Aber in Freiburg werden wir nahe bei der Schweiz sein – der einzige Vorzug, den Freiburg vor Heidelberg hat. Sehr bedenklich stimmt es mich, daß Sie schreiben, Sie müßten nun das Bildersammeln abschließen, weil Sie keinen Platz mehr haben.

Ich sehe es ein – aber wollen Sie sich nicht eine andere Liebhaberei anschaffen, die weniger Raum einnimmt? Es war so hübsch, daß dies Steckenpferd Sie zuweilen nach Deutschland führte...

An Fritz Salzer (Freiburg, 4. Oktober 1934)

Lieber Professor Salzer, endlich endlich! Gedankt habe ich Ihnen zwar schon in Heidelberg, aber das war nur ein Pauschaldank ohne Kenntnis des Geschenkes. Sie haben so reizend, so lieb über die goldene Münchener Zeit geschrieben! [In *Ricarda Huch. Persönlichkeit und Werk, Atlantis Verlag 1934.*] Wie graziös haben Sie sich zwischen den schwierigen Punkten meines Lebens bewegt, ohne anzustoßen. Das habe ich sehr bewundert. Noch mehr aber natürlich die anziehende Art der Erzählung, und am wertvollsten ist mir die Herzlichkeit der Freundschaft, die ich darin empfinde. Die Krone von allem ist aber doch das Gedicht!

Ja, nachdem ich mich in schönen Vorstellungen ergangen habe, kommt das dicke Ende. Wissen Sie, wo ich das schreibe? Ich bin in der Augenklinik! Daß ich Beschwerden hatte und zu einem Arzt wollte, sagte ich Ihnen ja schon in Heidelberg. Hier kam ich endlich dazu, es auszuführen, und ging zu Professor Wegener, der vermutlich Nachfolger von Löhlein wird. Nach der Untersuchung schleuderte er mir das Donnerwort entgegen, daß ich den Star habe, der nicht besser werden und auch nicht operiert werden, aber eventuell auf dem status quo erhalten werden kann. Günstig sei, sagte er, daß die Krankheit so spät und in milder Form auftrete, er glaube, mir versprechen zu können, daß ich noch 10 bis 20 Jahre die Sehkraft behielte und mit Maß arbeiten könnte, bei geeigneter Behandlung (morgens und abends Tropfen). Jetzt bin ich ein paar Tage hier, damit er morgens und abends und zwischendurch den Druck messen kann. Er ist ein gutmütiger Mann, der sich große Mühe gibt, mir die schlimme Sache so erträglich wie möglich zu machen. Soll auch sehr tüchtig sein. Löhlein, der eine Berühmtheit zu sein scheint, ist nach Berlin gekommen.

Ich nehme an, daß dies dieselbe Krankheit ist, die Sie auch haben? Ich gestehe, daß ich zuerst häßlich erschrocken bin. Erst das Bein [sie hatte im Februar 1934 einen Unfall erlitten] und dann die Augen, das ist übertrieben. Aber wenn ich wirklich noch 10 Jahre arbeiten kann, will ich nicht klagen, es ist doch anzunehmen, daß ich nachher weder Beine noch Augen mehr brauche, sondern teils mit Flügeln, teils mit meinem sechsten Sinn mich über die Unvollkommenheiten der Erde erhebe. Wenn ich jetzt nicht mehr arbeiten könnte, das wäre eine Katastrophe. In 10 Jahren kann hoffentlich Franz für mich eintreten. In Zukunft werde ich Busi zu meiner Sekretärin einsetzen, was Briefe betrifft, und die Stunden, wo ich die Augen benütze, der Arbeit widmen. Ärgerlich, mit dem Bein konnte mich Baeyer [Professor v. Baeyer, Orthopäde, wurde 1933 aus der von ihm begründeten und geleiteten Orthopädischen Anstalt der Universität Heidelberg entfernt.] nicht behandeln, und mit den Augen muß ich nun auch zu einem Fremden gehen. Vielleicht erzählen Sie die ganze Geschichte dem Reinhardt. Wir haben hier eine Wohnung gemietet; bis wir einziehen können, in etwa vierzehn Tagen, wohne ich im Hotel Hohenzollern, Lorettostraße. – Das Leben hat seine Schattenseiten!...

An Gustav Radbruch (Freiburg, 19. Oktober 1934)

... Es scheint, daß sich meine Hoffnung, Ihnen mündlich sagen zu können, mit wieviel Genuß und Freude ich Ihren Feuerbach *[Gustav Radbruch, Paul Johann Anselm Feuerbach. Ein Juristenleben, Wien 1934]* gelesen habe, nicht so bald verwirklichen wird. Wir sitzen händeringend zwischen den Trümmern unserer Habe, an der zwei Jahre Aufenthalt in einem Möbelspeicher stark gezehrt haben, brauchen Installateure, Schreiner, Tapezierer und andere Hilfsleute, und ich kann meine Tochter und meinen Schwiegersohn in diesem Chaos nicht verlassen. Dazu kommt, daß, wie Sie vielleicht von meiner Freundin gehört haben, mein gesundes Bein durch Überlastung gelitten hat, und ich bin, nachdem ich den Unfall nicht nur überwunden, sondern fast schon vergessen hatte, wieder in ein klägliches Anfangsstadium zurückgesunken. In diesem Zustand möchte ich mich in Heidelberg nicht zeigen.

Wie weit liegen leider die schönen Sommerabende, wo wir Ihr Buch lasen! Sie haben es verstanden, selbst die juristischen Auseinandersetzungen fesselnd zu gestalten, so daß auch das Belehrende im engeren Sinne ein Vergnügen war. Ach, wie teuer wird einem der seltsame Mann trotz der Mißbilligung, die er erregen muß. Das habe ich so besonders schön gefunden, daß Sie einen versöhnlichen Glanz über sein Bild ausgegossen haben, wodurch einem das Zwiespältige, Gebrechliche und Tragische alles Menschlichen zugleich mit seiner Größe nahegerückt wird. Sie fühlen sich gewiß beinah etwas verwaist, seitdem der ungestüme Begleiter Sie verlassen hat. Ich hoffe, Sie haben schon eine andere Aufgabe gefunden; aber eine so anziehende ergibt sich gewiß nicht leicht...

Von Freiburg, wenigstens von den Menschen, kann ich noch nichts erzählen, ich habe bisher – leider – nur Ärzte kennengelernt. Die Stadt und die Umgebung aber liebe ich bereits, die Stadt ist so schweizerisch, daß sie mir schon dadurch lieb ist, ganz abgesehen vom Münster. Ich habe mir immer gewünscht, einmal in einer Stadt zu leben, die eine schöne Kirche hätte; nun kann ich das genießen. In Heidelberg füllte allerdings das Schloß die Stelle aus...

An Marie Baum (Freiburg, 2. November 1934)

...Vermutlich hat Busi Dir schon geschrieben, daß das arme Bübchen bereits seit acht Tagen wieder zu Bett liegt mit leichtem Fieber. Er ist sehr vergnügt und macht keinen kranken Eindruck – abgesehen davon, daß er schlecht aussieht –, aber ich mache mir die bittersten Sorgen. Es wird durchaus nicht besser, und selbst wenn es besser wird, kommt es sofort wieder, wenn er wieder ausgeht, das hat man nun schon oft erfahren. Was soll daraus werden? Der Aufenthalt in Königsfeld hat nicht geholfen und das «Abhärten» auch nichts; denn er war ja den ganzen Herbst bis zuletzt leicht bekleidet im Freien. Dabei ist er so wonnig – ich könnte seitenlang von seinen Aussprüchen erzählen, wenn ich nicht einen über den andern vergäße. Immer vergnügt, immer guten Willens, und jetzt im Bett spielt er auch wieder für sich allein, was er über dem Herumtoben auf der Straße mit andern Buben ganz verlernt hatte. Diese Sorge wirft einen Schatten auf alles – es ist ziemlich nebensächlich, wie es sonst geht.

Auch das wird Dir Busi erzählt haben, daß Großmann [Großmann-Doerth, Professor der Jurisprudenz in Freiburg] einen Ruf nach Berlin an die Handelshochschule bekommen hat. Wenn er diesen Ruf annimmt und Franz nicht auf seine Stelle berufen wird, wird er daraus schließen, daß er unter diesem Regime keine Professur bekommt, und wieder in den Staatsdienst treten. Das wäre traurig – aber andererseits können Busi und ich uns über die Professur in Freiburg auch nicht freuen.

Unsere Wohnung ist wunderhübsch anzusehen, aber kalt ... Ein angenehmer Faktor ist auch unser Mädchen Dora, immer lustig, da sie einen Erich hat, den sie liebt und den sie wohl nächstens einmal heiraten wird. Das ist die Kehrseite davon ...

... Du schreibst, ich möchte Weihnachten nach Heidelberg kommen. Wäre es nicht viel hübscher, Du kämest hierher? Weihnachten bedarf doch eigentlich eines Kindes, und das haben wir hier, und es würde sich jedenfalls schrecklich über Dich freuen, und Franz würde glücklich sein, Dir alle seine Universitätserlebnisse und -probleme erzählen zu können. Von mir schweige ich ... Vielleicht könnte ich dann mit Dir nach Heidelberg fahren – das kann ich aber noch gar nicht übersehen, die notwendige Bedingung wäre, daß das Bübchen wieder gesund wäre, denn solange es im Bett ist, mag ich Busi nicht allein lassen ...

An Ulrich Christoffel (Freiburg, 10. März 1935)

... Während Sie mich lasen, habe ich auch Sie gelesen, nämlich mit viel Genuß Ihren Holbein *[Hans Holbein der Jüngere, Berlin 1926]*. Dabei erinnerte ich mich, wie ich in meinem ersten Semester bei Salomon Vögelin ein Kolleg über Holbein hörte (für ihn war es das letzte, er starb bald darauf), hauptsächlich über den Tisch, den er, glaube ich, entdeckt hatte [gemalte Tischplatte aus dem Jahr 1515, die sich im Landesmuseum Zürich befindet]. Ich verstand damals von allem sehr wenig, nur der Totentanz machte mir so viel Eindruck, daß ich einige Bilder nachzuzeichnen versuchte. Wir, d. h. wir Studenten, waren auch einmal mit Vögelin in Basel im Museum; ich bedauere jetzt, daß ich damals noch garkein Organ für die mittelalterliche Kunst hatte; nur für Vögelin selbst hatte ich Verständnis, er war eine sehr interessante, anziehende Erscheinung.

Warum sind Sie aber so ablehnend gegen meinen geliebten Burgkmair? Und gegen Baldung, der mir der allerliebste ist? Ja, ich weiß schon, die

Leute vom Fach haben immer einen andern Standpunkt. Ich liebe begreiflicherweise die, die auch Dichter sind; in Ihren Augen ist das beinahe ein Fehler...

An Reinhard Buchwald (Freiburg, 13. März 1935)

...Ja, diese unglücklichen Titel! [Für das Insel-Bändchen *Quellen des Lebens, Auszug aus Ricarda Huchs religiösen Schriften, herausgegeben von Reinhard Buchwald.*] Ich fände ja bei weitem am richtigsten und sympathischsten: Auswahl usw., aber ich weiß wohl, daß Verleger so etwas nicht wollen und begreifen. Für mich liegt die Schwierigkeit darin, erstens, daß ich diese Bücher so ziemlich vergessen, also keine genaue Vorstellung von ihrem Inhalt habe, und zweitens, daß ich für möglich halte, ich könnte in einzelnen Fragen meine Ansicht mehr oder weniger geändert haben (obwohl ich glaube, im ganzen und wesentlichen nicht), was bei mir ein Gefühl von Unsicherheit bewirkt. Obwohl ich mit aller Kraft nachgedacht habe – soweit das möglich ist, da mir, wie gesagt, der Inhalt der betreffenden Bücher nicht deutlich im Gedächtnis ist –, will mir nichts Schlagendes einfallen. Wie wäre: Religiöse Gedankengänge – oder: Vom Glauben – oder: Von der Kraft des Glaubens – oder: Vom königlichen Weg des Glaubens – oder kurzweg: Vom königlichen Weg? Dies würde aber den meisten unverständlich sein. Mir wäre lieb ein Titel, der möglichst klar und einfach den Inhalt bezeichnete, was wohl leichter zu erreichen wäre, wenn es sich nur um die beiden erstgenannten Bücher *[Luthers Glaube; Der Sinn der Heiligen Schrift]*, nicht auch um «Entpersönlichung» handelte. Würde «Umrisse einer Weltanschauung» stimmen? Ich habe aber auch nichts gegen «Quellen der Kraft», obwohl es freier ist, als ich wünschen möchte. Wollen Sie vielleicht noch Frau Dr. Baum um ihre Meinung fragen?...

An Marie Baum (Freiburg, 1. Dezember 1935)

...Hier sind wieder große Schlachten und Siege erfochten. Zu einem Lager, das stattfinden sollte, bekam Eucken [Professor der Nationalökonomie in Freiburg] keine Einladung. Sofort sagten die übrigen auch ab, und es fanden Zusammenkünfte, Auseinandersetzungen statt, schließlich hat ein hiesiger Führer der Studentenschaft Eucken brieflich um Entschuldigung gebeten, es sei ein Mißverständnis gewesen und er nehme alles zurück. Das Interessante ist, daß die Anweisung zu allem aus Heidelberg gekommen sein soll. Du kannst Dir denken, daß Franz immer der vorderste war, überhaupt ohne Franz hätte gewiß die juristische und volkswirtschaftliche Fakultät hier nicht die Unabhängigkeit bekommen, die sie jetzt hat. Natürlich kann es ja sein, daß alles einmal ein Ende mit Schrecken nimmt, manche finden schon, daß er hier und da zu weit gegangen sei. Auf dem letzten

Lager hat er sich zum Beispiel sehr freimütig über die Judenfrage geäußert, allerdings war er von den Studenten gefragt worden.

Am meisten fast freut mich, daß Professor X., der von Heidelberg zu einem Vortrag aufgefordert werden soll, ablehnen will, mit der Begründung, er halte keinen Vortrag an einer Universität, die den Scheel [nationalsozialistischer Führer der Studentenschaft] zum Ehrensenator gemacht habe. Dies ist aber einstweilen nur Vorsatz – also sprich um Gottes willen nicht davon, sonst, wenn es bekannt würde, würde die Aufforderung natürlich nicht erfolgen. Überhaupt ist es wohl besser, von allen diesen Dingen nicht zu sprechen.

...Kander ist selig mit dem ersten Advent und sehr beschäftigt mit einer Aufführung von der Schule aus, wo er den Abendstern macht. Neulich sagte er mißbilligend: In der Schule interessieren sie sich nur noch für ihre Kleider. Und dann sagte er bei Tisch: Papa, ich frage mich immer, warum eigentlich eine Revolution in Amerika ist...

An Martin Hürlimann (Freiburg, 10. Dezember 1935)

...Gestern abend las ich meinen Kindern Ihre Einleitung zum Orbis terrarum vor, und wir empfingen alle einen so starken Eindruck davon, daß ich Ihnen gleich ein Wort des Dankes sagen muß. Man erlebte wirklich den Erdkreis und erlebte, daß das etwas Ergreifendes ist. Es ist, glaube ich, dies, daß die Fülle des Gesehenen zugleich eine Fülle der Gesichte ist, daß dieser Erdkreis zugleich der Himmel ist, weil das Bemühen um die Lösung der jenseitigen Geheimnisse der innerste Kern und das Dauernde aller Kulturen ist und auch dem scheinbar Weltlichen und selbst dem Landschaftlichen das Gepräge gibt. Sie haben es wundervoll verstanden, dies Einheitliche des Erdkreises anschaulich – ich meine nicht in bezug auf die Bilder, sondern auf die Worte – verstehen zu lassen. Am schönsten fand ich das über das Heilige Land und über China Gesagte. Was die Bilder anbetrifft, so war mir besonders eindrucksvoll, daß die edle Formenwelt der europäischen Länder beinahe untergeht in dem Ungeheuren, das dann die Landschaft und die Symbole der anderen Kontinente vor uns ausbreiten. Man nähert sich da vom Gipfel aus dem Chaos, aus dem Niegeahntes hervorgehen kann. Sie haben mit diesem Buch wirklich etwas sehr Schönes geschaffen – wenn doch nur alle, die das Buch besitzen, auch die Einleitung lesen und nicht denken, die Hauptsache seien die Bilder, so prachtvoll diese auch sind.

Bei dem Bilde von Jerusalem fiel mir wieder auf, daß man gar nicht das Wort von der hochgebauten Stadt versteht. Liegt das an der Aufnahme? Sie sagten mir damals, daß Sie verschiedene Aufnahmen mitgebracht hätten. Wenn es eine Aufnahme gibt, die das «Hochgebaute» anschaulich macht, so würde ich eine solche gern gelegentlich sehen.

Einen so hübschen Übergang, wie Sie viele gefunden haben, finde ich von diesen Betrachtungen zum Geschäftlichen nicht, sondern fahre unvermittelt damit fort: da nun bald das neue Jahr kommt, erinnere ich an unsere frühere Abmachung, die Vorauszahlung betreffend. Ich nehme an, daß Sie mir während des nächsten Jahres monatlich 300 Mark zuschicken lassen. Über den Fortgang der Arbeit habe ich Ihnen schon im letzten Brief geschrieben.

Ob Ihr ältestes Kind schon groß genug ist, um sich auf Weihnachten zu freuen? Dadurch bekommt die Festzeit wieder einen neuen Glanz...

An Anton Kippenberg (Freiburg, 26. Dezember 1935)

... Manchmal habe ich es schade gefunden, daß im Leben das unverhofft Gute so selten kommt. Das meiste muß man sich erkämpfen, und von anderem geht mit Warten der Schmelz davon. Ihr Weihnachtsgeschenk aber kam ganz unerwartet und beinahe unerklärlich, wie die rechten Wunder sollen; es machte den Schimmer des Weihnachtsbaumes noch märchenhafter... Ich danke Ihnen also nicht nur für das Materielle [Professor Kippenberg pflegte einigen Autoren zu Weihnachten ein «Extrahonorar» zu schicken], das Sie so freundlich gaben, sondern auch für das Erlebnis des Unverhofften.

Auch das Bücherpaket war diesmal besonders auf meinen Geschmack eingestellt. Zuerst die bezaubernden Tropenwunder, denen ich doch die Goldfische [beides Insel-Bändchen] fast vorziehe. Den Talleyrand habe ich bereits sehr rühmen hören; ich sagte zu Professor Witkop [Philipp Witkop, Literarhistoriker in Freiburg], ich interessierte mich nicht für Talleyrand, da meinte er, es sei in diesem Fall nicht nötig, die Darstellung an sich sei das Wundervolle.

Daß ein Buch *[Else Hoppe, Ricarda Huch, Hamburg 1936]* und eine Dissertation *[Paula Mutzner, Die Schweiz im Werke Ricarda Huchs]* über meine Person erschienen sind, werden Sie bemerkt haben. Ich lese beides nicht, und ich glaube, ich tue gut daran. Blut und Boden spielen bei Frau Dr. Hoppe eine große Rolle, obwohl bei mir so wenig. – Möchte Ihnen das neue Jahr sowohl privatim wie auch im allgemeinen viel Gutes bringen und Sie auch einmal nach Freiburg führen ... Die Schüttelreime [unter dem Pseudonym Benno Papentrigk, als Privatdruck] werden heute abend gelesen, wenn die erste Mußestunde unterm Weihnachtsbaum kommt ...

An Ulrich Christoffel (Freiburg, 27. Dezember 1935)

... Wenn Sie mir vom Kripperlmarkt und dem schneeverzauberten Englischen Garten erzählen, blüht die Erinnerung und das Heimweh in meinem Herzen auf. Und ein Gang ins Tal zu Gautsch! [Bekanntes Münchner Geschäft mit bayrischer Volkskunst in der Straße «Im Tal».] Was ist dagegen der hiesige Wachsmann, obschon er ganz in der Nähe des Münsters seinen Laden hat. Ich nehme mir dann für nächstes Jahr eine Reise nach München vor; aber wenn ich sie schließlich ausführe, wer weiß, ob ich die alte Stadt meiner Liebe noch finde? Theoretisch billigt man jeder Stadt das Recht zu Veränderungen zu, aber praktisch mag man sie nicht leiden. Der Weihnachtsengel und die Schachtel, die Sie mir schickten, sind noch ganz Alt-München, und darum gehören sie zu meinen schönsten Gaben. Morgen erwarten wir Herrn Reinhardt, der wird uns viel erzählen müssen ... In der Welt sieht es dunkel aus – ich wünsche, daß Ihnen Ihr Glück im Von-der-Tannstraße-Winkel jetzt und immer erhalten bleibt ...

An Martin Hürlimann (Freiburg, 9. Januar 1936)

... Ja, jetzt habe ich die hochgebaute Stadt gesehen, haben Sie vielen Dank, ich freue mich sehr darüber. Das kleine Bild mit der Mauer finde ich am schönsten, wenigstens gibt es den eindrucksvollsten Begriff der hohen Lage. Wie gern möchte ich hin! Obgleich der Hintergrund der Zeit für mich nicht mehr sehr tief ist, kann man doch nicht wissen, was noch darinsteckt. Ihr Plan [Erweiterung der Schweizer Städtebilder, von denen bisher nur Zürich, Luzern, Bern, Estavayer in der Zeitschrift *Corona,* Jahrgang II und III, und in der Zeitschrift *Atlantis,* Jahrgang 1930, erschienen waren.

Es ist nicht zu dieser Arbeit gekommen.] mit den Schweizer Städten ist sehr hübsch, und ich gebe auch zu, daß mir eine Abwechslung in der Arbeit ganz lieb und vielleicht auch bekömmlich wäre; aber andererseits ist das Bewußtsein, wie viel noch zu tun ist, zu lebhaft beständig in mir, daß ich eine längere Unterbrechung doch nicht gut ertragen könnte. Allerdings will ich die Nähe der Schweiz benutzen, um mir noch ein paar Schweizer Städte gründlich anzusehen; aber ich mache Ihnen den Vorschlag, noch ein Jahr zu warten. Ich kann nun einmal so etwas nicht schnell machen. Es würde jetzt nicht so werden, wie ich es möchte.

Mit meiner Arbeit geht es langsam voran, es sind etwa sechs oder sieben Kapitel fertig, aber nur so weit fertig wie eine Untermalung. Ich möchte erst einmal das Ganze in dieser Weise untermalen und dann die einzelnen Kapitel ausarbeiten. Zuerst handelt es sich mehr um die gute Gruppierung der Tatsachen. Die Masse des Stoffes ist eben erdrükkend. Je mehr ich aber sehe, daß der Aufbau Form gewinnt, desto mehr Freude werde ich daran haben. Komisch, wie um dies Buch sich immer Gerüchte bilden. Gestern wurde mir in einem Brief aus der Schweiz mitgeteilt, man sagte dort, der zweite Band werde nicht erscheinen. Ich mache mir aber durchaus keine Gedanken über derartiges Gerede . . .

An Marie Baum (Freiburg, 23. Februar 1936)

... Franz und Busi sind heute auf dem Gut eines Grafen Douglas beim Bodensee, der die ganze Volkswirtschaftliche Gesellschaft eingeladen hat, um ihnen seine Bewirtschaftung (ich weiß es nicht so genau) zu zeigen. Gestern bei dem schönen Wetter muß es da herrlich gewesen sein.

Eben habe ich den Kander zu seiner Großmama gebracht und habe nun etwas mehr Ruhe. Es ist schrecklich, wie die arme Frau aussieht – und der Gedanke, daß es nicht besser werden kann, hat etwas sehr Bedrückendes. Sie trägt es tapfer. Natürlich nehmen wir alle mögliche Rücksicht darauf, und ich fürchte, aus dem hübschen Plan, den Hochzeitstag in Heidelberg zu verbringen, wird deshalb nichts werden.

Franz sieht auch erbärmlich aus, aber da das Semester jetzt vorbei ist, wird er sich rasch erholen. Daß die Doktorprüfungen noch dazukamen und Aufregungen mit den Studenten, machte es so anstrengend. Diese letzten Affären sind zu umständlich zu erzählen; schließlich hatte die feindliche Studentengruppe gesagt, Eucken, Großmann, Franz und Lampe müßten umgebracht werden. Mir war deswegen nicht bange, und jetzt scheint sich alles geordnet zu haben, aber ob nicht doch für Franz schlimme Folgen daraus erwachsen, wer weiß das?

Eben denke ich über Kanderiana nach ... Schade daß man seine Aussprüche gleich wieder vergißt. Er kann übrigens jetzt schon ganz nett lesen.

Morgen werden wir, wenn es nicht regnet, mit ihm als «Flecklehäs» [Faschingsverkleidung] in der Stadt herumziehen. Schade, daß die süßen Frühlingstage vorüber sind. Ich denke, irgendwie, irgendwo werden wir uns in nicht so ferner Zeit sehen...

An Martin Hürlimann (Freiburg, 26. April 1936)

...Sie denken gewiß, nun schicke ich Ihnen ein oder das andere Kapitel des neuen Bandes; anstatt dessen will ich Sie darauf vorbereiten, daß er auf diese Weihnachten noch nicht erscheinen kann. Der Stoff, der bewältigt werden muß, ist zu groß; es ist nun einmal nicht anders möglich, als daß der zuerst bewältigt werden muß. Man merkt erst während des Arbeitens, was für Probleme da stekken, auf die man eingehen muß.

Eben habe ich zum Beispiel zwei bis drei Wochen bei den Jesuiten zugebracht, die ich geglaubt hatte, kurz abtun zu können; aber sowie man einer Sache nähertritt, merkt man erst, wie interessant und wichtig sie ist. Vieles muß man auch wissen, was man vielleicht nur kurz streift oder ganz beiseite läßt. Ich habe schon sehr viel geschrieben, aber es sind alles nur Entwürfe, aus denen das Eigentliche erst gemacht werden muß. Es wäre doch schade, wenn ich die Arbeit überhastete, Sie würden das selbst nicht wünschen. Das Zeitalter der Reformation ist eben für das geistige Leben Deutschlands und Europas so ausschlaggebend und so reich an geistigem Leben, es kommt so sehr alles zur Sprache, was jetzt noch die Menschen bewegt, daß man ausführlich dabei verweilen und möglichst tief eindringen muß.

Uns steht eine große, zweischneidige Veränderung bevor, indem mein Schwiegersohn wahrscheinlich nach Jena kommt. Er ist jetzt schon dort in Vertretung, es soll eine Professur daraus werden. Ganz sicher ist es noch nicht, immerhin sieht er sich schon nach einer Wohnung um. Wir müssen uns natürlich darüber freuen, was nicht hindert, daß uns der Abschied von Freiburg, überhaupt vom Süden, sehr schwer werden wird. Und die Nähe der Schweiz, wie schön war das!...

An Marie Baum (Freiburg, 11. Juni 1936)

...Busi, Kander und Dora holten mich ab, und nachdem ich mich etwas ausgeruht hatte, gingen Busi und ich ins Kolleg. Unterwegs dachte ich noch viel an Nietzsche [wir hatten eben den Jaspersschen Nietzsche zusammen in Heidelberg gelesen] und an das Buch, das *ich* über ihn schreiben würde, wenn ich könnte. Eucken erwähnte in seinem gestrigen Vortrage noch einmal Nietzsches «Minimalisierung der Wissenschaft», es war nicht gerade neu, was er sagte, aber das Gefühl, daß da ein Mann von Charakter und Überzeugung und beinahe kindlicher Offenheit steht, muß jeden ergreifen, der ihn hört, und das ist für die Studenten wichtiger, als die tiefsinnigste Rede sein könnte. Übrigens findet die Prozession statt [Fronleichnamsprozession] wie sonst, nur dürfen die Beamten nicht mehr daran teilnehmen; ich hatte das ganz vergessen...

BIS ZUM BEGINN DES ZWEITEN WELTKRIEGS

(1936–1939)

Der elfjährige Aufenthalt in Jena – 1936 bis 1947 – ist reich an Erlebnissen und auch reich an brieflichen Mitteilungen. Er läßt sich unschwer in drei Perioden einteilen, deren erste vom Einzug in den neuen Wohnort bis zum Kriegsausbruch andauert. Es folgt – als zweite – die der Kriegsjahre bis kurz vor dem Zusammenbruch, während der letzte Abschnitt die Jahre 1945, 1946 und 1947 bis zu Ricardas Tod umfaßt.

Der Beginn der Jenaer Zeit steht unter dem schweren Erlebnis des Todes von Ernst Reinhardt, mit dem Ricarda und ihre Tochter seit den frühen Münchener Jahren befreundet waren. Er erlitt einen tödlichen Unfall. Die ganze Periode wird überschattet durch den sehr unerquicklichen Kampf, den die damalige Regierung gegen den ihr unbequemen, weil aufrechten und unerschrockenen Professor Böhm führte, einen Kampf, in den auch Ricarda verwickelt wurde. Bei dem eingeleiteten Disziplinarverfahren wurde Böhm in erster Instanz aus dem Staatsdienst entfernt, dieses Urteil aber durch das Reichsdisziplinargericht umgeworfen und ein Freispruch erzielt. Der Staat nahm aber den Freigesprochenen nicht wieder in seinen Dienst, sondern versetzte ihn in den Ruhestand mit der seinen Jahren entsprechenden sehr geringen Pension. Erst im April 1945 – und zwar noch vor dem Zusammenbruch – erhielt er von der Universität Freiburg, die damit ungewöhnliche Unabhängigkeit bekundete, einen Ruf, den er annahm.

Die anfänglichen Zweifel über den Ausgang des Verfahrens, dann die Unsicherheit nach vollzogenem Spruch schufen sehr ungemütliche Jahre. Es erleichterte die Lage, daß Ricarda und ihr Schwiegersohn in ihrer Haltung und allen wesentlichen Fragen so durchaus übereinstimmten. Mehrmals wurde der Plan, von Jena fortzuziehen, erwogen, aber immer wieder fallengelassen. Ein Glücksfall setzte dem Schwanken ein Ende, da die Familie ein kleines Haus auf dem Philosophenweg mieten konnte, womit ein lange gehegter Wunsch Erfüllung fand. Der Tag des Umzugs fiel mit dem des Kriegsbeginns zusammen.

Es waren also ungünstige Sterne, unter denen Böhms und Ricarda in ihrer neuen Heimat Fuß fassen sollten. Erfreulicherweise traf Böhm in der Fakultät auf Verständnis und Sympathie. In vollem Umfang aber wirkte sich die Ricarda so erwünschte Atmosphäre der kleinen Universität erst aus, als das eigene Haus gleichsam ein Hafen und in der Folge zum Mittelpunkt menschlicher Beziehungen wurde. Zu Anfang des Jenaer Aufenthaltes, ehe eine Wohnung gefunden war, und in den Zeiten der Ungewißheit, als sich für die gekündigte kein Ersatz bot, wohnte die Familie in einer Pension. Abgesehen von den Inhabern, die alles taten, ihren Gästen den Aufenthalt angenehm zu machen, war es die dort geschlossene Bekanntschaft mit Sophie Brenke, die ihr Leben erfreulich bereicherte. Diese, früh aus ihrem Lehrberuf ausgeschieden, war viele Jahre hindurch Mitarbeiterin des Soziologen Ferdinand Tönnies in Kiel gewesen. Auch am Philosophenweg ging sie als herzlich begrüßte Hausfreundin aus und ein. Ihr früher Tod hat die Familie schmerzlich getroffen.

Die ersten Fäden zu Menschen, die unter der Hitlerregierung Gefangenschaft und Tod zu erleiden hatten und deren Schicksal Ricarda später so leidenschaftlich auf ihr Herz nehmen sollte, wurden schon in diesen Jahren angeknüpft. Helmut Gollwitzer, damals Pfarrer in Dahlem, suchte sie in Jena auf und brachte ihr laufend Nachrichten über die Verfolgung der Geistlichen, besonders seines Amtsbruders und Freundes Martin Niemöller. Sie las Gollwitzers Predigten und hatte auch ab und an Gelegenheit, ihn auf der Jenaer Kanzel zu hören. Emil Henk, ein Widerstandskämpfer, der dem Kreise um Mierendorff, Haubach u.a. freundschaftlich verbunden war, schickte ihr Gedichte, die er, selbst einige Jahre in Haft, im Gefängnis geschrieben hatte. Henk sowohl wie auch andere Leser schrieben ihr in jener Zeit von der Erschütterung, in die sie Ricardas Buch über den Grafen Federigo Confalonieri versetzt habe. Ricarda hatte darin im Jahr 1910, rückblickend auf eine anscheinend längst und für immer vergangene Zeit, die Gefangenschaft dieses Widerstandskämpfers geschildert, der mit seinen Freunden die italienische

Erhebung vorbereitete. Die Qualen und kleinlichen Nadelstiche, denen Kaiser Franz I. sie auf der Feste Spielberg aussetzte, erinnerten an die freilich viel schrecklicheren Erlebnisse der Gegner des nationalsozialistischen Systems.

An Marie Baum (Jena, 22. November 1936)

...Im Winter reisen, wenn ich nur daran denke, schaudert es mich. Und dann Italien! Ich habe noch nie daran gedacht, wieder nach Italien zu gehen. Vielleicht könnte ich es überwinden, wenn es sein müßte. Aber es muß ja nicht sein. Überhaupt erschweren mir die Ernährungsschwierigkeiten das Herumreisen doch sehr, besonders würde das in Italien der Fall sein. Laß uns doch im Sommer Thüringen durchstreifen, darauf freue ich mich... Ich kann es kaum erwarten, aber es ist bis dahin noch viel zu tun. Für den Januar habe ich mich verpflichtet, die Einleitung zu einer Sammlung farbiger Photographien von Kirchenfenstern zu schreiben. Es stört mich natürlich in meiner Arbeit, aber ich dachte es mir hübsch, und nun sitze ich fest damit und muß es machen *[Farbenfenster großer Kathedralen des 12. und 13. Jahrhunderts, Leipzig 1937]*.

Wir haben es bis jetzt hier insofern wundervoll gehabt und täglich unser Los gepriesen, als wir bestimmt wußten, daß wir weder in Gesellschaften gehen, noch welche haben mußten und auch keinerlei Besuch zu erwarten hatten. Das ist vorübergehend ein himmlischer Zustand. Nun haben Franz und Busi Besuche gemacht, und es wird bald anders werden. Einzelne Leute sehen wir wohl hier und da, so war neulich Emmy von Egidy hier und ein Professor Rose – Kunsthistoriker –, der früher in München bei mir verkehrte und seit sechs Jahren in Jena lebt. Fräulein von Egidy war sehr angenehm, ich habe sie jetzt viel lieber als früher...

An Marie Baum (Jena, 4. Dezember 1936)

...Das Atlantis-Heft habe ich Dir mehr der hübschen Bilder als meines Geschreibsels *[Von alten Kinderbüchern]* wegen geschickt; denn da ich mich schon einmal über den Gegenstand ausgelassen hatte, wußte ich nun nichts mehr darüber zu sagen. Sind die Seligen in Abrahams Schoß nicht wonnig?

Also, Mimi kommt Weihnachten. Wie herrlich wir es finden würden, wenn Du kämest, brauche ich nicht zu sagen. Wir haben so manches Weihnachtsfest zusammen gefeiert, daß etwas Wesentliches fehlt, wenn Du nicht dabei bist... Kander ist munter und sehr beschwingt durch Schule und Vorweihnachtsempfindungen, die er jedes Jahr mehr hat. Es gehört doch eine Reihe von Erinnerungsbildern dazu, daß sich diese Empfindung überhaupt bildet.

Jena ist im Winter eine harte Nuß. Die Sonne haben wir schon lange nicht mehr gesehen. Und die Stadt ist so von Grund auf reizlos und angefüllt mit Zeissianern. Natürlich sind das geschätzte Volksgenossen; aber diese Schicht, sogenannte gehobene Arbeiter, bequeme Mittelmäßigkeit, sind nun einmal nicht angenehm...

Kanderiana: Ich frage: Na, Kander, Du bist wohl nicht weit gekommen mit dem Buche? Kander: Ich habe das ganze Buch leergelesen und mich sehr dabei amüsiert...

An Leo Merz (Jena, 19. Dezember 1936)

...Ja, in diesen Beschluß, uns weiterhin liebzuhaben, stimme ich ein! «Liebe ist der Inbegriff, auf das andre pfeif' ich.» Selbst Gemmen und Madonnen kommen dagegen nicht auf, obwohl ich dergleichen wohl zu schätzen weiß und mich freue, daß ich bei meinem nächsten Besuch etwas Neues werde zu betrachten haben. Allerdings, wann wird mein nächster Besuch sein? Es wird wirklich alles schwerer und schwerer, auch für die Alten, wenn ich auch zugebe, daß die Alten als mehr beiseitestehend nicht so mitgenommen werden... Auch wir könnten manches Klagelied anstimmen, besonders Franz kann Freiburg gar nicht verschmerzen, und Busi jammert über das spießige Jena, wo man nie eine berückende Dame auf der Straße sieht. Sonst gibt es natürlich allerhand sympathische Leute und eine ziemlich lebhafte Geselligkeit, vielleicht wird sie mit der Zeit nur allzu lebhaft.

Sie erhalten von mir ein Buch «Gesammelte Feuilletons» von Widmann [Joseph Viktor Widmann, Bern], das ich neulich fand. Ich blätterte darin und war von manchem so angezogen, daß ich dachte, es würde auch Ihnen Vergnügen machen, das Vergangene noch einmal anklingen zu lassen. Wenn Sie das Buch schon haben oder kennen, verschenken Sie es...

Wir sind froh, ein Kind zu haben, das voller Weihnachtsvorfreude ist und die richtige Stimmung hervorbringt. Selbst Busi, die eigentlich ein Gegner von Weihnachten ist, läßt sich ein wenig davon mitreißen...

An Leo Merz (Jena, 29. März 1937)

...Wenn einem durch einen plötzlichen Todesfall die Gebrechlichkeit des Irdischen so zum Bewußtsein gebracht wird, fängt alles an zu wanken; mir wurde angst um alle, die mir lieb sind, und so war Ihr Brief mir doppelt willkommen, da er mir doch anzeigte, daß bei Ihnen einstweilen noch alles in Ordnung ist. Wir waren am 4. und 5. März bei Gelegenheit von Professor Salzers 70. Geburtstag noch alle so fröhlich zusammen und Reinhardt so besonders sprühend – 14 Tage darauf war er tot. Wir lernten uns 1900, als wir nach München kamen, ziemlich bald kennen, und bei meiner Vorliebe für alles Schweizerische war ich schon von vorneherein geneigt, ihn gern zu haben; und da traf es sich, daß mein Mann eine so herzliche Zuneigung zu ihm faßte, die seitdem ununterbrochen gedauert hat. Wir bildeten beinahe eine Familie.

Meines Mannes abendlicher Ruf am Telephon: «Kommen Sie, Reinhardt, daß wir lachen!» wurde ein geflügeltes Wort bei uns. Wenn wir nicht in Gesellschaft waren, war er fast immer da, brachte häufig sein Abendessen und Korrekturbogen seiner Autoren mit, und dabei saßen wir zusammen, nachdem Busi, die damals noch ganz klein war, zu Bett gebracht und es still und gemütlich bei uns geworden war. «Das Beste am Übel und das Übel am Besten ist seine Vergänglichkeit», habe ich mal gelesen. Es ist so, wie Sie schreiben, man könne entweder nur die Freunde überleben oder vor ihnen sterben; man befindet sich immer zwischen Scylla und Charybdis, und es ist gut, daß einem die Wahl erspart bleibt. Das Schicksal des Alters ist es, viele zu überleben; aber da man nie ein Gefühl seines Alters hat, kommt es einem doch unnatürlich vor, was man sich mit dem Verstande auch sagen mag...

An Elsbeth Merz (Jena, 25. April 1937)

...Ich ahnte nicht, als Du mir so liebevoll schriebest, daß Du so bald schon auch eines Freundes beraubt werden solltest. Es tut mir so leid, Dich traurig zu wissen. Nach dem, was mir Busi von Hugo Martis Gesundheitszustand erzählte, mußte man eigentlich dankbar sein, daß er überhaupt so lange lebte. Es hat gewiß viel Energie, angeborene Seelenkraft dazu gehört, unter so schweren Bedingungen zu wirken. Ich bedaure jetzt doppelt, Deinen Freund nie kennengelernt zu haben; ich könnte mich dann viel besser in Deine Beziehung zu ihm hineindenken. Ein paar Tage, ehe er starb, war ich im Begriff, Dir zu schreiben – es kam dann etwas dazwischen –, weil Du an Busi geschrieben hattest, er, der Familie hätte, müsse sterben, und Du lebtest, der Du keinem zu leide, aber auch keinem zu liebe lebtest. Das fand ich nicht nur schrecklich, sondern auch ganz falsch. Ist denn nur Liebe zwischen Gatten und zu den eigenen Kindern Liebe? Ich begreife, daß man, wenn man nicht verheiratet ist, dazu neigt, diese Beziehungen zu überschätzen, die ich gewiß auch nicht unterschätzen will; aber es sind doch weder die einzigen, die Menschen verbinden, noch sind sie in der Regel produktiv, beglückend und erhebend. Man braucht sich doch nur umzusehen unter den Familien, die man kennt und von denen man hört und liest – da überwiegt Lieblosigkeit doch oft die Liebe weit. Was bedeutet dagegen in so vielen Fällen der Freund und der Lehrer! Ich sage das nicht, um Dir etwas Tröstliches zu sagen, sondern weil ich es so oft in Biographien gefunden habe – die ich mit Vorliebe lese –, daß zwar die Eindrücke der Kindheit im Elternhaus wesentlich sind, das versteht sich ja von selbst, daß aber das bewußte, reiche Innenleben, die geistige Entwicklung da beginnt, wo auf der Schule Freundschaften geschlossen und die Einflüsse eines verehrten Lehrers aufgenommen werden. Natürlich will ich die Ehe damit nicht herabsetzen, und was für ein Glück und überhaupt was für ein Lebensquell es für die Frau bedeutet, Mutter zu werden; aber das Leben ist doch viel zu reich, als daß es nur auf diesem einen Wege den Menschen Beglückung und Entfaltungsmöglichkeit böte. Denke nur an die Mönche und Nonnen im Mittelalter und was die den Menschen bedeutet haben! Aber das führt zu weit. Ich möchte selbst lieber, daß Du glücklich verheiratet wärest als daß Du Dich mit der Schule plagst; aber ob Du dann glücklich wärest, das ist doch unsicher. Ich persönlich möchte immer Loblieder auf die Freundschaft singen. An meinem 60. Geburtstag habe ich eine kleine Rede auf die Freundschaft gehalten [bei einer offiziellen Feier in München], ich verglich die Liebe mit dem Wein und die Freundschaft mit dem Wasser, von dem – welcher alte Grieche war es doch? – gesagt hat, daß es das beste sei.

Wir waren in der letzten Zeit alle ungewöhnlich niedergedrückt. Seit undenklicher Zeit sieht man die Sonne nicht mehr, die Bäume werden grün, aber Frühling wird es nicht...

Immerhin – vielleicht wird es ja doch einmal warm, und dann wird ja auch der Kleine sich wieder erholen, und dann werden auch Ferien kommen, und vielleicht werden wir uns irgendwo treffen. Mir ist die Kürze des Lebens jetzt immer so schrecklich gegenwärtig; darum bin ich so bereit, alles innigst zu genießen, was man Schönes hören, sehen und fühlen kann...

An Martin Hürlimann (Jena, 24. Juni 1937)

...Es freut mich sehr, daß Sie noch an das Buch vom Tode denken (ich nenne es für mich Et ultra), und da ich mich jetzt eines angenehmen Feriengefühls erfreue, beschäftige ich mich auch damit. Die Namen von einer Reihe von Städten, wo schöne Friedhöfe mit interessanten Denkmälern sind, schreibe ich Ihnen auf; es sind die, welche mir gerade eingefallen sind. Ich denke, wir werden bei der Auswahl die schöne Umgebung, d. h. schöne alte Bäume und Büsche oder sonstige Hintergründe und das schöne oder interessante Denkmal berücksichtigen, nicht wahr? Ich schicke Ihnen das Buch, das seit Monaten für Sie eingepackt liegt; bitte behalten Sie es, ich habe es zufällig doppelt. Dort sind die Denkmäler ganz ohne Absicht einer schönen Bildwirkung aufgenommen; aber man ahnt doch, wo ein ergiebiger Friedhof ist. Leider ist in diesem Buche Süddeutschland ganz außer acht gelassen. Damit das Buch reich und auch mannigfaltig werde, finde ich, daß auch einige schöne Grabdenkmäler aus Kirchen (also abgesehen von Friedhöfen) aufgenommen werden sollten, und da denke ich zum Beispiel an die schönsten von Tilman Riemenschneider in Würzburg, an eines im Dom zu Limburg, an das Grabmal des Bischofs Rot [Johannes Rot, gestorben 1506, Grabplatte von Peter Vischer 1496] in Breslau, kurz, da gibt es ja unzählige schöne. Auch ein sogenanntes Hünengrab fände ich wünschenswert, es gibt eines in

Anhalt und wohl auch welche in der Lüneburger Heide.

Was mich sehr kränkt, ist, daß wir keine Bilder aus Judenfriedhöfen werden aufnehmen können, denn die gehören gerade mit zu den schönsten. In diesen Ferien denke ich, mir die Friedhöfe in Dresden und in Annaberg anzusehen, die ich noch nicht kenne. Besonders schöne Epitaphien, nein Grabmäler, sind im Dom von Oppenheim und in Oberwesel. Sonst: Görlitz, Bautzen, Zittau, Dresden, Annaberg, Jena, Pößneck, Göttingen, Zerbst, Hildesheim, Einbeck, Borsum, Freiburg im Breisgau, Straubing.

Was nun den Text betrifft, so kann der natürlich nur allmählich entstehen. Ich dachte mir, er würde sich zuweilen an ein Bild anschließen, in der Hauptsache aber nicht, nur insofern, als der Gegenstand im allgemeinen derselbe ist. Sie können die Photographien ja auch nur allmählich aufnehmen...

Ich habe Ihnen jetzt geschrieben, was mir gerade eingefallen ist. Hier in Jena ist ein sehr schöner Friedhof, durch den jetzt unerhörterweise eine Straße gelegt werden soll; allerdings besteht der Reiz weniger in besonders schönen Denkmälern als in dem Gewirr von Büschen und Bäumen, und ich weiß nicht, ob sich das zur Photographie eignet. Jedenfalls ist das Ehrenmal, das ganz in unserer Nähe ist, wunderschön, das sollte womöglich dabei sein. [Dr. Hürlimann schreibt hierzu: «Das erwähnte Buch scheint in Berlin (offenbar bei seinem Verlag) geblieben, und dort untergegangen zu sein.»]...

An Martin Hürlimann (Heidelberg, 20. Juli 1937)

...Ich suchte vergeblich in den Korrekturbogen [Band II der *Deutschen Geschichte: Das Zeitalter der Glaubensspaltung*] nach Zeichen von Ihnen; Sie haben sie wohl noch nicht gelesen. Eine Stelle, die mir bedenklich vorkam, habe ich nun so geändert, daß sie mir annehmbar erscheint... Hier hörte ich von einem neuen Zensurgesetz, das mich sehr besorgt macht; überhaupt läßt das Vorgehen in der bildenden Kunst auf Schlimmes auch für die Literatur schließen.

Was nun die Stelle Luther und die Juden betrifft, so glaube ich, daß das als eine schlichte Darstellung von Tatsachen unanstößig ist. Man könnte dann ja ebensogut die Erwähnung jeder Tatsache beanstanden, die vielleicht irgend jemandem nicht paßt, aber doch einmal da ist. Jedenfalls nehme ich an, daß Sie das ganze Buch noch einmal auf gefährliche Stellen ansehen und sie mir nebst Ihrer Ansicht mitteilen; ich will dann gern alles tun, um dem Buch die Steine aus dem Wege zu räumen. Vielleicht, so denke ich, kommt es gar nicht so sehr auf das einzelne an als auf das Ganze, ob man das passieren lassen will oder nicht. Wir haben hier wunderbare Sommertage, und ich genieße seit langer Zeit wieder einmal ein Feriengefühl!...

An Martin Hürlimann (Heidelberg, 7. August 1937)

...Es ist mir eine große Freude, daß Sie sich so warm über mein Buch aussprechen; wir können uns also beide, wenn wir schlimme Erfahrungen in bezug darauf machen sollten, damit trösten, daß wir etwas Gutes und Tüchtiges gewollt haben...

Ich habe ja, wie Sie auch bemerkt haben, den ganzen Dreißigjährigen Krieg nur flüchtig behandelt. Das ist darin begründet, daß das Politische überhaupt in diesem Bande etwas zurücktritt; es sollte hauptsächlich der großen geistigen Auseinandersetzung gewidmet sein. Dann kommt noch etwas hinzu: vielleicht wird der dritte Band nie geschrieben; aber das Ganze ist doch auf drei Bände angelegt, und der dritte Band würde (wie ich es im zweiten Bande auch gemacht habe) noch einmal zurückgreifen und manches bringen, was dort nur gestreift wurde. Die Zeit von 1650 an, also die Zeit Bachs und Händels, gehört natürlich in den folgenden Band, sie sind hier nur als Ausblick erwähnt. Nehmen wir den dritten Band als existierend an, so kann ich mir denken, daß in einem Kapitel «Kultur» Schütz noch einen Platz erhielte. Ich habe ja auch Joh. Val. Andreae und Paul Fleming nur erwähnt, Jakob Böhme überhaupt nicht, ebensowenig verschiedene literarische Erscheinungen. Gerade das 17. Jahrhundert, mir das anziehendste, ist schlecht weggekommen, ich gebe es zu; ich glaubte, es der Ökonomie des Ganzen schuldig zu sein. Der Titel, den Sie so glücklich gewählt haben – Zeitalter der Glaubensspaltung –, rechtfertigt, denke ich, meine Auswahl. Übrigens will ich versuchen, ob ich noch einen Satz über Schütz anbringen kann...

Mit dem letzten Punkt haben Sie wohl recht, ich hätte den Barock erwähnen können. Ich hatte das Gefühl, daß er in den folgenden Band gehörte, der, wie gesagt, vorausgesetzt werden muß, wenn er auch nicht von mir geschrieben werden sollte. Der Katholizismus kommt in dem Kapitel Österreich zu seinem Recht, und außerdem finde ich, daß, wenn dieser Band mit einem gewissen Vorteil der Reformation schließt, das doch wohl gerechtfertigt ist. Gerade weil ich das Ereignis im ganzen als tragisch aufgefaßt habe, in mancher Hinsicht sogar als sehr verderblich, wollte ich auch auf das Große hinweisen, was es gebracht hat, und das läßt sich durch einen Hinweis auf Rembrandt, Bach, Händel am besten anschaulich machen. Die Musik von Gluck, Haydn und den andern katholischen Meistern baut sich auf der evangelischen auf, ist ohne sie nicht denkbar, wie diese selbst auch immer anerkannt haben.

Man wird natürlich über alles dies verschiedener Meinung sein; ich wollte Ihnen nur meinen Standpunkt erklären...

An Ulrich Christoffel (Heidelberg, 13. August 1937)

...Aus beiliegender Karte sehen Sie, daß ich mich gern für Ihre Geburtstagswünsche bedankt hätte; sie blieb liegen, ebenso wie mein Attentat auf Ihre Feder, weil Sie versäumt hatten, Ihre neue Adresse auf Ihren Brief zu setzen. Nun hatte Martha Friedländer die glückliche Intuition, Sie um eine Schilderung der Kunstausstellung zu bitten, und siehe, die Adresse kommt gleich mit in den Kauf. Ich mußte lachen, daß Sie sich gleichsam entschuldigten, weil Sie nicht sine ira schreiben könnten; denn ich finde es mit ira viel besser, es ist eben das Körnchen Salz, das dort fehlt. Ich habe eine schreckliche ira – obwohl ich ja, wie Sie wissen, für die «entartete» Kunst nie Sinn hatte; aber es ist ein so degradierender Zustand, daß ein einziger, noch dazu ein Laie, der Kunst vorschreibt... Sie erlaubt sich vielleicht manchmal Umwege und Irrwege – man kann das bekämpfen, darf es ihr aber doch nicht wehren. Ich freue mich, daß Sie die Statue von Kolbe rühmend erwähnen; in einem Katalog, den ich gestern bekam, war sie das einzige, das ich wirklich schön fand. Wenn Sie den Mangel an Kitsch beklagen, muß ich fast annehmen, daß Sie die Terpsichore von Ziegler nicht gesehen haben; über die kann man doch von Herzen lachen. Ich bin übrigens nicht so durchaus ein Gegner der Photographie. Eine Photographie gibt manchmal ein Stück Leben – das kann etwas Schönes und Eindrucksvolles sein –, bei Bildern muß man die Mediokrität des Malers mit in Kauf nehmen. Ach, das Mediokre im Panzer der römischen Legionen – es ist gräßlich, und kein anderes Land könnte es hervorbringen. Das bei aller Anerkennung des Großen, was Deutschland hervorgebracht hat.

Haben Sie vielen Dank! Ihr Brief ist gerade so reizvoll und erleuchtend und aufschlußreich, wie ich es erwartet hatte. Berichte an Schweizer Zeitungen schreiben Sie wohl nicht? Wäre es nicht eine lockende Aufgabe, einen ganz unanstößigen Artikel zu schreiben, bei dem man doch alles zwischen den Zeilen lesen könnte? Natürlich ist das sehr schwer, aber Sie könnten es vielleicht.

Mit Leipzig [ein Ruf Franz Böhms an die Handelshochschule in Leipzig] ist es noch ganz im Ungewissen, es hängt ja schließlich nicht von den Professoren und Universitäten ab...

An Marie Baum (Jena, 22. August 1937)

...Nicht nur die Ferien, auch der Sommer ist vorbei! Wenigstens Kander ist heute glücklich, weil Sonntag ist und er nicht in die Schule zu gehen braucht. Er muß bis zu den Herbstferien alle Tage um sieben dort sein, und das ist ja auch hart. Sein Trost ist ein kleiner Junge, der ihn durch seine Frechheit entzückt. Er macht hinter dem Rücken der Lehrer eine lange Nase und derartige Witze. Wenn es bemerkt wird und er Prügel bekommt, ist

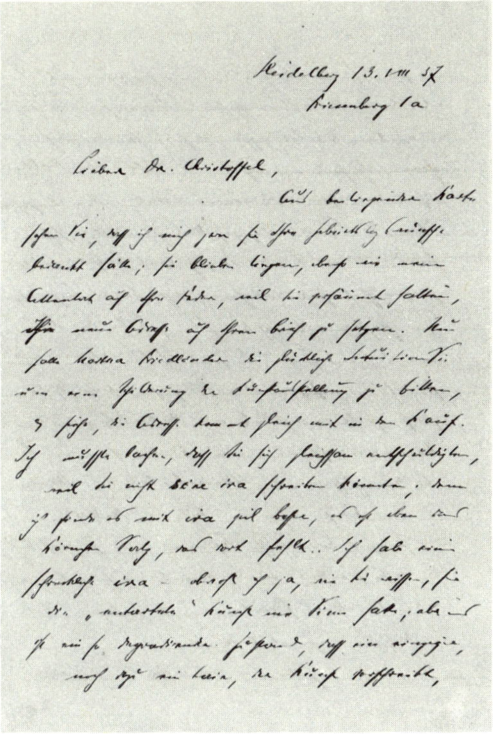
Heidelberg 13. VIII 37

Lieber Dr. Christoffel,

Brief an Ulrich Christoffel (13. August 1937)

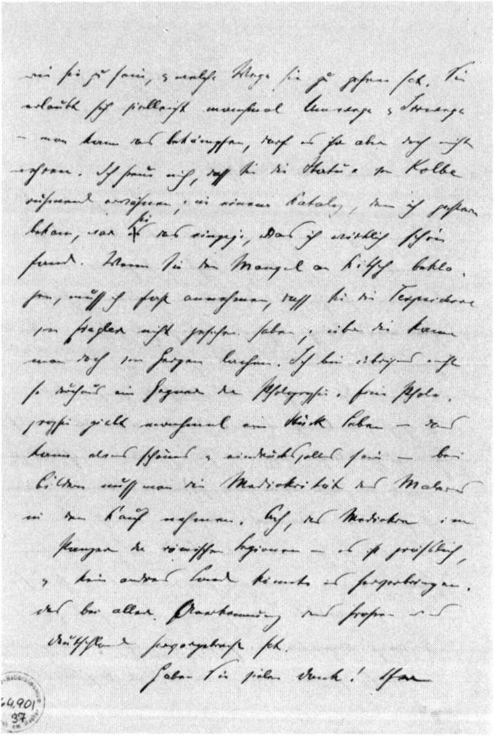

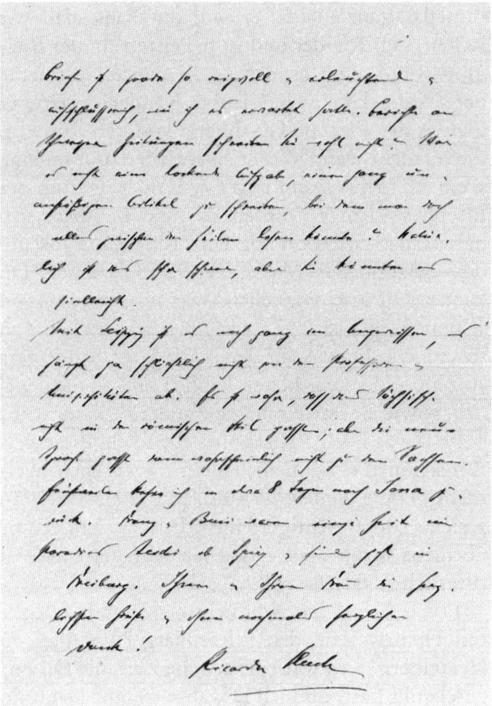

Brief ist gerade so reizvoll und erheiternd und
aufschlussreich, wie ich es erwartet hatte. Besonders an
[illegible] Zeitungen scheinen Sie [illegible] nicht. Wie
es auch eine lockende Aufgabe, einen ganz unanstößigen Artikel zu schreiben, bei dem man doch
allerlei zwischen den Zeilen lesen könnte. [illegible],
[illegible] ist das Ihre Sache, aber Sie könnten es
vielleicht.
Stadt Leipzig ist es noch ganz [illegible], es
hängt ja schließlich nicht von den Professoren und
[illegible] ab. Es ist wahr, dass das [illegible]
nicht wie der [illegible] Stil [illegible]; aber die neue
[illegible] passt [illegible] wahrscheinlich nicht zu dem [illegible]
[illegible] habe ich in etwa 8 Tagen nach Jena zu-
rück. [illegible] und [illegible] waren einige Zeit ein
[illegible] [illegible] und sind jetzt in
Freiburg. Ihnen und Ihrer [illegible] die herz-
lichsten Grüße und einen nochmaligen herzlichen
Dank!

Ricarda Huch

ihm das ganz gleich; er will durchaus, daß wir lachen, sagt Kander und ist begeistert. In der Religionsstunde sagt er, daß er die ganze Geschichte der Evangelien nicht glaubt. Kander erklärt, er glaube sie, aber die Geschichte von den Römern, die sei nicht wahr. Was er eigentlich damit meinte, weiß ich nicht. Dann fragte er immer, warum der Joseph so arm geworden sei, und es stellte sich heraus, daß er Joseph mit den Brüdern mit Joseph, dem Manne der Maria, verwechselt hatte; Du kannst Dir also vorstellen, war für ein Chaos in seinem Kopfe ist... Es war für mich allerliebst zu sehen, wie Frau A. in der Nähe ihres Schwagers aufblühte. Sie war heiter, lieblich und angelegentlich, sowie sie ihn ansah, ganz anders wie sonst. Es hatte etwas höchst Reizvolles für mich, diese beiden schönen – wenn auch alten – Menschen; vielmehr gerade weil sie alt sind, war es ein Bild von weicher, durchsichtiger Herbstlichkeit. Er liebt sie übrigens nicht, aber er hat sie sehr gern und ist ritterlich rücksichtsvoll...

Etwas Neues hat sich nicht begeben. Ich denke mit Heimweh an den Friesenberg [Wohnung in Heidelberg] – es war eine schöne Zeit, die Du mir geschenkt hast, und ich bewahre sie mit Dank im Herzen. Mit Arbeiten kann ich mich nicht trösten, weil mein Gehirn von der Kälte gelähmt wird...

An Marie Baum (Jena, 22. Dezember 1937)

... Franz ist nämlich auch noch denunziert worden wegen des damaligen Gesprächs in Gesellschaft über Juden. Mit seiner Laufbahn im Staatsdienst wird es nun wohl aus sein; aber ich denke, er findet schon sonst etwas, wo es ihm mit der Zeit viel wohler ist, als unter diesen Umständen an der Universität. Es ist bisher immer gegangen, also wird es auch weiter gehen, denke ich.

... Mit der Ufa und dem Deruga ist es nun doch gelungen, allerdings so, daß mir die Freude daran stark vergällt wurde; denn erstens bekam ich weniger, als ich gewollt hatte, und zweitens machen sie nun ein Happy-End daran: er hat sie gar nicht umgebracht, und also hat die ganze Geschichte gar keinen Sinn. Es wird mir jedesmal ein bißchen übel, wenn ich daran denke. [Der Film wurde 1938 mit Willy Bürgel in der Hauptrolle uraufgeführt.]

Kander soll durchaus keine Tiere mehr haben, und das ist ja auch berechtigt, weil wir sonst anbauen müßten; aber ich fürchte doch, seinem Weihnachtstisch wird deshalb der richtige Glanz fehlen, denn eigentlich interessiert er sich ja für nichts anderes. Er hat Gott sei Dank fast ununterbrochen zur Schule gehen können, die Erkältung hielt sich in leidlichen Grenzen, er geht jetzt auch lieber, gewöhnt sich an die üblichen Schulbübereien und hat sogar schon einmal nachsitzen müssen. Morgen nachmittag kommt Mimi; daß wir Dich diesmal missen müssen, ist schmerzlich ...

An August Grisebach (Jena, 28. Dezember 1937)

... Was für eine Freude haben Sie mir mit den Seesternchen gemacht! Stellen Sie sich vor, daß wir in Triest, wo ich vor bald 40 Jahren eine Zeitlang gelebt habe, getrocknete Seepferdchen als Christbaumschmuck hatten. Diese sind allerdings bei meinen vielen Wanderungen verlorengegangen, aber in Venedig kaufte ich mir vor etwa 12 Jahren wieder welche, und das war nun solch eine hübsche Begegnung alter Meerfreunde am Weihnachtsbaum. Andersen würde gewiß ein Märchen daraus machen. Ich werde die geheimnisvollen Geschöpfe in einem besonderen Schächtelchen für künftige Tannenbäume aufbewahren. Einen besonderen Wert haben die Sterne noch als Lebenszeichen von Ihnen. Wie gut, Sie am Meeresstrande zu wissen; neben dem großen Element kann man wohl vieles vergessen. Die Kunstgeschichte steht augenblicklich unter einem bösen Stern; Wölfflin geht es allerdings besser, aber ob es eine gründliche Heilung ist, wage ich kaum, mich zu fragen. Und von R's. [Dozent in Jena] Unglück haben Sie gehört? Er verschwand plötzlich spurlos ... Es bedrückt mich sehr, nichts von ihm zu wissen, ich denke mir, daß er furchtbar unter der Gefangenschaft leidet, und selbst wenn er freigesprochen werden sollte, weiß ich nicht, ob er noch öffentlich tätig sein kann ...

An Anton Kippenberg (Jena, 29. Dezember 1937)

... Da es mit Jena ebenfalls ein Ende hat, steht uns momentan die ganze Welt offen. Ich denke, irgend etwas wird sich wohl ergeben. Eigentlich wollte ich Sie fragen, ob ich nicht mal wieder etwas für den Insel-Verlag schreiben sollte; aber es kommt mir zum Bewußtsein, daß ich jetzt nur eine Last für jeden Verlag bin, da ich, obwohl in der Schrifttumskammer, aus den Reihen der Wohlgelittenen gestrichen bin, die Buchhändler meine Bücher nicht gern auslegen, und das Publikum sie nicht gern kauft. Auch wüßte ich nicht recht was. Von Weimar aus wurde ich neulich gefragt, ob ich ein Büchlein über Herzog Bernhard schreiben wollte, dessen Todesjahr 1939 fällig wird; aber so die rechte Lust habe ich nicht darauf. Schade, daß Buchwald schon den Schiller geschrieben hat, das hätte mich gelockt. Aber könnte nicht die augenblicklich herrschende deutsch-italienische Freundschaft für meine italienischen Bücher ausgenutzt werden?... Ja, wenn irgend möglich, möchte ich mich doch nicht so ganz verdrängen lassen und poche auf mein Dasein, obwohl ich nach modernen Grundsätzen eigentlich gar nicht mehr da sein dürfte...

An Martin Hürlimann (Jena, 9. Januar 1938)

... Wie lebhaft ich die freundschaftliche und feine Gesinnung Ihres Briefes empfinde, kann ich nicht besser zum Ausdruck bringen, als daß ich ihn gleich beantworte. Seit Weihnachten verklungen ist, habe ich mich immerzu mit der Frage beschäftigt, welche Arbeit ich jetzt ergreifen soll. Schon im Herbst hatte ich einzelne Lebenserinnerungen aufgezeichnet, die ich gern ausführen würde, und ich hatte auch einen Plan, der sich auf die Kirchenfrage bezieht. Trotzdem, ich leugne es nicht, kehren meine Gedanken immer wieder zu der Deutschen Geschichte zurück, von der ich nun einmal besessen bin, um so mehr, als gerade der dritte Band so vielfach auf die Gegenwart hinweist.

Es scheint mir, daß ich davon nicht loskomme, obwohl das mangelnde Interesse des Publikums etwas Abschreckendes hat. Ein Buchhändler in Freiburg hat zu meinem Schwiegersohn gesagt, der Titel sei schuld, daß mein Buch nicht verlangt würde; und doch schien mir der Titel gerade im Hinblick auf die Katholiken so glücklich gewählt. Ich bin auch überzeugt, daß der Buchhändler sich irrt – es ist einfach das Interesse, das fehlt, und andererseits das Mißtrauen, das mein Name erweckt. Daß dies – Mißtrauen und Mißbilligung – sehr stark ist, davon hatte ich hier öfters Beweise. Auch fällt mir auf, daß noch nicht eine einzige Stimme aus Leserkreisen zu mir gedrungen ist, was doch bei dem ersten Band noch der Fall war. Es ist höchst anerkennenswert, daß Sie doch noch und in so großzügiger Weise zu mir halten, werden sich doch die Umstände in absehbarer Zeit kaum ändern.

Meine Meinung ist nun die, daß ich mit dem dritten Bande beginne, daß aber in diesem Jahre eine Vorauszahlung von Seiten des Verlages noch nicht stattfindet. Das würde mich beunruhigen. Wenn ich Ende dieses Jahres noch lebe und mit meinen Studien so weit gekommen bin, daß ich veranschlagen kann, wann das Ganze vollendet sein wird, wollen wir auf Ihren Vorschlag zurückkommen. Meinem Plane nach sollte der dritte Band «Zeitalter des Absolutismus» oder «Zeitalter der Staatsallmacht» heißen; es würde also eigentlich die Revolution von 1848 mit hineingehören, als der erste Vorstoß gegen den Absolutismus; aber darüber können wir noch sprechen. Ich bin mir bewußt, daß dadurch der Umfang des Bandes ungebührlich ausgedehnt würde, auch bin ich mir über die Behandlung der diesem Zeitalter zugrunde liegenden Hauptideen und Tatsachen noch gar nicht ganz klar.

Sehr am Herzen liegt mir der Band von den Grabmälern, noch mehr als sonst, seit ich Ihre herrlichen Photographien gesehen habe. Es würde ein Buch, das des Textes gar nicht bedürfte; aber andererseits hat es mir so lange vorgeschwebt, daß ich auch sehr gerne durch das Wort mit ihm verbunden sein möchte. Vielleicht wird dies Jahr etwas daraus, daß ich Sie auf einer Photographierreise begleite. Einiges Schöne und Bemerkenswerte ist ja auch ganz in der Nähe, zum Beispiel in Naumburg, in Dornburg und in Jena selbst. Man muß aber auf den Frühling warten, weil die belaubten Büsche und Bäume – nicht immer, aber zum größten Teil – dazugehören...

An Marie Baum (Jena, 17. Januar 1938)

... Manchmal sind die Dinge zu schön, um wahr zu sein; bei uns sind sie mehr zu interessant, um brieffähig zu sein. Aber Du weißt ja im allgemeinen durch Franz Bescheid, so daß ich Dich als im Bilde voraussetzen kann. Die neue Wendung ist, daß der denunzierfreudige Mann uns nun auch bei der Kriminalpolizei angezeigt hat, und ich habe das Erlebnis eines dreistündigen Verhörs durch einen Kriminalkommissar hinter mir. Angenehm ist es nicht; aber am Abend waren wir bei den lieben Papes, die Du kennst, und so schloß der Tag, es war Samstag, doch noch sehr hübsch. Der Kommissar war ein ungebildeter und ziemlich sturer Mann, aber nicht unwohlwollend eingestellt, nur hielt er es für erforderlich, mir die weltanschaulichen Wahrheiten einzuprägen, was ich schweigend über mich ergehen lassen mußte. Busi war am Tage vorher vernommen, aber nur als Zeugin, da sie ja glücklicherweise an dem verhängnisvollen Gespräch gar nicht beteiligt war. Daß unsere Rolle an der Universität hiermit vollständig ausgespielt ist, ist nun wohl klar; übrigens muß man geduldig erwarten, was weiter erfolgt.

Wir lernten neulich einen jungen Pfarrer [Helmut Gollwitzer] kennen, der uns großen Eindruck gemacht hat. Er kam gerade aus dem Alexanderplatz [Gefängnis] zurück, war mehrmals eingesperrt; fest, klar, überzeugt, sehr schlicht, eine gewinnende, beinahe faszinierende Persönlichkeit. Und stell Dir vor, daß er seinerzeit durch mein «Luthers Glaube» zum Studium der Theologie kam. Er predigte am Freitag abend, und Franz, der hinging, war sehr davon angetan. Er hat zum Schluß allerlei Mitteilungen gemacht, zum Beispiel, daß zur Zeit fünfzehn Pfarrer im Gefängnis sind, von wem man Nachrichten hat und von wem nicht, und daß anzunehmen ist, Niemöller werde zeitlebens im Gefängnis bleiben, in der Weise, daß es niemals zum Termin kommt. Niemöller habe zu Weihnachten siebenhundert Briefe bekommen, erzählte er mir. Er sei allerdings gerade im November, als ich in Berlin war und davon hörte, krank und deprimiert gewesen, habe sich aber wieder ganz erholt. Diese Männer müssen alle darauf gefaßt sein, in jeder Minute wieder ins Gefängnis gebracht zu werden...

Kander ist Gott sei Dank bisher gesund gewesen, er schwelgt jetzt in dem Zukunftsplane, eine reiche Frau zu heiraten und mit ihrem Gelde in Freiburg, gleich neben dem Wiehre-Bahnhof, einen großen zoologischen Garten zu gründen mit bombensicheren Unterständen usw. Er ist noch immer sehr Baby und sehr originell...

Auch wir haben Föhnwetter, und die Saale ist hoch durch die Schneeschmelze auf den Bergen. Es war manchmal sehr schön. Besitzest Du das Buch von Heuss *[Theodor Heuss, Hitlers Weg, Stuttgart 1932]*? Dann leihst Du es uns vielleicht, nachdem Du es gelesen hast. Wir lesen jetzt im Manuskript das Leben des verstorbenen von Egidy, das seine Tochter Emmy geschrieben hat. Geschrieben ist es sehr gut, besser als ich erwartet hatte, und die Persönlichkeit des Vaters ist ergreifend liebenswert geschildert; leider war er in seinen Ideen unklar und unzusammenhängend...

An Helmut Gollwitzer (Jena, 8. Februar 1938)

Lieber Herr Gollwitzer, es hat mich sehr gefreut, daß Sie mir geschrieben haben. Nach meinem Gefühl darf der durch unsere Begegnung angeknüpfte Faden nicht wieder abgerissen werden. Ich habe oft in meinem Leben besondere Wendungen erfahren, die ich als göttliche Güte empfinden konnte; jetzt, wo ich mich manchmal wie ausgeschieden aus meinem Volke fühle, kommt es mir wie eine hilfreiche Schickung vor zu hören, daß ich auf Menschen gewirkt habe, und zwar auf Menschen, die mit Einsatz aller ihrer Kräfte eine große Idee vertreten. Wenn Sie mir gelegentlich Dokumente schicken, von denen Sie annehmen, daß sie für mich von Bedeutung sind, bin ich sehr dankbar dafür. Hier, wo ich doch noch ziemlich fremd bin, weht mir nur selten der Zufall etwas zu. Überhaupt ist man ja in vielem auf persönliche Mitteilung angewiesen. Weil ich möchte, daß Sie ein Erinnerungszeichen von mir besitzen, schicke ich Ihnen mein letztes Buch.

Meine Tochter und mein Schwiegersohn danken für Ihre Grüße und erwidern sie. Wir alle hoffen, Ihnen wieder zu begegnen. Wenn ich wieder in Berlin bin – gewöhnlich ein- oder zweimal im Jahr –, werde ich es Ihnen melden. Nicht ganz klar ist mir geworden, ob Sie Pfarrer sind, aber ich nehme es an ...

An Ulrich Christoffel (Jena, 31. März 1938)

... Gestern abend habe ich Busi Ihre beiden Aufsätze vorgelesen, besonders der über die Altdorfer-Ausstellung [1938 in München] war mir sehr fesselnd, mit dem überaus schönen Schlußsatz. Überhaupt wissen Sie ja, daß ich alles, was Sie schreiben, auch Ihre Briefe, mit feinschmeckerischer Freude genieße. Was für einen wunderbaren Beruf haben Sie doch, daß Sie umsonst die bayerischen Kirchen besuchen dürfen! Übrigens hatte ich mir ja etwas Ähnliches verschafft, als ich seiner Zeit die deutschen Städte bereiste. Dr. Hürlimann wollte mich diesen Sommer in seinem Auto in der Schweiz herumführen, damit ich einen Band «Schweizer

Städte» schriebe, aber ich wollte mich dieses Jahr lieber nicht bis über die Grenze von Franz und Busi trennen. Daß ich Wölfflin in München nicht sehen konnte, war mir sehr leid; wenn es sich irgend tun läßt, möchte ich doch lieber Ende Oktober zu Marianne Plehn's 75. Geburtstag kommen, und zweimal leiden es die leidigen Verhältnisse nicht.

Wir waren an meinem Geburtstag in Bad Mergentheim, von Merzens eingeladen, da Frau Merz dort die Kur brauchte. Die Madonna von Stuppach habe ich dies Jahr nicht besucht, wohl aber den Creglinger Altar, den ich noch nicht kannte. Dann waren wir in Wertheim und Miltenberg, wo der Main in zärtlichen Windungen zwischen sanften Hügeln hinfließt.

Von hier aus haben Busi und ich noch einen kleinen Ausflug nach Annaberg und Freiburg vor, während Franz und Kander in Freiburg sind. Auf den Wunsch von Hürlimann schreibe ich jetzt Erinnerungen an meinen ersten Aufenthalt in der Schweiz 1887–96. Das macht mir Spaß, und wenn ich mich mit meinem damaligen Ich vergleiche, merke ich doch, daß ich alt bin, was mir sonst nicht zum Bewußtsein kommt. (Denn das Kontinuitätsgefühl ist zu stark, man glaubt immer derselbe zu bleiben.) Der wesentliche Unterschied ist vielleicht der, daß ich damals den Begriff «Verzicht» noch gar nicht kannte und nie kennen zu müssen überzeugt war. Es ist überhaupt hübsch, wenn sich noch eine Unendlichkeit vor einem ausbreitet...

Da sich bei uns noch nichts geändert hat, geht es uns wenigstens noch nicht schlechter, und daß es endlich Sommer zu werden scheint, hebt die Stimmung ... Daß uns das Schicksal noch einmal dauernd zusammenführe, ist unwahrscheinlich, aber auf gelegentliche Begegnungen hoffe ich, und ein innerliches Verbundensein bleibt uns sicher ...

An Emil Henk (Bad Mergentheim, 22. Juli 1938)

... Sie konnten mir gewiß nichts Schöneres schenken, als diese hinter den Gittern vergossenen Tränen und Blutstropfen. In manchen Gedichten kommt das Abgründige und Unbegreifliche eines solchen Leidens stark zum Ausdruck. [Gedichte aus dem Gefängnis, nur vereinzelt veröffentlicht in: *De Profundis, München 1946,* und in der Zeitschrift *Die Wandlung* 1946.] Damals, als ich mich in die Geschichte des Grafen Confalonieri und vieler anderer Italiener vertiefte, die viele Jahre im Kerker zubrachten, ahnte ich nicht, wie noch mich einst Schicksale dieser Art berühren sollten. Sonderbar, was für Wege Bücher gehen, was für Wirkungen sie ausüben und in was für Beziehungen sie den Autor bringen. Ich freue mich, daß mein Buch nach so langer Zeit als etwas zu Ihnen Gehöriges von Ihnen aufgenommen wurde ...

An Leo Merz (Bad Mergentheim, 27. Juli 1938)

... Am letzten Tag unseres schönen Zusammenseins und unserer schönen Faulenzerei muß ich Ihnen nochmals danken für diesen anmutigen Aufenthalt [in Mergentheim]. Die Zeit ist wie der Wind hingegangen, wie es gewöhnlich die angenehmen und geregelten Tage tun. Schade, daß Mergentheim nicht unmittelbar Würzburg oder Stuttgart benachbart ist, dann würden Sie gewiß auch gern hier verweilen.

Heute bekam ich einen Brief von Kippenberg; er hätte, schreibt er, mir nichts von der Angelegenheit geschrieben, um mir die unangenehmen Eindrücke zu ersparen. [Der Insel-Verlag hatte im Jahr 1921 eine Ausgabe der Werke von Gottfried Keller veranstaltet, zu der Ricarda Huch eine Einleitung geschrieben hatte. Darin war das Verhältnis der Schweiz und besonders Gottfried Kellers zu Deutschland ausführlich behandelt. Bei einer Neuauflage im Jahr 1938 erschien diese Einleitung unverändert wieder. Schweizerische Stimmen nahmen daran Anstoß, wie das auch sonst zuweilen, privat und öffentlich, gegenüber Ricarda Huchs Auffassung vom Alten Reich geschehen ist. Diese konnte zur Zeit des Nationalsozialismus eher als im Jahr 1921 eine falsche Deutung erfahren.] Er glaube nicht, daß es etwas geändert hätte, wenn die Jahreszahl 1921 angegeben gewesen wäre, und halte es nun für das beste, die Einleitung stillschweigend verschwinden zu lassen. In gewisser Hinsicht ist mir das unlieb; denn es sieht so aus, als gestehe man ein Unrecht ein. Sind Sie auch der Ansicht, so schreiben Sie mir bitte ein Wort, damit ich dementsprechend an K. schreibe; sonst lasse ich es gehen. Übrigens habe ich mit Hürlimann, der uns hier besuchte, verabredet, daß ich Schweizer Erinnerungen (aus meiner Studienzeit) schreibe und bei ihm erscheinen lasse, worin dann manches geklärt wird. Ob ich das Büchlein schon bis Ende Oktober herzaubern kann, wie Hürlimann wünscht, bezweifle ich. Es ist etwas, was mir Vergnügen machen wird oder machen würde, wenn ich gemütlich daran basteln könnte...

An Marie Baum (Jena, 28. August 1938)

...Ich hätte ganz viel zu erzählen, wollen sehen, wie weit ich es bringe. Heute vor acht Tagen wurde unsere Wohnung vermietet, ein harter Schlag... Den Haushalt ganz auflösen wie damals [1932–34], wollen wir durchaus nicht. Die nächste Zeit wird also mit Bemühungen um eine Wohnung vergehen... Außerdem weißt Du wohl noch nicht, daß ich jetzt meine Erinnerungen an meinen ersten Aufenthalt in der Schweiz schreibe; Dr. Hürlimann will es verlegen. Das macht mir in gewisser Hinsicht Spaß, nur muß es wie gewöhnlich im Galopp gehen, weil Hürlimann es bald haben möchte, und jetzt auch, weil ich vor dem Umzug damit fertig werden will. Natürlich wird es kein dickes Buch, dazu sind meine Erinnerungen viel zu dünn gesät... Wenn Dir noch irgend eine hübsche Anekdote einfällt, die ich wie ein besonders nettes Blümchen in den Strauß stecken könnte, schreib sie mir doch...

Dann habe ich nun von dem Schuldirektor, dessen Schule nach mir genannt ist, eine förmliche Einladung zu der dazugehörigen Feier «in Anwesenheit der Behörden» bekommen und habe natürlich abgelehnt. Ich hatte den Eindruck, daß ihm das nicht unangenehm sei.

Durch Fräulein von Egidy erfuhr ich, daß der Deruga [Film nach dem Roman *Der Fall Deruga*] in Hamburg bereits in vier Filmtheatern läuft und daß es, von den Veränderungen abgesehen, eine ausgezeichnete Aufführung wäre... Sie sagte, es würde in Hamburg viel davon gesprochen, und daß mein Name so häufig gelesen würde, wäre gewiß nützlich für mich. Ich finde dies alles hochkomisch, wenn ich bedenke, daß ich nebenbei in ein Verfahren wegen Heimtücke verwickelt bin.

Ein Kanderianum: Grogro, Du kannst es bis zu einem Brief vom Führer treiben, wenn Du neunzig Jahre alt wirst.

Daß die letzten Maßnahmen [gegen die Juden] mich fast zur Verzweiflung gebracht haben, kannst Du Dir denken. Es war tröstlich, Mariannes optimistische Weissagungen zu hören, wenn man auch nicht daran glaubte...

An Martin Hürlimann (Jena, 7. September 1938)

... Ich schicke gleichzeitig in einem Wertpaket das Manuskript der Schweizer Erinnerungen *[Frühling in der Schweiz]* an Sie ab. Sie werden erstaunt sein, daß es damit so schnell gegangen ist; es ist eben viel kürzer, als ich angenommen hatte. Ich habe weder Tagebuchaufzeichnungen noch Briefe, bin ganz auf mein Gedächtnis angewiesen, und das gibt mehr nicht her. Nun möchte ich, daß Sie das Manuskript einmal durchlesen, damit Sie sich ein Urteil bilden, ob der Inhalt Ihrer Vorstellung entspricht, ob er überhaupt schwer genug für ein Büchlein wiegt. Es ist etwas sehr persönlich, aber das konnte ja in diesem Fall nicht anders sein. Teilen Sie mir also bitte Ihre Meinung mit! ...

An Martin Hürlimann (Jena, 21. September 1938)

... Ob Sie meine Erinnerungen zu Weihnachten oder später bringen wollen, das zu entscheiden muß ich Ihnen überlassen. Jedenfalls glaube ich nicht, daß ich es noch erheblich weiter ausgestalten könnte. Mein größtes Bedenken ist, daß es gegenüber allem, was man heute erlebt, so belanglos ist – aber das empfinden manche Leser vielleicht weniger. Ich hatte mir gedacht, es durch nette Bilderbeigaben auszuschmücken, und würde es sehr begrüßen, wenn Sie herüberkommen könnten, damit ich Ihnen alles vorlegte, was ich habe, und wir zusammen auswählen könnten. Auch möchte ich gern mit Ihnen wegen eventueller Übernahme meines Fall Deruga sprechen. Von allen Seiten höre ich, daß die Leute entzückt von dem Film sind; das würde dem Buche sehr zugute kommen, und mir wäre es aus besonderen Gründen lieb. Wenn Sie aber nicht kommen können, so bitte ich Sie, es mir gleich zu schreiben; ich teile Ihnen brieflich das Nötige über den Fall Deruga mit...

An Martin Hürlimann (Jena, 24. September 1938)

... Ein Herr von der Keyser'schen Buchhandlung in Erfurt war vor längerer Zeit bei mir, um mich zu fragen, ob ich ihm den «Deruga» in Verlag geben würde. Durch ihn erfuhr ich erst, daß das Recht über das Buch wieder an mich gekommen war – dummerweise hatte ich das noch gar nicht realisiert. Er hatte sich mit Ullstein selbst in Verbindung gesetzt und es von ihm erfahren. Natürlich konnte ich es ihm nun nicht abschlagen. Die Sache zog sich aber in die Länge, und schließlich bekam ich von ihm beiliegenden Brief. Vielleicht schreckt Sie das ab – ich meine, weil man Ihnen eventuell auch Schwierigkeiten macht. Sonst bin ich mit allem einverstanden; Sie brauchen mir auch deswegen nicht zu antworten. [In dem Brief der Keyser'schen Buchhandlung vom 15. September 1938 war mitgeteilt worden, daß der Verlag von der Übernahme des *Deruga* Abstand nähme: «Persönliche

Auskünfte in Berlin und anderes veranlassen mich zu diesem Schritt.» Die Ablehnung beruhte darauf, daß Ricarda Huch dem nationalsozialistischen Regime nicht genehm war.]

Wir ziehen vermutlich Dienstag in acht Tagen aus, und am selben Tage will ich nach Heidelberg fahren. Eine Wohnung haben wir einstweilen noch nicht. Es wäre schön, wenn Sie in Heidelberg haltmachten ...

An Helmut Gollwitzer (Jena, 1. Oktober 1938)

... Lieber Herr Pfarrer, die Predigten, die Sie mir schickten, waren mir in einem Augenblick tiefster Niedergeschlagenheit ein wundervoller Trost. Man hat nicht immer die Kraft, noch an das Reich Gottes zu glauben, und es tut unbeschreiblich wohl, wenn einen dann plötzlich ein Hauch daraus anweht. Mit aufrichtigem Dank, Ihre R. H.

An Helmut Gollwitzer (Jena, 28. November 1938)

Sehr geehrter, lieber Pfarrer Gollwitzer, Ihre Predigt ist ein einsames Licht in diesem dunklen Monat. Ich war im Begriff, Ihnen zu schreiben, als ich hörte, daß Sie die Absicht haben, mich in Heidelberg zu besuchen. Nun muß ich ja fast bedauern, daß ich schon abgereist bin. Wenn Sie anstatt dessen meine Freundin Marie Baum besuchten, bei der ich wohnte (Friesenberg Ia), würde sie sehr glücklich sein. Sie hat in der letzten Zeit dem sehr überlasteten Pfarrer Maas geholfen, den Sie vielleicht auch kennen. – Alle Deutschen sollten Ihnen dankbar sein; ich bin es jedenfalls...

An Elisabeth Hey (Heidelberg, 29. November 1938)

Liebe Elisabeth, so hat Anna [die Schwester Anna Duensing] Sie verlassen! Wie schwer ist es zu begreifen und zu ertragen. Andere sagen wohl, daß man die Toten nah bei sich behält, vielleicht noch inniger als im Leben; aber gegen das tägliche bittere Vermissen hält das nicht stand. Der Tod ist ein Mysterium, das wir nicht durchdringen, das Rätselhafteste ist vielleicht, wie wir unter dieser schweren Wolke für gewöhnlich so unbefangen dahinleben. Der Gedanke, sich verstanden und sich geliebt zu haben, tröstet vielleicht mit der Zeit, und doch ist das gerade die Quelle des Schmerzes. Aber wozu auch Trost? Man kann sich nur dem Schicksal beugen und sich an den Schmerz gewöhnen. Ich wollte Ihnen nur sagen, liebe Elisabeth, daß ich mit wärmster Anteilnahme an Sie denke, ebenso Busi, und daß wir die teure Verstorbene nicht vergessen werden. Ihre Ricarda.

An Fritz Salzer (Jena, 1. Dezember 1938)

...Da ich die Nachricht von Ihrer Erkrankung zugleich mit der Ihrer Genesung erhielt, wurde mein Erschrecken schnell durch Freude aufgehoben, und der Gedanke drängte sich mir auf: ist nicht ein kleiner Winterschlaf zeitweise ganz angenehm? Wobei ich voraussetze, daß Sie keine Schmerzen mehr haben und auch sonst nicht unter widrigen Zuständen leiden. Ich stelle mir vor, wie herrlich Ihre Frau Sie gepflegt hat und wie die Töchter sich mit liebender Sorgfalt eingestellt haben – ja, nur Freund Reinhardt [der Verleger Ernst Reinhardt, gestorben 1937] saß nicht an Ihrem Bett – mit Anekdoten und Späßen und Bosheiten Sie erheiternd. Inzwischen sind Sie hoffentlich in Ihr Heim zurückgekehrt und genießen eine behagliche Rekonvaleszenz. Ich habe sechs Wochen in Heidelberg zugebracht, wo ich so viele Freunde habe, daß ich dort fast mehr zu Hause bin als in Jena; aber ich bin gern wiedergekommen und weide mich an Kander, denn ein Kind um sich zu haben, ist jetzt doch das Beste …

An Helmut Gollwitzer (Jena, 1. Januar 1939)

… Es war so sehr freundlich von Ihnen, daß Sie mir zu Weihnachten schrieben und mir das wunderschöne Lied schickten, das ich noch nicht kannte. Was aus diesem schönen Fest werden wird, wenn der religiöse Sinn mehr und mehr zurückgedrängt wird, glaube ich manchmal erschreckend deutlich zu sehen.

Ein Kämpfer für den höchsten Gehalt unseres Lebens zu sein, wie Sie es sind, muß beglückend sein, wie schwer auch immer. Es freute mich so sehr, durch meinen Schwiegersohn zu hören, was für eine starke Wirkung Ihr Wort und Ihre Person in Freiburg ausgeübt haben. Wenn Sie uns nur erhalten bleiben! Sollte Sie Ihr Weg wieder nach Jena führen, hoffe ich, daß wir Sie sehen können. Auf den 13. Januar ist die Verhandlung in der Angelegenheit meines Schwiegersohnes angesetzt. Einstweilen nehmen wir an, daß wir, welches auch der Ausgang sein mag, bis zum ersten April in Jena bleiben ...

An Martin Hürlimann (Jena, 8. Januar 1939)

... Was mich augenblicklich nachdenklich macht, ist der dritte Band Deutscher Geschichte. Das Zeitalter des Absolutismus bringt ganz natürlicherweise manche Analogien zur heutigen Zeit, die sich geltend machen, auch wenn sie nicht ausdrücklich erwähnt werden. Sollte das Buch verboten werden, so wäre das für Sie sehr unangenehm, für mich aber noch viel schlimmer. Andererseits habe ich nun schon ein Jahr lang daran gearbeitet und verzichte ungern auf die Frucht dieser Arbeit, und vor allen Dingen wird es mir schwer, die Gestaltung eines Werkes aufzugeben, dessen Umrisse ich schon ziemlich deutlich vor mir sehe. Ich hätte darüber gern einmal mit Ihnen gesprochen; mündlich verständigt man sich viel leichter. Es ist möglich, daß ich im Februar nach Berlin komme. Wenn

Sie nicht Gelegenheit haben, hier vorbeizukommen, könnten wir ja darauf warten.

Wenn der Deruga nicht gut verkauft worden ist, so lag das zum Teil daran, daß das Publikum keine Ahnung hatte, daß er wieder im Handel war. [*Der Fall Deruga,* ursprünglich im Ullstein-Verlag erschienen, war vom Atlantis Verlag übernommen worden.] Ich weiß das, weil ich öfters danach gefragt werde; die Leute waren dann ganz überrascht, wenn ich sagte, sie könnten das Buch kaufen. Es lag auch selbst hier in Jena in den Buchhandlungen nicht aus oder nur halbversteckt.

Über Ihre «Schweiz» habe ich mich sehr gefreut und danke Ihnen dafür. Wir haben die Einleitung in den Weihnachtstagen abends vorgelesen mit großem Genuß.

Ich erinnere mich nicht, ob ich Ihrer Frau schrieb, daß am 13. die Verhandlung [in dem Verfahren gegen Professor Franz Böhm] sein wird. Wir haben Ursache zu glauben, daß der Ausgang für meinen Schwiegersohn ungünstig sein wird; er wird aber dann am Reichsdisziplinargericht Berufung einlegen...

An Thea Hoffmann (Jena, 12. Januar 1939)

Liebe Frau Hoffmann, während ich Ihren Brief las, dachte ich immer, daß Sie auch Erinnerungen an Zürich schreiben könnten und sollten und daß Sie vielleicht über ein viel reicheres Material verfügten als ich, weil Ihre Jugend nicht so weit zurückliegt wie meine. Sie haben das alte Zürich wieder von einer anderen Seite gekannt als ich... Ich habe immer gefunden, daß jeder Mensch seine Erinnerungen schreiben sollte; wenn nur nicht die Rücksichten so hinderlich wären, die man auf andere nehmen muß. Viel Komisches und Merkwürdiges mußte ich auslassen [in *Frühling in der Schweiz*], um nicht bei noch Lebenden Anstoß zu erregen, und doch habe ich diese Schwierigkeit nicht ganz vermieden. Anfänglich, wenn ein Brief aus der Schweiz kam, zitterte ich, ob nicht jemand sich beleidigt fühlte und mich zornig anschrie! Aber ich habe mehrere sehr sympathische und amüsante Briefe bekommen, vor allen Dingen den Ihren; auch solche, die Zürich und die geschilderten Personen nicht kannten, haben die in dem so simplen Büchlein herrschende Atmosphäre als reizvoll empfunden. Vielleicht folgen Sie meinem Rat und fangen so sacht an, Ihre Erinnerungen niederzuschreiben. Es ist besser, man wartet nicht zu lange, sonst vergißt man die Einzelheiten, die gerade die Erzählung anziehend machen.

Von meinem Schreibtisch aus sehe ich über den schönen Bergen von Jena die Sonne aufgehen. Man kann schon an den Frühling denken, und damit denke ich zugleich an Heidelberg und die Zeit des Wiedersehens...

An Fritz Salzer (Jena, 3. April 1939)

... Daß ich Sie zu Ihrem Geburtstage nicht begrüßt habe, hat vermutlich Ihnen weniger weh getan als nachträglich mir, da Lotte Ihnen den Tag verschönte... Gedacht habe ich aber – wenn auch nicht zu rechter Zeit – lebhaft an Sie und habe mich gefreut, daß es wieder bergauf mit Ihnen geht. Ich bin jeden Morgen freudig überrascht, wenn ich gesund aufwache; denn Ansprüche kann unsereiner ja nicht mehr machen; und ich erlebe auch das Widrige mit dem Bewußtsein, daß ich es doch immerhin noch erlebe. Wenigstens habe ich mir diese Theorie gemacht, in praxi geht es nicht immer so glatt.

Ihren Plan mit dem Reinhardt-Gedenkbuch finde ich schön; dazu beitragen kann ich einstweilen nicht, weil wir, wie Sie wissen werden, keine Wohnung haben, und alle unsere Habseligkeiten in einem Speicher sind; es ist auch noch keine Aussicht auf Besserung. Ich glaube übrigens nicht, daß ich viel Verwendbares habe; die Aufführung damals zu Reinhardts 50. Geburtstag habe ich sicher nicht mehr. Wäre es nicht am besten, Sie schrieben Ihre Erinnerungen an ihn? Sie würden das sicherlich mit wehmütig-humoristischer Feder wunderschön machen und gerade so, wie der Gegenstand es erforderte. Ich könnte es schon deshalb nicht so gut, weil ich in den letzten Jahren nicht mit Reinhardt an einem Ort gelebt habe und aus der Zeit, auf die ich mich besinne, vieles dem Gedächtnis entschwunden ist. Könnte jemand doch jene alte Zeit, die Münchener Jugendzeit, so richtig bildhaft blühend festhalten! Sie haben freilich schon einen Beitrag dazu geliefert in meinem Gedenkbuch *[Ricarda Huch. Persönlichkeit und Werk. In Darstellungen ihrer Freunde. Zu ihrem 70. Geburtstag dargebracht, Berlin 1934]*. Es scheint so schade, daß es mit uns wenigen letzten Säulen auf immer untergehen soll...

An Marie Baum (Jena, 1. Juni 1939)

... Wir haben viel glücklichere Tage im Harz gehabt, als sich erwarten ließ; das hübscheste war Kanders Seligkeit. Ich habe ihn eigentlich noch nie so unbedingt, d.h. ich will sagen so ausgelassen gesehen, und immer wieder betonte er, wie gut ihm alles gefiele... Zwei Tage lang haben wir immerzu in der Sonne gesessen. Dauerhaft scheint aber das gute Wetter nicht zu sein. Nachdem wir gestern nachmittag zurückgekommen waren, gingen wir abends zu Papes. Es war ein sehr angenehmes älteres Ehepaar da... die oft in Amerika sind und viel davon erzählten. Besonders er schwärmt für Amerika, und zwar zum größten Teil, weil die Amerikaner nichts ernst nähmen. Das empfindet er wohl so wohltuend im Gegensatz zu hier jetzt.

Ich hoffe noch ein paar Wochen ungestört arbeiten zu können; eigentlich quält es mich, daß ich Anfang Juli in die Schweiz muß; nachher ist es vielleicht doch erfreulich. Am 6. August ist der siebzigste Geburtstag von Frau Böhm, da werde ich in Freiburg sein. Vielleicht komme ich dann für ein paar Wochen zu Dir?...

An Frau Radbruchs Stimmung [nach dem Tode der einzigen Tochter] wird sich kaum etwas geändert haben; grüße sie sehr. Kurz vor Pfingsten starb Professor Deetjen in Weimar; er war Bibliothekar und bei allen Veranstaltungen dabei, kein bedeutender, aber ein lieber, sympathischer Mann. Es ist für Emmy von Egidy ein großer Verlust...

An Marie Baum (Bern-Muri, 19. Juli 1939)

...Zum richtigen Briefschreiben komme ich doch nicht, lieber von Zeit zu Zeit eine Karte. Hab Dank für Buch und Brief, und vor allem, daß Du an die bunten Papiere dachtest. [Ricardas Leidenschaft: Glastiere und buntes Papier. Sie feierte ihren fünfundsiebzigsten Geburtstag in der Schweiz.] Die Sonne hat vom Morgen bis zum Abend geschienen, es war ein unbeschreiblich froher und festlicher Tag. Ich habe mich ganz verschlingen lassen von der Liebe, die brieflich und mündlich mir zuströmte. Übrigens vor allem: ich lese in jeder freien Stunde und wünsche oft, ich könnte den ganzen Tag lesen. Das geht aber natürlich nicht. Bitte sehr herzliche Grüße an Radbruchs, ich habe mir ihren Rat tief eingeprägt...

DER ZWEITE WELTKRIEG

(1939–1944)

Der Zweite Weltkrieg traf Ricarda in einer anderen inneren Lage als der Erste. Fühlte sie sich damals abgeschnitten vom äußeren Geschehen, so war sie ihm jetzt leidenschaftlich nahe. Mit dem Blick des Historikers erkannte sie das unentrinnbare Unheil, in das die Hybris der Machthaber ihr geliebtes Deutschland stürzte. Sie stand im Kreise Gleichgesinnter, der Schwiegersohn unterhielt Beziehungen mit Goerdeler, einem der Führer der entschiedenen Opposition. Ihr Brief an den Bischof von Münster, Graf von Galen, vom 4. November 1941 ist ein würdiger Ausdruck ihrer Schmerzen um das Vaterland. Sie litt auch unter der Trennung von der Schweiz, die sie zwischen der Sommerreise 1939 und dem letzten Aufenthalt im Frühling des Jahres 1947 nur einmal ganz kurz zur Feier des fünfzigjährigen Jubiläums ihrer Promotion aufsuchen durfte. Ihre geistige und seelische Kraft aber blieb ungebrochen. Trotz der Ungunst der Zeit arbeitete sie ununterbrochen und half daneben der Tochter, die Mühen zu überwinden, die das Haushalten in jener Zeit erforderte. Vom Jahre 1944 nimmt sie in einem Brief an die Herausgeberin als von einem «furchtbaren Jahr» Abschied. Mitten aber in Schrecken und Bedrohung, denen sie in würdiger Haltung begegnete, hat Ricarda immer die wenigen guten Stunden, die sich ihr boten, voll und bewußt genossen. Sie spricht einmal aus, daß gerade diese Fähigkeit vom hohen Rang des Menschen zeuge.

Von dem neubezogenen kleinen Haus aus, für dessen mannigfache Mängel eine Terrasse mit herrlichem Blick auf den Jenzig entschädigte, entwickelten sich freundschaftliche Beziehungen. Das schöne, wohlgehaltene Haus des Arztes Dr. Dahlet, das er mit seiner als Sängerin ausgebildeten Frau und dem mit Kander gleichaltrigen Sohn bewohnte, wurde zur angenehmsten Nachbarschaft und späteren Zuflucht in vielen schweren Stunden. Auf Ricardas Vorschlag traf sich ein der Universität angehöriger Kreis regelmäßig an einem Nachmittag der Woche am «Runden Tisch» zu leichter Geselligkeit. Alle Teilnehmer standen dem herrschenden Regime mit der gleichen Ablehnung gegenüber, und bei der dunkel lastenden Stille, die – trotz aller tönenden Propagandaworte – über den Kriegsereignissen lag, bedeutete die Aussprache unter Gleichgesinnten, ja selbst die Wiedergabe umlaufender Gerüchte oder politischer Witze, Entspannung. Dies für Ricarda um so mehr, als durch die Zensur der briefliche Verkehr mit Freunden, besonders mit denen jenseits der Grenze, sehr behindert war und sich auf kurze, oft nichtssagende und jedenfalls im persönlichen Bereich verbleibenden Äußerungen beschränken mußte. Diese Erschwerung traf auch die Verständigung mit Dr. Hürlimann, an der Ricarda im Hinblick auf die große Arbeit, die sie unter den

Händen hatte, sehr gelegen war. Im dritten Band der *Deutschen Geschichte: Das Ende des Römischen Reiches Deutscher Nation,* behandelte sie die Auseinandersetzung mit dem Absolutismus und mit der im 18. Jahrhundert überragenden Stellung Englands, beides Themen, deren Bearbeitung in Ricardas Sinne der Zensur des nationalsozialistischen Regimes niemals hätte standhalten können. Eine «wertfreie» Geschichte zu schreiben, mit der sich die Klippen vielleicht hätten umschiffen lassen, kam für sie nicht in Betracht. So wurde das Buch zwar vollendet, blieb aber bis zum Schluß des Krieges ungedruckt. Eine Novelle und ein schmaler Gedichtband bilden die greifbare Ausbeute dieser Jahre *(Weiße Nächte, Zürich 1943;* und *Herbstfeuer, Leipzig 1944).*

Im inneren häuslichen Bereich erwies sich die Aufnahme von Frau Antje Lemke-Bultmann als erfreuliche Bereicherung. Ihr immer heiteres Wesen, die leichte Anpassung an die Widrigkeiten des Tages, von denen niemand verschont blieb, ihr schönes Violinspiel trugen in den Familienkreis eine belebende Note. Sie bildete sich in Leipzig zur Bibliothekarin aus, arbeitete dann an der Thüringischen Landesbücherei in Jena und hat zuletzt Ricarda bei den Vorbereitungen ihres – nicht vollendeten – Gedenkbuches für die Märtyrer des Dritten Reichs als Sekretärin geholfen. Aus dieser neuen Beziehung stammt die Korrespondenz mit Antjes Mutter, Frau Helene Bultmann, der Gattin des Marburger Theologen.

Daß der Kriegsalltag auch in das Kinderleben eingriff, war für Ricarda besonders schmerzlich. Kander, zu Beginn des Krieges zehn Jahre alt, nahm natürlich alle Siege mit Begeisterung auf, bejubelte die Kriegsfilme, in die die Kinder trotz der Empörung vieler Eltern von der Schule aus geschickt wurden, und fühlte sich eines Sinnes mit seinen kleinen Kameraden. Die Jahre schritten fort, die meisten Schüler seiner Klasse, in der er der Jüngste war, wurden zur Flak eingezogen, er selber einer Sanitätseinheit zugeteilt. Seine Mutter mochte klagen über die ihm auferlegte unkindliche Lebensform – den Zwang zum Beispiel, beim ersten Auftönen der Sirene, sei es Tag oder Nacht, in voller Uniform, über einen dunklen, baumbestandenen Hang, die Hohle genannt, zu seinem Arbeitsplatz zu laufen –, er selber tat es gern und ohne Murren. Nur einmal gingen die Anforderungen auch über die Kräfte dieses einsatzbereiten Kindes, als nämlich die Jungmannschaft nach Groß-Eitersdorf bei Kahla ausgeschickt wurde, um einen neuen Flugplatz einzuebnen. Zwei von ihnen, darunter Kander, waren als Sanitäter mitgeschickt, womit ihnen eine schwere Verantwortung zufiel; die übrigen arbeiteten auf dem Flugplatz. Ihre Behausung war eine Höhle ohne jede Spur auch nur der unentbehrlichsten Bequemlichkeiten. Es war Winter und feuchtes, kaltes Wetter. Krankmeldungen wurden von den überwachenden SS-Männern nur bei hohem Fieber beachtet. Alle diese Kinder sind in höchstem Erschöpfungszustand, viele sehr krank nach Hause zurückgekehrt, auch Kander hat Wochen gebraucht, um die Folgen dieses Einsatzes zu überwinden.

Schwer lastete auf Ricarda der Kriegstod so vieler Männer. Ihr Neffe Roderich Huch siechte an einer Krankheit dahin, später fielen seine beiden Söhne; die Heidelberger Freunde verloren den einzigen Sohn Anselm Radbruch.

Der oft so trübe Ablauf dieser Jahre wurde heilsam unterbrochen durch eine kurze Schweizerreise, aus Anlaß der Jubiläumsfeier ihres Doktordiploms an der Universität Zürich, und durch den trotz aller Schwere der Zeit festlich begangenen achtzigsten Geburtstag. Zwei Tage nach dem Geburtstag fand das Attentat vom 20. Juli statt, das uns alle tief erschütterte. Gleich darauf faßte Ricarda den Plan, den Märtyrern ein Gedenkbuch zu widmen.

An Elsbeth Merz (Zürich, 4. August 1939)

... Wie melancholisch, hier allein durch die Straßen zu streifen, wo wir so triumphierend gingen, als ob die Ferien nie ein Ende nähmen. Und doch erschien mir Zürich so schön wie nie, vielleicht gerade, weil ich nicht persönlich abgelenkt war. Ich versuchte mir vorzustellen, wie man so von einer Leidenschaft oder dem Drange, sein Leben zu leben, erfüllt sein kann, daß einem das alles nichts gilt. Bereuen kann ich es natürlich nicht...

An Anton Kippenberg (Heidelberg, 13. August 1939)

... Die Blumen, die ich erhalten habe, sind wirklich verwelkt, ohne daß ich sie sehen konnte; denn ich verlebte meinen Geburtstag in der Schweiz. Dorthin konnte ich mir auch Briefe nicht nachschicken lassen, und so ist es gekommen, daß ich für Ihre große, dauerhafte Gabe erst heute danke. Sie sorgen so freundlich – ich darf wohl sagen so liebevoll für mich; ich bitte Sie zu glauben, daß ich es warm und dankbar empfinde.

Daß meine Bücher nicht so viel gelesen werden, bekümmert mich nicht in einer Zeit, wo einem so viel Wichtigeres das Herz und die Gedanken bewegt. Und dann sind die Stimmen der Anerkennung, die zu mir dringen, so herzlich und so wahrhaft, daß ich mir überreich vorkomme. Auch in der Schweiz begegnete mir die alte Freundschaft. Daß ich im Juli in der Schweiz sein würde, hatte ich Ihnen übrigens in meinem letzten Briefe mitgeteilt, wenn ich nicht irre. Anfang September gehe ich wieder nach Jena...

An Helene Baumgarten-von Salis (Jena, 30. August 1939)

... Am Sonntag entschloß ich mich plötzlich, von Heidelberg nach Jena zu fahren – von Sonntag abend an wurde nicht mehr für das Reisen von Zivilpersonen garantiert. Die Reise war kein Vergnügen, aber ich hatte doch einen Platz. Jetzt sind wir im Umzug begriffen, der ohne Arbeiter – denn die meisten sind eingezogen – unsäglich schwer zu vollziehen ist.

Vom 1. September ab sind wir in der neuen Wohnung [Oberer Philosophenweg 72]. Schreib mir doch bitte auf einem Kärtchen, ob Du diesen Brief bekommen hast. Ach könnte man doch sprechen statt schreiben! Behaglich zusammensitzen wie an jenem letzten Abend! Geht Dein Mann nach Kowno? Ich glaube eigentlich doch noch nicht an den Krieg. Im fernen Dämmer eines Traumes liegen die schönen Sommertage! Leni, ich schreibe nicht mehr, will erst mal hören, ob der Brief ankommt. Grüße Mann und Kinder...

An Marie Baum (Jena, 2. September 1939)

...Wir lieben unser neues Heim bereits, jetzt erst kommt uns zum Bewußtsein, wie schön es ist, zu Hause zu sein. Casa mia, casa mia, per piccina che tu sia usw. Von Montag an haben wir unbeschreiblich geschuftet, Busi und ich konnten uns kaum noch rühren. Ich hoffe, sehr bald etwas Näheres von Dir zu hören. Franz muß vermutlich sehr bald fort, wegen des Prozesses. Weiter schreibe ich nichts. Was soll man auch?...

An Elsbeth Merz (Jena, 9. September 1939)

...Dein Brief ist richtig heute morgen angekommen, als einziger Geburtstagsbrief [Geburtstag der Tochter], denn die Post ist natürlich sehr unregelmäßig. Wir genießen das strahlende Wetter – so lange schmerzlich entbehrt – und das eigene Heim, sogar mit Garten – worauf wir auch kaum noch zu hoffen wagten. Fünfzig große Kisten lagen im Garten, von denen vierzig Bücherkisten, die mußten wir allein auspacken und in dem Häuschen unterbringen. Und dann haben wir weit in die Stadt, wo wir die Lebensmittel holen müssen; was man auf den jeweiligen Wochenmarken nicht abholt, verfällt. Wenn Du uns von Zeit zu Zeit eine Dose Nescafé schicken kannst – falls es noch erlaubt ist – wären wir sehr dankbar. Wenn doch bei Euch alle Schulen geschlossen sind, warum gerade

Deine nicht? Zu schade. Ich glaube, Kander geht Montag wieder hin. Was soll ich weiter sagen? Wir sind unangreifbar und unbesiegbar; was ich dabei fühle, weißt Du. Kander weiß sich vor Siegesjubel nicht zu lassen. Ich hörte, daß Hürlimann an der Tessinergrenze ist. Sonst höre und sehe ich wenig, da wir so weit draußen sind und kein Telephon haben. Gestern habe ich wieder angefangen zu arbeiten, ich bin durch die langen Ferien so herausgekommen, daß ich mich erst wieder mit Anstrengung hineingraben muß. Überhaupt! Die Vergangenheit erscheint so schrecklich vergangen, so überflüssig, sich damit zu beschäftigen. Waren wir wirklich vor zwei Monaten in der Ausstellung in Genf und unter den Bäumen der Elfenau?...

An Anton Kippenberg (Jena, 26. November 1939)

Sehr geehrter und lieber Herr Professor, es hat mich so ergriffen, am Schlusse des Almanachs *[Insel-Almanach auf das Jahr 1940]* die wunderbaren Verse aus der Iphigenie

«Wie man den König an dem Übermaß
Der Gaben kennt: denn ihm muß wenig scheinen,
Was Tausenden schon Reichtum ist, so kennt
Man euch, ihr Götter, an gesparten, lang
Und weise vorbereiteten Geschenken ...»

zu lesen, die überhaupt zu Goethes schönsten zählen. Sie haben für mich immer etwas Hinreißendes gehabt; aber besonders bewegten sie mich jetzt, und es schien mir, als seien sie mit Bedacht ausgewählt, um dem Leser Trost und Kraft einzuflößen. Sonst habe ich nur, mit innigster Freude, die Moselfahrt gelesen [von Benno Papentrigk (Anton Kippenberg) im gleichen Almanach]. – Ihr Haus ist noch im Schatten tiefer Trauer [durch den Tod des Schwiegersohns, Detlev von Einsiedeln, auf dem polnischen Kriegsschauplatz]; ich hoffe, Sie empfinden, daß Ihnen doch viel geblieben ist...

An Leo Merz (Jena, 9. Dezember 1939)

... Vor ein paar Tagen bekam ich wieder einen Brief von [Hans] Feist, erfüllt von Dank für Ihre freundlichen Bemühungen für ihn. Auch ich bin sehr dankbar, daß Sie etwas für ihn erreicht haben. Es scheint, daß er doch erst nach Weihnachten fort kann, es ist wohl alles umständlicher, als wir uns vorstellten... Heute sind Berge und Dächer beschneit, die Kälte ist im Hause empfindlich (Kohlen sparen!), und man ist abends ganz froh, ins Bett zu kriechen.

Ich habe eine nette Einrichtung getroffen, damit wir in unserer entlegenen Wohnung nicht ganz vereinsamen: in jeder Woche an einem Nachmittag ist in einem Café im Zentrum der Stadt ein Stammtisch, wo sich alle Bekannte, die Lust haben, einfinden können. Die Sache fand allgemeinen Beifall; es fängt schon um drei an, weil man wegen der Dunkelheit nicht lange bleiben kann. Und bei der Dunkelheit fällt mir ein: es wäre sehr schön, wenn Sie uns ein paar Batterien für Taschenlämpchen schicken könnten. Das ganze Taschenlämpchen wiegt vielleicht zuviel, aber so eine kleine Batterie wiegt ja sehr wenig. Und wenn Sie uns zuweilen etwas Schokoladenpulver und eine Dose Nescafé schicken, ist es auch sehr willkommen. Denn ich fürchte, es wird doch bald wieder verboten, deshalb würde ich gern einen kleinen Vorrat sammeln. Am besten wäre es, Sie kämen selbst, aber darauf ist wohl nicht zu hoffen. Ich will zufrieden sein, wenn wir im Sommer wieder zu Ihnen kommen können, es ist ein hübsches Luftschloß, an dem ich zuweilen baue, und ich baue es so schön wie irgend möglich. Wie reizend war es im Sommer! Die Wege zwischen den Kornfeldern und unter den alten Bäumen von der Maria [der Tochter] zu Ihnen! Und immer schien die Sonne. Und Genf und Zürich und der zauberhafte Abend am 1. August bei dem Feuer, wie die versammelte Jugend dem Bericht vom Kriegsausbruch vor 25 Jahren lauschte.

Indem ich mir das Feuer ausmale, fühle ich doppelt, wie kalt es hier ist, es ist nämlich noch früh am Morgen. Busi ist bereits auf den Markt gegangen, um einzukaufen ... Franz ist immer erkältet und leidet am Mangel an Vitaminen.

Aber was ist das gegen Ihre Sorgen um Ihren

Bruder, an den wir so viel denken … Es gibt wirklich wenig lichte Punkte augenblicklich. Bleiben Sie und Frieda nur bitte gesund und lassen Sie uns hoffen, daß wir nächstes Jahr in alter Freundschaft und immergrüner Jugend wieder vereinigt sind.

Also Hans und Rolf [Sohn und Schwiegersohn] sind noch immer an der Grenze? Ich verstehe nicht, warum da nicht abgewechselt wird. Seien Sie alle sehr herzlich gegrüßt …

P. S. Eben höre ich aus Berlin die traurige Kunde, daß es keine Baumkuchen [das traditionelle Weihnachtsgeschenk Ricardas an die Familie Merz] mehr gibt!

Besitzen Sie: Lippold, Gemmen und Kameen des Altertums und der Neuzeit, in Vergrößerungen herausgegeben, 1695 Abb. auf 167 Tafeln? Ich kann es vielleicht antiquarisch bekommen und möchte es Ihnen gern schenken. Sie müßten mir aber sofort antworten, denn gewöhnlich sind die guten Sachen in den Antiquariaten schon fort, wenn man darum schreibt …

An Leo Merz (Jena, 23. Dezember 1939)

… Sonst stellte ich mir immer eine fröhlich feiernde Familie Merz unter dem Tannenbaum vor, dies Jahr, fürchte ich, hat die Sorge um Ihren Bruder die Feststimmung beschattet. Auch wir müssen immer daran denken. Auch sonst ist ja so manches – aber immerhin, wir waren doch eine sehr vergnügte Tafelrunde gestern abend in dem durch die vielen Kerzen des Baumes erwärmten Zimmer. Kander erklärte sogar, Weihnachten wäre noch nie so schön gewesen...

Die Briefe Kellers hat Busi von Karl [Merz] bekommen, Franz hat gestern abend daraus vorgelesen. Heute morgen nach dem Frühstück hat uns Franz den ganzen Messias von Händel aus dem Klavierauszug vorgespielt und vorgesungen, so gut es eben ging. Es gibt doch erhebende Momente – auch außer diesen – in der Welt. Ich glaube, selten hat man sich so bewegten Gemütes gefragt, was das nächste Jahr bringen wird. Wenn wir uns in Gesundheit und alter Freundschaft wieder begegnen könnten – wüßte man das, so wäre man schon zuversichtlicher, aber «Du mußt hoffen, Du mußt wagen, denn die Götter leih'n kein Pfand»...

An Anton Kippenberg (Jena, 25. Dezember 1939)

... Wieder habe ich Ihnen zu danken. In dunkler Zeit leuchten die Lichter der Liebe und Freundschaft um so heller. Ich bin nun schon in einem Alter, wo ich jeden Morgen mit dem Gefühl des Dankes erwache, daß ich noch da bin. Denn das Leben ist doch schön, solange man Menschen hat, die man liebt und die einen brauchen. Und dazu kommt, daß ich manchmal jetzt ein Gefühl habe, als wittre ich Morgenluft – – Wer weiß, was das Jahr bringt.

Nun ergreife ich aber die Gelegenheit, Sie etwas zu fragen, was Sie mir vielleicht mal beantworten, wenn Sie auch solch eine friedliche Mußestunde haben, wie ich eben jetzt. Anfänglich intrigierte es mich, daß Sie die Schüttelreime so aus dem Ärmel schütteln, wie Sie es tun; aber das, habe ich mir gesagt, ist eben eine Begabung wie Mathematik oder Sprachen, die nur dadurch auffällt, daß sie so speziell ist. Also das soll damit erklärt sein. Aber nun kommt das Merkwürdige: Sie haben offenbar eine echte poetisch-lyrische Begabung; regt sich diese nur in Verbindung mit Schüttelreimen? Für andere wären diese eine Hemmung. Gut, ich nehme an, daß für Sie, vermöge Ihrer speziellen Begabung, die Schüttelreime keine Hemmung sind; aber können sie sogar eine Anregung sein? Haben Sie nie wie andere Leute «normal» gedichtet? Oder wirken auf Sie die Schüttelreime, wie auf Schiller der Geruch von faulen Äpfeln gewirkt haben soll? Meine Tochter liebt übrigens das betreffende Insel-Bändchen [unter dem Pseudonym Benno Papentrigk] so, daß sie es öfters zu verschenken pflegt...

An Martha Friedländer (Jena, 25. Dezember 1939)

... Ein Päckchen von Ihnen auszuschälen, ist immer ein kleines Weihnachten für sich. Das Heftchen mit der Weihnachtsgeschichte habe ich so schön gefunden, daß ich es mit ins Bett nahm; ich nehme immer am Heiligen Abend etwas besonders

Liebes mit. Die Papierservietten sind ebenso nützlich wie reizend... Und dann der goldene Stern im Deckel der Schachtel! Wir haben dies Jahr Weihnachten so sehr als Licht im Dunkeln empfunden. Nicht daß wir persönlich viel vom Krieg gelitten hätten. Zu essen hat man ja reichlich, an die Unbequemlichkeit der Verdunkelung hat man sich schon gewöhnt, für uns, da wir zu mehreren sind, ist es durchaus nicht schlimm, abends allein zu sein. Aber das ist ja nicht allein wichtig. Und dann hat man doch immer das Gefühl, an einem Abgrund zu gehen – jeden Augenblick kann etwas kommen, das einen hineinstürzt. Ob der Krieg den brieflichen Verkehr mit Ihren Kindern erschwert? [Eine Tochter lebte in Italien, eine in Spanien, die dritte auf Java.] Wir haben so lange nicht an Marianne geschrieben und ihr auch keine Bücher geschickt. Es kommt daher, daß der Sommer uns so durcheinander gebracht hat – erst die Schweiz, dann der Kriegsausbruch und zugleich der Umzug in die neue Wohnung – die Tage sind uns nur so durch die Finger geströmt... Drei Kinder und allein – es ist gar zu hart, liebe Martha, tröstlich finde ich doch, daß es allen dreien gut geht. Marianne schien nach den letzten Nachrichten sich doch viel heimischer in der neuen Umgebung [auf Java] zu fühlen. Könnte man nur ein Ende absehen!...

An Marie Baum (Jena, 18. Februar 1940)

...Hier gibt es absolut gar nichts mehr. Ich wollte Franz zu seinem Geburtstag eine Schreibmaschine schenken, die er braucht, aber nichts ist vorhanden... Seit gestern sind wieder zwanzig Grad, und Franz, Busi, und Liesbeth mußten wieder selbst ein paar Zentner Kohlen holen, sonst hätten wir heute nicht heizen können...

Fräulein Brenke, die ja auf der Welt nichts zu tun hat, geht manchmal für mich herum und sucht in weniger begangenen Nebenstraßen, ob sie noch eins oder das andere auftreibt, wie zum Beispiel Tempotücher und Papierservietten, aber das Ergebnis ist gering.

Du weißt doch, daß am 22. Februar Franzens Termin [beim Reichsdisziplinargerichtshof in Berlin] ist? Heute bekam er die angenehme Nachricht, daß Großmann-Doerth kommen wird, um ihn zu verteidigen. Da Großmann in einem Bunker steckt, war es nicht ganz sicher, ob er sein Versprechen würde halten können. Wir sind sehr froh, so ist Franz doch für alle Fälle in Gesellschaft eines Freundes. Natürlich hat er ja auch Mimi, er wird bei meiner Schwester wohnen.

Vor ein paar Tagen hörte ich zum ersten Mal seit Monaten von Dr. Hürlimann. Er ist bei Kriegsbeginn mit der ganzen Familie nach Zürich übergesiedelt und hat dann eine Zeitlang Grenzdienst getan. Kürzlich war er in Berlin – seines Verlages wegen – und wollte mich besuchen, kam aber nicht dazu, es war wohl auch wegen der Reiseschwierigkeiten. Jedenfalls hat es mir sehr leid getan, daß ich ihn nicht sprechen konnte. Erzählt hat er sonst natürlich nichts...

An Marie Baum (Jena, 8. Mai 1940)

...Schreibst Du jetzt auch so ungern Briefe wie ich? Ich glaube, es geht jedem so, denn ich bekomme so wenig Briefe mehr. Man schreibt ja doch nicht das, was man eigentlich möchte. Wenn es warm wäre und die Sonne schiene, ertrüge sich auch alles leichter, besonders für Busi und mich, die wir davon so abhängig sind...

Neulich sagte Busi bei Tisch, wie traurig es wäre, daß so viele Menschen im Kriege fielen; da sagte Kander, Gott hätte es so bestimmt, daß die Menschen sterben müßten. Darauf Busi: Wenn man sich von Knoblauch und Yoghurt nährte, könnte man bis zweihundert Jahre alt werden. Oho, sagte Kander, glaubst Du, Gott ließe sich durch Knoblauch einschüchtern?... Er hat sich jetzt so gut in der Schule eingelebt, fühlt sich ganz zu Hause mit Lehrern und Jungen...

Ende voriger Woche ist Fräulein Brenke abgereist. Wir vermissen sie recht, sie ist ein so liebenswürdiger, immer zu Spaß aufgelegter Mensch und hatte immer Zeit! Dagegen beginnt heute unser Stammtisch wieder, jetzt ins sogenannte Paradies an der Saale verlegt; natürlich kann man bei der Kälte doch nicht draußen sein. Ich schicke gleichzeitig die Pestalozzibücher zurück und habe einen kleinen Pfingstgruß beigelegt. Ich bin jetzt mit meiner Arbeit [Band III der *Deutschen Geschichte*] im Entwurf fertig, nun lese ich noch allerlei Bücher durch, die mir vielleicht Stoff liefern könnten, eine Art Ährenlese. Ich möchte lieber gleich mit der Ausarbeitung anfangen; aber das muß sein.

Busi singt jetzt unter der Leitung unserer Nachbarin, Frau Dahlet, die ausgebildete Sängerin war und großes Lehrtalent hat. Es ist für Busi eine hübsche Anregung, beglückt sie sehr. Sie hat auch mit Herrn von Rad zusammen Sachen von Bach für Violine und Gesang durchgenommen...

An Marie Baum (Jena, 10. Mai 1940)

...Zu dumm von mir, daß ich Dir gerade schrieb, ehe ich zum Augenarzt ging, was mich immer so schwer belastet. Er hat mir, wie bis jetzt jedesmal, versichert, daß alles in schönster Ordnung wäre... mein Herz war diesen Punkt betreffend wieder leicht.

Heute morgen, als ich gerade anfangen wollte zu arbeiten, rief mir eine Bekannte von drüben, die Radio hat, die neuesten Nachrichten zu, und gleich darauf kam Frau Dahlet, die die Aufregung allein nicht mehr ertragen konnte. Sie sagte, es sei ihrem Mann schon aufgefallen, daß viel neue Lazarette eingerichtet würden – entsetzlicher Gedanke! Aber ich schreibe davon nichts weiter. Kander ist wieder auf, sieht elend aus, ist aber höchst vergnügt. Für ihn ist der Krieg nur eine Steigerung der Lebenslust... Gott weiß, wie es in den nächsten Tagen geht! Mir ist das Herz schwer...

An Marie Baum (Jena, 19. Mai 1940)

...Ich habe mir die Vorlesung von dem Dr. Lützeler [Abschiedsvorlesung des aus seinem Amt entlassenen Bonner Kunsthistorikers] von Franz vorlesen lassen, und wir fanden sie beide wunderschön. Ich wüßte gern mehr von dem Mann und möchte ihn gern kennenlernen; die wenigen Übriggebliebenen aus dem alten Kulturkreise sollten zusammenstehen. Wir haben Pfingsten ganz allein zugebracht. Am Montag waren wir alle in der Kirche, weil Professor von Rad predigte, wieder wunderschön. Es berührt mich so wohltuend, einen durch und durch kultivierten Menschen predigen zu hören, der vielleicht in keinem andern Sinne gläubig ist als ich, nämlich in dem, daß er fühlt, die Bibel enthalte das Wort Gottes. Ich habe nie einen Prediger gehört, dessen Worte sich dem Wort Gottes so anschmiegen, daß keine Diskrepanz entsteht. Allerdings habe ich ja nur ganz wenige gehört. Eine Stunde lang so entrückt zu sein, ist schön; aber es ist eben nur eine Stunde...

Kander trottete eben ab zur Kirche; und mir hatte er anvertraut, daß die Kirche ja schön wäre, daß aber alle seine Kameraden nicht zur Kirche (überhaupt nie), sondern in ein Kino gingen, wo der Einzug der Truppen in Belgien und Holland zu sehen wäre. Obgleich er mir leid tat, ging ich absichtlich nicht darauf ein, und zu Busi traute er sich schon garnichts zu sagen. Ein Junge in der Nachbarschaft... geht jeden Sonntagvormittag in eine Art Kindergottesdienst, und mit dem lassen wir ihn mitgehen.

Eben kommt er und meldet triumphierend, daß keine Kirche ist. Nun darf er doch in den Kriegsfilm, selig natürlich. Kleiner Kerl, er tut mir manchmal so leid – es ist ja begreiflich, daß sein Herz höher schlägt bei den Nachrichten von unseren Siegen. Nun hast Du diese kleine Episode sozusagen miterlebt...

Ach, nun habe ich noch kein Wort zu dem Heft mit den Kalvarienbildern aus der Bretagne *[Bretonische Kalvarienberge. Die Sammlung Parthenon]* gesagt. Mein erster Eindruck beim flüchtigen Hinsehen war: was für eine großartige, aber barbarische Kunst, und das erklärt sich ja aus der bäuerlichen Herkunft. Ich glaube aber doch, daß man bei diesen Photographien, die etwas als gigantisch erscheinen lassen, was in einem Gesamtbild als Einzelheit beinahe verschwindet, einen etwas verfälschten Eindruck bekommt; das heißt, in Wirklichkeit wirkt es anders, meine ich. Andererseits muß es in der Natur, dort am Meere, in anderer Weise wieder viel großartiger sein. Jedenfalls ist es höchst anziehend und interessant...

An Elsbeth Merz (Jena, 28. Juni 1940)

Liebe, liebe Elsbeth, weißt Du, das finde ich so schrecklich, daß Ihr so Trauriges erlebt [Tod des Bundesrichters Viktor Merz], und wir ahnen nichts davon, man kann garnicht miteinander leben. In normalen Zeiten wäre ich natürlich gekommen, ich hätte nicht helfen, aber doch Eure Trauer teilen können. In diesem Falle sind die Zurückbleibenden viel mehr zu beklagen als der Geschiedene. Seit dem Tode seiner Söhne hatte ich vom Onkel Viktor immer den Eindruck, daß seine Seele schon jenseitige Wege ging, daß er nicht recht mehr zu Hause war auf der Erde. Es kommt mir vor, als sei der Wechsel für ihn gar nicht so groß. Aber für Euch, ganz besonders für Dich, ist es anders. Grade weil er etwas so vom Irdischen Abgelöstes an sich hatte, war er eine so wohltuende Erscheinung. Etwas Resigniertes hatte er wohl immer, wenigstens seit ich ihn kannte. Es ist nun ein Schatten da, der nicht mehr weggeht. So im Glanze werde ich Bern niemals wiedersehn wie letzten Sommer, ich hatte damals aber beständig die bange Ahnung, daß es nie wieder so sein würde. Man spürte den Schatten schon...

An Henny Markus (Jena, 28. Juli 1940)

...Ich möchte Triest wohl wiedersehen; es ist eigentlich keine schöne Stadt, aber sie hat für mich den Zauber der Erinnerungen. Meine Tochter wurde dort geboren. Ich litt unter dem Klima und war nach der Geburt meines Kindes sehr elend, so daß ich die Umgebung nicht recht habe genießen können. Damals war es noch österreichisch, und ich erinnere mich, wie der Geburtstag von Kaiser Franz Joseph glänzend gefeiert wurde. Wie vieles, eigentlich alles hat sich seitdem verändert. Ich glaube, es hat noch nie so viele Unglückliche in der Welt gegeben wie jetzt – obwohl es natürlich immer mehr Unglückliche gegeben hat als Glückliche, die Erde ist ein Tal der Tränen und man hat das zu sehr vergessen und aus der Erde ein Paradies machen wollen. «In des Herzens heilig stille Räume – mußt du fliehen aus des Lebens Drang.» Aber freilich, es sieht auch im Herzen oft dunkel aus...

An Leo Merz (Jena, 20. September 1940)

...Obgleich ich durch Elsbeth ziemlich regelmäßig über Ihr Ergehen unterrichtet bin, mache ich mir doch oft Sorgen, es könnte irgend eines von Ihnen krank sein. Friedas Handschrift habe ich kürzlich gesehen, lassen Sie uns doch auch mal wieder die Ihrige sehen, wenn es auch nur ein paar Zeilen sind. Ich kann mir gut Ihre Stimmung vorstellen, und dauernde Niedergeschlagenheit schadet dem Befinden. Wenigstens hatten Sie eine Zeitlang Wärme und Sonnenschein und konnten Ihr schönes Heim genießen, während es bei uns so unaufhaltsam geregnet hat, daß ich dachte, die

Sintflut stünde bevor, worüber man sich ja auch nicht hätte wundern können. Wölfflin ist noch immer auf dem Waldhof in Winterthur, er scheint sich dort in der Einsamkeit am wohlsten zu fühlen. Von Dr. Hürlimann höre ich schon lange garnichts mehr. Franz und Busi wollen in der nächsten Woche einen kleinen Ausflug nach Würzburg machen, ich denke Ende Oktober auf ein paar Wochen nach Heidelberg zu meiner Freundin Baum zu gehen. Sonst arbeite ich Lateinisch mit Kander und finde, daß die Tage um so schneller laufen, desto eintöniger sie sind. Bitte das ganze Haus herzlich zu grüßen...

An Marie Baum (Jena, 5. Oktober 1940)

... Mit den Gedichten von Burckhardt hast Du mir eine große Freude gemacht. Sie sind nicht alle schön, aber sie sprechen alle zu meinem Herzen.

Nachdem ich Dir geschrieben hatte, kam ein Brief von Dr. Hürlimann, er hoffe im Oktober die Reiseerlaubnis nach Deutschland zu bekommen und werde mich dann, wenn irgend möglich, von Berlin aus besuchen. Das ist ein Grund mehr, im Oktober nicht zu verreisen, denn ich möchte ihn durchaus wegen meines Buches sprechen. Über solche Sachen zu korrespondieren, ist nicht möglich, er hat überhaupt fast nie etwas von sich hören lassen. Ich bin immer etwas in Unruhe, wegen der Schweiz, man hörte neulich von Truppenansammlungen an der Grenze. Wir hören regelmäßig von

Elsbeth [Merz], aber natürlich nichts als die Wetternachrichten und dergleichen. Busi wird Dir wohl mal eine Karte geschrieben haben [von einer Reise in Süddeutschland]. Seit das Wetter besser ist, schreibt sie vergnügter. Es ist natürlich schade, in Würzburg zu sein, wenn die Riemenschneider nicht zu sehen sind [die vorsorglich verpackt waren] und wenn die Sonne nicht auf einen Markt voll Früchte scheint.

Apropos Früchte, sind die Äpfel bei Euch beschlagnahmt? Könntest Du uns Äpfel oder sonst Früchte besorgen, ohne daß Du deshalb weniger hättest? Hier ist es mit allem, als ginge man auf Raub aus; das ist ganz lustig, aber der Ertrag ist gering. Kander hat täglich Jungensbesuch, ist glücklich und unterhält mich mit der Schilderung der verschiedenen Flugzeug- und Unterseeboot-Typen, wobei ich mich noch ungelehriger erweise, als er in Lateinisch...

An Marie Baum (Jena, 5. Dezember 1940)

...Praktisch ist es doch besser, daß ich abgereist bin [von Heidelberg] wegen der Weihnachtsbesorgungen. Man muß dies Jahr alles früher als sonst machen. Auf der Paketpost ist ein Betrieb wie früher in den letzten Tagen vor Weihnachten.

Und sonst? – Ja, ich kann nicht lange ohne Busi sein, das ist wahr, und das bedarf schließlich ja auch keiner besonderer Erklärungen. So stark wie diesmal war es aber wegen der besonderen Umstände, wegen des unheimlichen Gefühles, das man hat, es könne sich jeden Augenblick etwas Unvorhergesehenes, Schreckliches begeben. Davon abgesehen – es geht von der Ceconi-Seele ein Fluidum aus, das mir, seit ich es kenne, zum Leben notwendig ist. Je kräftiger ich bin, desto weniger beherrscht mich das – ich war wohl von Anfang an weniger kräftig als sonst. Auch jetzt ist der Schleier noch nicht ganz zerrissen, aber ich kann über nichts Besonderes klagen und glaube, daß der Anfall überwunden ist.

Es liegt etwas Schnee und ist stürmisch und dunkel. Ich bekam eine sehr traurige Todesnachricht – der Mann einer jungen Bekannten von mir hatte im vorigen Winter im Kriege den Fuß erfroren, seitdem wurde er fortwährend operiert und mußte viel leiden, vor etwa einem Monat war er aus dem Spital entlassen worden, und es schien jetzt aufwärts zu gehen, da ist er plötzlich gestorben. Wenigstens für mich war es ganz plötzlich und unerwartet – ich denke mir, es war wohl Blutvergiftung. Die arme Frau ist seelisch sehr labil, hat keine Kinder, und der Mann, der sehr vorzüglich gewesen sein soll, war wohl der Fels, an dem sie sich hielt. Es tut mir so leid – an die muß ich jetzt schreiben.

Ich bin noch halb in Heidelberg, stelle mir vor, was Du zu jeder Tageszeit tust und möchte dabei sein …

An Marie Baum (Jena, 25. Dezember 1940)

... Wir hatten einen sehr schönen Tag, obwohl ich, nachdem ich am Vormittag noch ein paar Besorgungen in der Stadt gemacht hatte, mich garnicht mehr erwärmen konnte. Dabei hatten wir ein richtig warmes Zimmer, was dann einen erschreckenden Kohlenverbrauch erfordert. Heute schneit es in großen Flocken und ist wieder wärmer. Natürlich haben wir viel zu tun, da Liesbeth [die Hausgehilfin] fort ist, besonders Busi, aber es stört die weihnachtliche Stimmung nicht. Busi und Kander, die beiden Kinder, waren restlos glücklich, Busi mit einer roten Schürze und einem Tüchlein, in dem sie sehr italienisch aussah. Ich hatte mir von Franz und Busi gewünscht, daß sie mir meine alten Ansichtskarten aus dem Speicher holten (damit ich abends etwas zu spielen habe), und sie hatten mir das schöne Geburtstagsbuch [Freundesgabe zum siebzigsten Geburtstag] mitgebracht, das auch auf dem Speicher zurückgeblieben war. Es kam mir wie neugeschenkt vor, und nach dem Essen zeigte ich es Fräulein Brenke, unserm einzigen Gast. Ich besitze einen Schatz daran, der mich immer von neuem freut; zu schade, daß gerade Wolfskehl und Feist [beides jüdische Freunde] fehlen, die gewiß nicht mehr beizubringen sind. Vier oder fünf von denen, die sich damals eingetragen haben, sind inzwischen gestorben.

Damit nichts am Füllhorn des Tages fehlte, kamen auch endlich unsere Kartoffeln an und die Äpfel... Nach den neuen Luftschutzbestimmungen dürfen gar keine Vorräte im Luftschutzkeller sein, und wir haben alle darin, können sie auch absolut nirgends anders unterbringen. Ich weiß noch nicht, wie das Problem gelöst werden wird. Es muß auch in jedem Keller eine Spitzhacke sein, damit man sich bei Verschüttungen selbst freihacken kann!...

Eben war Frau Dahlet da, die wunderschöne Blumen, Gebäck und dergleichen geschickt hatte. Auf dem Teller mit Gebäck zuoberst lag ein Springerl in Gestalt einer Taube, die einen Zettel im Schnabel hat, worauf steht «Friede». Das rührte mich fast zu Tränen. Man hört das Widerstrebendste und kann nichts glauben...

An Lydia Radbruch (Jena, 27. Dezember 1940)

...Die Weihnachtstage, die für viele Menschen so fröhlich sind, sind nun für Sie immer dunkel umflort; das ist mir traurig zu denken. Der Schmerz um ein geliebtes Kind hört nie auf – ein wenig mildert er sich vielleicht, je mehr man sich daran gewöhnt, das Verlorene in seinem Herzen um so inniger zu besitzen. Und es ist Ihnen doch noch viel geblieben! Wenn nur die Verhältnisse bald so würden, daß Ihr Sohn eine ihm zusagende Laufbahn ergreifen könnte, damit Sie in dieser Beziehung sich weniger zu sorgen brauchten.

Sie haben mich durch das Buch von der Duse so sehr erfreut. Ob meine Freundin Ihnen gesagt hatte, daß ich mich dafür interessierte, als wir es in der

Buchhandlung liegen sahen? Sonst wäre es ja ein zu merkwürdiger Zufall, daß Sie es wählten. Nach oberflächlichem Betrachten habe ich gesehen, daß meine Ähnlichkeit mit der Duse sich nicht auf die ersten Kinder- und Jugendjahre bezieht. Sie beginnt erst mit den dreißiger Jahren – sie war einige Jahre älter. Ich finde, es tut einem leid, daß diese Frau nie einen anderen Mann gefunden hat als die, welche da abgebildet sind. Hoffen wir, daß sie doch noch mal einem begegnet ist, von dem niemand etwas weiß.

Daß ich Sie diesmal so wenig gesehen habe, war zu schade. Am Schluß wurde ich noch zu einer entsetzlichen Plage für B. [Marie Baum], obwohl sie nicht zugibt, daß es eine war. So ganz bin ich immer noch nicht wieder in Ordnung, das kommt wohl erst wieder, wenn der Winter vorüber ist. Vielleicht war es auch ein Anklopfen des höflichen Mannes, des Alters. Das erste Anklopfen kam auch in Heidelberg, als ich das Bein brach. Da das inzwischen ganz vergessen war, ist es begreiflich, daß er sich wieder mal in Erinnerung brachte.

Wir sind während der ganzen Weihnachtswoche ohne Mädchen, und je mehr Perle sie ist, je mehr wird sie entbehrt. Meine Tochter bekocht uns zwar vorzüglich, und es macht uns allen Vergnügen, unter ihrem Kommando mitzuarbeiten; aber natürlich ist es nicht so gemütlich, wie es sonst wäre. Eben jetzt muß ich wieder zum Abwaschen antreten. Mich treffen immer nur die leichteren Handlangerarbeiten ...

An Ulrich Christoffel (Jena, 26. Januar 1941)

...Sie Beneidenswerter, Sie treten jetzt in das schönste Jahrzehnt des menschlichen Lebens ein. Von 50 bis 60, da ist es eine wahre Lust zu leben. Es ist August, noch blühen Rosen, Löwenmaul, Dahlien und Malven in Fülle und dazu Obst von allen Sorten: Pfirsich, Feigen, Pflaumen, Überfluß. Man ist jung, seiner Kräfte und seines Könnens bewußter als früher, man genießt die Vorzüge der Jugend ohne ihre wolkige Trübe, auf der Folie des heranrückenden Alters leuchtet die Gegenwart in den schönsten Farben. Man fängt schon an zu ernten, braucht aber an den Winter noch nicht zu denken. Kurz, ich beglückwünsche Sie zu diesem verheißungsvollen Geburtstag. Kurz nach meinem fünfzigsten Geburtstag brach der Weltkrieg aus – wie wäre es, wenn der Ihrige den Weltfrieden einleitete?

Kander meldet eben, daß die Engländer hundert Kilometer vor Addis Abeba stehen. Aber unsere Soldaten werden das Verlorene vermutlich im Kriege wieder erobern. Ich weiß nicht, wie der Friede zustande kommen soll, es bleibt uns aber unbenommen, auf ein Wunder zu hoffen.

Wie gern würde ich Ihnen jetzt etwas Passendes über Ihr neues Buch sagen *[Von der Griechischen Antike bis zur Deutschen Romantik, Berlin 1941]*; aber wir sind noch bei der Vorfreude. Da wir der Kälte wegen abends ganz früh zu Bett gehen, stockt einstweilen das Lesen; und Ihr Buch ist zu gemeinsamem Lesen bestimmt.

Schon witterten wir Frühlingsluft, da ist gestern der Frost wiedergekommen. Ich stelle mir vor, daß Grete sowohl für ein warmes Zimmer wie für ein Festessen gesorgt hat, wozu hoffentlich irgend ein edler Wein eingetroffen ist, den ich Frau Dr. Hoppe zu besorgen bat. So werden Sie, alles «Ung'freute» ausschließend, das Glück des heimischen Herdes genießen. Daß im November nichts aus dem Wiedersehen wurde, war schade; ich kam extra schnell aus Heidelberg angereist, um Sie noch zu treffen. Vielleicht tauchen wir im Sommer in München auf, oder im Vorfrühling, wenn wir keine Kohlen mehr haben und uns anderswo wärmen müssen ... Der lieben Frau Grete Dank für die Finocchi, und meinen Confalonieri schicke ich gelegentlich. Könnten wir Ihnen doch auch mal was Eßbares schicken, was es dort nicht gibt. – Also: Heil Chrischt! Seien Sie aufs herzlichste gegrüßt und bleiben Sie als Fünfziger semper idem.

An Helmut Gollwitzer (Jena, 24. Februar 1941)

Lieber Herr Pfarrer, ich freue mich von Herzen, daß Sie glücklich sind; denn daß ein Bräutigam glücklich ist, darf man doch annehmen. Möchte das persönliche Glück Ihnen nichts von dem Feuer rauben, mit dem Sie bisher für Ihre Gemeinde gewirkt haben, das ist mein Wunsch für Sie und für uns alle ...

An Martin Hürlimann (Jena, 12. März 1941)

... Zwar hoffe ich, Sie noch zu sehen, aber für alle Fälle schicke ich Ihnen die beiden Gegenstände, die mitzunehmen und an ihren Ort zu befördern ich Sie herzlich bitte ... Ich fände es auch so nett, wenn Sie Professor Wölfflin mal besuchten und ihm von mir erzählten; aber es hat eigentlich nur Zweck, wenn Sie hier waren. Sie könnten ja gut bei uns zu Mittag essen und zwischen drei und vier Uhr wieder fortreisen.

Vor ein paar Tagen habe ich meinen dritten Band beendet. Ich will ihn noch abtippen lassen und dann nach Berlin befördern. Wollen Sie ihn überhaupt verlegen, oder glauben Sie, daß es von vorneherein aussichtslos ist? Das 18. Jahrhundert hat stark unter dem Einfluß Englands gestanden, davon mußte natürlich die Rede sein und vielleicht erregt das jetzt Anstoß. Aber es war nun einmal so. Über dies und verschiedenes andere hätte ich gern mit Ihnen gesprochen ... [Band III der *Deutschen Geschichte: Untergang des Römischen Reiches Deutscher Nation,* ist erst nach Ricarda Huchs Tod im Jahr 1949 im Atlantis Verlag erschienen.]

An Marie Baum (Jena, 20. März 1941)

... Hier ist heute ein trüber Tag, dazu gehen unsere Kohlen zu Ende, und es muß wieder gearbeitet werden, bis unser Kohlenlieferant weich wird und uns die schickt, die wir noch zu beanspruchen haben. Wir denken damit noch fast den April durchzukommen...

Hürlimann will mein Buch auf alle Fälle drucken, d. h. zunächst nur die Fahnen, und das ist mir lieb.

Ich werde zur Zeit gemalt von dem Mann einer jungen Frau, die so reizend ist, daß ich ihr nichts abschlagen kann. Der Mann ist Assistenzarzt an der Psychiatrischen Klinik und malt nebenbei, musiziert auch; aber natürlich hätte ich es sonst nie getan, denn das Sitzen ist mir eine Plage, und dann noch als Scheusal auf die Leinwand zu kommen, ist kein Vergnügen. Dazu kommt noch, daß es ganz im geheimen geschehen muß, weil ich es jemand anderem abgeschlagen habe. Der Chef dieses jungen Mannes ist einer von den dreien, die an der Spitze der Kommission zur Tötung der Geisteskranken stehen... aber das wirst Du wohl alles wissen.

Eine Bekannte in Hannover schilderte mir brieflich den großen Fliegerangriff dort ausführlich. Da hatte ich zum ersten Mal das Gefühl, wie nah man dem Tode ist. Wer und was wird noch übrigbleiben, wenn der Krieg noch lange gehen sollte? Bei uns sind noch keine Flieger gewesen, man schreibt es den Saalenebeln zu, die Jena ganz verdecken, wie man sagt...

Elsbeth schreibt, daß ihr Vater meist sehr verdüsterter Stimmung ist, begreiflich. Frau Merz war krank, ist aber jetzt wieder in Ordnung. Elsbeth schreibt ziemlich regelmäßig jede Woche, aber natürlich sind es diese leeren Briefe, wie man sie jetzt über die Grenze schreibt.

Lebe wohl, bei Euch wird wohl Frühlingswetter sein, das ist etwas Beglückendes...

An Ulrich Christoffel (Jena, 6. April 1941)

...Das schreckliche, unlösbare Rätsel des Todes! Wieder hat er einen Menschen verschlungen, der eben noch voll Leben war und gern lebte. Denn das tat die G. [Malerin in München] doch, obwohl ihr das Leben so wenig Gutes angetan hat. Ich bin ihr nicht nähergekommen, aber in ihrer Tapferkeit und Unbekümmertheit, in der Großartigkeit, mit der sie über alles Schwere hinwegging, war sie für mich wie für alle eine sehr anziehende Erscheinung. Ihr Ende ist doch leicht gewesen, und insofern mag man sie wohl glücklich preisen.

Sonst beklage ich jeden doppelt, der jetzt sterben muß, ohne erfahren zu haben, wie dieser Riesenkampf ausgeht: Faschismus, Bolschewismus und das, was man die Bürgerliche Welt nennen kann. Ich kann mir nicht vorstellen, daß die letztere siegen wird – vielleicht siegt keine. Vielleicht kann auch jeder froh sein, der den Ausgang *nicht* erlebt – wer weiß es! Augenblicklich macht hier der heftig einsetzende Kampf gegen das Rauchen – von Elly Ney mit einem Beethovenkonzert eingeleitet – viele Männer verdrossen. Es hat eben jeder seine Weltanschauung.

Es scheint, daß Sie nicht in unsere Gegend kommen – wie schade! Wir haben zwei Frühlingstage gehabt und hoffen, daß noch ein paar ähnliche folgen. Ihnen und Grete wünschen wir so fröhliche Ostertage wie irgend möglich! Ihre alte Freundin.

An Lydia Radbruch (Jena, 27. Juni 1941)

... Sehr habe ich mich gefreut, als Renates Dissertation eintraf, und besonders freue ich mich, ihr schönes, ergreifendes Bild zu besitzen. Es liegt in dem jungen Gesicht ein Zug geheimnisvoller Reife, als habe sie ein Wissen davon, warum dies so sein mußte. Wir armen Menschen leben ja inmitten von Rätseln. Ich glaube, es gab noch nie – abgesehen von den ewigen, unlösbaren Rätseln – eine so verworrene Zeit wie die jetzige. Dadurch, daß wir jetzt Rußland bekriegen, gewinnen wir auf einmal Freunde im Ausland, wo Rußland besonders verhaßt war. Wir stellen in der Ukraine die christliche Religion wieder her, haben den Bischof schon bereit, aber im Inlande wird sie weiter verfolgt. Ich denke mir, Sie werden im Hinblick auf Anselm über den neuen Krieg entsetzt sein; so empfinden wenigstens diejenigen meiner Bekannten, die nahe Angehörige draußen haben. Man meint aber allgemein, daß die kriegerischen Operationen infolge unserer Siege nicht lange dauern werden. Aber dann?

Meine Tochter und ich machten gestern einen Besuch in Weimar, und dieser kurze Ausflug hat unsere Reiselust sehr gedämpft. Doch werde ich wahrscheinlich im ersten Viertel des August nach Heidelberg kommen auf vierzehn Tage. Sollten Sie dann gerade verreist sein? Das täte mir schrecklich leid. Wir haben die paar heißen Sommertage sehr genossen, obwohl sie beinahe etwas zu heiß waren. Vorgestern hörten wir ein Konzert in einem Garten, ziemlich klein, umgeben von blühendem Holunder. Es war lauter alte Musik, Quintette, Quartette mit Flöte, zauberhaft in der bewegungslosen Sommernacht. Es war das erste Mal seit langer Zeit, daß ich ein Konzert hörte, weil ich in der Dunkelheit nicht gern ausgehe. Wie traurig, daß die Nächte nun schon wieder länger werden...

An Henny Markus (Jena, 21. Juli 1941)

...Haben Sie Dank, daß Sie so liebreich meines Geburtstages gedenken. Sie haben Recht, so lange das Leben im kleinen Kreise von Angehörigen und Freunden einem noch vergönnt ist, kann man glückliche Augenblicke haben. Mit meinen Kindern, Freunden, Briefen von Freunden und Blumen habe ich einen schönen Tag erlebt – wenn es auch fast unrecht scheint inmitten so viel Unglücks. Wenn ein schöner Tag ist, sieht die Landschaft hier so friedlich und idyllisch aus – und Millionen von Menschen stehen sich gegenüber, um sich zu töten. Täglich sind Todesanzeigen von 18 bis 22jährigen Gefallenen in den Zeitungen. Dunkel die Zukunft...

An den Bischof von Münster, Graf von Galen (Jena, 4. November 1941)

Hochwürden, wenn ich, Ihnen fremd, Ihre Aufmerksamkeit für einen Augenblick in Anspruch nehme, so tue ich es, um Ihnen Dank und Verehrung auszusprechen. Erfahren zu müssen, daß unserm Volk das Rechtsgefühl zu fehlen scheint, war wohl das Bitterste, was die letzten Jahre uns gebracht haben. Die dadurch verdüsterte Stimmung erhellte sich, als Sie, hochverehrter Herr Bischof, dem triumphierenden Unrecht sich entgegenstellten, öffentlich, und für die Verunrechteten eintraten. Das Bewußtsein, den Forderungen des Gewissens genuggetan zu haben, ist mehr wert als Beifall der Menschen; nicht um Sie zu stärken, schreibe ich Ihnen, sondern weil ich annehme, es sei Ihnen erfreulich zu wissen, daß es viele gibt, die sich Ihnen von ganzem Herzen verbunden fühlen. Ich bitte Sie, mich als die Stimme der vielen zu betrachten, die Ihnen ergeben sind...

An Gustav Radbruch (Jena, 19. November 1941)

Manches, was einst sie geschenkt, wohl nehmen die wachsenden Jahre,
Aber sie rücken dafür näher dem Ewigen Licht.
Wie wenn der Mond aufgeht und silbern die Erde verzaubert,
Läßt es die dunkelnde Welt klarer, versöhnter erblühn.

Mit diesem Geburtstagsgruß hoffe ich die Inschrift in das Buch einigermaßen auszugleichen! Alles Gute wünsche ich! Ricarda Huch.

An Martin Hürlimann (Jena, 21. Dezember 1941)

...Für Anregungen bin ich sehr empfänglich. Wenn ich nun der Ihrigen gegenüber, die ich gestern erhielt, ablehnend bin, so ist das aus folgendem Grunde: Dies Thema ist gewissermaßen zu schön, es gibt darin keinen Gegensatz, kein Problem, keine Tragik, und es reizt deshalb nicht zur Darstellung. Richtig ist aber, daß ein Kapitel über den deutschen Idealismus in meinem Buche fehlt. Ich richtete mein ganzes Bestreben darauf, aus dem ungeheuren Stoff das Wesentliche herauszugreifen und zusammenzufassen, daß ich darüber zu kurz geworden bin. Ich wollte es nicht ins Breite zerfließen lassen, jetzt schien es mir zu knapp. Ich wollte mich auch möglichst auf das beschränken, was Beziehung zum Staatlichen hat, und ich glaube, daß ich darin recht getan habe; immerhin hätte ich etwas mehr auf den Idealismus eingehen sollen. Natürlich liegt es nah zu sagen, so sollte ich doch noch ein solches Kapitel schreiben. Ich gestehe, daß mir das schwerfallen würde. Beim Lesen der letzten Korrektur hatte ich durchaus den Eindruck, eine Erweiterung oder Verbreiterung würde dem Buche guttun, aber ich schob es in eine künftige Zeit. Augenblicklich kommt es mir vor, als fehlte mir die Stimmung dazu. Vielleicht kommt es daher, daß ich mich schon in etwas Neues gestürzt habe. Können Sie sich unter dem Titel: Urphänomene und Menschheitsgedanken etwas vorstellen? Ich bin schon sehr darin vertieft, wenigstens in Gedanken, geschrieben habe ich noch nichts. Geschrieben habe ich Kindheitserinnerungen, die ich meiner Tochter hinterlassen will. Sie kann sie veröffentlichen, wenn dann noch Interesse dafür da ist. [Zusammengefaßt in: *Gesammelte Werke, hrsg. v. Wilhelm Emrich, Bd. 11: Autobiographische Schriften, Nachlese; Köln 1974.*] Ich möchte nicht wieder Menschen verletzen, wie es beim Frühling in der Schweiz leider der Fall war, und das kann vorkommen, ohne daß man es beabsichtigt. Aber nach meinem Tode wird kaum noch jemand da sein, der sich betroffen fühlen kann.

Wir genießen die schöne Adventszeit mit ihren Vorbereitungen für das Fest. Wie wird das erst in Ihrem kinderreichen Hause sein! Singen Ihre Kinder auch, wie wir als Kinder: Morgen, Kinder, wird's was geben ...?

An Henny Markus (Jena, 16. Januar 1942)

... Ihr Gebäck war vortrefflich, und wie sehr schätzt man jetzt etwas Süßes. Überhaupt spielt das Essen eine solche Rolle, daß man oft selbst darüber lachen muß. Wir haben ein schönes Fest gehabt, wie das ein Kind – ich habe einen Enkel von 12 Jahren – mit sich bringt, und vielleicht auch gerade weil man das Gefühl hat, einem schweren Jahr entgegenzugehen. Man weiß ja nicht, was kommt; aber das Dunkel, vor dem man steht, ist unheimlich. Zunächst sind wir bemüht, uns gegen die Kälte zu behaupten, was bei sehr wenig Kohlen, einem leicht gebauten Häuschen und einer schlecht funktionierenden Zentralheizung ein ernstliches Problem ist. Wir wollen es durch spätes Aufstehen und frühes Zubettgehen zu lösen suchen...

An Anton Kippenberg (Jena, 8. Februar 1942)

... Haben Sie vielen Dank, daß Sie meine Wünsche so schnell und reichlich befriedigt haben. Was mich betrifft, so würde ich die bücherlose Zeit ebenso klaglos ertragen wie die fleisch- und butterlose; aber es gibt viele Menschen, die erstens *meine* Bücher von mir wollen – indem sie glauben, daß ich eine Art Selbsterzeuger bin und in Hülle und Fülle davon besitze – und die glauben, daß meine Vermittlung ihnen auch andere Bücher des Insel-Verlages verschaffen kann. Wenn solche Wünsche von Soldaten kommen, möchte ich sie natürlich gerne berücksichtigen.

Den Januar haben wir glücklich hinter uns gebracht, so werden wir auch den Februar überstehen und unsere Hoffnung auf den frühlingsahnungsvollen März setzen. Ich habe zwar keine Ahnung – und vermutlich hat sie niemand –, auf welche

Weise es besser werden könnte; aber das Wetter wenigstens kann und muß es ja. Die vielen Todesfälle im Felde und zu Hause, von näher- und fernerstehenden Menschen, alten und jungen, haben etwas Bedrückendes. Ich sollte, meinen Jahren nach, mit dem Tode in einem besseren Verhältnis stehen; anstatt dessen hafte ich noch fest am Leben und möchte durchaus nicht sterben, bevor ich den Ausgang der unerhörten Ereignisse, in denen wir stekken, erfahren habe...

An Gustav Radbruch (Jena, 8. Februar 1942)

...Endlich kam es dazu, daß mein Schwiegersohn mir Ihr Spruchbuch vorlas. [Im Manuskript; erst viel später veröffentlicht: *Gustav Radbruch, Kleines Rechtsbrevier, Spruchbuch für Anselm, Göttingen 1954.*] Ich bin entzückt davon und kann Ihnen nur aus voller Überzeugung danken. Viele von den Aussprüchen, die so wunderschön sind, waren mir bekannt; es ist aber herrlich, sie so beieinander zu haben, ein wahrer Schatz. Sagen Sie doch Ihrer Frau, daß das Gedicht: «Daß du bei mir bist, da es dunkel ist» [von Martin Boras] immer auf meinem Schreibtisch liegt und daß ich es von Zeit zu Zeit lese; eigentlich weiß ich es auswendig. Wie gut, daß Ihre Frau sich wieder der Musik zugewandt hat, ich hoffe, sie bleibt dabei. Bei uns wird viel gegeigt und gesungen und gespielt, mein Schwiegersohn wirkt in einem Quartett mit; Kander macht Fortschritte auf dem Klavier...

An Gustav Radbruch (Jena, 12. März 1942)

... Ich war fest entschlossen, daß ich mir die Mitwirkung an Ihrer Gemeinschaftsarbeit versagen müsse, weil ich meine angefangene Arbeit nicht unterbrechen könnte und möchte. Da kam Ihr Brief mit dem Vorschlag Burckhardt. Dieser verführerische Name brachte einen Umschwung hervor, ich war fast im selben Augenblick bereit zur Zusage und bin es noch. [Gustav Radbruch verfolgte den Plan, es möge die religiöse Haltung einer Anzahl von Männern des neunzehnten Jahrhunderts, die der Kirche entfremdet waren, geschildert werden. Verwirklicht davon ist nur sein Fontane-Buch; Ricarda gab die Arbeit über Burckhardt auf, da im gleichen Jahr Alfred von Martins Untersuchung *Die Religion in Jacob Burckhardts Leben und Denken* erschien.] Auch Franz hat Neigung, die ich mich zu verstärken bemühe. Wenn er Adam Smith nehmen könnte, würde er, glaube ich, nicht zögern; aber Ausländer, vor allem Engländer, sind wohl ausgeschlossen. Ich riet ihm zu Bismarck oder Moltke; für Bismarck hat er eine hohe Verehrung, und ich finde, da ließe sich die Beziehung der natürlichen zur christlichen Religion gut herausarbeiten. Er denkt noch an einen badischen Staatsmann. Etwas Bestimmtes kann ich über Franz jedenfalls noch nicht sagen. Nachher habe ich gedacht, daß ich vielleicht noch lieber Beethoven oder Karl Maria v. Weber, überhaupt einen Musiker wählte; aber vielleicht

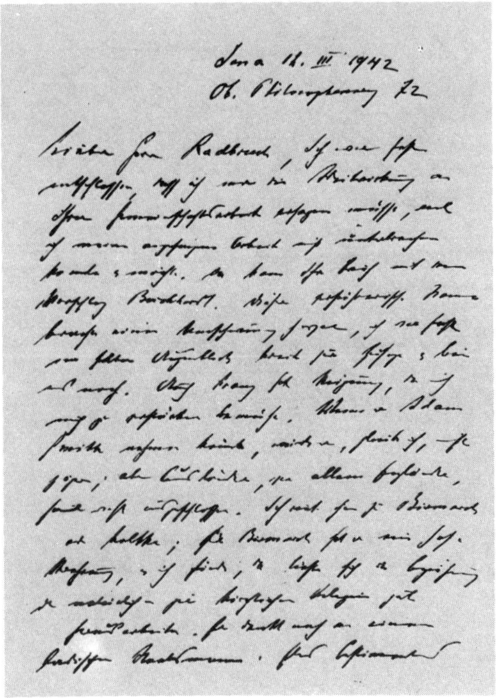

Brief an Gustav Radbruch (12. März 1942)

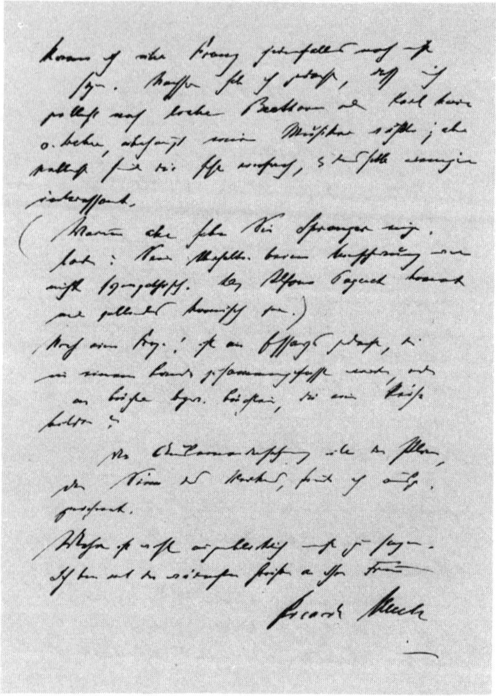

sind die sehr einfach, und deshalb weniger interessant...

Noch eine Frage: Ist an Essays gedacht, die in einem Bande zusammengefaßt werden, oder an Bücher bzw. Büchlein, die eine Reihe bilden?

Die Auseinandersetzung über den Plan, den Sinn des Werkes, finde ich ausgezeichnet...

An Helene Baumgarten-von Salis (Jena, 13. März 1942)

...Dein ausführlicher Brief war mir eine große Freude. Ich wollte ihn mit einem ebensolchen beantworten, da kommt eine Einladung von der Universität Zürich zum Empfang meines goldenen Doktordiploms, und schon male ich mir ein Wiedersehen aus und denke, was soll man schreiben, wenn man sich sehen und sprechen wird! Natürlich ist noch ganz ungewiß, ob ich die Erlaubnis bekomme. Es würde im Mai sein, bis wohin hoffentlich der Schnee geschmolzen sein wird. Ich habe nämlich vor fünfzig Jahren den Doktor gemacht, und es ist Sitte, daß dann das Diplom erneuert wird, wenn der Empfänger nicht inzwischen verstorben ist, wie man mir liebenswürdig schreibt. Der lange, harte Winter ist sehr drückend, aber es geht uns vieren gut. Busi ist mit der vermehrten Arbeit vergnügt, ist aber natürlich abends sehr müde und kommt wenig zum Schreiben...

An den Dekan der Universität Zürich (Jena, 13. März 1942)

Sehr geehrter Herr Dekan, Ihre liebenswürdige Einladung, das mir von der philosophischen Fakultät Zürich im März verliehene Doktordiplom in seiner erneuerten Form persönlich in Zürich entgegenzunehmen, hat mich mit großer Freude erfüllt. Soweit es von mir abhängt, folge ich der Einladung gern, und zwar ist mir der von Ihnen vorgeschlagene Zeitpunkt, Monat Mai, durchaus angenehm.

Sehr verschieden werden die Empfindungen, mit denen ich das erneuerte Diplom empfangen werde, von denen sein, die mich bewegten, als ich vor fünfzig Jahren das ursprüngliche erhielt; jedenfalls aber werden sie wie damals mit Dankbarkeit gegen die Universität Zürich verbunden sein, die uns Frauen das Studium ermöglichte.

Hoffentlich werden meine Bemühungen um die Erlaubnis zur Ausreise Erfolg haben; sowie ich davon unterrichtet bin, werde ich mir erlauben, Ihnen das Ergebnis mitzuteilen. Ihre aufrichtig ergebene Ricarda Huch.

An Friedel Hintze (Jena, 16. März 1942)

Liebes Fräulein Hintze, so ist denn unser Wunsch erfüllt, die liebe Freundin [Luise von Kehler] ist der Erde entrückt, bevor sie noch mehr hätte leiden und sich selbst entfremdet werden müssen.

Die Todesanzeige sagt: sanft entschlafen, ich hoffe, daß es so war, wie es auch zu dieser zarten Seele gehörte.

Die Stunde, die Sie letzthin bei mir waren, ist mir in lieber Erinnerung und wird es bleiben; was für eine wundervolle Fügung war es doch, daß Kehlchen in dieser letzten schweren Prüfungszeit eine jüngere Freundin fand, die so viel Verständnis für sie hatte wie Sie und die ihr so viel sein konnte. Sie kommen mir wie die eigentliche Leidtragende vor – deshalb richte ich auch meinen Brief an Sie –, zugleich wie die Hüterin ihres Gedächtnisses. Von allen meinen Freundinnen war sie diejenige, die am meisten etwas – ich möchte sagen – Jenseitiges hatte, die am wenigsten dem Irdischen verhaftet war. Von jeher, auch als sie noch ganz gesund und noch jung an Jahren war, sprach sie von dem rätselhaften Jenseits mit einer Art Heimatgefühl. Es ist mir so, als hätte sie jetzt nur die Schwelle überschritten, auf der sie immer schon gestanden hatte...

An Frieda Merz (Jena, 25. April 1942)

...Das Unglaubliche wird wahr, ich kann in etwa 14 Tagen reisen! Nur die Erlaubnis zur Einreise steht noch aus; sowie ich die habe, komme ich. Ich habe die Karte von Elsbeth, auf der sie ihre jetzige Adresse mitteilt, verlegt. Bitte schreiben Sie ihr doch gleich das frohe Ereignis. Ich werde direkt nach Zürich fahren, entweder findet dann dort die

Entgegennahme des Diploms statt, oder, wenn darüber noch Zeit vergeht, komme ich sofort zu Ihnen, denn ich setze voraus, daß Sie Platz für mich haben. Den Termin meiner Abreise von hier kann ich nicht melden, er würde Sie ja doch nicht vor mir erreichen. Wie schön zu sagen: Auf Wiedersehen!

An Eva Merz (Zürich, 31. Mai 1942)

...Als ich am Freitag einsam düster vor mich hinstarrte, kam Ihr Brief und belebte mich. Ich möchte Sie so gern glücklich machen; da ich das nicht kann (es kann leider nie ein Mensch einen andern glücklich machen), bin ich froh, daß ich Sie wenigstens erfreut habe. Der feierliche Akt ist gut überstanden, und ich komme mit Ehren beladen am Dienstag gegen Abend nach Bern zurück...

An den Dekan der Universität Zürich (Jena, 28. Juni 1942)

Sehr geehrter Herr Professor Escher, nun ich wieder daheim bin und auf die schönen Tage in Zürich zurückblicke, möchte ich Ihnen, was ich damals, von vielen Seiten angezogen und zerstreut, versäumt habe, ganz ausdrücklich danken. Ihre Bemühungen haben die Feier so schön gestaltet, daß sie mir zu einer unvergeßlichen Erinnerung geworden ist. Daß so viel photographiert wurde, bemerkte ich gar nicht, so sehr war meine Aufmerksamkeit auf die Ansprachen gespannt; nun freue ich mich, die Bilder zu besitzen, die mir den für mich so denkwürdigen Vorgang vor Augen stellen. Mit verbindlichen Grüßen bin ich Ihre ergebene Ricarda Huch.

An Ulrich Christoffel (Jena, 23. Juli 1942)

... Was für eine unverhofft schöne Aussicht eröffnen Sie mir! Ich werde mir Mühe geben, nicht nur meinen achtzigsten Geburtstag zu erleben, sondern auch noch einige Schritte in das jenseitige Paradies zu tun. Wie es aussehen wird, davon kann man sich allerdings noch keinen rechten Begriff machen; vielleicht ist das Paradies ganz anders, als wir es uns vorgestellt haben. Greifbarer ist das Schweizer Paradies, das ich genossen habe. Wenn ich in Bern über den Markt ging, durch Stände voll Blumen und Berge von Orangen, war ich ganz überwältigt. Ich habe das Bild des Überflusses noch leuchtend vor Augen. Natürlich war nicht lauter Glanz – die Stimmung über die furchtbare Abhängigkeit der Schweiz ist sehr bitter. In den Lebensmitteln ist die Beschränkung ungefähr wie bei uns; aber man merkt es nicht, weil es Gemüse und Obst im Überfluß gibt und weil Geflügel und Fisch frei sind. Man braucht nicht anzustehen. Alles ist sehr teuer. Aber die Geschäfte sind voll der schönsten Dinge – schmerzlich, daß man nichts mitnehmen kann. Lebensmittel außer dem vorgeschriebenen

Reiseproviant durch den Zoll zu bringen, halte ich für ganz unmöglich . .

Wölfflin sah gut aus, aber sein Augenleiden macht ihm Sorge. Während der fünf Tage, die ich in Zürich war, war ich oft dort. Ich wäre gern ein paar Tage ohne Einladungen und Festivitäten in Zürich gewesen, aber das gab es nun nicht. Ich finde es ja empörend, daß Sie keine Erlaubnis zur Ausreise bekommen! ... Aus unserer Münchener Reise wird wohl nichts werden, wenn doch, dann Ende August. Busi ist schrecklich überlastet durch die Hausarbeit, denn wir haben schon seit Monaten garkeine Hilfe.

Tausend Dank für das schöne Buch. Ja, Poussin ist eigentlich nicht in meiner Linie, aber man kann doch so viel poetischer Schönheit nicht widerstehen, wenn es auch ein bißchen zu viel Poesie und Schönheit ist. Übrigens habe ich mich noch nicht in das Buch vertiefen können, freue mich darauf.

Von der Aufführung der Maikäferkomödie [von Joseph Viktor Widmann] habe ich mit Verwunderung und Freude gelesen. Das Ergebnis ist, daß ich beschlossen habe, sie wieder zu lesen, ich habe nur noch eine blasse allgemeine Erinnerung. – Liebe, teure Christoffels, seien Sie sehr gegrüßt! Wann kommen Sie nach Jena? Briefe genügen in dieser Zeit nicht. Was halten Sie von den hartnäckig zirkulierenden Friedensgerüchten? ...

An Fritz Salzer (Jena, 7. August 1942)

... Ihr wohlgetroffenes und willkommenes Bildnis habe ich als Geburtstagsgeschenk aufgefaßt und deshalb einen Glückwunsch nicht erwartet, nichtsdestoweniger hat er mich erfreut. Mit einem ebenso schönen Bilde kann ich nicht aufwarten; ich lege eins bei, das im vorigen Sommer auf unserer Terrasse gemacht wurde. Damals schien die Sonne nicht ganz so selten wie in diesem Jahre.

Sie sind zu beneiden, daß Sie neue Aufklärungen und Einsichten bekommen, die wie ein energisches Brausebad auf Sie wirken, und deshalb können Sie auch so schöne Bilder verschenken. Ich sehe nichts als Morast und empfinde nichts als Grauen und Ekel. Zu Hause aber, wo die Größe der Zeit nicht hinreicht, fühle ich mich wohl, werde ziemlich satt, zum Teil von selbstgeernteten Früchten. Augenblicklich sind alle in den Ferien, Franz und Kander in Freiburg – sie schreiben, dort wäre das Schlaraffenland –, Busi in Burg Lauenstein hier in Thüringen. Bei mir ist meine Nichte Mimi aus Berlin und versorgt mich.

Wenn Sie mancherlei mit Ihren Töchtern durchmachen müssen, so haben Sie doch fünf Enkel, also in dieser Beziehung fünfmal mehr Vergnügen als ich. Buda ist doch ein ganz besonders süßes Kerlchen.

Ich lebe mich notgedrungen ins Griechische ein [zur Arbeit mit dem Enkel] und bewältige den Xenophon bereits mühelos.

Aus unserer geplanten Münchener Reise wird dieses Jahr wohl nichts mehr werden, aber nächstes Jahr kommen wir bestimmt zu Mariannes [Plehn] achtzigstem Geburtstag, das heißt, wenn die «Große» Zeit und die hohen Jahre uns noch am Leben gelassen haben. Grüßen Sie bitte herzlich Ihre liebe Frau!

An Lydia Radbruch (Jena, 21. August 1942)

... Ob inzwischen mit dem geplanten Buch etwas gegangen ist? Ich habe, als ich anfangs mich damit beschäftigte, gesehen, daß Burckhardt viel schwieriger in dieser Richtung zu ergründen ist, als ich dachte. Das Ergebnis würde gewiß interessant und bedeutsam, aber ein schwer definierbares, schwer greifbares Gewebe sein. Und wie geht es mit der Musik? Es fehlt mir recht, daß ich in diesem Jahre nicht in Heidelberg bin – denn die Durchreise ist doch nicht zu zählen –, aber das Reisen ist jetzt gar zu umständlich, und abgesehen davon bin ich hier auch nützlich. Und die Unruhe mit den Fliegerangriffen wird noch schlimmer sein als das Jahr vorher. Jena wird künstlich vernebelt, das scheint sehr wirksam zu sein, aber das Gas, das dazu gebraucht wird, greift die Pflanzen an, also wird es den Menschen auch nicht guttun. – Wir sind eben mitten in einem Gewitter, das drei schöne heiße Tage abschließt. Ich fürchte, nun wird es lange keine mehr geben ...

An Martin Hürlimann (Jena, 20. Dezember 1942)

... Sie haben mir eine sehr große Freude gemacht, haben Sie vielen Dank! Als Gegengabe schenke ich Ihnen einen Gedanken: Wollen Sie nicht einen Ihrer Autoren für ein Buch gewinnen, das den Titel hätte «Große deutsche Verleger und ihr Einfluß auf die Kultur»? Mir kam der Gedanke, als ich unter meinen Büchern auf einen Band «Briefe an Cotta» stieß und auf einen andern vom alten Haessel handelnden, der ein Original gewesen sein soll. Ich hätte Ihnen die beiden Bücher geschickt, wenn ich nicht dächte, Sie haben sie vielleicht schon. Sehr leid tut es mir, daß ich meiner kleinen Freundin Barbara [die älteste Tochter von Dr. Hürlimann] nichts zu Weihnachten schenken kann; aber schikken kann ich nur Bücher, und die haben Sie selbst genug, außerdem bekommen wir sie nur auf eine Kinderkleiderkarte, die ich nicht habe. Apropos – hat Barbara den «Ersten Christbaum» von Gerstäcker? Vielleicht kann ich mir den gelegentlich verschaffen. Die Milde des Winters ist ein Weihnachtsgeschenk des Himmels, das Sie gewiß auch zu schätzen wissen ...

An Anton Kippenberg (Jena, 22. Dezember 1942)

... Sie haben sich zwar den Dank für Benno Papentrigks Schüttelreime verbeten; aber soll und kann man den Dank ersticken, der dem Verfasser von

Gedichten gebührt, die den Leser rühren und erheben, indem sie ihn ergötzen? Die Zeit der Weihnachtsvorbereitungen ist nicht gerade geeignet, beim Wandern zu verweilen, und doch muß ich zwischen dem Paketemachen je zuweilen einen Blick in das Bändchen werfen und an das unvermeidliche «Z» denken und mich mit der Verehrung des Unabwendlichen trösten, mich überhaupt von dem Hauch einer wehmütig süßen Resignation umwehen lassen. Wenn Sie aber durchaus keinen Dank wollen, bin ich bereit, mit Ihnen Ihrer verschleierten Muse zu danken und sie zu bitten, daß sie Ihnen noch recht viele ihrer lieblich-wunderlichen Früchte schüttelt! Ihre getreue Leserin.

An Marie Baum (Jena, 28. Dezember 1942)

... Du hast Dich gewiß gewundert, daß ich nicht sofort schrieb, aber es ging einfach nicht. Busi konnte mir dies Jahr bei den unzähligen Paketen gar nicht helfen, und dann mußten sie doch auch zur Post getragen werden. Busi und ich waren am Heiligen Abend so müde, daß wir ihn nur wie durch einen Schleier erlebten. Der andere Tag, vollständiger Ruhetag, war dann wunderschön ...

Ganz neu und überraschend war mir, daß Anselm [Radbruch] verwundet ist – ich bin so glücklich darüber, denn, wenn es keine schwere Verwundung ist, kann man sich doch nichts besseres wünschen ... [Er starb an dieser Verwundung am 5. Dezember 1942 in einem Lazarett in Rußland.]

Wir haben gestern mittag bei wundervollem Wetter einen Spaziergang gemacht – die Sonne scheint auch heute, aber es ist sehr kalt, man denkt an die unglücklichen Soldaten in Rußland. Wie wird es nur werden? Ich stehe mit meiner Meinung (es ist nur ein Gefühl), der Krieg könne nicht noch ein Jahr dauern, ziemlich allein. Vielleicht hängt viel davon ab, wie lange Italien noch aushält...

Gestern war gemeinsames Essen mit der Dienstagsgesellschaft. Der arme Herr von Rad [Professor der Theologie] ist sehr niedergeschlagen, er kann dies Semester nicht lesen, weil er gar keine Zuhörer hat; er hat aber privatim einen wundervollen Vortrag gehalten, «Über das Handeln Gottes in der Geschichte». Lebe wohl!

An Helene Bultmann (Jena, 29. Dezember 1942)

...Ich habe ein so köstliches, erwünschtes Weihnachtsgeschenk von Ihnen gar nicht verdient, da ich Ihnen nicht zum Geburtstag gratuliert habe, was ich doch bestimmt im Sinn hatte. Nach meiner Erfahrung nämlich war das Jahrzehnt von 50 bis 60 das allerschönste, und ich beglückwünsche den, der es antritt, mit besonderer Freude. Allerdings hing das auch mit meinen persönlichen Erlebnissen zusammen (bald nach meinem sechzigsten Jahr heiratete meine Tochter und starb mein Mann, und die Zeit des wolkenlosen Glücks war damit vorüber), aber ich glaube, es liegt doch im allgemeinen in dieser Lebensstufe etwas Glückhaftes. Die Unruhe der Jugend ist vorüber, und doch ist man noch weit vom Alter; man erntet schon und bringt doch noch Früchte. Man steht fester als vorher, ohne daß der Schwung der Jugend aufgehört hätte, einen zu bewegen. Hoffentlich werden Sie sich aller dieser Vorzüge im Laufe dieses Jahrzehnts recht bewußt.

Wir freuen uns so sehr, ihre Antje bei uns zu haben, und da zwei Töchter zu Hause sind, brauchen wir auch nicht zu fürchten, daß wir Ihnen gar zu viel entzogen haben; es ließ sich ja nun bei der Engherzigkeit der Bücherei nicht ändern. Mich besonders umgibt Antje mit einer Sorgfalt, die ich gar nicht gewöhnt bin. Damit will ich meine Angehörigen nicht anklagen – meine Tochter weiß eben, daß ich trotz meines Alters noch gesund und kräftig bin – Gott sei Dank dafür! – Antje fällt mein etwas zusammengeschrumpftes Äußeres mehr auf...

An Henny Markus (Jena, 3. Januar 1943)

... Wenn man auch fröhlich ist und den Augenblick genießt, so bleibt im Untergrund doch immer das Bewußtsein des schrecklichen Jammers und Elends, das die Welt erfüllt, und die bange Frage, was die Zukunft bringen wird. Gutes kann es nicht sein. Wir hatten hier noch keine Fliegerangriffe (außer im ersten Kriegsjahr), und dafür bin ich unbeschreiblich dankbar. Das Haus, das wir bewohnen, ist nicht unterkellert, wir wären unrettbar verloren, wenn eine Bombe uns träfe. Aber auch des Nachts aufstehen und in den Keller gehen zu müssen, wäre mir gräßlich, da ich Abends immer sehr müde bin. Wir haben kein Mädchen und viel zu tun.

Zum neuen Jahr wünscht sich wohl jeder den Frieden. Aber selbst wenn der Frieden käme, so fragt es sich noch, wie der Frieden aussieht, was in seinem Gefolge kommt. Es ist alles dunkel...

An Elsbeth Merz (Jena, 15. Januar 1943)

...Gestern holte ich vom Zollamt einen kleinen gläsernen Fisch – ein zierliches, phantastisches Gebilde –, ich habe mich so furchtbar darüber gefreut und weiß nicht, wem ich danken soll. Mein erster Gedanke bist Du – hast Du ihn mir geschickt? Ich weiß nur, daß er aus der Schweiz kommt.

Am 12. ist mein Bruder gestorben, er war schon seit anderthalb Jahren sehr leidend und achtzig Jahre alt. Unsere Generation geht dahin – ich hoffe, daß mir doch noch einige Jahre geschenkt werden. Indessen stirbt die Jugend scharenweise – es ist alles so traurig. Gestern war Südwind, es war Tauluft wie im Frühling, und als ich ausging, fühlte ich mit Lust, daß ich lebe. Ich möchte so gern, daß Du Dir jeweilen mit Freude bewußt wirst, jung zu sein. Ach, das Leben vergeht so schnell, und Jugend ist so schön. Du bist ja noch jung …

An Elsbeth Merz (Jena, 24. Januar 1943)

… Der Tod meines Bruders bedeutet für mich nicht dasselbe, wie der Tod des Deinigen für Dich bedeuten würde. Seit meinem 21. Jahr habe ich ihn nur sehr wenig gesehen, und der Reinhardt [Ernst Reinhardt, Verleger, gestorben 1937] war für mich viel mehr als ein Bruder, denn mit ihm hatte ich zusammen viel Schönes und Schweres erlebt. Mit meinem Bruder verbanden mich die gemeinsamen Kindheitserinnerungen, und überhaupt, unter Geschwistern bleibt immer eine Verbundenheit besonderer Art. Seine Frau und seine Kinder liebten ihn sehr und sind sicherlich sehr traurig, und ich glaube, er wäre sehr gern noch bei ihnen geblieben. Meine Schwester, obwohl dreiundachtzig Jahre alt, ist nach Braunschweig zur Bestattung gefahren …

An Dorothee von Velsen (Jena, 15. Februar 1943)

Liebe Frau von Velsen, mein alter Confalonieri hat jetzt seine Stunde – es ist ganz merkwürdig, wie oft ich in letzter Zeit von ihm gehört habe. Ernst Wiechert, zu dem ich keinerlei Beziehungen hatte, schrieb mir mit beinahe nazistischer Magniloquenz, es sei das schönste Buch des Jahrhunderts. Jedenfalls war es ein anderes, ganz ferngerücktes Jahrhundert, als ich ihn schrieb – ich bin ihm dankbar, daß er nach so langer Zeit sich rührt und mir Menschen verbindet.

Es freut mich sehr, von Ihnen zu hören, daß es Ihnen den Umständen nach gut geht und daß Sie arbeiten. Arbeiten und Gutgehn ist doch fast dasselbe. Dem großen Mercy [österreichischer General zur Zeit des Prinzen Eugen, über den Dorothee von Velsen arbeitete] bin ich öfters begegnet, und ich freue mich darauf, ihn gründlich kennenzulernen. Wenn ich das Buch von Ihnen bekomme, wird es mir doppelt lieb sein.

In bezug auf meinen Stil und die Renaissance bin ich froh, daß Sie den Barock vorziehen, denn für die Renaissance habe ich wenig Sinn, während ich den Barock liebe. – In den letzten Monaten bin ich kaum zu vertieftem Arbeiten gekommen – soweit es mir möglich ist, suche ich meiner Tochter ein bißchen zu helfen, die mit dem ganzen Haushalt belastet ist. Seit ungefähr einem Jahr haben wir kein Mädchen mehr, und jetzt könnten wir sowieso keins behalten, da ja sonst meine Tochter herangezogen würde. Schade, daß wir unsere Ansichten über die Zukunft nicht austauschen können. Ich wollte, ich hätte auch ein solches Buen Retiro wie Sie – aber jetzt gibt es gewiß weit und breit nichts mehr zu kaufen. Sollte Ihr Verlagsinteresse Sie doch nach Jena führen, so wäre es mir eine große Freude, Sie wiederzusehen …

An Lydia Radbruch (Jena, 22. April 1943)

... Ich habe Ihnen noch für die Gedenkrede von Anselms Freund [Ernst Gieser] zu danken. Wie schön ist sie, wie ergreifend zeugt sie von dem guten Geist der beiden Freunde. Den größten Eindruck hat mir gemacht, wie Anselm offenbar in dem Beruf als Soldat Erfüllung seines Wesens gefunden hat. Es scheint, als habe sich für ihn im Kriege das aufgetan, worin er sich selbst finden und Genüge tun konnte. Es muß für Ihr Herz eine Beruhigung sein zu wissen, daß er glücklich gewesen ist. Während man von vielen anderen denkt, sie haben dahingehen müssen, ehe sie ihre Jugend genießen konnten, ehe irgendeine der auf sie gesetzten Hoffnungen sich erfüllte, wissen Sie, daß er seiner eigenen Kräfte mit Stolz und Freude bewußt geworden ist, daß ihm damit eine der höchsten Beglückungen zuteil geworden ist, die dem Menschen werden kann. Es ist so viel Wärme und Schwung der Seele und ideal Jünglingshaftes in der Rede, das, vermittelt von dem Freunde, doch von Anselm auszuströmen scheint. Ich denke mir, Sie müssen diese Worte immer weiter hören wie eine schöne Musik.

Seit den letzten Wochen mehren sich die Anzeigen von gefallenen Soldaten in unserer Zeitung, oft sechs täglich, während es früher nur zwei oder drei waren. Alles ist so drückend und traurig, auch das, was man aus den Städten hört, die von Fliegern angegriffen sind ... Ob ich mich in diesem Jahre zu verreisen entschließe? Ich weiß es noch nicht, jedenfalls möchte ich Sie gern wiedersehen.

Zu Ostern, dem Auferstehungsfeste, schicke ich Ihnen das kleine Büchlein, in dem Sie vielleicht einiges Schöne oder Nachdenkliche finden...

An Ulrich Christoffel (Jena, 1. Juni 1943)

...Wir sind diesmal noch mit unsern grauen, blauen und braunen Augen davongekommen. Es war eine Glanzleistung – in viereinhalb Minuten, ehe man sich noch recht besonnen hatte, war alles getan; ziemlicher Sachschaden, wenig Menschenleben. Von Zeiss ist das oberste Stockwerk ausgebrannt, es soll eine erhebliche Beeinträchtigung sein. Die meisten Bomben waren mit Zeitzündern, so daß sie rechtzeitig isoliert werden konnten. Das Fatale ist, daß wir jeden Abend fürchten, sie kommen wieder, und zwar jetzt mit großen Bomben und viel energischer. Es bedrückt uns jetzt ziemlich, daß wir keinen Keller haben. Wenn wir noch auf sind, können wir schnell zu Nachbarn laufen; müssen wir uns erst anziehen, ist das nicht mehr möglich... Das macht die Sache sehr ungemütlich. Übrigens gestaltete sich die Angelegenheit hier zu einem Volksfest. Endlich hatte Jena eine Sensation. Auch Franz und Kander waren den ganzen folgenden Tag auf den Beinen, um die zertrümmerten Häuser zu sehen, die kaputten Fensterscheiben zu zählen, in den Scherben zu wühlen, die Bahn des Luftdrucks zu verfolgen. Da nur sechs Menschen umgekommen sind, braucht man es nicht tragisch zu nehmen. Kanders Gymnasium wurde in ein Lazarett verwandelt, erst morgen haben sie wieder Schule. Unterricht zu haben, fassen sie jetzt als eine Ungebühr auf. Daß Kander im «Katastrophenschutz» ist, ist auch ein dunkler Punkt. Er muß bei Alarm sofort ins Gymnasium laufen – das etwa 20 Minuten entfernt ist –, um dort zu helfen. Sie können sich vorstellen, wie wir darüber denken, aber er ist einstweilen stolz darauf. So geht ein Jahr nach dem andern hin ... man wird alt und älter ...

An Lydia Radbruch (Jena, 13. Juni 1943)

... Verglichen mit anderen hätten wir es zwar noch gut, wenn diese leidigen Flieger nicht wären. Ich weiß nicht, ob es bei Ihnen auch so ist – hier muß bei einem Fliegerangriff die Hälfte der Bevölkerung auf der Straße sein. Zuerst hieß es, jeder muß bei Alarm in einen Keller gehen. Jetzt muß jeder zum Schutz irgend eines öffentlichen Gebäudes irgendwohin laufen. Ein Bekannter von uns, der sechzig Jahre alt ist, hat zwanzig Häuser zu betreuen und seinen Standort in der Garage. Die Frauen sind mit den kleinen Kindern allein zu Hause und müssen eventuell Brandbomben löschen. Kander ist von der Polizei reklamiert, um von dieser geschickt zu werden, wohin es nötig ist. Er wurde vor ein paar Tagen zu diesem Zweck untersucht.

Wenn er 14 Tage später geboren wäre, wäre er frei. Natürlich sind wir zu Hause auch schutzlos, da wir keinen Keller haben, aber doch scheint es noch besser als auf der Straße, und man ist wenigstens zusammen.

Die Schwierigkeit der Ernährung spüren Sie dort vielleicht etwas weniger als wir hier. Neulich war auf dem Markt nichts, absolut nichts, nicht einmal Salat. Immerhin haben wir es mit Hilfe von Freunden noch verhältnismäßig sehr gut, und unser Garten verheißt auch etwas Obst. Wir haben Tomaten und Bohnen gepflanzt, und sie gedeihen gut.

An Reisepläne mag ich noch nicht denken. Wie gern reiste ich früher – und jetzt hat der Gedanke an Reisen geradezu etwas Abschreckendes für mich. Ich sitze wie in einem Schneckenhaus in unserem Häuschen und komme mir hüllenlos vor, wenn ich es verlasse. Es scheint auch gewagt, das Haus ganz leer zu lassen – also wissen wir noch nicht, wie wir es anstellen …

An Dorothee von Velsen (Jena, 27. Juni 1943)

… Ich erwartete, daß Sie ein vortreffliches Buch geschrieben hätten [*Der Graf Mercy. Ein Leben im Kampf um Deutschlands Grenzen, Jena 1943*], finde aber meine Erwartung weit übertroffen; mit dem größten Wohlgefühl habe ich mich von dem schönfließenden Strom forttragen lassen. Da ist nirgends eine Lücke, eine dünne Stelle, in bewunderns wertem Gleichmaß ist der Bau ausgeführt. Über eines würde ich gerne mit Ihnen sprechen: der inneren Handlung kann ich nicht ganz folgen. Ich verstehe sie etwa so: äußere Anfälle (sagen wir epileptische) verhindern Mercy, einen vollen Sieg zu erlangen und ein ganz großer Feldherr zu werden. Damit muß er fertig werden, er muß den Sinn davon entdecken oder hineinlegen. Sie aber scheinen doch noch etwas ganz anderes zu meinen. Ich kann eine Neigung zum Jähzorn nicht als etwas Böses ansehen und alles, was damit zusammenhängt, nicht so auffassen, wie es, glaube ich, gemeint ist. Ihre Auffassung vom Bösen scheint mir überhaupt von der meinen verschieden zu sein. Aber über alles das könnten wir nur sprechen, es können sonst zu leicht mancherlei Mißverständnisse entstehen, denn die Sache ist doch etwas verwickelt – wenn sie auch, von Ihnen gesehen, vielleicht ganz einfach ist. Besonders reizvoll finde ich die Liebesepisode, so zart, so farbig und doch von Anfang an so mit Wehmut überhaucht. Und künstlerisch ausgezeichnet, wie sie und ihr Ausgang vorbereitet sind.

Sie müssen sich ganz verwaist vorkommen, nundies Zwiegespräch zu Ende ist, mit dem doch auch viel Arbeit verbunden war. Oder sollten Sie schon einen neuen Gefährten haben? So treulos sind ja die Dichter.

Jena ist seit dem Fliegerangriff sehr nervös geworden, man denkt und spricht nichts anderes mehr.

Weniger deshalb als infolge der Ansprüche des

Hauses komme ich schon lange nicht mehr zum richtigen Arbeiten. Auch weil Sonne und Wärme dauernd fehlen. Wenn ich leise friere, erstirbt meine Produktivität. Sehr würde es mich freuen, wenn ich mit Ihnen mündlich über die Probleme Ihres Buches reden könnte...

An Henny Markus (Jena, 27. Juni 1943)

...Gute Bücher erscheinen garnicht mehr, das fehlt einem auch sehr. Man möchte sich gern zuweilen in eine ganz andere Welt versenken. Wenn ich etwas entdecke, wovon ich annehme, es könne Sie interessieren oder zerstreuen, werde ich es Ihnen schicken. Ich gehe alle 8 oder 14 Tage mal in die hiesigen Buchhandlungen und stöbere herum. Romane kommen wohl heraus, aber von unbekannten Autoren, von denen einem die Buchhändler oft selbst abraten.

Die letzte Zeit ist arm an Ereignissen und sogar an Gerüchten. Ist das Stille vor dem Sturm? Es wird einem zuweilen unheimlich zu Mute. Man lebt von einem Tage zum andern und freut sich jeden Morgen, wenn man das «rosige Licht» noch begrüßen kann...

An Ulrich und Grete Christoffel (Jena, 21. Juli 1943)

...Obgleich ich eigentlich keine Minute Zeit habe, denn wir verreisen übermorgen in der Frühe und ich habe noch schrecklich viel zu tun, muß ich

Ihnen sofort über den Eindruck der Freude schreiben, die mir die Böcklin-Bilder bereiten! Ja, eine Seligkeit! Ich möchte mich jetzt in den Garten setzen und stundenlang über den Bildern träumen. Gerade meine Lieblinge sind dabei. Wenn auch Köln und Rom und die halbe Welt zerstört wird – diese Traumbilder sind unzerstörbar, die die Künstler heraufbeschwören – – – Da wurde ich gerade durch einen Besuch unterbrochen, und nun bin ich ganz aus der Stimmung gekommen. Aber die nächste freie Stunde werde ich mich mit den Böcklin-Bildern in die Sonne setzen – die so herbstlich ist, daß ich das kann – und mich glücklich fühlen. Es gibt trotz allem noch schöne Augenblicke – mein Geburtstag war sogar ein schöner Tag –, aber im ganzen wird die Stimmung gedrückter, bei uns und auch bei andern. Sie finden, daß der letzte Akt begonnen hat – ach, das sehe ich nicht so. In dieser Art kann es noch lange, lange weitergehen, wenn nicht im Innern etwas Gewaltsames geschieht, und dazu ist keine Aussicht. Die halbe Welt kann in Schutt und Asche liegen; solange noch Armeen da sind, die bereit sind zu kämpfen, wird Krieg geführt.

Wir sind im Begriff, für etwa vierzehn Tage in die Vogesen zu fahren, die so besonders schön sein sollen. Ich bliebe viel lieber zu Hause, aber die Busi muß mal von ihrem Küchendienst ausruhen, und allein kann ich nicht bleiben. Mir graut vor der Reise, und in den Hotels weiß man auch nicht, wie man es trifft.

Jemand hat erzählt – wahrscheinlich Professor Sommerfeld –, daß Sie, lieber Christ, sehr mager geworden sind und daß Frau Grete munter und tätig ist. Sie waren ja auch krank – hoffentlich gehts nun besser... Und wann halten Sie mal wieder Vorträge in Berlin? Könnten wir uns doch wiedersehen! Tausend Dank für Glückwünsche und Bilder. Ihre *ur*alte Freundin.

An Leo Merz (Jena, 11. August 1943)

... Ich freue mich immer besonders, wenn ich Ihre Schriftzüge sehe und von Ihnen selbst höre, daß es Ihnen und Frieda gut geht; denn das Volk über siebzig befindet sich doch mehr oder weniger in labilem Zustand, und man möchte immer wieder von neuem bestätigt hören, daß alles in Ordnung ist. Wir, Busi und ich, sind gestern aus den Vogesen zurückgekommen, wo es unbeschreiblich schön war, doch habe ich einen teuren Preis für den Genuß bezahlt, indem ich mir beim Klettern den Fuß verknickte; es wird wohl eine Sehnenzerreißung sein und lange dauern. Die Heimreise war unter diesen Umständen schwierig. In Heidelberg hielten wir uns noch drei Tage bei meiner Freundin auf, und da hatten wir ein eigenartiges Erlebnis. In der Nacht, bevor wir abreisten, also Montag nacht, war Fliegeralarm, und wir gingen in den Keller. Das Haus ist ein altes Kloster mit einem riesigen, festen, gewölbten Keller. Von dem Flügel, den meine Freundin bewohnt, gibt es dazu keinen direkten Zugang, mit meinem kranken Fuß war schon die Reise dahin über alte, dunkle Treppen abenteuerlich. Ich wurde, unten angelangt, sorgsam auf eine Pritsche gebettet und weiß doch nun endlich, wie es sich auf Pritschen liegt. Von den Bewohnern des großen Hauses waren etwa fünfzehn anwesend. Eine mir befreundete Dame, etwa fünfundfünzig Jahre alt, noch schön, war vollkommen angezogen, so daß sie direkt in eine elegante Gesellschaft hätte gehen können. Ihr Mann hatte einen alten Schlafrock an und sah aus wie ein Mönch. Mehrere Herren wurden mir vorgestellt, die für mein dämmerungsblindes Auge wie Schatten aussahen. Die Keller waren nur schwach beleuchtet. Die Leute standen in wechselnden Gruppen beieinander und unterhielten sich angeregt. Von Zeit zu Zeit horchte man, ob die Flieger draußen noch surrten. Als das Geräusch schwächer wurde, gingen wir hinauf. Es hatte etwas Gespenstisches und zugleich Komisches. Als wir wieder im Bett waren, war es halb vier, um sechs mußten wir aufstehen. Nun habe ich nur noch wenig Platz, um Ihnen und Frieda für das schöne Geburtstagsgeschenk und die Briefe zu danken...

An Henny Markus (Jena, 10. Oktober 1943)

...Das ist eine schreckliche Nachricht; ich begreife, daß Sie verzweifelt sind, ich würde es in Ihrer Lage auch sein. Solange man noch ein Heim hat, wo man sich geborgen fühlt, wo man sein ganzes Leben in hundert Kleinigkeiten beieinander hat, wo man sich «vor der Welt verschließen» kann, erträgt man vieles, was von außen drückt. Ich empfinde die ganze entsetzliche Bitterkeit und Müdigkeit derer, die plötzlich ihrer ganzen Habe beraubt sind – es muß ja sein, als ob einem die Haut abgezogen wäre und man wund und schutzlos der Welt preisgegeben wäre. Einer Freundin von mir in München ist es ebenso gegangen, eine Malerin, die viele schöne Sachen hatte, und einer Bekannten in Barmen. Von vielen andern habe ich gehört. Natürlich wird dadurch Ihr Schicksal nicht leichter. Schlimm ist es auch, daß man so wenig helfen kann, weil man ja an allem, an Kleidern, Wäsche und dergleichen allmählich selbst arm geworden ist. Nur mit Büchern kann ich etwa aushelfen – die sind aber meistens erst erwünscht, wenn wieder ein Heim im Entstehen ist. Meine Bekannte in Barmen schrieb mir, daß 45000 Menschen dort Wohnung suchten, daß sie also garkeine Aussicht hätte, eine zu bekommen. Ihre Schilderung der dortigen Schreckensnacht war übrigens ganz ähnlich wie die Ihrige. Auch dort mußten sie aus dem Keller heraus, kamen in die ganz und gar brennende Straße und retteten sich in den angrenzenden Wald. Und ganz Deutschland ist voll von Flüchtlingen, die in einem Rucksack oder Köfferchen den Rest ihrer Habe mit sich herumschleppen. Wir erwarten zur Nacht einen Angriff, dies ewige Fürchten ist sehr enervierend. Alarm haben wir oft

Nachts, dann muß mein Enkel, 14 Jahre alt, heraus, auch jedesmal eine Aufregung für uns. Ich kann Ihnen nur sagen, Liebe Frau Markus, daß ich ganz mitempfinde, wie trostlos Ihre Lage ist. Auch wenn man nicht am Besitz hängt – man hängt an dem Stückchen Freiheit und Glück, das einem das eigene Heim gewährt, und an all den Erinnerungen, die mit den Dingen verbunden sind, die einen doch das ganze Leben begleitet haben. Die schönste neue Einrichtung kann das nicht ersetzen...

An Gustav Radbruch (Jena, 23. November 1943)

...Mit jedem Geburtstag rückt der Zeiger der Lebensuhr der großen Zwölf wieder ein Stück näher. Wenn man geliebte Menschen verloren hat, nimmt der Tod die geliebten Gesichtszüge an und verliert seine Schrecken; aber solange es einem beschieden ist zu leben, lebt man doch gern, besonders, wenn einem noch sehr Geliebtes geblieben ist. So kann ich Ihnen denn einen aufrichtigen Glückwunsch sagen, Ihnen und Ihrer lieben Frau. Man wagt freilich das Wort Glück kaum auszusprechen. Es scheint augenblicklich alles so aussichtslos, so auswegslos – man sieht ein endloses Grauen vor sich.

Gern hätte ich Ihnen ein hübsches Buch geschickt, über dem man sich und das allgemeine Elend zeitweise vergessen könnte; es glückte mir nur, das kleine Reisebüchlein von Carl Burckhardt aufzutreiben, das ich gleichzeitig abschicke. Der Name bürgt ja für ein gewisses Niveau, und man begibt sich gern einmal auf Reisen ohne die Mühseligkeit der Eisenbahn. Ich scheue sie sehr, die Eisenbahn; trotzdem hoffe ich, daß sie mich nächsten Sommer wieder nach Heidelberg bringt...

An Martin Hürlimann (Jena, 12. Dezember 1943)

...Ich möchte Ihnen nur sagen, daß ich jetzt das Buch von Fritz Ernst [Literarhistoriker in Zürich; veröffentlichte 1940 *Die Sendung des Kleinstaates, Ansprachen und Aussprachen*], das Sie mir schickten, angefangen habe zu lesen und ganz bezaubert davon bin. Auch abgesehen vom Inhalt – mit dem ich völlig übereinstimme –, wirkt es unwiderstehlich durch die Form. Ich habe seit Jahren nichts gelesen, wo ich so bei jedem Wort verweilte, um es zu genießen. Bis jetzt habe ich die ersten drei Aufsätze gelesen; ich wollte, das Buch wäre viel umfangreicher.

Seit Sie in Freiburg waren, hat sich hier wieder viel ereignet. Durch die Zerstörung von Millionen von Büchern in Leipzig ist der Büchermarkt noch spärlicher, als man erwartete. Ich schreibe gleichzeitig an Professor Kippenberg, um zu hören, wie es ihm ergangen ist.

Sie feiern mit Ihrer Frau und mit Ihrem Kinderkranze sicher ein schönes Fest. Gewiß gibt es Schlittschuhe oder Skier...

An Marie Baum (Jena, 25. Dezember 1943)

... Nur noch ein Jahr, dann liegt Deutschland in Trümmern, und die Deutschen sind ein Volk von heimatlosen Bettlern. Es scheint mir alles vollkommen dunkel und hoffnungslos. Man kann nur sagen, daß diese Methode des Kriegführens etwas Barbarisches hat – die Soldaten möglichst schonen und die wehrlose Bevölkerung vernichten.

Heute morgen wollte ich in die Kirche gehen – Herr von Rad predigte; als ich auf die Straße kam, konnte ich mich gerade noch am Geländer festhalten, solches Glatteis war. Also blieb ich zu Hause. Heute nachmittag sind wir bei Dahlets, wo Musik gemacht wird, und morgen ist ein Mittagessen mit unserer Gesellschaft vom Runden Tisch. Wir haben einen wunderschönen Baum und noch reichlich Kerzen vom vorigen Jahr. Kanders letzte Freunde kommen nun Anfang des Jahres zur Flak, er bleibt fast allein mit den beiden Mädchen in der Klasse. Diese Auflösung des Gymnasiums ist sehr traurig. Kander hängt dermaßen mit seinen Schulfreunden zusammen, daß er sehr darunter leidet und möglichst immer bei der Flak steckt. Er hat es doch hübsch zu Hause und liebt es auch, aber sein eigentliches Leben sind doch seine Freunde ...

An Martha Friedländer (Jena, 26. Dezember 1943)

...Vergangene Weihnachten schenkten Sie mir einen so besonders originellen zierlichen Baumschmuck, der damals nicht verwendet wurde, diesmal aber sollte er den Baum schmücken. Als ich die Ringe aus dem Körbchen herausnahm, kam ein winziger gläserner Pelikan zutage, damals übersehen, über den ich mich so freute, daß ich ihn wieder mit ins Bett nahm – diese Angewohnheit habe ich beibehalten. Wäre es nicht der Pelikan gewesen, hätte ich das Krüglein gewählt – wie Sie nur immer so reizende Dinge auftreiben und dann hergeben! Wir bestimmten es für Zitronensaft... Eigentlich ist es doch grotesk, daß man Weihnachten feiert wie sonst, einen Weihnachtsbaum schmückt und sich beschenkt mit Dingen, die vielleicht schon ein paar Tage nachher von Bomben vernichtet werden. Daß man überhaupt ein Fest feiert! Unter unsern Bekannten sind schon mehrere ausgebrannt, und wie vielen steht es bevor, wenn der Krieg noch lange dauert. Soviel ich höre, sind alle in einer so hoffnungslosen Stimmung wie noch nie, seit der Krieg anfing. Man hofft eben gar nichts mehr, fürchtet nur noch. Uns, Busi und mich, ängstet auch das Schicksal Italiens. Mein Schwager in Mailand war immer ein heftiger Gegner der Faschisten, und es kann leicht sein, daß er sich in der Zwischenzeit kompromittiert hat. Für gewöhnlich hat man nicht viel Zeit, über alles das nachzudenken.

Daß es Ihnen, liebe Martha, nicht gut geht, tut

mir leid. Sorgen und mangelhafte Ernährung – das ist nicht geeignet, die Gesundheit zu erhalten. Wie traurig ist es, daß Sie drei Töchter haben und keine einzige bei sich, die Sie pflegen und hegen würde! Ich denke oft, wie schwer Ihr Schicksal ist, und Sie klagen doch nie. Ich wundere mich überhaupt, daß Deutschland nicht viel mehr von Jammergeschrei erfüllt ist. Allerdings, wenn man reist und auf der Eisenbahn ist, hört und sieht man viel Herzzerreißendes.

Uns geht es insofern gut, als wir bis jetzt gesund sind. Im Laufe des nächsten Jahres wird Kander zur Flak kommen, das ist ein empfindlicher Schlag. Er ist doch erst vierzehn Jahre alt und noch ein Kind, obwohl groß und stattlich. Wir haben ihn bis jetzt noch leidlich füttern können; ich bekomme immer allerlei Zusätzliches geschenkt ... Ich bin froh, daß ich im vergangenen Jahr, wo ich irgend konnte, Bücher gekauft habe, denn damit hat es zunächst ein Ende, nachdem in Leipzig nicht nur Millionen Bücher, sondern auch die Vorräte an Papier, die die Verleger noch hatten, verbrannt sind. Auch der Insel-Verlag ist ganz abgebrannt ...

An Helene Bultmann (Jena, 28. Dezember 1943)

... Die schöne Hegeso [griechisches Frauenbild, Relief] blickt voll Wehmut auf den bunten Weihnachtsstand um sie her; vielleicht hat sie andere Gedanken dabei als wir, aber ihr Gefühl, diese

Abschiedstrauer, ist unserm gleich, so daß sie uns alle zu vertreten scheint und das Schmerzliche, das von ihr ausgeht, beinahe wohltuend wirkt. Sie müssen aber nicht denken, daß wir uns am Heiligen Abend solchen Betrachtungen hingegeben haben, wir haben uns des schönen Augenblicks erfreut. Ich finde es erstaunlich, in welchem Grade die Menschen dazu fähig sind inmitten von Jammer und Elend. Die arme kleine Antje [Lemke geb. Bultmann] hat in Leipzig schreckliche Eindrücke gehabt; wir hoffen, daß sie sich zu Hause und mit den vertrauten Bildern des heimischen Zusammenseins heilt.

Daß Sie wieder singen können, liebe Frau Bultmann, hat uns ganz besonders erfreut; wie herrlich überhaupt, daß die Familie wieder gesund ist! Möge es im neuen Jahre so bleiben ...

An Martin Hürlimann (Jena, 14. Januar 1944)

... Vielleicht habe ich Ihnen noch nicht gesagt, daß im Laufe des Jahres Gedichte von mir als Insel-Bändchen erscheinen werden *[Herbstfeuer]*. Das habe ich dem Insel-Verlag selbst angeboten, erstens, weil es nicht viel Gedichte, aber gerade genug für ein Inselbändchen sind, zweitens, weil ich Professor Kippenberg, der immer sehr freundschaftlich und aufmerksam gegen mich gewesen ist, gern eine Freude machen wollte – (ich bilde mir ein, es mache ihm Freude), zumal er in diesem Jahre siebzig Jahre alt wird. Ich hoffe, Sie werden das begreifen.

Daß meine Weißen Nächte [Novelle, im Atlantis Verlag 1943] verbrannt sind, tut mir leid, denn es hat sich ein mehrfacher Schrei nach ihnen erhoben; aber schließlich ist ja mehr als das zu beklagen.

Wie ist es denn mit Papier für meine Urphänomene? Wenn nichts dazwischenkommt (wieviel kann störend dazwischenkommen), kann ich sie in ein paar Wochen beenden ...

An Reinhard Buchwald (Jena, 2. Februar 1944)

... Rückert hat den Termin zu früh angesetzt: «Mit vierzig Jahren ist der Berg erstiegen.» Es sollte heißen: «Mit sechzig Jahren!» Ein schöner Augenblick, der so passend zusammenfällt mit der Höhe Ihrer Erfolge. Dazu kann man Ihnen aus vollem Herzen Glück wünschen, wie böse auch die Zeit ist. Ich denke mir, daß Sie sich angesichts vieler aufmerksamer und dankbarer Zuhörer jünger fühlen als manchmal früher.

Meine Freundin, Frau Dr. Baum, schrieb mir, daß Sie ein besonderes Gefallen an meinem Armen Heinrich gefunden haben. Da ich ein Exemplar dieser Jugendgeschichte besitze, kann ich die Lücke ausfüllen. Ich würde es nicht hergeben, da es ungewiß ist, ob und wann es wieder zu beschaffen ist; aber für diese Gelegenheit opfere ich es gern. In Ziegelhausen ist es ja ohnehin sicherer als in Jena.

[Das Buch enthielt die Widmung: «Sechzig Jahre / Das Herz, nun freier von mancher Bedrängnis / Rastloser Leidenschaft, wendet sich wieder zur Kindheit, / Und betrachtet mit heiterem Blick die bunten Gebilde, / Die einst spielende Jugend träumerisch glücklich entwarf.»]

An Marie Baum (Jena, 23. April 1944)

... Seit einiger Zeit bin ich im Gehen behindert und dadurch schwer verstimmt. Eben war Dr. Dahlet da, hat sich die Sache angesehen und gesagt, es sei arthritisch, werde aber schon wieder vorbeigehen. Ich hatte schon gedacht, es würde mir gehen wie Marianne [Marianne Plehn, die viele Jahre hindurch ein ähnliches Leiden hatte], und das drückte mich sehr nieder, um so mehr, als alles andere auch so niederdrückend ist. Dr. Dahlet sagte mir, daß das Knie überhaupt sehr heikel ist, daß es ihm auch mal so gegangen ist und daß er fest glaubt, es wäre vorübergehend. Ich bin also etwas getröstet. Nachts wird es immer etwas besser, ich will also möglichst wenig gehen und das Knie ausruhen lassen. Ich schreibe Dir diese Gedanken, um zu erklären, warum ich in letzter Zeit nicht schreiben mochte und an einer kleinen Melancholie litt. Unbeweglichkeit ist mir unausdenkbar schrecklich, das ist aber kein Beweis, daß ich nicht doch unbeweglich werden könnte. Also, reden wir nicht mehr davon, ich will hoffen, es werde vorübergehen.

... Alle Leute sind überlastet, überanstrengt, elend. Fürchterlich, jetzt krank zu sein. Busi fand keinen Zahnarzt, der sie behandeln wollte, sie landete schließlich in der Poliklinik, wird da gut behandelt, aber sie sagt, die Leute wären dermaßen überlastet, daß sie morgens um 9 Uhr schon den Eindruck hätte, der junge Arzt, der sie behandelt, sei todmüde. Man hört nichts als traurige oder schreckliche Dinge ...

An Fritz Salzer (Jena, 15. Juli 1944)

Lieber alter Freund Salzer, Ihre Verse [zum achtzigsten Geburtstag] bewegen mein Herz, ich kann sie nicht ohne Tränen lesen. So das Herz treffen kann nur ein Dichter. Es liegt so viel darin – wie schön es einmal war – und wie traurig es jetzt ist – alte Freundschaft – Lachen und Weinen – kurz, ich kann sie auswendig und danke Ihnen ...

An Martha Friedländer (Jena, 17. Juli 1944)

... Es ist schön, einen Liebesbrief zu bekommen, nämlich dann, wenn das Herz die Gefühle erwidert, die ihm entgegengebracht werden. Ich benutze einen Augenblick, wo ich keine häuslichen oder Repräsentationspflichten habe, um Ihnen gleich zu antworten, weil ich Ihre Worte so tief und warm empfunden habe und möchte, daß mein Dank als

Widerhall schnell zu Ihnen kommt. Mit Christoffels, die gestern kamen, habe ich gleich von Ihnen gesprochen, von Ihrem harten Schicksal, daß Sie drei Töchter und keine bei sich haben, und wie schön Sie es tragen. Was liegt alles zwischen der Zeit, als ich Sie kennenlernte in dem glücklichen Heim mit Eva und Lolla – Marianne war noch nicht auf der Welt – und dem furchtbaren Heute. Das reizende Bildchen, daß Sie mir schickten, gibt Sie wieder, wie Sie damals waren; übrigens sind wohl wenig Menschen ihrem Jugendbild so ähnlich geblieben wie Sie. Auch die Jugend des Gefühls haben Sie behalten, in dem ich mich sonnen darf.

Die Grüße der Freunde und mancher fast vergessener Bekannter und auch Unbekannter sind das Schönste vom Geburtstag. Sonst bringt er manches Schwierige und Peinliche mit sich. Das Geringste ist noch, daß unser Häuschen – eher etwas proletarisch – gar nicht zu großen Empfängen geeignet und die Bewirtung der Gäste schwierig ist. Die ganze Familie ist heute bereits todmüde. In der Frühe ist B. [Marie Baum] gekommen, Gott sei Dank, daß sie da ist, man hat jetzt immer Angst, wenn Freunde auf Reisen sind. Fast niemand sonst ist da, der meinen Siebzigsten mitfeierte – Reinhardt, Hedwig Bleuler-Waser und Professor von Baeyer gestorben, andere sind krank, nur Kippenbergs werden da sein. Das Gedenkblatt, liebe Martha, von dem Sie schreiben, habe ich noch nicht gesehen, ich bin gespannt darauf. Ich wollte Sie eben nur umarmen und küssen und Ihnen danken für die Liebe, die Sie mir durch so viele Jahre gezeigt haben. Wenn doch noch glückliche Jahre für Sie kämen! Man wagt kaum zu hoffen, aber ich wünsche es Ihnen von ganzem Herzen ...

An Lydia Radbruch (Jena, 23. Juli 1944)

... Sie und Ihr Mann haben mich so überreich beschenkt, daß ich nicht weiß, wo ich mit Dank beginnen und wo enden soll; das Schöne, das Nützliche, das Belehrende, das Interessante – alles ist vorhanden. Das Schöne sind die Schmetterlinge und Vögel, so verschwenderisch auf vergänglichen Stoff gemalt, das Nützliche ist unschätzbar und wird mich überdauern. Den Fontane *[Gustav Radbruch, Theodor Fontane, oder Skepsis und Glaube, Leipzig 1944]* habe ich vorgenommen, sowie mein Gehirn aus der Betäubung, in die es durch die Festtage geraten war, wieder zu sich zu kommen anfing ...

An Lydia Radbruch (Jena, 24. Juli 1944)

... Ich bewundere an dem Fontane die Klarheit des Gedankenaufbaus, der einen so sicher und gelinde führt, dann die Menge der Gesichtspunkte, die den Gegenstand immer von neuen Seiten beleuchten. Die Schrift ist so ungemein anregend, daß die Betrachtungen einen dicht umschwärmen, man möchte den Verfasser zur Hand haben und ihn zu noch eingehenderen Gesprächen veranlassen. Einiges, was mir eingefallen ist, muß ich gleich sagen. Kann man es Religiosität nennen, wenn jemand in Todesnot sich instinktiv an eine höhere Macht klammert? Ist Ihr Gegenstand nicht eigentlich, was sich noch an Glaubensresten in der europäischen Menschheit findet? Eine ganz andere Ansicht habe ich zu dem Elementaren, wenn ich Sie neulich recht verstanden habe. Ich empfinde das Elementare durchaus nicht als ungöttlich oder gar widergöttlich. In Sturm und Gewitter haben alle Völker eine Manifestation Gottes gesehen, die Griechen haben alle Quellen und Gewässer als heilig verehrt. Auch lieben die Melusinen und Undinen, die Menschen sind es, die treulos sind. Das Nichtliebenkönnen läßt sich eher dem erloschenen Krater vergleichen, also dem, das von den Elementen verlassen ist. Ich glaube, es ist gerade das Elementare, das Fontane gefehlt hat.

Unversehens, liebe Frau Radbruch, habe ich mich an Ihren Mann gewandt; aber der Brief ist ja auch für Sie beide bestimmt, und die Abhandlung über Fontane interessiert Sie sicher ebenso wie mich. Was in der Festmappe [zum achtzigsten Geburtstag] ist, habe ich noch nicht lesen können; Sie haben mich so reich bedacht, daß ein Geschenk das andere verdrängt. Ich hoffe, Sie in diesem Sommer noch zu sehen ... Ich halte den Gedanken an Ihre liebevolle Freundlichkeit in meinem Herzen fest ...

An Martha Friedländer (Jena, 24. Juli 1944)

... Ich wollte Ihnen danken, und nun muß ich Sie zuerst beklagen! Wie schrecklich, daß Sie aus Ihrem Hause vertrieben sind! Näheres weiß ich noch nicht; was ich weiß, ist schlimm genug. Ach, wenn Ihnen doch das erspart geblieben wäre, da Sie schon so viel entbehren müssen.

Nun muß ich aber doch sagen, daß ich Ihre Büste [Selbstporträt] wundervoll finde. Ich wußte nicht, daß Ihre Kunst so bedeutend ist, sie imponiert mir. Der Kopf ist so ausdrucksvoll, so überzeugend, daß man fühlt, anders kann es nicht sein, und so ist es richtig. Auch sehr ähnlich. Ich freue mich schon, das Bild zu besitzen.

Liebe Martha, ich danke Ihnen für das Zeichen der Liebe und Freundschaft und für Ihren Brief und das warme Gefühl, das mir daraus entgegenkommt. Könnte ich Sie doch jetzt besuchen und Sie mit tröstender Liebe umgeben! Anstatt dessen fahre ich in acht Tagen in die Schweiz (wenn überhaupt etwas daraus wird) und kann mich nicht einmal recht darauf freuen, weil der Gedanke an das, was zu Hause unterdessen geschehen kann, mich stets beunruhigen wird...

An Henny Markus (Jena, 26. Juli 1944)

... Nach einem der großen Angriffe auf Frankfurt schrieb ich Ihnen, um zu erfahren, wie es Ihnen ergangen sei, und bekam keine Antwort. Das konnte bedeuten, daß Sie nicht mehr am Leben seien. Deshalb war ich so froh beim Anblick Ihrer Handschrift. Der Inhalt Ihres Briefes ist allerdings schrecklich traurig und kann es auch garnicht anders sein. Ich glaube auch, es wird alles immer noch entsetzlicher werden. Wenn ich von den zerstörten Städten höre, wird mir bewußt, wie gut wir es hier einstweilen noch haben. An den wenigen schönen Tagen liegt Jena so idyllisch reizend da, daß man den Krieg vergessen könnte. Blumen hatte ich an meinem Geburtstag in solcher Fülle, daß ich sie nicht unterzubringen wußte. Es war ein schöner Tag, der mir viele Zeichen der Liebe brachte, aufregend war es aber auch, und ich erhole mich erst allmählich davon. Daß Sie mir ein schönes Buch geschenkt haben, ist die verkehrte Welt; nehmen Sie meinen innigsten Dank dafür. Ich vergesse Ihre neue Bibliothek nicht – wenn uns die meinige erhalten bleibt, soll noch mancher Beitrag zu Ihnen gehen. Da ich die nächsten Tage für ein paar Wochen verreise, habe ich furchtbar viel zu tun und muß meinen Brief kürzer fassen, als ich sonst täte.

Sie haben ganz recht, wenn man die Vernichtung nicht erlebt hat, kann man sich das Entsetzen nicht vorstellen. Ich sage mir das oft. Man hört viele Schilderungen von denen, die dabei waren; aber das Erleben ist sicher noch viel schlimmer, als die Phantasie es sich ausmalt. Jetzt liegt München auch schon in Trümmern. Wie das einmal werden wird, davon kann man sich keinen Begriff machen. Es ist besser, nicht daran zu denken …

An August Grisebach (Jena, 26. Juli 1944)

...Ja, es drängen sich erschütternde Vergleiche auf, wenn man zehn Jahre zurückdenkt. Aber wir haben trotz allem wieder rauschend gefeiert [den achtzigsten Geburtstag am 18. Juli] – ich glaube, es ist wie in Pestzeiten –, am Rande des Abgrunds sind die Feste am lautesten. Von Osten rückt es drohend immer näher. Es hat etwas Groteskes, wie idyllisch sich das Leben hier anläßt, da wir bisher von den Bomben verschont geblieben sind. Wahrscheinlich werden meine Tochter und ich im August in der Schweiz sein, dann kann ich Ihnen von Wölfflin erzählen. Wenn man dann noch solche Sachen erzählen kann und mag. Daß sich Ihr Sohn von der Kinderlähmung so erholt hat, ist doch ein Glück! Möchten Sie von allem Bösen verschont bleiben...

An Reinhard Buchwald (Jena, 27. Juli 1944)

...Als Ihr Päckchen kam, dachte ich hocherfreut: die Schillerbriefe! [Insel-Verlag 1944] Und war enttäuscht, als ich sie nicht fand. Bei näherer Betrachtung habe ich mich aber Ihres Geschenkes sehr erfreut. Ich habe noch nie eine Einführung in den Faust gelesen und bin überzeugt, daß ich daraus viel lernen und gewinnen kann. Jeder betrachtet doch anders und anderes, und Sie vollends, der sich so eingehend mit dem Gegenstand beschäftigt hat, werden mir viel Neues sagen. Ich verschlinge die Bücher gewöhnlich nur, um das Schöne zu genießen, und wenn ich etwas nicht gleich verstehe, lese ich darüber hinweg. Aber ich weiß doch die verborgenen Gedankenschätze auch zu werten. Daß die Aufsätze von Grimm mich interessieren werden, ist keine Frage, ich fischte gleich einiges heraus, das ich wunderschön fand. Haben Sie Dank für die beiden reichhaltigen Bände und für Ihre Glückwünsche. Ich erhole mich langsam von den Anstrengungen des Festtages [achtzigster Geburtstag], der alles in allem sehr festlich und fröhlich verlief. Daß alles Irdische seine dunklen Punkte hat, ist unvermeidlich. Wollen Sie bitte Ihrer Frau für ihren Brief und die Glückwünsche danken. Von so vielen Seiten ist mir gewünscht: Gesundheit und den Frieden noch zu erleben, daß ich mich zuweilen der Hoffnung hingebe, es könnte helfen ...

An Leo Merz (Heidelberg, 16. August 1944)

... Nun habe ich die Hoffnung endlich ganz aufgeben müssen. [Im Hinblick auf die Ereignisse des 20. Juli 1944 wurde die Ausreisegenehmigung nach der Schweiz zurückgezogen.] Es traf mich so hart, daß ich ganz krank davon war. Trotzdem bin ich hierher gefahren und bleibe vierzehn Tage bei meiner Freundin. Busi ist mit Mann und Sohn nach Hohrodberg gefahren, wo wir voriges Jahr waren. Nachdem ich mich zweieinhalb Monate auf die Elfenau gefreut hatte, wird es mir schwer, mich umzustellen, und ich denke mir, daß es auch Ihnen leid tut. Da ich darauf rechnete, Sie bald zu sehen, habe ich Ihnen auch noch nicht gedankt für das schöne Blatt in meiner Festmappe, für das wunderhübsche Bild Ihres Hauses (das jedermann entzückt) und für die Bilder aus der wohlvertrauten Sammlung. Ich wollte nur, ich könnte Ihnen das Ganze zeigen. Eigentlich müßte ich nun auch von meinem Geburtstag erzählen, vielleicht tue ich das ein anderes Mal. Schrecklich leid tat es mir, daß ich Sie solange vergeblich warten lassen mußte, aber ich konnte es nicht ändern, da ich ja selbst von Tag zu Tag wartete...

An Ulrich Christoffel (Jena, 22. September 1944)

... So seid Ihr denn endlich heimgekommen [nach Chur] und fühlt Euch vielleicht schon ein wenig heimisch. Ich habe nun fast niemand mehr in München, nachdem auch Martha Friedländer fort ist. Hier bei uns ist es nicht mehr so festlich-fröhlich wie während Ihres Besuches, das können Sie sich ja denken. Das war gerade noch vor Toresschluß. Vierzehn Sonnentage habe ich in Heidelberg verlebt, während Franz und Busi in den Vogesen waren. B. [Marie Baum] hat mich wunderbar gepflegt, ich war nämlich richtig erholungsbedürftig, was ich an mir gar nicht gewöhnt bin. Ich könnte jetzt sagen: «Vor Kummer altert' ich zu frühe», wenn man das mit achtzig Jahren sagen könnte. Wir leiden sehr unter der Kälte, Sie auch? Der Fisch steht unten im Glasschrank, er ist zu schwer, als daß ich ihn ins Luftschutzköfferchen aufnehmen könnte. Das betrübt mich, hat aber den Vorteil, daß ich ihn zuweilen betrachten kann. Schreiben Sie doch, wie sich Ihr Leben gestaltet. Werden Sie Fanny Hoppe sehen? [Fanny Hoppe-Moser war der Bombenangriffe wegen von München nach Zürich verzogen.] Die Arme fühlt sich so einsam. Seien Sie tausendmal in alter Liebe und Freundschaft gegrüßt...

An Henny Markus (Jena, 29. Oktober 1944)

...Daß meine Vaterstadt Braunschweig am 15. 10. völlig vernichtet worden ist, werden Sie gehört haben. Fast jeden Tag kommt irgend eine Schreckensnachricht. Wir leben hier wie auf einer abgelegenen Insel – nur daß wir wohl wissen, es kann jeden Tag das Unglück auch über uns hereinbrechen. Der Gedanke oder vielmehr die Tatsache, daß wir keinen Keller haben, macht diese Aussicht recht ungemütlich. Natürlich kommen viele Flüchtlinge hierher. Und Studenten aus den Städten im Westen. Aber, wie gesagt, wir haben es jetzt noch verhältnismäßig sehr gut. Die Zukunft natürlich ist für uns ebenso dunkel und trostlos wie für alle. Sicherlich aber kann man nicht klagen, solange man noch ein eigenes Heim hat. Muß man aus dem Heim heraus, das ist, als wenn man aus seiner Haut heraus müßte. Ich fühle so ganz mit Ihnen, wie Sie unter diesen Verhältnissen leiden. Man glaubt zuweilen, alle diese Dinge könnten nicht mehr sein, man müßte plötzlich aufwachen und aufatmen, weil alles nur ein Alpdruck war...

An Reinhard Buchwald (Jena, 6. November 1944)

...Mein Schwiegersohn hat uns vorgestern abend Ihren Aufsatz über Beethoven und Schiller vorgelesen. [Aus dem Manuskript; veröffentlicht Heidelberg 1946.] Ich bin nicht immer einer Meinung mit Ihnen, aber ich finde ihn wundervoll! Es kam mir vor, als wenn man von jemand, der eine Fackel trägt, durch ein Museum oder durch eine Tropfsteingrotte geführt wird, die das Licht bald auf diese, bald auf jene schöne Bildung fallen läßt, so daß der Blick fortwährend auf Schönes, Sehenswertes, Interessantes gelenkt wird. Wir waren alle gefesselt...

An Reinhard Buchwald (Jena, 12. November 1944)

...Ich habe an Ihren Vorträgen jedesmal so viel Freude gehabt, also wollte ich auch lesen, was Sie über mich geschrieben haben, und ich empfand es auch sofort als wohltuend, wenn man sich Ihrer klaren, ordnenden Führung überläßt. Wundervoll, daß da die üblichen, im Grunde nichts aussagenden Phrasen nicht erklingen. Im ganzen haben Sie mit

Ihrer Auffassung wohl recht; ich will nur einige Bemerkungen im Anschluß daran machen.

Als junges Mädchen hatte ich eine Freundin, die ich sehr liebte. Ich bezeichnete sie als kompliziert, mich als einfach. Von meiner Einfachheit (im Gegensatz zu kompliziert) war ich sehr durchdrungen. Erst viel später kam es mir in den Sinn, daß ich wohl doch nicht so einfach sei, wie ich meinte.

Ungefähr seit meiner Heirat kam ein Bruch in mein Wesen. Bis dahin war ich, was man fälschlich heidnisch nennt, besser elementarisch nennen sollte, ich folgte hemmungslos meinen leidenschaftlichen Gefühlen und Antrieben. Dieser Bruch kommt wohl in der Triumphgasse [1902] zum Ausdruck.

Als ich Luthers Glaube [1916] schrieb, war mein Plan zuerst ein anderer, ich wollte Luther und die Habsburger, d. h. das Habsburgische, zusammen auftreten und in ihrem Gegensatz erscheinen lassen. Davon ist nur der Gegensatz des Briefschreibers und des Angeredeten übriggeblieben. In den Habsburgern hätte ich mich genau so selbst gefühlt wie in Luther. Man greift oft an, was man in sich selbst bekämpfen möchte.

Bei dem Gedicht: «Ob die Erde bebt und brüllt ...» habe ich nicht an mich gedacht. Ich habe mich niemals als Kind Gottes in diesem Sinne gefühlt. Weit entfernt.

Mein «Frühling in der Schweiz» ist durchaus wahrheitsgetreu, aber er enthält nicht alles. Ich habe mit Absicht den dunklen Untergrund weggelassen, weil es eben Frühling und hell sein sollte.

Es war für mich, wie ich glaube, ein Glück, daß ich, um Geld zu verdienen, immer angespannt arbeiten und tätig sein mußte. Ohne diesen dauernden Zwang wäre ich wahrscheinlich melancholisch geworden.

Diese vereinzelten Bemerkungen sollen keine Kritik oder Bestreitung, sondern eine Ergänzung sein, und ich bitte, sie als Dank aufzufassen für Ihre Vertiefung in mich und mein Werk.

Bitte sagen Sie Ihrer Frau meinen Dank für ihren Brief. Was nun Hesse betrifft, so bewundere ich immer das am meisten, wovon ich fühle, daß ich es nicht kann. Das Zwielicht in Hesses Gedichten ist eine Kunst, die mir nicht gegeben ist, und das finde ich höchst reizvoll. Seine Prosawerke, soweit ich sie kenne, stelle ich nicht sehr hoch.

Zu uns armen Thüringern strömen von allen Seiten die Flüchtlinge. Wir haben das ungemütliche Gefühl, daß wir zu der letzten Festung bestimmt sein könnten, in der man sich verteidigt...

An Henny Markus (Jena, 2. Dezember 1944)

... Wir sind überschwemmt von Flüchtlingen und Evakuierten und werden dadurch immer mehr im Raum beschränkt. Sie bekommen keine Kohlen, und da man die Unglücklichen doch nicht in einem eiskalten Zimmer sitzen lassen kann, muß man sie oft in den einzigen Raum, den man heizen kann, und wo die ganze Familie sich aufhält, mit aufnehmen, ob sie einem sympathisch sind oder nicht, das führt zu verzweifelten Situationen. Wie man diesen enormen Zuwachs von Menschen ernähren kann, ist mir rätselhaft; bis jetzt war es möglich. Der Anblick eines solchen Transportes von Evakuierten mit ein paar armseligen Taschen und Kartons, die sie mitnehmen konnten, ist trostlos. Wie das weitergehen soll, wenn etwa die größeren Städte im Westen evakuiert werden, ist unfaßbar.

Leider kann ich Ihren Wunsch nicht erfüllen, ich habe kein Exemplar von dem Frühling in der Schweiz mehr; anstattdessen schicke ich Ihnen die Weißen Nächte, die Sie vielleicht noch nicht haben, und die Neuen Gedichte. Wenn sie nur ankommen! Man muß jetzt immer besorgt sein, weil so viele Züge beschossen und Bahnlinien vernichtet werden ...

VON KRIEGSENDE BIS ZUM TODE RICARDA HUCHS

(1945–1947)

1945, das Jahr des Zusammenbruchs. Die Stadt Jena, die schon einige kleinere Angriffe durchgemacht hatte, wurde am 9. Februar schwer getroffen. Die Familie löste sich voneinander, da Professor Böhm einem an ihn ergangenen Ruf nach Freiburg folgte und den fünfzehnjährigen Sohn mitnahm, um ihn der Einreihung in die letzten militärischen Aufgebote zu entziehen, die weder vor Greisen noch vor Kindern haltmachte.

Der Angriff hatte Lücken gerissen, Krankheit raffte andere aus dem Kreise des «Runden Tisches» dahin. Das gemeinsame Erleben so großen Unglücks schloß die Verbleibenden enger aneinander. Die Nachbarschaft der Freunde Dahlet bot Hilfe und Zuflucht in Nöten, denen man im kleinen Hause nicht gewachsen war. Man verbrachte zusammen die Stunden im Luftschutzkeller, oder Marietta bereitete Mahlzeiten in der durch die unregelmäßige Lieferung von Gas und Strom nicht so entscheidend betroffenen großen Küche dort.

Während der chaotischen Tage des Zusammenbruchs, als Franz Böhm und Kander sich auf abenteuerlicher Reise nach Freiburg befanden, verbrachten die Frauen einige verhältnismäßig stille Wochen in dem nahe Jena gelegenen Dorfe Tautenburg. Ricardas Fähigkeit, den gegebenen schönen Augenblick dankbar zu genießen, konnte sich hier in der ländlichen Stille noch einmal entfalten. Um so intensiver erlebte sie dann das Heranströmen der Flüchtlingswellen, das namenlose Unglück der Heimatlosen.

Es erfolgte die Besetzung Jenas, erst durch die Amerikaner, dann durch die Russen. Der Postverkehr lag zeitweilig brach und war auf lange Monate hinaus langsam und unzuverlässig; an Reisen war nicht zu denken. Es erforderte große Mühe, die einfachste Lebensnotdurft zu beschaffen; die junge Antje Lemke erwies sich dabei als unschätzbare Hilfe.

Wenn auch immer unter dem niederdrückenden Bewußtsein des über uns gekommenen Elends, wurde dank Ricardas souveräner Lebensbewältigung das Jahr 1946 doch in einer mehr zusammengefaßten Stimmung erlebt. Ihre schöpferische Kraft regte sich wieder und wandte sich dem Gedenkbuch für die Opfer des nationalsozialistischen Regimes zu, das sie leidenschaftlich in ihrem Herzen bewegte. Zur Beschaffung des Materials war eine ungeheure Korrespondenz zu bewältigen, von der in die vorliegende Sammlung einige wenige Beispiele aufgenommen sind. In den an die Geistlichen – Pfarrer Harald Poelchau und Herbert Krimm – gerichteten Briefen legt sie die Gedanken dar, die sie bei der Durchführung leiten sollten. Reisen unter denkbar unbequemsten Umständen führten nach Berlin, um dort Angehörige und Freunde der Getöteten persönlich zu treffen – ein großes Maß von Arbeit steckt in diesen Vorbereitungen, und doch konnte das Werk nicht vollendet werden. Vielleicht war es auch noch zu früh – fast zehn Jahre vergingen nach dem Zusammenbruch, ehe umfassende Gedenkbücher erschienen sind.

Im Gegensatz zu der Stellung, die ihr nach dem Ersten Weltkrieg zugefallen war, wurde Ricarda jetzt auf die ehrenvollste Weise in das öffentliche Leben hineingezogen. Auch die russische Besatzung erwies ihr höfliche Aufmerksamkeiten, lehnte aber die Bitte um Erlaubnis zur Ausreise aufs entschiedenste ab. Und doch sollte die Trennung der Familie einmal überwunden werden, da Franz Böhm sich ohne Zaudern für den Westen entschieden und nach vorübergehenden anderen Stellungen einen Ruf an die Universität Frankfurt a. M. angenommen hatte. Ricarda aber litt schmerzlich unter dem Gedanken, Jena und die Freunde zu verlassen, mit denen sie sich durch gemeinsames Erleben so fest verbunden fühlte. Äußere Ungewißheit und inneres Schwanken lasteten in den letzten einundeinhalb Jahren schwer auf ihr. Gleichwohl schloß sie 1946 die *Urphänomene* ab, denen sie schon lange eingehende Studien gewidmet hatte.

Die Unruhe der letzten Jenaer Zeit wurde dadurch fast bis ins Unerträgliche gesteigert, daß die Ausreise, zu der Ricarda sich endlich doch entschloß, heimlich bewerkstelligt werden mußte. Die Verdunkelung ihrer Absichten, auch – um diese nicht zu gefährden – vor den nächsten Freunden, war eine schwere Last. Was dann der Abschied, was die Fahrt nach Frankfurt an Erschütterungen brachte, ist in dem Schreiben an Eva Merz vom 31. Oktober 1947 geschildert. Der letzte Brief aber ist an den Enkel gerichtet, in dem noch einmal die tiefsten Schichten ihres Wesens in der Liebe und Sorge für ihn zum Ausdruck gelangen. Schmerzliche Gedanken umfaßten auch die Schwester, Lilly Huch, die aus dem bombengefährdeten Berlin mit ihrer Tochter nach dem Schwarzwald geflüchtet und schwer erkrankt war. Dort ist sie wenige Tage nach Ricarda gestorben. Diese selbst erlag den übergroßen Anstrengungen am 17. November 1947.

An Helene Bultmann (Jena, 2. Januar 1945)

... Die edle Gestalt der Athene steht wohl ein wenig fremd neben dem Weihnachtsbaum, aber doch nicht widerstreitend; zu ihrer Zeit wurden ja auch Bäume geschmückt. In dem großen Format ist das Bild dem Original viel näher als bei den üblichen kleinen Photographien; es ist ein außerordentlicher Eindruck, der uns immer wieder entzückt. Ihnen und Ihrem Manne danke ich sehr für das schöne Geschenk. Mit besonderer Teilnahme haben wir an Ihre Mutter gedacht, deren Zustand ich mir so gut vorstellen kann, da ich – es ist jetzt bald elf Jahre her – mir auch den Oberschenkel gebrochen habe und weiß, wie unangenehm auf die Dauer das Liegen in Gips ist. Sonst hatte ich es gewiß viel besser, als man es jetzt haben kann: die lieben Schwestern und die Ärzte konnten sich mir ausgiebig widmen, und an gutem Essen war kein Mangel. Von dem Augenblick an, wo ich wieder Gehversuche machen konnte, habe ich mich sehr glücklich gefühlt; es war eine Zeit des Ausruhens und des Verwöhntwerdens, wie man sie sonst kaum erlebt. Ich betrachte sie immer als Beispiel dafür, daß das, was man für ein Unglück hält, sich oft als Glück erweist, und natürlich auch umgekehrt.

Wir haben, wie Ihnen Antje schon erzählt haben wird, Weihnachten friedlich und fröhlich gefeiert, am Sylvesterabend die trüben Gedanken doch nicht ganz verscheuchen können. Die Befürchtung drängt sich einem auf, der Krieg könne sich noch viel länger hinziehen, als wir im Spätherbst meinten, und das ist doch das Schlimmste von allem, was uns treffen kann. Wenn nur das Blutvergießen aufhörte; alles andere würde erträglich sein...

An Lydia Radbruch (Jena, 18. Januar 1945)

... Wie froh bin ich, daß Ihr Auge erhalten bleibt und daß es Ihnen besser geht! Endlich einmal eine freudige Nachricht unter allen den Hiobsposten! Was für eine böse Zeit war das für Sie und für Ihren Mann! Nun haben Sie hoffentlich eine wohltuende Zeit der Genesung – ich glaube nicht, daß Glück nur in einem Aufhören von Schmerzen besteht, aber sicher ist es schön, auf überwundene Schmerzen zurückzublicken. Man denkt nie genug daran, wie reich man ist, solange man gesund ist.

Wir hatten einige böse Tage, weil Kander mit einem Transport auf sechs Wochen ins Ruhrgebiet sollte; wegen des Arztmangels sollten die kleinen Feldscherer verwundete und kranke Gefangene betreuen. Es konnte durch ein ärztliches Zeugnis diesmal noch abgewendet werden – bis wieder etwas anderes kommt. Das Gymnasium ist wegen Kohlenmangel geschlossen, das ist eben das

Unglück; da sind die Jungen sozusagen vogelfrei, Kanders Freunde, die alle älter sind als er, kommen nun schon an die Front oder zur Ausbildung für die Front. Das macht ihn oft traurig; andrerseits findet die Jugend doch immer Anlaß, lustig zu sein. Wenn Alarm ist (täglich mindestens einmal), freut er sich, weil er sich auf seiner Rettungsstelle so gut amüsiert. Ein jovialer Arzt ist da, der Schwänke aus seinem Leben erzählt, man macht zeitgemäße Witze, und für Kander sind es Höhepunkte. Meinem Schwiegersohn geht es nicht ganz so, aber ähnlich im Volkssturm, bei dem er Gruppenführer ist. Es sind sehr nette Leute. Sonntags müssen sie immer irgend einen Ort in der Nähe erobern oder gegen den anstürmenden Feind verteidigen, und bei dieser Spielerei kommt offenbar das bekannte Kind im Manne sehr zur Geltung...

An Marie Baum (Jena, 10. Februar 1945)

... Wir leben – wenigstens in dem Augenblick, wo ich dies schreibe. Gestern zwischen elf und zwölf Uhr war Voralarm und dann Vollalarm. Ich saß im Eßzimmer (unserm einzigen warmen Zimmer) am Fenster und schrieb, ohne den Alarm zu beachten. Plötzlich krachte es – ich wurde gerufen – stürzte in die Küche, wo Franz, Busi, Antje, Fräulein Brack (unsere Zugeherin) waren. Im selben Augenblick kam ein unbeschreiblicher, entsetzlicher Krach, etwa eine Minute lang dachte ich: wir sind verloren, alles ist aus. Kander lag oben krank im Bett. Wir riefen ihn, endlich kam er im Hemd und barfuß, wir wickelten ihn gleich in Decken. Er sagte, eine Bombe ist bei Dahlets gefallen. Tatsächlich war sie in dem Hohlweg niedergegangen, der zum Saalebahnhof herunterführt, gegenüber Dahlets. Es ist der Weg, den Kander immer zu seiner Rettungsstelle [seinem Einsatz] geht. Kander zog sich übrigens an und ging hin, er hatte sich zwar krank gemeldet, aber versprochen zu kommen, wenn es ernst würde. Er kam erst abends um neun Uhr wieder und ist heute morgen wieder hin! Wir bildeten uns ein, es seien nur zwei Bomben in unserer Nähe gefallen, sozusagen Zufallsbomben, die nur so gelegentlich abgeworfen wären; erst allmählich erfuhren wir, daß es ein richtiger Angriff war. Alle Bomben sind im selben Augenblick niedergegangen, bis jetzt weiß man von einhundertundfünfzig.

Gerade jetzt bekommt Franz einen Ruf an die Universität Freiburg, wenigstens wahrscheinlich. Er möchte hin, was man ja begreift, mir ist der Gedanke furchtbar. Trotz unserer jetzt so schrecklich gefahrvollen Lage mag ich mich nicht von Jena trennen, wenigstens solange wir unser Häuschen noch haben.

Wahrscheinlich ist auch die Göhre [berühmtes altes Gasthaus am Markt] teilweise zerstört, wo wir unsern Jour zu halten pflegten. Busi und ich waren gestern nachmittag in der Stadt, um notwendige Einkäufe zu machen, konnten aber nicht zu den betreffenden Geschäften und zum Markt vordringen, weil gesperrt war, es brannte noch.

Dieser Brief wird lange unterwegs sein – vielleicht melden die Zeitungen gar nichts von Jena, das wäre gut, sonst ängstigst Du Dich. Man sollte sich nicht ängstigen – man tut es aber doch. Umkommen kann man überall – im Hause und im Freien –, der arme Herr Lockemann hatte doch gewiß einen guten Keller in der Bibliothek, und sie sind alle verschüttet, die darin waren. Die Möglichkeit besteht auch, daß Franz in nächster Zeit mit dem Volkssturm einberufen wird...

An Elsbeth Merz (Jena, 11. Februar 1945)

... Leider ist der Angriff auf Jena in den Zeitungen erwähnt, und Ihr werdet um uns in Sorge sein. Und die Briefe sind so lange unterwegs! Es war ein häßlicher Schreck, aber wir leben; unser Häuschen steht auch noch, hat nur einige Fensterscheiben eingebüßt. Antje, die aus Leipzig Erfahrung hatte, stellte in kürzester Zeit ein Ersatzfenster aus Pappe her, so daß wir unser einziges warmes Zimmer weiter benützen können. Franz hat den ganzen folgenen Tag in den benachbarten Häusern Pappe in die zerschlagenen Fenster eingesetzt. Kander ist auch heute noch in seiner Rettungsstelle tätig. Unter den Toten ist ein sehr lieber Bekannter. Wir werden nun schon zum dritten Male in diesem Jahr zu einem Begräbnis gehen.

Ihr werdet auch froh sein, daß es wärmer geworden ist. Es wird wohl wieder Winter werden, aber einstweilen genießen wir es. Du erzählst wohl Deinen Eltern, daß ich geschrieben habe. Die Korrespondenz freut einen gar nicht mehr, da jede Nachricht so veraltet ist...

An Martin Hürlimann (Jena, 12. Februar 1945)

...Die Abschrift der Urphänomene ist noch nicht fertig geworden; es hatte niemand Zeit, und mir ist es auch aus dem Sinn gekommen. Es werden sicherlich noch ein paar Wochen hingehen, bis ich das Manuskript als fertig bezeichnen kann...

Professor Kippenberg wünscht sich Kindheitserinnerungen, und wenn nicht das, werde ich wohl irgend eine andere Episode aus meinem Leben wählen.

Zur Herausgabe der Romantik-Bände kann ich mich nicht entschließen. [Hierzu schreibt Dr. Hürlimann: «Ich hatte mich seinerzeit bemüht, die beiden Romantik-Bände neu herauszugeben, doch wollte sie Haessel (Verlag Haessel, Leipzig) nicht freiwillig hergeben; ein einfacher Brief von Frau Huch hätte zwar genügt, ihr wieder das freie Verfügungsrecht darüber zu geben, aber sie scheute ja alles, was irgendwie nach Rechthaberei aussah. Ich mag mich nicht erinnern, daß ich ihr bei dieser Gelegenheit eine Neubearbeitung vorgeschlagen hätte, es kam mir selbst nur darauf an, das schöne

Werk wieder zugänglich zu machen, wenn möglich in einer hübschen, illustrierten Ausgabe...»] Ich müßte zu dem Zweck wieder alles lesen, denn es ist mir nicht mehr lebendig seit so langer Zeit; und dann würde ich doch lieber etwas ganz Neues vornehmen. Also irgendwelche anderen Bände würde ich eventuell gern einleiten, nur vor den Romantikern graut es mir.

Es ist schade, daß ich die Urphänomene nicht in einem Zuge fertig gemacht habe. Jetzt sehe ich die schwachen Stellen, habe aber nicht mehr den Schwung, sie zu überarbeiten, habe die Lust daran verloren. Ich werde mich aber schon mal dazu aufraffen. Durch den Angriff vom 9. Februar sind wir etwas aus dem Geleise geworfen. Ein Gefühl von Unsicherheit hat sich unser bemächtigt. Daß wir nur ein warmes Zimmer für alle haben, erschwert auch das Arbeiten.

Wenn Haessel Ihnen die «Romantik» überließe, das wäre freilich schön!...

An Ulrich und Grete Christoffel (Jena, 6. Februar 1945)

[Das Datum stimmt nicht. Die Karte ist abgestempelt vom 19. Februar 1945 und muß auch dem Inhalte nach nach dem 9. Februar, dem Tage des großen Angriffs, geschrieben sein.] ... Ich weiß, ich habe zu lange geschwiegen, aber es gab lauter traurige Dinge zu schreiben, und das tut man nicht gern. Nachdem am 27. Januar auch Herr Pape [Professor der Betriebswirtschaft und Mitglied des Runden Tisches] gestorben ist, kam am 9. Februar Herr Lockemann im Bibliotheksgebäude um, das total zertrümmert ist. Ich weiß nicht, ob Sie sich seiner von meinem Geburtstag her erinnern, ich mochte ihn so sehr gern leiden. Seitdem sind wir meistens bei Dahlets [den Nachbarn], aber nicht wie damals im Garten, sondern entweder im Keller oder in der Küche; denn da wir nur einen Gasherd haben, müssen wir dort kochen. Wie zermürbend dieses beständige Hin und Her für Busi ist, können Sie sich denken.

Es blühten hier schon Schneeglöckchen, aber der Schnee ist natürlich auf sie gefallen, und wir sind froh, am eisernen Ofen sitzen zu können. Schließlich ist am 18. Februar noch Fräulein Brenke gestorben, aber die haben Sie wohl nicht gekannt. – Die ganze Familie grüßt auf das wärmste, besonders ich!

An Ulrich von Rad (Jena, 27. Februar 1945)

Lieber Ulrich, über Deinen Brief, der so schön deutlich geschrieben ist, habe ich mich sehr gefreut, und ich werde Dir nun auch etwas erzählen. Wenn Alarm ist, gehen wir immer zu Freunden in der Nähe, weil wir keinen Keller haben. Dort sind eine Katze und ein Hund. Die Katze ist schneeweiß und schon sehr alt, das Hündchen ist jung und noch nicht sehr lange da. Die Katze hat es nicht gern, daß das Hündchen neu hinzugekommen ist, und versetzt ihm zuweilen ein paar Ohrfeigen; davon abgesehen, müssen sie sich vertragen. Sie liegen meistens nebeneinander auf einer Decke am Ofen und schlafen. Wenn die Katze zu viel Platz einnimmt, stößt das Hündchen sie ein wenig mit der Nase an, damit sie abrückt; tut sie es dann noch nicht, sucht er sich anderswo ein Plätzchen. Die Katze schläft den ganzen Tag, aber nachts geht sie auf die Jagd.

Nun kommt etwas ganz anderes. Wie Du wohl weißt, gibt es jetzt weniger Brot als früher, so daß wir manchmal in Sorge sind, ob wir auch auskommen, denn ich habe einen Enkel, der immer Hunger hat, die Ursula kennt ihn. Ich denke dann an den schönen Spruch «Wenn die Not am größten, ist Gottes Hilfe am nächsten». Und richtig, so war es auch neulich, als uns das Brot knapp wurde; wir bekamen ein großes Stück geschenkt. Weißt Du von wem? Von Deinem lieben Vater. Die Soldaten bekommen mehr Brot als wir, und ich hoffe, er hat deswegen nicht Hunger leiden müssen. Wir freuen uns sehr, daß Dein Vater hier ist und daß wir ihn zuweilen sehen. Wir wünschen, daß er möglichst lange hier bleiben kann.

Grüße Deine Mama von mir und sage ihr, daß ich ihr für ihren Brief danke, und sie möchte wieder einmal schreiben, wie es ihr und Euch allen geht. Sage ihr, daß meine Tochter sich neulich den Fuß verstaucht hat und zwei Tage lang gar nicht gehen konnte; daß wir aber großes Glück hatten, denn an diesen beiden Tagen kamen keine Flieger.
Deine Ricarda Huch.

An Anton Kippenberg (Jena, 18. März 1945)

...Mit wahrem Schmerz erfüllt mich die Nachricht, daß Sie nun auch Ihr Wohnhaus verloren haben. Den Ertrag seines Lebens so Stück für Stück zerstört sehen zu müssen, ist furchtbar – besonders furchtbar, wenn man solches Schicksal nicht aus Gottes Hand erfährt, wie etwa durch ein Erdbeben oder sonst eine Naturkatastrophe; ich glaube, daß das nicht so bitter wäre. Etwas Tröstliches dazu zu sagen, wäre töricht – ich kann nur wünschen und hoffen, daß Sie und Ihre Frau den Mut nicht verlieren. Manchmal scheint es mir zwar, als könne kein Mut und keine Kraft aufkommen gegen den Untergang Deutschlands, wie er sich uns darstellen wird, wenn einmal alles vorbei ist. Jetzt erfährt man es doch nur teilweise, durch Hörensagen – man kann den ganzen Umfang der Zerstörung nicht ermessen, weil man über das, was für jeden im Vordergrund steht, nicht hinwegsehen kann. Ein Volk ohne Söhne, ein Volk ohne Heim, ein Volk von Bettlern. –

Ich erlebe zum ersten Mal, daß ich nicht die Konzentration zum Arbeiten aufbringe. Da wir keinen Keller haben, gehen wir bei Alarm zu Dahlets, etwa zwei Minuten von hier entfernt. Sie haben einen leidlichen Keller. Einmal täglich haben wir mindestens Alarm, oft zwei- und dreimal. Gestern saßen wir von elf bis drei im Keller; der Angriff hat diesmal unsere Gegend nicht betroffen. Schon seit Wochen haben wir kein Gas und müssen bei Dahlets kochen, die einen elektrischen Herd und Feuerherd haben. Dieses beständige Hin- und Herlaufen ist äußerst ermüdend, ich fürchte oft, meine Tochter könnte es auf die Dauer nicht aushalten. Dazu kommt noch die Sorge um meinen Enkel, der in ein paar Tagen gemustert wird – fünfzehn Jahre alt! Es ist fast ein Glück zu nennen, daß er nach einem Einsatz in Groß-Eitersdorf schwer erkrankte und einstweilen noch geschont werden muß, so daß man den dauernden Einsatzforderungen noch ausweichen kann. Alles dies zusammengenommen macht, daß ich nicht arbeiten kann, obwohl gerade jetzt eine Ablenkung erwünscht wäre. Von den Zerstörungen in Weimar werden Sie besser unterrichtet sein als ich. Hier ist das Haus am Markt ganz zerstört, in dem die erste Begegnung Goethes mit Schiller stattgefunden hat. Unser kleines Jena könnte in einer Viertelstunde völlig vernichtet sein, und vielleicht kommt es noch so.

Werden wir uns wiedersehen? Ach, was ist seit dem 18. Juli des vorigen Jahres geschehen! Aus unserm hiesigen Freundeskreis starben in diesem Jahr nacheinander Herr Gerland, Herr Pape (den Sie vielleicht nicht kannten) und Herr Lockemann. Die Liebenswürdigkeit, der Humor, die feine Persönlichkeit Lockemanns macht, daß ihm jeder nachtrauert, der ihn kannte. Trauermärsche und Sirenengeheul – das sind die Klänge, die in der Luft liegen. Die, die es überleben, müssen zusammenhalten. Sie werden gewiß auch diese Schicksalsschläge überwinden – ich hoffe es. Darauf kommt es ja an, was man an Unzerstörbarem in sich selbst hat...

An den Enkel (Tautenburg [Dorf in der Nähe von Jena], 11. April 1945)

Lieber Kander, heute vor acht Tagen seid Ihr fort – ich hoffe, jetzt seid Ihr in Freiburg und findet es da so schön, wie Dein Vater es sich dachte. Hier ist es sehr schön und wird jeden Tag schöner – nur leider sind den ganzen Tag die Flieger da, und des Nachts sitzen wir in der Küche, weil wir uns fürchten. Am Montag hat Jena einen schweren Angriff gehabt; uns war der Tag vorher schon unheimlich, weil es Montag war und dazu der Neunte, und eine Neun ist immer dabei. Am Vormittag hörten wir schwere Bomben fallen und dachten bestimmt, es sei Jena, später hörten wir aber, es sei nichts gewesen. Dann zwischen 5 und 6 Uhr kam es... Der Bahnhof ist vollständig weg, ein einziger Schutthaufen, auch Dein Gymnasium hat einen Treffer bekommen und die Nordschule. Die Hohle [ein Hohlweg in der Nähe ihrer Wohnung] soll gar nicht wiederzuerkennen sein. Am schlimmsten ist, daß das Haus von Maurers [Professor der Anatomie] getroffen ist, sie waren alle im Keller, auch Frau Franz [Hausgenossin], die Mutter von Michel. Nur das jüngste Kind von Maurers ist gerettet, von allen andern fürchtet man, daß sie tot sind. In unserm Hause sind nur

Fensterscheiben kaputt. Ob Jena verteidigt wird, ist noch unsicher, es herrscht große Unordnung. Lebe wohl, grüße Deinen Vater und Deine Großmutter, morgen schreiben wir mehr. Uns geht es gut, sehr gut, wir haben solches Glück gehabt, daß wir hierher kommen konnten. Vielleicht kommt morgen eine Nachricht von Euch. – Grogro.

An den Enkel (Jena, 2. Juli 1945)

... Der gefürchtete Iwan [die Besetzung durch die Russen] regt die Bevölkerung sehr auf, aber wir haben allmählich gelernt, keinen Gerüchten zu trauen, und warten ab, wie es wird. Die Radios nehmen sie weg, heißt es, aber nicht die Grammophone, das ist ein Trost. Lieber Kander, hundertmal habe ich mir ausgemalt, wie es plötzlich an die Türe klopfte und Du dastündest – so wie damals, als Du aus diesem unterirdischen Kahla wiederkamst – was für ein schöner Augenblick war das, obwohl Du wie ein Gespenst aussahst. Nicht einmal an unserm Kirschbaum kann ich mich recht freuen, der von der Überfülle der Früchte tief gebeugt ist, weil es mich zu sehr betrübt, daß Du nicht dabei bist. Nun, da der Iwan da ist, rückt die Möglichkeit Deines Besuches vollends in eine ungewisse Ferne ... Was würdest Du sagen, wenn Du die Hohle sähest und die Nordschule! Und das Gymnasium! Ich war noch nicht oft in der Stadt; wenn man auf dem Trümmerfelde steht, kann man sich plötzlich gar nicht mehr orientieren – das wird in Freiburg wohl ebenso sein...

Daß Du zu Deinem Geburtstage nicht hier warst, gehört auch zu den Verkehrtheiten dieser Zeit. Überhaupt, daß Du dort hart arbeiten mußt für Dein Essen und hier bekämest Du die guten Sachen, die Deine Mutter und Antje zubereiten – allerdings auch nicht ohne Arbeit. Wir könnten Dich so gut gebrauchen. Nun muß Antje allein Holz hacken und sägen, allein nach Lobeda und Tautenburg fahren und Gemüse und sonst allerlei heranschleppen. Es gäbe den ganzen Tag zu tun für Dich. Ich kann ja leider nur abtrocknen, Kartoffeln schälen, Erbsen auskrüllen und dergleichen, indem ich Tag für Tag älter werde.

Nun sage ich wieder wie damals am Ostermontag in Tautenburg: Auf Wiedersehen in diesem oder jenem Leben! Ich wollte, es wäre in diesem Leben – sollte es nicht sein: Gott segne Dich, geliebter Junge! Lebe wohl! Du hast in jungen Jahren schon so Schweres aushalten müssen – vielleicht denkst Du später gern einmal daran zurück; denn so bitter es ist, im Unglück sich der glücklichen Zeit zu erinnern, so behaglich ist es, im Glück an überstandene Gefahren und Schmerzen zu denken...

An Marie Baum (Jena, 25. Oktober 1945)

...Ich hoffe, daß diese Briefvermittlung funktioniert. Ich erhielt Deinen Brief von Ende September, in dem Du mir den Tod Wölfflins mitteilst. Ich hatte keine Ahnung davon, da zu mir noch kein Wort aus der Schweiz gedrungen ist. Es war und ist mir ein großer Schmerz – die Toten, die Toten sind größere Heere –, kann ich jetzt sagen. Ich fühle mich manchmal ganz umdrängt von Toten. Wie schön, daß es Marianne [Plehn] gut geht.

Es bedrückt mich etwas, daß Du uns zu erwarten scheinst. Unser lebhaftester Wunsch ist, hier zu bleiben, solange wie möglich. Hier haben wir das Gefühl des Zuhauseseins, und Du weißt, wie wertvoll einem dies Gefühl ist. Du möchtest doch auch am liebsten zu Hause sein. Und dann sind wir hier erstaunlich gut versorgt, und die äußeren Dinge sind nun einmal jetzt von größter Wichtigkeit...

Der hiesige Oberbürgermeister sorgt für mich, soweit er kann. So wie es jetzt überall ist, müssen wir sagen, daß es uns in dieser Beziehung sehr gut geht. Und da ich Krankheit dieser Art [ihr übliches Leiden] sehr fürchte, möchte ich mir eine leidlich passende Ernährung erhalten. Natürlich kann sich unsere Lage zum Schlechteren ändern, denn es werden noch täglich Häuser von Russen besetzt; aber solange unser Oberbürgermeister sich hält, wird er uns schützen. Wir haben zwei Zimmer vermietet an sehr nette Leute. Bewohnen tun wir nur das große Zimmer unten.

Gestern hörten wir durch Antjes Vater [Professor Bultmann in Marburg], daß Franz in Wiesbaden und zum Kultusminister in amerikanischem Gebiet [in Hessen] ernannt sei. Wie das zusammenhängt, ist uns unerklärlich, auch wissen wir ja nicht, ob er es annimmt. Es wäre schön und sehr passend für ihn. Wir würden aber jedenfalls im Winter noch hierbleiben. Wie froh wäre ich, wenn Franz und Kander nicht mehr im französischen Gebiet wären. Es ist so hoffnungslos abgeschlossen; von überallher kommen zuweilen Briefe und Nachrichten, nur von Freiburg hört man nichts, gar nichts. Nicht nur uns, auch andern geht es so. Die Sonne scheint, es ist warm, aber es wird schon sehr kahl. – Sei tausendmal gegrüßt…

An den Enkel (Jena, 18. November 1945)

Lieber Kander, es vergeht kaum ein Tag, daß ich nicht denke (obwohl ich weiß, daß es unmöglich ist): wenn ich jetzt die Tür aufmache, steht Kander davor! Aber wenigstens ist doch endlich ein Brief gekommen, und ein so ausführlicher, anschaulicher. Wir wissen doch nun, was für Menschen Du kennengelernt und auf welchen Gebieten Du Dich entfaltet hast. Wie wundervoll, daß Du Kühe striegeln, Ställe ausmisten und Weizen von Roggen unterscheiden kannst! Oder gibt es dort keinen Roggen?… Du hast Glück, daß Du so jung schon soviel verschiedene Menschen kennengelernt und soviel Schweres durchgemacht hast; denn hernach, wenn es überstanden ist, denkt man gern daran zurück, und es ist eine Bereicherung. Ich möchte aber doch, daß Dein Leben jetzt erst mal in ruhigeren, sichereren Bahnen abliefe. Wenn ich von Deinen Lateinstunden höre, ist mir zumute wie einer Entenmutter, die voll Schrecken und Staunen ihre Kleinen davonschwimmen sieht. Denke nur immer zuerst besonnen über jeden Satz nach. Tacitus' Annalen sind sehr schwer, die Germania ist, soweit ich mich erinnere, leichter und sehr hübsch. Schade, daß Ihr wieder den sehr weisen, aber vielleicht gerade darum langweiligen Sokrates lest. Ilias wäre unendlich viel schöner. Hier sind die Schulen ungeheizt, und ich denke mir, sie werden schließen müssen, wenn es richtig kalt wird. In unserm Eßzimmer ist es himmlisch warm, aber sonst überall ein Grauen. Morgens, ehe ich mich ins Badezimmer stürze, nehme ich alle Kraft zusammen, und wenn ich nicht an das Frühstück dächte, das ich nachher bekomme, hielte ich es nicht aus. Dabei ist es doch noch nicht unter Null! ... Hier soll für Kinder eine öffentliche Weihnachtsfeier veranstaltet werden. Man hat ihnen gesagt, dann müßte «Stille Nacht, heilige Nacht» gesungen werden. Nein, haben sie gesagt, solche Weihnachtslieder wollen sie nicht, sie würden singen: «Fuchs, du hast die Gans gestohlen» und «O Tannenbaum».

Lieber Kander, lebe wohl, ich denke doch immer, eines Tages mußt Du dastehen, wie damals nach Groß-Eitersdorf [bei Kahla] ...

An Henny Markus (Jena, 26. November 1945)

...Ja, dieser Untergang ist furchtbar, und doch ist man dankbar, daß man von der verbrecherischen Rotte befreit ist, die uns beherrschte. Es ist das einzige, was man sich immer wieder zum Trost sagen muß: dieser hohe Preis mußte gezahlt werden. Besser kein Deutschland, als ein Deutschland der Nazisten. Und ebenso wie Sie dort sind auch wir hier unglücklich über die Deutschen, die, anstatt sich gegenseitig zu helfen, durch Gehässigkeit und Rachsucht ihr Elend noch verschlimmern. Es ist alles was geschieht und was man sieht unbeschreiblich furchtbar und trostlos. Zahllose Menschen werden ins nackte Elend gestürzt, die nie etwas Böses getan haben, die der Partei beitraten, um ihre Familie erhalten zu können, oder aus Ängstlichkeit; andere, die von Herzen mitgemacht haben, aber einflußreiche Freunde haben oder sich geschickt zu insinuieren wissen, florieren. Es ist überflüssig davon zu reden, es wird überall so ziemlich dasselbe sein. Ich will jetzt an das Gute denken: daß Sie nun wieder ein Leben nach Ihrem Sinne führen können, daß Sie einiges aus der Katastrophe gerettet haben und eine freundlichere Zukunft vor sich sehen. Wir haben manches ausgestanden, aber doch sicher viel Glück gehabt, denn unser Häuschen steht noch, und wir konnten bis jetzt darinbleiben, während viele, viele innerhalb von ein paar Stunden ihre Wohnungen räumen mußten. Wir kommen auch mit der Ernährung

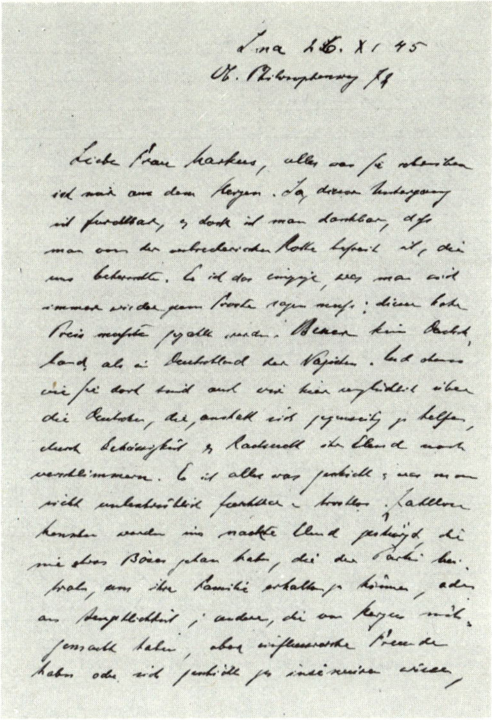
Jena 26. XI 45
Ob. Philosophenweg 14

Liebe Frau Markus, alles was Sie schreiben ist mir aus dem Herzen. Ja, dieser Untergang ist furchtbar, u. doch ist man dankbar, daß man von der entsetzlichen Rotte befreit ist, die uns beherrschte. Es ist das einzige, was man sich immer wieder zum Troste sagen muß: dieser hohe Preis mußte gezahlt werden. Besser kein Deutschland als ein Deutschland der Nazis. Und ebenso wie Sie dort sind auch wir hier empfindlich über die Deutschen, die, anstatt sich gegenseitig zu helfen, durch Schwierigkeit u. Rachsucht das Elend noch verschlimmern. Es ist alles was geschieht u. was man nicht unterschiedlich fernhalten kann. Tausende werden ins nackte Elend gestürzt, die nie etwas Böses getan haben, die der Partei beitraten, um ihre Familie erhalten zu können, oder aus Pflichtgefühl; andere, die an Herzen nichts gemacht haben, aber einflußreiche Freunde haben oder sich geschickt zu insinuieren wissen,

Brief an Henny Markus (26. November 1945)

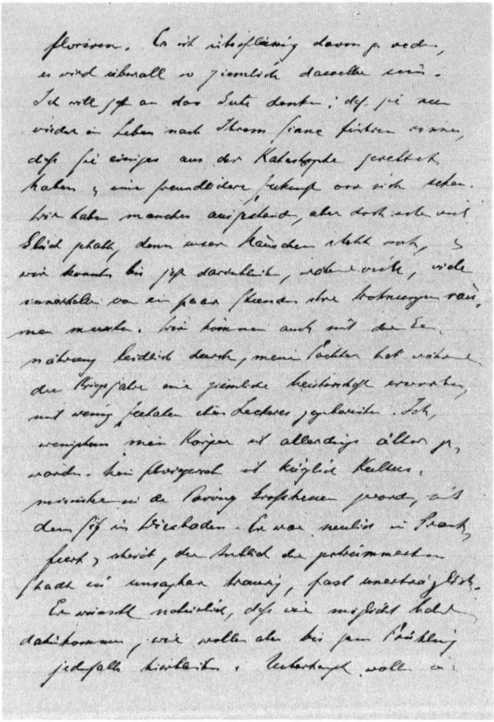

florieren. Es ist überflüssig davon zu reden,
es wird überall so ziemlich dasselbe sein.
Ich will jetzt an das Gute denken: daß Sie nun
wieder im Leben nach Ihrem Sinne wirken können,
daß Sie einiges aus der Katastrophe gerettet
haben und eine freundlichere Zukunft vor sich sehen.
Wir haben manches ausgestanden, aber doch sehr viel
Glück gehabt, denn unser Häuschen steht noch, und
wir konnten bis jetzt darinbleiben, während viele, viele
innerhalb von ein paar Stunden ohne Wohnungen waren,
[illegible]. Wir kommen auch mit der Ernährung leidlich durch, meine Tochter hat während
der Kriegsjahre eine ziemliche Meisterschaft erworben,
mit wenig Zutaten etwas Leckeres zuzubereiten. Ich,
wenigstens mein Körper ist allerdings älter geworden. Mein Schwiegersohn ist kürzlich Kultusminister in der Regierung Großhessen geworden, und
sitzt in Wiesbaden. Er war neulich in Frankfurt, und schreibt, der Anblick der zertrümmerten
Stadt sei unsagbar traurig, fast unerträglich.
Er wünscht natürlich, daß wir möglichst bald
dahinkommen, wir wollen aber bis zum Frühling
jedenfalls hierbleiben. Unterdessen wollen wir

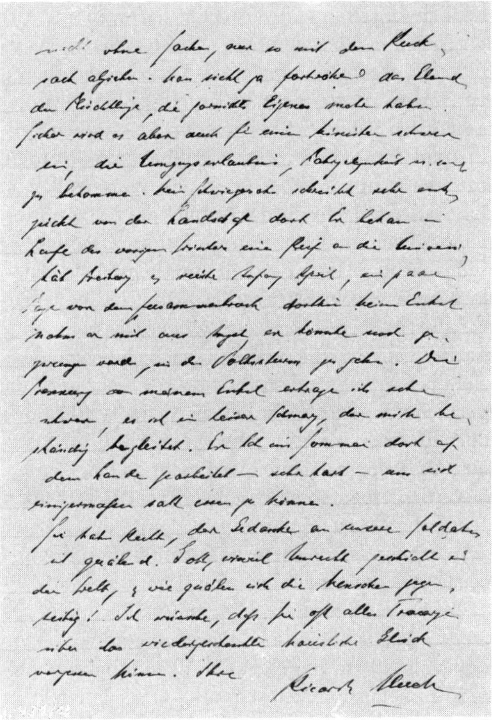

nicht ohne Sachen, wenn es mit dem Recht,
nach abgeben. Man sieht ja fortwährend das Elend
der Flüchtlinge, die sämtlich Eigenes verloren haben.
Sicher wird es aber auch für einen Zweiten schwer
sein, die Umzugserlaubnis, Platzgutschrift u.s.w.
zu bekommen. Mein Schwiegersohn schreibt sehr entzückt
von der Landschaft dort. Er lebte im
Laufe des vorigen Winters eine Reise an die Riviera,
[illegible] Freiburg u. reiste Anfang April, ein paar
Tage vor dem Zusammenbruch, dorthin. Meinen Enkel
nahm er mit aus Angst, er könnte noch gezwungen werden, in den Volkssturm zu gehen. Die
Trennung von meinem Enkel ertrage ich sehr
schwer, es ist ein leiser Schmerz, der mich beständig begleitet. Er hat im Sommer dort auf
dem Lande gearbeitet – sehr hart – um sich
einigermaßen satt essen zu können.
Sie haben Recht, der Gedanke an unsere Soldaten
ist quälend. Soviel Unrecht geschieht in
der Welt, u. wie quälen sich die Menschen gegenseitig! Ich wünsche, daß Sie oft alles Traurige
über das wiedergeschenkte häusliche Glück
vergessen können. Ihre
Ricarda Huch

leidlich durch, meine Tochter hat während der Kriegsjahre eine ziemliche Meisterschaft erworben, mit wenig Zutaten etwas Leckeres zuzubereiten. Ich, wenigstens mein Körper ist allerdings älter geworden. Mein Schwiegersohn ist kürzlich Kultusminister in der Provinz Großhessen geworden, mit dem Sitz in Wiesbaden. Er war neulich in Frankfurt und schrieb, der Anblick der zertrümmerten Stadt sei unsagbar traurig, fast unerträglich. Er wünscht natürlich, daß wir möglichst bald dahin kommen, wir wollen aber bis zum Frühling jedenfalls hierbleiben. Überhaupt wollen wir nicht ohne Sachen, nur so mit dem Rucksack abziehen. Man sieht ja fortwährend das Elend der Flüchtlinge, die garnichts Eigenes mehr haben. Sicher wird es aber auch für einen Minister schwer sein, die Umzugserlaubnis, Fahrgelegenheit und mehr zu bekommen. Mein Schwiegersohn schreibt sehr entzückt von der Landschaft dort. Er bekam im Laufe des vorigen Winters einen Ruf an die Universität Freiburg und reiste Anfang April, ein paar Tage vor dem Zusammenbruch dorthin. Meinen Enkel nahm er mit aus Angst, er könnte noch gezwungen werden, in den Volkssturm zu gehen. Die Trennung von meinem Enkel ertrage ich sehr schwer, es ist ein leiser Schmerz, der mich beständig begleitet. Er hat im Sommer dort auf dem Lande gearbeitet – sehr hart – um sich einigermaßen satt essen zu können.

Sie haben Recht, der Gedanke an unsere Soldaten ist quälend. Gott, wieviel Unrecht geschieht in der Welt, und wie quälen sich die Menschen gegenseitig!

An Marie Baum (Jena, 28. November 1945)

Gäb es ein Lied, das unser Elend umfaßte,
Könnt ich euch vielleicht, was wir leiden,
erzählen.
Dann könnt es sein, daß uns niemand mehr
haßte,
Und die uns feind sind, würden uns nicht mehr
quälen.

Es gibt Unglück, das gleicht schwarzen
Gewändern,
Die umgeben den, der sie trägt, wie eine tren-
nende Mauer.
Singt ihr und tanzt mit euren bunten Bändern,
Aber geht still vorüber an seiner heiligen Trauer.

Er wachte nachts bei einer geliebten Leiche,
Er folgte dem Sterbenden auf seiner dunklen
Reise.
Er war zu nahe dem Totenreiche,
Zieht den Einsamen nicht in eure geschäftigen
Kreise.

Es gibt Unglück, das wie ein himmlisches Feuer
Mit unserm Glück zugleich unsre Schuld
verzehrte.
Schwer wie die Schuld war das Lösegeld teuer –
Wir haben gezahlt, was der wägende Richter
begehrte.

Wir haben keine Heimat, keine Zuflucht auf
Erden,
Wir schleppen wunde Füße in zerrissenen
Schuhen.
Wir haben keinen Acker, keine Weide, keine
Herde,
Wir haben kein Bett, um nachts darin zu ruhen.

Wir drängen uns hungernd auf harten Wegen,
Wir erbetteln von Bettlern das Brot aus leeren
Spinden.
Wir haben keinen Mantel in Frost und Regen,
Wir sind dankbar für Lumpen und trockene
Rinden.

Wir haben keine Tochter, keinen Sohn, uns zu
stützen,
Das Kind hat keinen Vater, das kranke zu retten,
Wir sterben am Wege, in Gräben, in Pfützen,
Wir haben keine Ruhstatt, unsre Toten zu
betten.

Wir suchen unsre Häuser zwischen wüsten
Steinen
Und finden einen Balken, ein Brett, ein paar
Stufen.
Wir wühlen in der Asche nach Schmuck und
nach Gebeinen,
Wo drunten klagende Stimmen uns geisterhaft
rufen.

Wir genießen der Toten Freiheit und Frieden,
Uns trifft nicht das Schelten von der Tugend
Throne.
Uns richtet kein sterblicher Richter hienieden,
Uns, geglüht mit des Unglücks blutiger Krone.

Dies schicke ich Dir, damit Du siehst, wie ich über diese Dinge denke. Es ist damit zwar immer noch nicht genug gesagt. Von Franz und Kander kommen jetzt Briefe, leider gehen sie von unserer Seite viel langsamer. Franz scheint sehr befriedigt von seiner Tätigkeit [als hessischer Kultusminister], ich glaube auch, daß diese viel besser für ihn paßt als die Universität. Vielleicht kann er doch auch Gutes stiften. Diese Nacht träumte ich von Wölfflin, er spielte schön Klavier, ich hörte die Musik deutlich. Ich sagte, als es aus war: Sie haben phantasiert, nicht wahr? Er sagte ja. Es gibt zu viel Tote, wenn man alt wird. Jetzt gibt es zwar auch für die Jungen viele. Sei tausendmal gegrüßt...

An den Enkel (Jena, 26. Dezember 1945)

... In einer so verwüsteten Welt kann man sich über keine Unrichtigkeit wundern, und so mußten wir auch hinnehmen, ohne Dich Weihnachten zu feiern. Nicht einmal einen Brief hatten wir von Dir! Du hast natürlich rechtzeitig geschrieben, d. h. was rechtzeitig ist, weiß eben niemand. Und ob Du von uns Briefe oder Päckchen gehabt hast? ... Wir haben einen sehr hübschen Weihnachtsbaum, geschmückt mit den wohlbekannten Kugeln, Seepferdchen und Paradiesvögeln, aber die Kerzen geben keinen Wachsgeruch, und das fehlt mir sehr. Dieser fabelhafte Untergrund von Weihnachtsstimmung gehört dazu, das merke ich jetzt. Deine Mama hat Dir wohl schon alles erzählt. Viel wäre zu berichten von Frau Papes Reise zu ihrer kranken Schwester in Saarbrücken. Das sind Abenteuer! Nein, ich möchte nicht, daß Du unter solchen Umständen hierher kämest, es ist zu anstrengend und auch gefährlich, außer man hat eine sichere Gelegenheit. Ob Du den Wochenendbesuch bei Deinem Vater ausgeführt hast?

Ich denke oft daran, wie es voriges Jahr war; in meinem Annalenbüchlein steht im Januar einmal: Böser Tag. Kander soll auf sechs Wochen in den Westen. Dann kommt eine Eintragung, daß wir dem Unheil entgangen sind; dann kommt Kahla [Kanders Einziehung in Eitersdorf bei Kahla] und dann der fürchterliche 9. Februar [Großangriff auf Jena] und so weiter. Wenn man daran denkt, schätzt man sich glücklich, daß das vorüber ist. Man kann sich kaum mehr vorstellen, wie man das beständige Gehetztsein: Gibt es Alarm? ertrug.

Ja, was wird das nächste Jahr bringen? Wenn es uns wieder vereinigt, will ich zufrieden sein. Schreib mir bitte wieder von der Schule und wie es mit Deinem Arbeiten geht. Macht Ihr Aufsätze? Hält Dein Fleiß noch an?...

An den Enkel (Jena, 1. Januar 1946)

Lieber Kander, mein erster Brief im neuen Jahr soll Dir gewidmet sein. Vor einem Jahr stand uns noch das Schwerste bevor; ob jetzt das Schwerste überstanden ist? Pfarrer Rieger hat heute gesagt, es käme ein Hungerjahr. (Nebenan spielt ein Grammophon: Parlez-moi d'amour.) Zu meinem Leidwesen mußte ich Deine Mama allein zur Kirche gehen lassen, weil es sehr glatt war. Wenn ich einen Arm oder ein Bein bräche, wäre es ja auch für die andern sehr fatal, darum wollte ich die Verantwortung nicht auf mich nehmen. Es sei sehr schön gewesen, sagte Deine Mama. Abgesehen von dieser Enttäuschung, hatten wir einen hübschen Neujahrsmorgen... Beide Herren [Vertreter des Kiepenheuer Verlags] redeten mir zu, eine Ausgabe meiner sämtlichen Werke zu veranstalten. Sie können sich nicht denken (Grammophon: Traviata), wie mir graut, wenn ich mir die unabsehbare Reihe von Bänden vorstelle. Gestern abend las ich eine Geschichte vor, die so rührend war, daß Antje weinte, und ich wurde vorwurfsvoll angesehen, daß ich das veranlaßte (immer noch Traviata). Ich finde aber, daß es dem Ernst ganz angemessen war...

Und was sagst Du dazu, daß Chemie nicht mehr studiert werden darf? Die Ursula [Förstel], die wirklich einen liebenswürdigen Charakter hat, hat sich schnell hineingefunden und studiert nun Mineralogie. Was wirst Du wohl einmal wählen?

Denkst Du schon zuweilen daran? Und was sagst Du zu Hamlet? Ist die Szene, wo ihm der Geist seines Vaters erscheint, nicht wundervoll? Die Bibel – Homer – Shakespeare – Goethe – daraus kann die ganze Menschheit ihre Bildung schöpfen.

Du hast gewiß an unsern Weihnachtsbaum und unsere Krippe gedacht. Aber nun werden sie bald wieder fortgepackt. Das Fest ist vorbei. Wenn in diesem Jahr das Fest des Wiedersehens kommt, soll es gut sein ...

An Martha Friedländer (Jena, 7. Januar 1946)

... Wie freue ich mich über Ihren Brief und seinen Inhalt. Natürlich, daß Sie so lange nichts von Marianne [der Tochter] hören, ist schrecklich; wir sprachen erst gestern von ihr und ihren Bienenstudien und äußerten Vermutungen über ihr Ergehen. Alle meinten, daß die verschiedenen Kämpfe der letzten Jahre [auf Java] die Fremden nicht berührt haben würden. Wenn man aber auch keine Gefahr für sie fürchten muß, so ist es doch unbeschreiblich schwer für Sie, dies Getrenntsein ohne Briefe. Von Eva [älteste Tochter] nehme ich bestimmt an, daß sie und die ihren die spanische Nationalität erworben haben. Würden sie übrigens nicht doch einmal nach Deutschland zurückkehren wollen?

Wir haben so viel Glück gehabt, daß es mir manchmal unheimlich ist. Alle lebend davongekommen, unser Häuschen unzerstört, unsere Habe nicht verloren. Allerdings ist mein Vermögen fort wie das aller anderen; aber das interessiert momentan nicht so sehr, da Lebensmittel viel mehr gelten als Geld. Und dann ist noch ein dunkler Punkt, daß wir seit Anfang April des vorigen Jahres getrennt sind, Kander in Freiburg, Franz jetzt in Wiesbaden. Er ist natürlich froh, daß er eine Tätigkeit hat, und eine ihm zusagende, und natürlich möchte er seine Familie möglichst bald bei sich haben. Das ist ein schwieriges Problem...

Liebe Martha, das Bildchen mit den singenden Engeln ist so wunderhübsch, Sie wissen einem doch immer Freude zu machen! Auch die Schwarzwaldhäuser – was für ein Bild beglückender Geborgenheit!...

Busi trägt mir viele und sehr herzliche Grüße an Sie auf. Sie kommt sehr selten zum Schreiben, der Haushalt nimmt alle Kräfte in Anspruch, und manchmal mehr. Aber wir brauchen nicht zu frieren und nicht zu hungern, haben es also viel besser als die meisten und sind uns dessen stets bewußt. Und kein Krieg, keine Bomben, keine Nazis mehr!...

An den Enkel (Jena, 13. Januar 1946)

...Nun liegt Weihnachten halbvergessen hinter uns, und da kommt gerade das Weihnachtswetter, bleiches Schneelicht, geheimnisvolle Stille. Ich schicke Dir hier ein paar Bildchen von der zerstörten Stadt... Ob Du Dich wohl zurechtfindest?...

Das Glatteis würde mir den Winter verleiden, wenn ich ihn nicht ohnehin schon verabscheute; obschon – so ein Nachmittag zwischen hell und dunkel ist eigenartig schön.

Kander, es beunruhigt mich, daß Deine lateinischen schriftlichen Arbeiten so schlecht sind. Nicht, daß ich Dich durchaus als primus omnium sehen und mich in Deiner Größe sonnen möchte; aber so schlechte Noten brauchtest Du nicht zu haben. Du bist doch nicht dumm, wenn Du nur ordentlich nachdenken wolltest, müßte es nachher herauskommen... Habt Ihr die Schule geheizt? – Wir sind sehr gespannt auf den Besuch Deines Vaters, wo wir dann über die Zukunft beratschlagen werden. Es wird mir schrecklich schwer, Jena zu verlassen; aber natürlich verlangt mich danach, daß wir wieder alle zusammen sind. Der einzige Lichtpunkt des Getrenntseins sind die Briefe, besonders das Briefebekommen. Leider bin ich mit viel Briefen geplagt, die mich nicht interessieren und die doch beantwortet werden müssen. Unser Briefträger ist scharf auf Briefmarken; ich gebe ihm von Zeit zu Zeit welche und denke, dann bringt er mir hübsche Briefe. Lebe wohl Kander.

An Martin Hürlimann (Jena 17. Januar 1946)

...Endlich einen Brief von Ihnen zu bekommen, war eine große Freude – fünfzehn Tage ist er unterwegs gewesen, es wird also eine etwas schläfrige Unterhaltung werden ... Ja, es wäre so viel zu erzählen, daß man lieber garnicht anfängt; ich will mich auf das Nächstliegende beschränken. Wir leben noch alle – d. h. die Familie und die nächsten Freunde, und unser Häuschen hat nur einige Fensterscheiben eingebüßt, von denen ein paar sogar durch Glas ersetzt sind. Wir brauchen auch weder zu frieren noch zu hungern, d. h. wir haben *ein* warmes Zimmer, das ist aber auch sehr warm. Am Vormittag bin ich meist allein in diesem Zimmer und kann ungestört arbeiten, weil meine Tochter dann im Hause wirkt und schafft. Haben Sie eigentlich gar keine Nachrichten aus Deutschland? Wissen Sie noch nicht, daß mein Schwiegersohn Kultusminister in der Provinz Groß-Hessen geworden ist? Er bekam vor etwa einem Jahr einen Ruf an die Universität Freiburg und nahm ihn an, ging ein paar Tage nach Ostern von hier fort und nahm Kander mit. Das war für meine Tochter und mich sehr traurig, Kander herzugeben, aber mein Schwiegersohn fürchtete, er würde sonst noch gezwungen, in den Volkssturm einzutreten. Wir haben erst Ende Juni erfahren, daß die beiden – nach fataler Reise von mehreren Tagen – in Freiburg angelangt waren. Jetzt also ist mein Schwiegersohn nicht mehr in Freiburg, sondern in Wiesbaden, und im Lauf des Jahres werden wir dahin übersiedeln, denn begreiflicherweise möchte er seine Frau bei sich haben. Mir wird es schrecklich schwer, mich von Jena zu trennen. Die unvergeßlichen Erlebnisse des Krieges haben mich noch fester mit Jena verbunden, als ich vorher schon war. Kander ist noch in Freiburg und besucht das Gymnasium dort. Im Sommer hat er auf dem Lande gearbeitet, um etwas mehr zu essen zu bekommen, hat es sehr schwer gehabt. Seit man Briefe wechseln kann, erträgt sich alles besser, er schreibt sehr viel.

Es erschreckt mich, daß Sie mein Manuskript zum dritten Bande [der *Deutschen Geschichte*] nicht haben. Ich habe es bestimmt nicht, denn ich gab oder schickte es Ihnen. Natürlich, die erste Niederschrift muß ich noch haben; aber ich bezweifle, ob ich mich mit der noch zurechtfände. Die Urphänomene liegen seit langem bereit. Soll ich es wagen, sie Ihnen nacheinander zu schicken? Ich glaube wohl, daß ich das eingeschrieben könnte. [Die Manuskripte sind angekommen, wenn auch spät.] Hier ist eine Stelle, die viel Papier hat und eine Gesamtausgabe meiner Werke veranstalten möchte. Man wird sich mit Ihnen deswegen in Verbindung setzen. Ich weiß noch nicht, wie sich der Insel-Verlag dazu verhält.

In Ihrem nächsten Briefe hoffe ich, daß Sie mir etwas von Ihrer Familie erzählen. Barbara muß bald ein junges Mädchen, mindestens ein Backfisch sein. Ach, nach Zürich mag ich gar nicht mehr kommen, seit Wölfflin tot ist. Allerdings – dem Fuchs sind die Trauben sauer – einstweilen ist noch keine Aussicht zu einer Reise in die Schweiz. Vielleicht werde ich eher Sie in Wiesbaden sehen. Meine Tochter trägt wie Atlas den ganzen Haushalt auf ihren Schultern, ist aber im ganzen vergnügt dabei, nur zuweilen ein bißchen müde. Daß ich uralt bin, brauche ich nicht zu erwähnen; aber «lütte Fanke lewet noch» heißt ein Spiel bei uns in Braunschweig. Das Papier ist zu Ende, also schließe ich. Grüßen Sie Ihre liebe Frau sehr herzlich und auch Barbara; die Kleinen werden sich meiner kaum erinnern …

An den Enkel (Jena, 20. Januar 1946)

… Drei Wochen war Dein Brief unterwegs! Ein Siebenschläfergespräch. Euer Sylvester war in mancher Hinsicht echter als unseres, namentlich insofern wir keine Glocken haben läuten hören, viel weniger dröhnen. Glocken gibt es hier noch nicht. Sylvester 1913/14 hörten wir auch keine Glocke, weil die von der Ludwigskirche, die uns nahe war, kaputt war. Das hielten wir gleich für ein böses Omen, und es war es auch. Daß dies Jahr uns wieder vereinen möge, ist auch mein heißester Wunsch. Schade, schade, daß es nicht in Jena sein wird. Für Dich sicher eine neue Schule, das ist lästig; aber Du hast Dir ja in Deinem ereignisreichen Leben schon ein bißchen Elastizität angewöhnt. Bis dahin ist aber noch mancher Hügel und Berg zu überklettern. Fassen wir Mut! …

An den Enkel (Jena, 31. Januar 1946)

… Gestern nachmittag, als Deine Mama und Antje in Lobeda waren [um Gemüse zu holen] und ich gelbe Rüben schnitt, kam Karl [Förstel, früherer

Schulkamerad]. Der liebe Karl; es war gerade der Mittwochnachmittag, an dem Du vor einem Jahr aus Groß-Eitersdorf zurückkamst, wozu ich in meinen Annalen vermerkt habe: Glücklicher Augenblick! Er brachte auch erfreuliche Nachrichten ... blieb den ganzen Nachmittag da und hat viel erzählt, hauptsächlich von der Schule und wie schrecklich öde es da ist. Er sagte mehrmals, Kander ist der einzige, der Schwung hineinbringen könnte...

Ja, nun habe ich ganz vergessen, daß ich Dir meine Meinung über den Untergang des Adels sagen sollte. Ich finde, der Adel ist bereits untergegangen. Er hat sich gesellschaftlich noch eine gewisse Sonderstellung bewahrt, indem er sich für etwas Feineres hält und auch von manchen gehalten wird, aber eine tatsächliche Bedeutung hat er nicht mehr, wenn auch zu den hohen Stellen im Heer und im diplomatischen Dienst gern Adlige genommen wurden. Selbst in England, das eine Aristokratie ist und wo der Adel vobildlich wirkte, nimmt seine Bedeutung ab. In Deutschland hatten wir leider nie einen Adel, wie er sein sollte, der zwischen dem Regenten und dem Volk steht und Übergriffen von beiden Seiten wehrt. Unser Adel sonderte sich hochmütig ab, verschrieb sich ganz dem Regenten, namentlich der preußische. Meiner Ansicht nach handelt es sich jetzt um den Untergang der Bourgeoisie, d.h. der begüterten und gebildeten Klasse, zu der der Adel zum Teil auch gehört. Hierüber nächstesmal mehr...

DANK AN HERMANN HESSE

[Offener Brief an Hermann Hesse in den *Hessischen Nachrichten* vom 27. Februar 1946]

Die ersten Worte, die nach dem Zusammenbruch vom Ausland her uns Deutschen nicht weh-, sondern wohlgetan haben, kamen aus Dichtermund. Das ist begreiflich: Der Dichter ist eine Art All-Persönlichkeit, ihm ist es gegeben zu wissen, was andere fühlen, und es mitzufühlen. Wäre das nicht so selten, würden uns nicht die Vorwürfe und Ratschläge auch wohlmeinender Personen, die wir als Freunde Deutschlands kennen, so tief verletzt haben. Wir, die unter bittern Schmerzen im Kriege den Sieg des Feindes wünschten, während unsere eigenen Siege uns erschreckten, die den eigenen Untergang herbeisehnten, weil er zugleich den Untergang Hitlers und der Seinen bedeutete, sollten wir nicht die Schuld Deuschlands, für die wir politisch alle haften müssen, durch und durch kennen? Warum waren wir denn Hitlers Gegner und Opfer? Gewiß, es gibt auch jetzt noch Anhänger Hitlers. Kann ein Ausländer glauben, seine weisen oder zürnenden Worte könnten diejenigen bekehren oder zur Einsicht ihrer Schuld bringen, die das Strafgericht Gottes nicht bekehrt hat? Die Schuldigsten werden mit dem Tode bestraft, andere mit Gefängnis, Enteignung, Entlassung, alle, ob schuldig oder unschuldig, sind verarmt und entrechtet, haben die Trümmer ihres einst so schönen Vaterlandes vor Augen. Alle, ob schuldig oder unschuldig, waren jahrelang furchtbaren Leiden unterworfen, zu denen es gehörte, daß sie als verdient und logisch erkannt wurden. Wozu noch Vorwürfe und Ratschläge? Dem Bedürfnis, die strafende Gerechtigkeit vollzogen zu sehen, sollte Genüge geschehen sein. Wenn Feinde, denen Unrecht angetan ist, sich rächen und in der Rache Befriedigung finden, ist das verständlich, von unsern Freunden, wenn sie überhaupt zu uns sprechen, erwarten wir ein Wort des Trostes. Sie, lieber Hermann Hesse, haben solche Worte [im Rigi-Tagebuch, auszugsweise veröffentlicht in der *Hessischen Zeitung*] gesprochen und damit Balsam auf unsere Wunden gelegt. Ich möchte Ihnen gern persönlich dafür danken, aber da ich zweifeln muß, ob ich dazu noch Gelegenheit haben werde, tue ich es aus der Ferne von ganzem Herzen.

Jena, 3. Februar 1946 *Ricarda Huch*

An Marie Baum (Jena, 6./7. Februar 1946)

...Du wirst den Tod Mariannens [Plehn] längst erfahren haben; mir schrieb ihn Lisbeth [Huch], die liebe, warmherzige, die sie noch kürzlich besuchte. Weißt Du, ich kann es einfach nicht realisieren. Ich habe Marianne so lange nicht gesehen und wußte, daß ich sie lange nicht wiedersehen würde – es ist gar kein Unterschied. Es war mir immer traurig, daß sie so unbeweglich geworden war und daß damit so vieles vorbei war, was zu ihr gehörte.

Nun ist es ganz vorbei. Ich habe doch auch sehr das Gefühl, daß sie nur ein Weilchen vorausgegangen ist und daß ich bald nachkomme. Nicht daß ich Todesahnungen hätte oder mich labil fühlte, aber die Jahre sind ein Faktum, das sich nicht ausradieren läßt. Hier sind die Zeitungen erschreckend voll von Todesanzeigen, und so wird es wohl überall sein; die Entbehrungen, Angst und Kummer machen sich sehr bemerkbar.

Ich fürchte, daß ich die Gunst der Russen verscherzt habe dadurch, daß ich von hier fort will. Ich *will* ja gar nicht, sondern ich *muß*; aber das sehen sie natürlich nicht ein. Noch kann ich es mir nicht vorstellen, daß ich wahrscheinlich nur noch ein paar Monate hier bin.

Kander schreibt ganz reizende Briefe, so voll Humor und mit wirklichem Talent, zu schildern und seine Gegenstände anschaulich zu machen. Er scheint auch eine unbändige Leidenschaft zum Schreiben zu haben; das ist wohl in dem Alter so. Ein Brief von ihm ist uns immer eine große Freude...

An den Enkel (Jena, 13. Februar 1946)

Lieber Kander, aus Deinem Brief sehe ich, daß Euer Deutsch-Unterricht viel besser ist, als der hiesige war, wenigstens die Aufsatzthemata sind endlich Eurer geistigen Verfassung angemessen, auf denkende Wesen berechnet. Ich finde gut, was Du geschrieben hast, wundere mich aber, daß Du nicht auch die Natur als Erholungsquelle angegeben hast. Neben dem Schlaf ist sie doch die stärkste. Und warum mag der Deutschlehrer Dich nicht, der Tor? Oder bildest Du es Dir nur ein?...

Von Deinem Vater haben wir seit seiner Abreise von hier am 28. Januar noch nichts gehört, das ist aber ganz normal, da die Briefe etwa 14 Tage unterwegs sind. Man braucht eben jetzt sehr viel Geduld, mehr als man hat. Die Sonne scheint, und der Himmel ist blau, man denkt, es wäre Frühling; aber wenn man herauskommt, weht einen eine eiskalte Luft an, und man merkt den Winter. Voriges Jahr brachten wir die meiste Zeit in Dahlets [Nachbarn] Keller zu; daß das vorbei ist, können wir als Fortschritt buchen.

Über den Untergang der Bourgeoisie ist nicht mehr viel zu sagen. Sie hat Kapital angehäuft und in Wissenschaft und Technik viel geleistet und die überlieferte Kultur bewahrt. Aber sie hat es sich zu bequem gemacht und das Aufkommen der Masse nicht verhindert, vielmehr befördert, denn sie zog Vorteil aus dem Fabrik- und Maschinenwesen. Natürlich konnte sie dafür nichts, denn Erfindungen mußten gemacht werden, wie auch die Erfindung der Atombombe nicht verhindert werden konnte. Mit Sicherheit voraussagen läßt sich nichts, aber der Ameisenstaat scheint sich durchzusetzen. Der einzelne muß nach Glauben und Gewissen handeln und seinen Weg gehen, ohne auf die Propaganda von allen Seiten zu achten... Gott behüte Dich!

An Marie Baum (Jena, 16. Februar 1946)

...Heute ist Franzens Geburtstag. Wir sind sehr gespannt, ob er seinen Posten [als Unterrichtsminister in Groß-Hessen] behält, und wenn nicht, was er dann tut. Mir täte es leid für Franz, denn ich glaube, dies war etwas, was ihn befriedigte und worin er viel Gutes tun könnte. [Böhm verlor den Posten bei den nächsten Wahlen und folgte einem Ruf an die Frankfurter Universität.]

Ich nehme an, daß Du jetzt sehr mit Deinen Vorlesungen beschäftigt bist; hoffentlich hast Du Freude daran. Du wirst wieder junge interessante Menschen kennenlernen, und das ist immer ein Gewinn. Ich lerne meistens solche kennen, die schlechte Verse machen, und das ist ein Zeitverlust. Wir hoffen sehr, durch Antje lebendige Nachricht von Dir zu bekommen. Könnte ich Dir etwas von unserer Wärme abgeben... Sei tausendmal gegrüßt...

An Elsbeth Merz (Jena, 26. Februar 1946)

...Könnte man sich wenigstens richtige Briefe schreiben! Aber es bleibt doch immer ein Geplätscher an der Oberfläche. Dein letzter Brief klang traurig, und ich kann so gut fühlen, weshalb er es tut. Es ist so wunderschön in Thun, und doch möchte ich mir Dich mal woanders denken. Denke aber daran, wie kurz das Leben ist, und wie schön der Himmel, die Wolken, die Berge, die Blumen, die Tiere, und wie unglücklich die Menschen meistens sind, und wie viel man ihnen sein kann. Und es gibt so schöne Gedichte, deren Klang einen entzückt. Du bist natürlich noch zu jung, um Dir bewußt zu sein, wie bald man das alles verliert, davon scheiden muß. Es ist aber doch gut, sich von Zeit zu Zeit vorzuhalten, was für ein köstliches Gut das Leben an sich ist. Ich weiß wohl, daß einem das alles leere Worte sind, wenn man sich einsam fühlt! Könnte ich Euch doch besuchen! Es ist alles so kompliziert und schwer zu erklären. Wäre nicht die Schwierigkeit mit Franz und Frankfurt, wäre alles leichter. Wir können nicht gut zu viel erbitten. Die Reise könnte ich schon machen, denn erstens findet sich immer jemand, der uns im Auto mitnimmt, und dann gehen im Westen die Bahnen ganz ordentlich. Allerdings bin ich etwas verwöhnt und schwerfälliger geworden durch das sehr zurückgezogene Leben, das wir in den letzten Jahren zu führen gezwungen waren. Im August 1944 war ich allerdings noch einmal in Heidelberg. Es sind hauptsächlich die Augen, die mich jetzt unsicher machen. Sie sind zwar – Gott sei Dank! – noch durchaus brauchbar, aber im Freien sehe ich infolge der Blendung unscharf, und das gibt ein Gefühl der Unsicherheit. Ferner wird mein altes Magenleiden jetzt häufiger akut als früher. Diese beiden Punkte hauptsächlich machen mich schwerfälliger.

Ich lege Dir ein paar ganz kürzlich gemachte Bildchen ein, gib eines von ihnen Ev [Eva Merz], wenn sie eins haben mag. Wie gern käme ich in corpore! Ich kann Dir nicht sagen, wie gern, obwohl ich glaube, es würde mir ein bißchen weh tun, die unzerstörten Städte zu sehen. Natürlich bin ich glücklich, daß sie unzerstört sind – aber trotzdem. Ich denke Deiner mit Liebe, und wenn ich das Bäumchen aus dem Märchen wäre, würde ich Dich nicht mit Gold und Silber, sondern mit lauter Glück überschütten!...

FÜR DIE MÄRTYRER DER FREIHEIT

[Öffentlicher Aufruf von Ricarda Huch; März/April 1946]

Aus unserer Mitte sind böse, brutale und gewissenlose Menschen hervorgegangen, die Deutschland entehrt und Deutschlands Untergang herbeigeführt haben. Sie beherrschten das deutsche Volk mit einem so klug gesicherten Schreckensregiment, daß nur Heldenmütige den Versuch, es zu stürzen, wagen konnten. So tapferer Menschen gab es eine große Anzahl unter uns. Es war ihnen nicht beschieden, Deutschland zu retten, nur für Deutschland sterben durften sie; das Glück war nicht mit ihnen, sondern mit Hitler. Sie sind dennoch nicht umsonst gestorben. Wie wir der Luft bedürfen, um zu atmen, des Lichtes, um zu sehen, so bedürfen wir edler Menschen, um zu leben. Sie sind das Element, in dem der Geist wächst, das Herz rein wird. Sie reißen uns aus dem Sumpf des Alltäglichen, sie entzünden uns zum Kampf gegen das Schlechte, sie nähren in uns den Glauben an das Göttliche im Menschen: Wenn wir derer gedenken, die im Kampf gegen den Nationalsozialismus ihr Leben gelassen haben, so erfüllen wir eine Pflicht der Dankbarkeit, zugleich aber tun wir uns selbst wohl, denn indem wir ihrer gedenken, erheben wir uns über unser Unglück.

Die durch den Nationalsozialismus bewirkte künstliche Vereinzelung der Deutschen ist Ursache, daß nicht allen alle unsere Märtyrer bekannt sind, und daß von denen, die man kennt, nicht viel mehr als der Name bekannt ist. Ich habe es mir zur Aufgabe gemacht, Lebensbilder dieser für uns Gestorbenen aufzuzeichnen und in einem Gedenkbuch zu sammeln, damit das deutsche Volk daran einen Schatz besitze, der es mitten im Elend noch reich macht. Dazu bedarf ich der Hilfe vieler, an die ich mich bittend hier wende. Zunächst geht mein Ersuchen an die Angehörigen und Freunde der Hingerichteten, daß sie mich mit Mitteilungen über sie versehen, möglichst Äußerungen von ihnen selbst, Briefen und Tagebüchern, aber auch Schilderungen, kurz mit allen Nachrichten, die zur Schaffung eines Lebensbildes dienen können. Es gibt aber außer Angehörigen und nahen Freunden vielleicht Menschen, die mit den Verstorbenen in Berührung kamen und etwas von ihnen zu erzählen wissen, einen Eindruck von ihnen empfingen; auch diesen bin ich für jede Nachricht dankbar. Ganz besonders bitte ich um Bilder, sie sollen den biographischen Skizzen beigefügt werden. Ich versichere, daß alles, was an mich gelangt, mit der Liebe und Ehrfurcht aufgenommen und verwahrt wird, die ich für diese Toten empfinde.

Nicht alle von den gegen Hitler Verschworenen sind im Kampf gefallen, einige sind dem Tode entgangen. Sie sind nicht deshalb geringer, weil sie glücklicher waren, und ich möchte ihrer ebenso wie der Toten gedenken, aber es ziemt sich, so scheint es mir, zuerst Kränze auf die Gräber niederzulegen.

Ich nenne eine Reihe von Namen Hingerichteter: Geschwister Scholl, Professor Huber, Generaloberst Beck, Dietrich Bonhoeffer, Admiral Canaris, Jesuitenpater Delp, Paul von Hase, v. Hassell, Harnack und Frau, Ernst v. Harnack, Dr. Haubach, Adam Kuckhoff, Wilhelm Leuschner, Dr. Leber, Graf Moltke, v. Witzleben, Professor Reichwein, Rüdiger Schleicher, Staatsrat Schwamb, Goerdeler, Graf Stauffenberg, Elisabeth von Thadden, Graf Yorck, Schulze-Boysen.

An den Enkel (Jena, 16. März 1946)

Lieber Kander, gestern bekam ich Deinen Brief vom 16. Februar. Er war einen Monat unterwegs; aber er hätte ja überhaupt ausbleiben können, seien wir dankbar und zufrieden. Rilke's drei Wirklichkeiten habe ich nicht verstanden, wenn wir wieder zusammen sind, mußt Du sie mir erklären. Ich habe überhaupt kein Organ für Rilke. Mehr interessiert mich die Aeneis. Ich kenne sie nur deutsch, lateinisch ist sie natürlich viel schöner. Als ich sie neulich nach langer Zeit wieder las, fiel es mir auf, wie sie Homer nachgemacht ist, hauptsächlich der Ilias. Wenn man darauf achtet, ist es geradezu komisch, bis in die Einzelheiten ist alles nachgeahmt. Warum sollte man auch große Muster nicht nachahmen? Soweit dürfte es trotzdem eigentlich nicht gehen. Lies doch gelegentlich die Schiller'sche Übersetzung – es sind nur die ersten Gesänge. Ganz anders, aber wunderschön. Nein, mit Homer kann man Vergil entfernt nicht vergleichen, es sind aber einige großartige Verse darin ...

Morgen, Kander, ist es ein Jahr, daß der Angriff war, bei dem die Schietrupp'sche Fabrik [Holzfabrik in Jena] abbrannte und am 19. die ganze Stadt. [Die Daten stimmen nicht; der Großangriff war am 9. Februar 1945.] Jetzt werden die Wiederaufbaupläne gezeigt, sehr hübsch, nur ist natürlich weder das Material noch sonstwas da. Die Straßenzüge sollen dieselben bleiben – nur die Löbderstraße, die ganz total weg ist, soll etwas anders verlaufen –, und sie werden etwas breiter. Vielleicht, wenn Du schier dreißig Jahre alt bist, gehst Du durch die neuen Straßen, schüttelst den Kopf und denkst an die guten alten Zeiten. In diesen Tagen war hier Erregung und Spannung wegen der bedrohlichen Reden ...

Kander, Du brauchst nicht primus omnium zu sein, aber sieh zu, daß Du unter den Besten bleibst! ...

An den Enkel (Jena, 27. März 1946)

... Heute kamen nach langer Pause drei Briefe von Dir! Es ist ein wundervoller Frühlingstag, wir lasen sie in festlicher Stimmung. Der Briefträger kommt bei uns nur einmal am Tag, um neuneinviertel morgens. Dann sind Deine Mama und ich allein. Aber es ängstigt mich, daß Du allein auf Hamsterfahrten gehst, tu das nicht mehr, Kander, versprich es mir! Du hast doch so viele Kameraden, kannst gut einen mitnehmen. Ich erinnere mich noch genau an den Wald nach Opfingen, da ist es einsam. Das ist jetzt viel zu unsicher, mir graut, wenn ich es mir vorstelle. Übrigens finde ich, daß Du es in der Schule schöner hast, als sie es hier haben, bei Euch so reges Leben und Interesse, ich finde es erstaunlich, was für verschiedene Dinge Euch beschäftigen. Und daß die Mädchen auch mitmachen, ist besonders hübsch. Mir scheint alles durchaus vernünftig, was Du über Kunst gesagt hast [in einem Aufsatz]. Vielleicht hättest Du noch mehr in den Mittelpunkt stellen können, daß Kunst eigentlich ein Ausfluß der Religion ist, Musik, Malerei, Poesie, alles diente zuerst der Religion, existierte zuerst eigentlich nur im Zusammenhang mit der Religion. Insofern läßt sich auch begreifen, wenn sie für manche Leute ein Religionsersatz ist.

Als ich so etwa vierzehn, fünfzehn Jahre alt war, war Eichendorff mein liebster Dichter, ich schwärmte für ihn, kannte ihn halb auswendig. Ich liebe ihn auch heute noch. Deine Mama liebt auch seine Novellen, die mag ich nicht besonders gern.

Unser Oberbürgermeister will Jena wieder aufbauen und zu diesem Zweck viel Geld sammeln. Dazu sollen sogenannte Bausteine dienen, nämlich Sachen, die geschenkt und dann für teures Geld verkauft werden. Ich habe eine kleine Schrift *[Mein Tagebuch, hergestellt im Auftrage der Universitätsstadt Jena durch den Spiegel-Verlag Weimar, Juli 1946]* geschenkt, Auszüge aus dem Tagebuch, das ich mit sechs Jahren schrieb. Das wird gedruckt und das Stück zu zehn Mark verkauft, und es sollen dreißigtausend Mark dabei herauskommen. Sowie ich fertig bin, schicke ich Dir ein Exemplar. Zum Dank bekam ich bei einer großen Feier eine Dankadresse überreicht, in Leder gebunden, ganz bezaubernd. Um es in Empfang zu nehmen, mußte ich auf das Podium des großen Saales im Volkshause steigen und mich vom Publikum beklatschen lassen.

Ich lese jetzt einen unendlich langen Roman von Plievier: Stalingrad *[Theodor Plievier, Stalingrad, Berlin 1945]*. Er ist ausgezeichnet geschrieben, mehr ein Tatsachenbericht als ein Roman, dauernd spannend; aber natürlich furchtbar, ich muß immer allen Mut zusammennehmen, wenn ich darin lese. Es ist unfaßbar, daß es Menschen gibt, die schon wieder zu einem Kriege bereit wären, Wahnsinnige! Wahrscheinlich sind es die, die ihn nicht mitgemacht haben. Bald ist es ein Jahr her, daß wir uns trennten!...

An Ulrich Christoffel (Jena, 3. April 1946)

... Gestern, am 2. April, kam Ihr liebes Briefchen vom 11. März; es war also lange unterwegs, und wenn meines ebenso lange braucht, werden Sie schon gar nicht mehr auf eine Antwort warten. Immerhin – man muß jetzt alles als ein Glück betrachten, was nicht gerade ein Unglück ist, und es wird Frühling, die Sonne scheint, unser Mandelbäumchen blüht, und es gibt vieles, worüber man sich freuen kann. Unser Besuch in der Schweiz ist lange geplant, und wir, Busi und ich, rechnen stark darauf, daß er im Sommer zur Ausführung kommt. Einfach ist es natürlich nicht. Franz ist zur Zeit Professor in Frankfurt. Wir möchten ihn gern hierherlocken, weil wir hier bessere Ernährungsmöglichkeiten haben; aber es ist fraglich, ob es uns gelingt. Er möchte seinerseits uns nach Frankfurt haben. Kander ist in Freiburg, geht dort aufs Gymnasium, hungert und tröstet sich mit einer umfangreichen Korrespondenz. Ich habe schreckliches Heimweh nach ihm und hoffe, daß wir im Lauf des Sommers auf irgend eine Art wieder vereinigt werden.

Sie schreiben, daß Sie Wölfflins Giorgione-Bild haben, aber Sie denken nicht, daß ich noch garnichts von seiner letzten Lebenszeit weiß und so gerne etwas davon erführe! Ob er lange krank war, ob er wußte, daß er sterben mußte, womit er sich zuletzt beschäftigt hat. Erzählen Sie mir doch davon, auch wann und wie Sie ihn zuletzt gesehen haben.

Hier sterben natürlich viele Menschen. Aber Dahlets – in deren Garten wir damals meinen Geburtstag feierten – leben, und wir sehen uns fast täglich. Die ganze Familie Maurer, die Mutter, ihr Mann und ihre Kinder kamen um, als ihr Haus beim letzten Bombenangriff im April getroffen wurde. Nur das jüngste, dreijährige, ist gerettet, weil sie es auf dem Schoß hatte und im Sturz mit dem Körper deckte. Glücklicherweise kann man bei allen annehmen, daß sie sofort tot waren. Daß es keine Fliegerangriffe mehr gibt, empfinde ich noch immer als ein unbeschreibliches Glück. Wenn ich zu Bett gehe, denke ich dankbar: ich kann eine ganze Nacht lang ruhig schlafen. Wie aufreibend das Leben in den letzten Wochen vor dem Zusammenbruch war, können Sie sich nicht vorstellen. Jetzt ist ja auch manches fatal – aber wenigstens hört man die Sirenen und das grausige Anrollen nicht mehr.

Ihre schriftstellerischen Pläne interessieren mich sehr, und ich freue mich auf das Ergebnis. Ich stelle es mir herrlich vor, in so schöner Umgebung seinen Gedanken nachhängen und arbeiten zu können. Und zwischendurch die leckeren Bissen zu verzehren, die Ihnen Ihre Frau zweifelsohne bereitet. Daß sie von den ihrigen noch nichts gehört hat, ist für sie gewiß schlimm; aber nun eine Verbindung wieder möglich ist, wird gewiß bald ein Lebenszeichen kommen können.

Eben bringt die Post einen Brief von einer Dame (die ich nicht persönlich kenne), die mir erzählt, daß ihre alten Eltern im Februar des vorigen Jahres auf der Flucht liegengeblieben und erfroren sind, ihre Geschwister durch Bomben umgekommen, daß sie nun ganz allein und mittellos ist und Arbeit sucht. Solche Schicksale gibt es viele, viele. Es legt sich einem manchmal wie ein Alpdruck auf.

Busi wird Ihnen selbst schreiben, gelegentlich. Sie ist ständig bemüht, aus wenig Zutaten wohlschmeckende Speisen zu bereiten, mit wenig Kohle das Haus zu erwärmen und mehr derartige Probleme zu lösen, immer erfolgreich.

Wir haben ein Eichkätzchen im Garten, und in einer Stunde ist es so warm, daß ich mich heraussetzen werde. Himmlisch! Neulich bin ich mit dem Fisch in der Hand photographiert worden! Leider bin ich nicht schön, und auch der Fisch ist nicht sehr deutlich geworden.

Liebe Christoffels, seid tausendmal gegrüßt! Wie schade, daß Ihr so weit fort seid!...

An Emil Henk (Jena, 5. April 1946)

Sehr geehrter Herr Henk, haben Sie Dank für die Übersendung Ihrer Broschüre vom 20. Juli *[Die Tragödie des 20. Juli, Heidelberg 1946]*. Ich habe sie mit großer Bewegung gelesen. Mir waren die Ereignisse hauptsächlich durch die Gruppe um Goerdeler bekannt, durch Sie wurde mein Bild vervollständigt. Ihre Darstellung ist so klar, nach allen Seiten durchdacht, der Gang der verschlungenen Fäden wird so deutlich, daß das Ganze hinreißend wirkt. Was ich mir vorgenommen habe ist, dem deutschen Volke ein Gedenkbuch zu schaffen, in dem es das Große und Gute findet, was es in der dunkelsten Zeit seiner Geschichte besaß. Sie können mir gewiß dabei helfen. Es ist eine Arbeit, die viel Zeit verlangt. Wenn inzwischen einzelne Biographien entstehen, ist das für mich wertvoll. Da ich im Augenblick nicht wohl bin, gehe ich auf meine Pläne nicht weiter ein; es liegt mir eben nur daran, Ihnen zu danken. Verbindlich grüßend, Ricarda Huch.

An den Enkel (Jena, 17. April 1946)

Lieber Kander, Deine letzten guten Noten im Lateinischen sind mir glatt heruntergegangen. Da Andreas Jerusalem [früherer Schulkamerad] in allen Fächern eine 2 bekommen hat, käme ich mir doch sehr benachteiligt vor, wenn ich nichts ähnliches aufzuweisen hätte. Der kleine Andreas muß nämlich nebenher noch kochen und alle mögliche Hausarbeit machen, und deshalb ist er wirklich sehr zu loben. Wenn Ihr jetzt ebenso himmlisches Frühlingswetter habt wie wir, muß der Ausflug nach Altglashütten schön werden ... Unser Kirschbaum ist voller Blüten, und es ist traurig zu denken, daß wir die Kirschen nicht ernten werden, da wir dann vermutlich schon in Wiesbaden sind. Der einzige, aber auch reichliche Ersatz für die Kirschen bist Du. Etwas so Hübsches wie das schäbige Häuschen mit dem vernachlässigten Garten gibt es nicht wieder. Du mußt zugestehen, daß wir hier glücklich waren. Das Leben besteht nun einmal aus Trennungen und neuen Verbindungen und wieder Trennungen usw. Es ist jedesmal schwer und nachher ist es oft sehr gut... Dein Vater ist viel unterwegs und besucht Leute, heute nachmittag fährt er nach Weimar. [Franz Böhm hielt im Sommersemester 1946 einige Gastvorlesungen in Jena.] Wir möchten gern ein Auto kaufen, aber wo?...

An den Enkel (Jena, 29. April 1946)

...Kander, von Deinem Zeugnis bin ich überwältigt! Solche Glanznummern hatte ich nicht erwartet! Wirklich, wie Du das gemacht hast, neben Deiner ausgebreiteten Korrespondenz, Deinen Vorträgen, Hamsterfahrten und Deiner häuslichen Tätigkeit, ist mir unbegreiflich. Könnte ich dem Verdienst nur gleich eine Krone überreichen in Gestalt von Würsten, Brotlaiben und Schokoladentafeln. Das einzig Fatale finde ich, daß Du nun nicht höher steigen, nur tiefer sinken kannst; denn unverändert bleibt ja nichts. Es muß aber auch ohne materiellen Lohn ein schöner Tag für Dich gewesen sein.

Sehr freue ich mich, daß Du die Matthäuspassion hören wirst. Wir haben sie am Karfreitag vormittag durch das Radio gehört. Es war wundervoll, aber unmittelbar ist es doch noch schöner, und dazu in der Kirche!...

Ich hoffe, die Erlaubnis zu einer Reise in die Schweiz zu bekommen, dann würde ich auch nach Freiburg kommen. Bis dahin fließt allerdings noch viel Wasser den Berg hinunter. Lieber Kander, hab noch etwas Mut und Geduld, Du hast nun schon viel gehabt, harre noch etwas länger aus...

An den Enkel (Jena, 6. Mai 1946)

... A. habe ich eines von Deinen Büchern gegeben, es handelt von allerlei Tieren, und ich weiß, daß Dir nichts daran liegt, sonst hätte ich es nicht getan. Ich sorge gut für Deine Bücher.

Was mir sehr leid tut, ist, daß Du Dein Klavierspielen natürlich ganz verlernt hast. Wenn ich höre, wie gut Hänschen K. [ein kleiner Nachbar] spielt, kann ich ein Neidgefühl nicht unterdrücken. Aber alles kann man nicht. Er kann gewiß nicht die Aeneide in Versen übersetzen. Gestern abend ist Deine Mama glücklich angekommen, ... ihre Reiseerlebnisse wird sie Dir selbst erzählen. Die Hauptsache ist, daß Du in den großen Ferien zu uns kommst. Das ist doch mal etwas, worauf man sich freuen kann. Ich kann es noch nicht recht glauben, aber es wird gemacht. Wir sehen ein, daß es für Dich günstig ist, dort das Abitur zu machen, weil es jetzt so wichtig ist für das Studium, und dort bist Du so schön im Gange...

Wünsche Dir etwas zum Geburtstag! Wir feiern ihn in den Ferien, wenn Du hier bist...

An Helene Baumgarten-von Salis (Jena, 6. Mai 1946)

... Zu denken, daß Du in Deutschland warst und nicht zu uns kommen konntest, war wirklich traurig. Es scheint, daß Du auch nicht in Frankfurt warst, wo Busi augenblicklich ist und wohin wir vielleicht übersiedeln werden ... Bitte gib mir wieder Nachricht. Natürlich ist alles schriftliche Erzählen unvollkommen. Ich mag garnicht anfangen mit Erzählen, es scheint uferlos. Neulich hörte ich, während am Radio gesungen wurde, plötzlich die Stimme deines Bruders [Hans (Jean R.) von Salis, der damals regelmäßig am Radio Beromünster sprach]; ich freute mich, die wohlbekannte zu hören ...

Solltest Du wieder einmal nach Freiburg kommen, so besuche doch bitte den Kander. Er ist bei Franzens Mutter. Sie sind aus der Wohnung hinausgeworfen und leben in geborgten Möbeln. Wir haben Kander nun ein Jahr lang nicht gesehen, er hält sich tapfer, hat aber schrecklich Heimweh nach seiner Mutter. Abgesehen vom Hunger und diesem Heimweh geht es ihm gut, er hat Freunde und ist Primus in seiner Klasse. Ob wir ihn von dort fortnehmen oder dort lassen, bis er das Abitur gemacht hat (in einem Jahr), wissen wir noch nicht. Es wäre natürlich sehr ungünstig für ihn, nochmals die Schule zu wechseln, andererseits möchten wir ihn wiederhaben, ihn besser ernähren, als es dort möglich ist.

Ich finde, daß ich recht alt geworden bin. Die schrecklichen Aufregungen seit dem 20. Juli 1944 haben mir zugesetzt. Außerdem wäre es ja merkwürdig, wenn ich mein Alter nicht merkte. Alle älteren Leute sind erschreckend mager geworden, die Männer noch mehr als die Frauen. Busi sieht auch zuweilen sehr abgemagert aus, und das tut mir dann weh; Du weißt ja, daß die Kinder einem wichtiger sind als man selbst...

An Nelly Planck (Jena, 13. Mai 1946)

Sehr geehrte Frau Planck, haben Sie Dank für Ihren Brief. Ich bitte Sie herzlich, mir alles Material anzuvertrauen, von dem Sie glauben, daß es meiner Absicht nützen kann. Sie werden sich selbst vorstellen können, was man von jemandem wissen muß, wenn man ein Bild seiner Persönlichkeit und seiner Wirksamkeit entwerfen will. Natürlich kommt es mir vor allem auf die Stellung Ihres verstorbenen Mannes zum Nationalsozialismus an; aber der Leser sollte doch den ganzen Menschen kennenlernen, wie er sich von Kindheit an entfaltet hat. Es scheint mir so überaus wichtig, daß die Deutschen und daß auch das Ausland erfährt, wieviel hervorragende und edle Kräfte sich gegen das nationalsozialistische System gewendet und dafür ihr Leben gelassen haben. Sie werden das begreifen und diesem Zweck zuliebe gewiß mir helfen, daß ein solches Buch zustande kommt. Briefe und Tagebücher sind mir natürlich sehr wertvoll; aber wenn sie, wie Sie mir schreiben, für mich nicht verständlich sein würden, ist es zwecklos, sie mir zu schicken. Vielleicht können Sie mir andere Persönlichkeiten nennen, die Briefe Ihres Mannes besitzen? Oder glauben Sie, daß ich mich an Ihren Schwiegervater wenden sollte? Jedenfalls könnten Sie mir doch die hauptsächlichsten Daten angeben: wann Ihr Mann geboren wurde, welche Schulen er besuchte, etwas über sein Studium, seine stärksten Interessen, seine politische Haltung bis zur Zeit von Hitlers erstem Auftreten und was zu seiner Verhaftung führte. Sie herzlich grüßend, Ihre Ricarda Huch.

An die «Hessischen Nachrichten», zu Händen von Herrn Dr. Pöschl (Jena, 17. Mai 1946)

Sehr geehrter Herr Dr. Pöschl, vielen Dank für die Veröffentlichung meines Aufrufes [s. S. 449]. Die Hessischen Nachrichten sind bis jetzt das einzige Blatt, das ihn gebracht hat. Ich bekam sofort einige dadurch veranlaßte Briefe, die zwar nicht nützlich, mir aber doch sehr erfreulich waren. Darf ich Sie bitten, mir auch weiterhin zu helfen, indem Sie mich auf Namen oder Tatsachen aufmerksam machen, die Ihnen vielleicht noch einfallen oder von denen Sie unterrichtet werden. Die Brochuren, welche über den 20. Juli existieren (von Emil Henk und von Reuter) besitze ich bereits. Verbindlichst grüßend R.H.

An Katharina Kippenberg (Jena, 17. Mai 1946)

... Nicht nur zu Ihrem Geburtstage, sondern zugleich zu Ihrer Wiedergeburt kann ich Ihnen heute Glück wünschen, und ich tue es von ganzem Herzen, erfreut, daß es in dieser trüben Zeit einen schönen Festtag gibt. Die Zeit der Genesung hat einen ganz besondern Zauber: das wiederkehrende Lebensgefühl, das man in wohliger Ruhe genießt, der berechtigte Müßiggang, hie und da ein kurzer Besuch, hoffnungsvolle, halb träumende Gedanken, die in keine Berührung mit der Wirklichkeit kommen – in diesem Zwischenleben wiegen Sie jetzt eine Weile, wie ich hoffen kann. Wenn ich jetzt mit einem Blumenstrauß – Pfingstrosen und Flieder – an Ihrem Bett säße, würde ich Ihnen viel erzählen; schriftlich geht das nicht, denn was sollte ich da wählen aus der Masse des Merkwürdigen? Uns ist es im allgemeinen gut gegangen, wir haben das Geschenk des Himmels, den schönen Frühling, dankbar genossen, ich bringe den halben Tag Briefe schreibend am Schreibtisch zu. Seit einiger Zeit treffen auch Briefe aus der Schweiz ein, und ich erfahre, daß es meinen dortigen Freunden gut geht. Nur Wölfflin ist, wie Sie vielleicht schon wissen, gestorben, er war mein Altersgenosse, gerade vier Wochen älter. Wenn wir die Zeit und Kraft aufbringen, alle erforderlichen Formalitäten zu erledigen, hoffen meine Tochter und ich etwa im Herbst in die Schweiz zu reisen. Unsere Übersiedlungspläne nach Frankfurt sind noch unbestimmt, jedenfalls bleiben wir den Sommer über noch hier, worüber ich glücklich bin. Mein Schwiegersohn hat eine wunderschöne Wohnung in Biebrich, aber da er in Frankfurt Professor ist und kein Auto hat, muß er doch in Frankfurt wohnen, und da etwas zu finden scheint schwer bis unmöglich zu sein.

Wenn die Post Ihnen ein Gläschen mit Parfum bringt, so betrachten Sie es bitte als Versuch, Ihnen eine Andeutung einer Freude zu machen...

An den Enkel (Jena, 28. Mai 1946)

Lieber Kander, daß wir noch einmal Deinen Geburtstag ohne das Geburtstagskind erleben, hätte ich nicht gedacht. Manchmal ist es gut, daß man nicht vorher weiß, was kommt. Allerdings – es ist ja trotzdem für uns gut gekommen. Du bist bei Deiner Großmutter, wo Du es so hübsch wie möglich hast, und Du hast einen schönen Freundeskreis und sogar einige erfreuliche Lehrer, wenn auch keiner vielleicht wie Barton [Deutschlehrer am Jenaer Gymnasium] ist. Und schließlich haben wir alle die Hoffnung – die zwar hintergeht, wie es im Gedicht heißt, aber nur die Wankelmütigen... Erinnerst Du Dich noch an Deine früheren Geburtstage? Wie ausgelassen wart Ihr da, wie sorglos! So wird es gewiß nicht wieder; aber das Leben ist unerschöpflich reich und hat immer Überraschungen und für das, was verloren ist, Ersatz. Zu den alten Freunden kommen neue, es kommen neue Interessen, und wenn der Horizont nicht mehr so umwölkt ist, wird er doch immer weiter, immer beweglicher. In gewisser Hinsicht kommen jetzt die schönsten Jahre für Dich, wo Du die Welt eroberst und Dich als ein selbständiges Ich ihr gegenüberstellst. Ich hoffe aber, daß Du doch in einem Winkel Deines Wesens der kleine Kander bleibst, den wir so liebhaben.

Denke Dir, gestern war ich beim Augenarzt – mein alter Professor Seidel ist gestorben –, bei Dr. Brandt, dessen Frau und Tochter beim letzten Bombenangriff in Maurers Hause umgekommen sind. Er hat eine Gehilfin, und die erzählte mir, sie sei früher in Bad Sulza gewesen, als Du als kleines Bübchen dort warst. Sie hätte Dich nie vergessen können, weil es ihr solchen Eindruck gemacht hätte, wie Du Deine Tiere geliebt hättest. Ich nehme an, daß Du auch in Bad Sulza unentwegt von Deinen Köbis [seine Stofftiere] geredet hast, damals der einzige Gegenstand Deiner Gedanken und Gespräche. Es ist doch ganz hübsch, daß Du jetzt zuweilen auch von was anderem redest, womit ich die Köbis nicht herabsetzen will. Wenn Du im Sommer hier bist, mußt Du auch einmal zu Dr. Brandt gehen und sehen, ob Dich die Schwester wiedererkennt. Lebwohl Kander, dieser Brief kommt vermutlich schon einige Tage vor Deinem Geburtstag an. Erzähle nachher, wie Du ihn verbracht hast...

An die «Hessischen Nachrichten», zu Händen von Herrn Dr. Pöschl (Jena, 7. Juni 1946)

Sehr geehrter Herr Dr. Pöschl, vielen Dank für die beiden Briefe von Hermann Hesse. Ich finde sie enttäuschend und eigentlich traurig. Es scheint, daß für die auswärts Lebenden Schweigen jetzt das beste wäre. Der Aufruf hat mir noch nicht viel Erfolg gebracht. Mit den besten Grüßen R. H.

An den Enkel (Jena, 8. Juni 1946)

... Wir hatten gehofft, zu Pfingsten einen Brief von Dir zu bekommen; aber der Postbote hat keinen gebracht, und nun kommt er erst am Dienstag wieder. Deine Schuld ist es nicht, das wissen wir wohl, wir können uns nicht über Saumseligkeit bei Dir beklagen.

Am 3. Juni hat das Abiturientenexamen hier angefangen. Am ersten Tage war der deutsche Aufsatz. Sie hatten miserable Themata: Vergleich zwischen Goethes «Iphigenie» und Grillparzers «Das Leben ein Traum» (oder so ähnlich). Wo ist da der Vergleichspunkt? Gert sagt: Wir haben beides in der Schule besprochen. Warum Karl dieses blödsinnige Thema gewählt hat, weiß ich nicht ... Jerri hat über den Nürnberger Prozeß geschrieben. Auch ein edles Thema! ... Der arme Kerl ist durch die Erlebnisse auf der Flucht damals, die er Dir ja wohl beschrieben hat, entkräftet gewesen, und er hat sich nie richtig erholt; wenn man ihn ordentlich mit Butterbrot und Kalbsbraten ernähren könnte, würde er bald wie sonst sein. Hier ist das schönste Frühlingswetter, ich würde glücklich darüber sein, wenn es nicht so verheerend für die Ernte wäre. Seit vielen Wochen hat es nicht geregnet, die Erde ist vollkommen ausgetrocknet. Täglich sammeln sich graue Wolken, schon fallen die ersten Tropfen – plötzlich kommt die Sonne wieder, und über den Himmel breitet sich klares Blau ...

Wir hatten kürzlich Besuch von amerikanischen Journalisten, der eine war Klaus Mann, der Sohn von Thomas. Sie kamen in Begleitung von Russen, im ganzen waren es sieben Personen; aber das wird Dir Deine Mutter ausführlich erzählen ...

An Emil Henk (Jena, 8. Juni 1946)

... Ich schreibe Ihnen mit Tränen im Auge, nachdem ich Ihre Briefe gelesen habe. Diesen Freundeskreis [Theo Haubach, Carlo Mierendorff u. a.] kennenzulernen, von dem Sie als einziger übriggeblieben sind, ist für mich beglückend, wenn es auch zugleich so erschütternd traurig ist. Diese Zeilen sollen Ihnen nur bestätigen, daß ich zwei Briefpäckchen von Ihnen erhalten habe. Gedichte aus dem Gefängnis, die Sie erwähnen, habe ich nicht bekommen, wenigstens kann ich mich im Augenblick nicht besinnen. Das Gedicht von mir an die Märtyrer [«An unsere Märtyrer», in *Herbstfeuer;*

noch nicht in der ersten Auflage 1944 enthalten], das Sie zu haben wünschen, will ich suchen und Ihnen dann schicken.

Nehmen Sie einstweilen meinen wärmsten Dank. Bald mehr. Ihre Ricarda Huch.

An Emil Henk (Jena, 9. Juni 1946)

Lieber Herr Henk, ich schreibe heute noch einmal, um Ihnen zu sagen, wie sehr ich Ihnen dankbar bin, daß Sie mir so bereitwillig zu Hilfe kommen. Als ich so lange nichts von Ihnen hörte, dachte ich, Sie wären vielleicht mit der Biographie von Mierendorff beschäftigt und wären nicht gern gestört, und ich mochte Ihnen mit meinen Wünschen nicht lästig fallen. Nun haben Sie mir so freundlich und so ausführlich geschrieben. Durch den gemeinsamen Schmerz über den Verlust so liebenswerter und so unersetzlicher Menschen fühle ich mich Ihnen verbunden; ich fühle mit, was das alles für Sie bedeutet, der Sie mit mehreren von ihnen in engster Freundschaft verbunden waren. Sie trauern um Deutschland und die Freunde zugleich.

Ich hoffe, daß mir das Leben geschenkt wird, bis ich das Gedenkbuch vollendet habe. Natürlich, wenn ich nicht mehr lebe, würde es ein anderer schreiben; aber das glaube ich bestimmt, keiner mit mehr Leidenschaft und Verständnis.

Eine Bitte und Frage: In Ihrer Broschüre schreiben Sie von Canaris in durchaus positivem Sinne.

Nun höre ich, daß er für unzuverlässig gehalten wird, in der Schweiz soll er in einer Zeitung geschildert sein als einer, der es mit beiden Seiten hielt. Es liegt mir viel daran, darüber etwas Sicheres zu wissen. Wenn er es mit dem Kampfe gegen Hitler ehrlich meinte und für seine Überzeugung gestorben ist, wäre es unerträglich, daß sein Name von denen, die am Leben geblieben sind, entehrt wird. Gewiß sind Sie derselben Meinung und helfen mir, wenn es möglich ist.

Das Gedicht [«An unsere Märtyrer»] lege ich bei. Ich bin nicht ganz damit zufrieden. Vielleicht gelingt es mir noch einmal, das, was mir vorschwebt, adäquater zum Ausdruck zu bringen. [Das Gedicht wurde unverändert veröffentlicht.] Wünschen Sie die Dokumente, die Sie mir geschickt haben, bald zurück?...

AN UNSERE MÄRTYRER

Schmerzen, unsägliche, litt der griechische Heros, bevor er
Sterben durfte und die erlösende Flamme noch schmerzte.
Meine Helden, geliebte, ihr littet schwerer als jene,
Schmachvoll, gemartert, verhöhnt, von keinem Freunde getröstet.
Ihr, die das Leben gabt für des Volkes Freiheit und Ehre,
Nicht erhob sich das Volk, euch Freiheit und Leben zu retten.

Ach, wo seid ihr, daß wir eure Wunden mit
Tränen der Reue
Waschen und eure bleichen Stirnen mit Lorbeer
krönen!
Weilt ihr jetzt auf der Insel in ferner seliger
Bläue,
Wo die Sirenen des Meers euch mit Gesängen
umschwärmen?
Oder droben im reinen himmlischen Aether?
Ihr wandelt
Herrlich wie das Gestirn seine melodische Bahn.
Wir aber wollen Male richten euch zum
Gedächtnis;
Wo auf Hügeln stürmische Eichen grünen, wo
die
Silberne Buche ragt und die rötliche Kiefer am
Meere,
Stehe der Marmor und glühe die Flamme der
heiligen Namen.
Dort, ihr Glorreichen, wollen wir euer gedenken
und schwören,
Tapfer wie ihr zu sein, dem Recht und der
Freiheit zu dienen,
Niemals treulos und feige den Gott in der Brust
zu verleugnen,
Der uns zu lieben treibt und im Kampf mit dem
Bösen zu sterben.
Wir vergessen euch nicht. Oft wird euer
tragisches Opfer
Unser Gespräch sein, den Enkeln künftig
ehrwürdige Sage.

Über den Trümmern weht die schwarze Fahne der Trauer.
Aber dereinst, wenn eure Male bemoost und verwittert,
Möge Lebendiges neu erwachen und, wie auch gestaltet,
Unseren heimischen Boden bestreun mit goldenen Früchten.

An Eva Merz (Jena, 18. Juni 1946)

... Wie schmerzlich deutlich sah ich bei Ihrer Schilderung die Elfenau vor mir, die alten Bäume, den Platz vor dem Hause, den Hang und die Aare – wie schön – und wie fern! Ich will aber doch glauben (den liebe ich, der Unmögliches begehrt!), daß ich das alles und Sie wiedersehe. Wir werden wahrscheinlich bald ein Auto haben, und dann ist alles leichter. Wenn Ihr nicht in unsere Zone kommen könnt, geht es vielleicht in eine andere, wo wir uns dann treffen können. Ohnehin werden wir doch wohl im Herbst noch nach Frankfurt übersiedeln, und jedenfalls werde ich versuchen, einen Sprung zu Euch zu machen. Ich bin so froh, daß Sie zufrieden schreiben, daß es allen gut geht, daß Sie täglich in der Elfenau sind, daß Ihre Mutter Patiencen legt und daß Ihr Vater mobil ist. Ich sehe alles vor mir. Sie sehen gewiß noch grade so aus wie vor vier Jahren. Ich natürlich nicht, ich bin uralt; wenn man über achtzig ist, wird es ernst. Nächstens schicke ich an Elsbeth ein paar kürzlich gemachte

Photographien. Ich würde es Busi so gönnen, daß wir in die Schweiz reisen könnten, eine Abwechslung täte ihr gut.

Daß wir es trotzdem hübsch haben, muß ich zugestehen – wenn uns nur Kander nicht fehlte. Daß Ihr so lieb für ihn sorgt, ist ein großer Trost. Wir schicken ihm von Zeit zu Zeit Brot. Im August wird er dann die Ferien bei uns zubringen, darum kann ich vor September nicht kommen. Ich umarme Sie und habe Sie lieb! …

An den Enkel (Jena, 26. Juni 1946)

… Ich habe das Gefühl, Dir wochenlang nicht geschrieben zu haben. Aber es ist nicht meine Schuld, ich bin ein geplagter Mensch. Heute war in Weimar die Eröffnung des Landtags, das ist die Vertretung der verschiedenen Stände, die der Regierung die Anliegen des Volks vorzutragen haben; und stell Dir vor, ich war die Alterspräsidentin und mußte eine Eröffnungsrede halten, d. h. unser Präsident, der ein großer Redner ist, sprach dreiviertel Stunden lang, und dann redete ich fünf Minuten. Dann mußte ich die Wahl des Landtagspräsidenten vornehmen. Da ich natürlich keine Ahnung hatte, wie man das macht, kamen erst mehrere Herren und sagten mir genau, was ich zu sagen hätte; einer setzte sich aber doch noch neben mich, um mir vorzusagen. Es fing an: «Ich habe nun die Aufgabe als Alterspräsidentin, die Wahl des ersten und zweiten Präsidenten zu veranlassen, ich bitte um Vorschläge.» Und so weiter. Kander, es ist gut, daß Ihr Vortragsabende habt, beteilige Dich nur recht lebhaft daran, denn Männer müssen öffentlich sprechen können und jeden Augenblick ein paar angemessene Sätze ohne Stocken vorbringen. Es war sehr amüsant, und ich wurde furchtbar geehrt wegen des hohen Alters. Ich wurde im Auto abgeholt und zurückgebracht.

Übrigens hatten wir unerfreuliche Tage, indem wir Deinen Vater vergebens erwarteten. Herr L. und Herr B., die in Marburg waren, sollten ihn im Auto holen und herbringen. Unterwegs tankten sie Benzin, und nach einer Weile zeigte es sich, daß man ihnen statt Benzin Wasser gegeben hatte, und sie mußten sich neues Benzin verschaffen. Dadurch verloren sie sechs Stunden, und es wurde zu spät, um noch nach Wiesbaden zu fahren ... Daß Du nun siebzehn Jahre alt bist, wird mir schwer zu begreifen ...

An den Enkel (Jena, 7. Juli 1946)

Lieber Kander, werden wir Dich wirklich in vier Wochen wiedersehen? Ich kann es nicht fassen und wäre doch sehr unglücklich, wenn es nicht so wäre ... Du bekommst noch genaue Nachricht über den bestimmten Tag, wahrscheinlich telegraphisch. Heute ist Dein Vater wieder da, um zwei Vorträge zu halten ... Leider ist das schöne Sommerwetter mit einem Gewitter abgegangen, und es ist wieder kühl bis kalt. Hattet Ihr auch eine Leibnizfeier? Hier war sie verbunden mit der Aufführung der Schöpfung von Haydn, wo wir gestern abend waren. Das war überirdisch schön, schade, daß Du nicht dabei warst. Wenn man das gehört hat, weiß man, wie es bei der Schöpfung zuging. Der grandioseste Augenblick war die Erschaffung der Sonne, und das ist ja in der Ordnung. Daß an Deinem Geburtstag so schlechtes Wetter war, ist schade und auch ganz ungewöhnlich. Ihr habt doch früher immer im Garten spielen können. Lebwohl, Kander, und auf Wiedersehn!

An Harald Poelchau (Jena, 13. Juli 1946)

Sehr geehrter Dr. Poelchau, Sie erkundigen sich nach meinem Manuskript? Ach, das wird noch lange nicht zu existieren angefangen haben. Ich habe noch kaum eins von den Dokumenten, die mir bisher geschickt wurden, durchsehen können. Meine ganze Tätigkeit besteht im Briefeschreiben. Entweder ich bedanke mich für Eingesandtes oder ich bitte, mir etwas mitzuteilen. Es handelt sich eben um sehr viel Personen. Zu denen, die in Betracht kommen, sind noch die zu bedenken, die ich abweisen muß und an die ich natürlich besonders eingehend schreiben und die Ablehnung motivieren muß. Unglücklicherweise kam mein Geburtstag dazu und vermehrte die Briefschreiberei so, daß mein Schreibtisch noch überläuft von unbeantworteten Briefen. Die Adressen, die Sie mir in Ihrem Brief vom 2. August so freundlich waren anzugeben, habe ich noch nicht benutzt. Zum Teil sind die Witwen der Ermordeten den heutigen Verhältnissen entsprechend so beschäftigt, daß sie nicht so bald, wie wir möchten, zum Schreiben kommen. Ich bin zufrieden, wenn ich in einem Vierteljahr werde anfangen können zu schreiben. Wie ich höre, kommen Sie vielleicht Ende Oktober zu einer Reichwein-Gedenkfeier hierher? Das wäre schön für mich, denn ich rechne darauf, Sie zu sehen, wenn Sie hier sind ...

An Herbert Krimm (Jena, 28. Juli 1946)

Sehr geehrter Herr Pfarrer, ich danke Ihnen für Ihren Brief und will versuchen, Ihnen einen Begriff des Buches, das mir vorschwebt, zu geben. Der führende Gedanke ist, daß es sich in dem Kampf gegen Hitler um eine religiöse Bewegung handelte, um den Kampf gegen das Böse, und daß es darum möglich war, daß sich Menschen der verschiedensten Traditionen und aus verschiedenen Ständen vereinigten. Dieser Charakter, der ziemlich durchgehend nachgewiesen werden kann, gibt diesen Ereignissen das Großartige.

Es ist nicht der Zweck des Buches, die Geschichte des 20. Juli zu schreiben, sondern das deutsche Volk die beteiligten Personen kennen und verehren zu lehren. Deshalb die Form biographischer Skizzen, die natürlich auf dem Hintergrund der Ereignisse erscheinen müssen. Die Länge oder Ausführlichkeit der einzelnen Lebensbilder hängt von dem Material ab, das ich bekomme, und auch von der Persönlichkeit selbst. Das bedarf wohl keiner Erklärung; nicht jedes Leben eignet sich zu breiter Entfaltung. Da eine Beschränkung notwendig ist, habe ich mich auf drei Gruppen beschränkt: Die Geschwister Scholl, den Prozeß Harnack/ Schulze-Boysen – den 20. Juli. Über den Kreisauer Kreis bin ich ziemlich gut unterrichtet, ich kenne Frau Reichwein, werde auch die Gräfinnen Yorck und v. Moltke persönlich kennenlernen. Mit Frau Goerdeler bin ich in Beziehung, ebenso mit dem Kreise Mierendorff, Haubach und anderen aus dem Westen. Ich stehe in Briefwechsel mit den Angehörigen des Generaloberst Beck und mit den Angehörigen einiger anderer Offiziere; aber von den Offizieren fehlt mir noch mancher. Die Bedeutung der Persönlichkeit des Herrn von Haeften ist mir bekannt, und es liegt mir viel daran, in seine Ideen und seine Wirksamkeit eingeführt zu werden. Ihnen, sehr geehrter Herr Pfarrer, sowie den Angehörigen bin ich für jede Mitteilung dankbar.

Die Lage ist jetzt so, daß eine Würdigung derer, die für Deutschland gestorben sind, durchaus notwendig wäre, sowohl im Hinblick auf die deutschen Parteien wie auf das Ausland. Leider wird geraume Zeit vergehen, bis ich nur das Material zusammenbekommen habe; das ist bei der Umständlichkeit des Verkehrs nicht zu ändern. Sollte Ihnen meine Auffassung noch nicht ganz klar geworden sein, so bitte ich, mir Fragen zu stellen; ich werde sie gerne beantworten...

An Nelly Planck (Jena, 29. Juli 1946)

Sehr geehrte liebe Frau Dr. Planck, Ihr Brief hat mich in so ungeahnter Weise glücklich gemacht – es hätte mich nichts mehr beglücken können, als daß Ihr Mann sich in der letzten Zeit mit zwei Büchern von mir beschäftigt hat [*Frühling in der Schweiz* und *Confalonieri*], daß eine Beziehung zwischen uns bestand, ohne daß ich es wußte. Könnte ich das Buch nur recht bald schreiben; aber die Vorbereitungen sind unbeschreiblich mühsam und zeitraubend.

Was mir vorschwebt, sind Lebensbilder, ich möchte ein Bild von der betreffenden Persönlichkeit geben, so daß der Leser sie kennen und verehren lernt. Es handelt sich also nicht nur um die letzte politische Wirksamkeit, obwohl diese den Ausgangspunkt bildet. Ich sehe den ganzen Kampf als einen religiösen Kampf an – diese Anschauung habe ich mir gebildet aus dem, was ich erfahren habe – auch wenn nicht alle Teilnehmer der Bewegung kirchlich waren. Dies sage ich, um Ihnen einen Begriff von der Auffassung zu geben, die das Kolorit des Buches ausmachen wird. Ich wäre also sehr dankbar für die Namen und Adressen von

Freunden, die mir für Ihren Mann Charakteristisches erzählen können. Alles ist mir von größtem Interesse, auch aus seiner Kindheit.

Die Aussicht, Sie im September hier zu sehen, ist wundervoll. Sollte es mir gelingen, vorher nach Berlin zu kommen, würde ich es Sie rechtzeitig wissen lassen; denn natürlich ist es für mich das Richtige, Sie zu sehen und zu sprechen. Sie schreiben nicht, ob Ihr Schwiegervater wiederhergestellt ist; ich hoffe es von Herzen. Es tut mir so leid, daß Sie so vielfach geplagt und gehetzt sind; wir, meine Tochter und ich, sind es auch, es ist wohl jetzt das allgemeine Los. Aber für Sie, die so viel gelitten und geopfert hat, sollte es besser sein...

An Ulrich Christoffel (Jena, 16. August 1946)

...Ihr habt mich gewiß schon aus dem Buch der Freundschaft ausradiert! Ich bin aber jetzt prominent geworden, und das ist sehr zeitraubend. Ich bekomme fortwährend offizielle Besuche und offizielle Briefe, soll für die Studenten, oder für die Frauen, oder für die Wähler, oder für die Evakuierten ermunternde Aufrufe verfassen, tue es zwar nicht, muß aber erklären, warum ich es nicht tue. Gestern besuchte mich ein Unbekannter, der sagte, er habe noch nie einem Prominenten gegenübergesessen, und nun wolle er das mal tun. Vom Photographiertwerden will ich gar nicht reden. Kurz, vernünftige Briefe zu schreiben, habe ich keine

Zeit, außer was sich auf meine Arbeit bezieht. Wenn Thüringen in Euren Zeitungen vorkäme, hättet Ihr gelesen, daß ich Alterspräsidentin im Landtag war und erhabenerweise auf die junge Welt herabsah.

Ob wir die Energie aufbringen, eine Reise in die Schweiz zu unternehmen, weiß ich noch nicht. Trotz meiner Prominenz bedarf es dazu vieler Papiere und Unterschriften, Reisen nach Weimar, wo die Behörden sind usw. Es wäre so schön!

Die Energie, Kander zu holen, hat Busi aufgebracht, er bringt die Ferien hier zu, und ich bin glücklich, ihn hierzuhaben...

An Lydia Radbruch (Jena, 7. September 1946)

... Selbstverständlich stehen Ihnen alle meine Gedichte zur Verfügung [für die von Gustav Radbruch herausgegebene Anthologie *Lyrisches Lebensgeleite, Heidelberg 1946*]. Sie werden doch das nicht vergessen, das Sie mir einmal gegeben haben: «Wer hat uns erdacht? Wer das All vollbracht – Wer bedeckt mit Rätseln seine Spur?» – Ich habe es in meiner Schreibtischschublade liegen und lese es zuweilen. Wie merkwürdig, daß man nie mehr von diesem Dichter [Max Martin Boras] gehört hat. Daß Ihr Mann so rastlos tätig ist, erzählte mir B. [Marie Baum], daß dies ihn glücklich macht und daß er überaus produktiv ist, das ist doch schön – wenn es auch traurig ist, daß es aus Gesundheitsrücksichten nicht noch schöner ist. Ein bißchen geht es mir auch so – ich fühle mich der Reise in die Schweiz nicht mehr ganz gewachsen, hauptsächlich der Augen wegen ... Ich werde sie aber doch unternehmen, wenn ich die nötigen Vorbedingungen zustande bringe. Ja, es geht mir materiell so gut hier, wie es jetzt möglich ist, aber so ganz wolkenlos ist es doch auch nicht, ... auch sind wir alle mehr oder weniger überlastet und kommen nicht zu allem, was wir tun möchten. Augenblicklich haben wir garkeine Haushilfe mehr. Der Aufenthalt von Kander war zu kurz, als daß man ihn so recht hätte genießen können – das Abschiedsgefühl war dem Wiedersehen zu nah. Er geht so schrecklich ungern wieder fort, und doch will er selbst wieder nach Freiburg, weil er einsieht, daß es vernünftiger ist, und weil er auch seine dortige Großmutter jetzt nicht verlassen mag. Auch B. [Marie Baum] war zu kurz hier, und der Gedanke an die Rückreise bedrückte mich immer. Der Zeitpunkt war unglücklich – weil alles so umständlich ist – wäre sie früher gekommen, hätte man für eine bequeme Rückreise sorgen können.

Während der letzten vierzehn Tage beschäftigte uns der Wahlkampf. Es ging jedesmal bis in die Nacht hinein, und ich habe ziemlich gelitten, aber es war doch interessant, und es gab einige gute Reden. Es herrscht hier ein brennendes Interesse, man bekommt bei den Versammlungen kaum einen Platz. Ich bekomme einen wegen des Alters und weil ich nun mal en vogue bin. Wenn man so alt ist wie ich, sind die Leute im allgemeinen nett zu einem, teils aus Mitleid, teils aus scheuem Erstaunen, aber es hat doch große Nachteile, selbst wenn man leidlich gesund ist. Mir wenigstens geht es so, daß ich mir bewußt bin, daß ich nicht mehr viel Zeit vor mir habe und daß ich die Zeit für meine Arbeit nützen möchte und ärgerlich bin, wenn ich sie für allerlei unnützen Kram verwenden muß. Hausarbeit tue ich sehr gern, Gemüse vorrichten und dergleichen, denn erstens ruht man sich dabei aus, und zweitens ist es nützlich. Aber wenn ich in allen möglichen Zeitungen über alle möglichen Dinge ein paar Plattheiten sagen soll – denn so viel Zeit, um dann anderes als eine Plattheit zu sagen, gebe ich schon gar nicht dran – das macht mich ganz rabiat. In gewisser Hinsicht wäre ich lieber in der amerikanischen Zone, wo niemand etwas von mir will. Aber ich denke jetzt schon mit Schrecken an die Entrüstung, die hier ausbricht, wenn wir fortgehen. Und manchmal kriege ich Briefe von fremden Leuten, die mir danken, daß ich hiergeblieben bin, weil ihnen das ein Trost ist...

Sehr freue ich mich auf die Bücher Ihres Mannes mit den verlockenden Titeln. Es ist doch prachtvoll, daß alles Bittere und Traurige, was er erlebt hat, seinem Geist nichts anhaben konnte. E. M. Arndt hat recht, wenn er den Geist den Überflieger nennt; er ist auch im Fall Ihres Mannes über alles hinweggeflogen. Natürlich hat er es leichter als Sie. Aber Sie, liebe Frau Radbruch, haben ja bisher auch einen Weg gefunden, sich wieder mit dem Leben zu verbinden, das wird Ihnen gewiß auch weiterhin gelingen. Ich fühle es tief, wie schwer es für Sie ist. Der neue Aufschwung im Leben Ihres Mannes muß doch auch Sie berühren, das hoffe ich bestimmt. Nichts kann das Verlorene ersetzen; ich glaube, man muß es innerlich wiedergewinnen – oder, da man es innerlich ja nie verloren hat, sich immer inniger aneignen, so stelle ich es mir vor...

An den Enkel (Jena, 13. September 1946)

...Nun trottest Du wieder zur Schule – ich hoffe es wenigstens – und Jena ist ein blasser Traum. Nein, nicht blaß, Du wirst vielmehr in grellen Farben von unserm Wahlkampf erzählen. Hier steht zwar in allen Zeitungen: Großer Sieg der SED, aber die Stimmung soll sehr gedrückt sein, eigentlich auf beiden Seiten: die eine sieht ein, daß sie eine Dummheit gemacht hat, die andere fürchtet Rache. Mehrere von der LDP sollen verhaftet sein, ich nehme an, daß es ein Gerücht ist.

Am Montag abend war eine schaurige Stille im Hause, wir haben uns aber daran gewöhnt, und ich mache täglich die Erfahrung, daß Zeit auf Einbildung beruht. Eine Kinderfrau sagte in meiner Kinderzeit immer: Übermorgen ist Sonnabend, welcher Tag auch war. So sage ich: Übermorgen ist Weihnachten oder: Übermorgen ist ein Jahr vorbei... Sollte es mir gelingen, in die Schweiz zu reisen, würden wir uns ziemlich bald wiedersehen;

ich glaube aber nicht daran, es ist alles zu umständlich und widerwillig ...

Du wirst jetzt viel zu tun haben, um die andern einzuholen und Deine prominente Stellung zu bewahren; Arbeit hat auch einen Reiz, wenn man lange pausiert hat ... Es gehen viele Gerüchte um, die Grenzen sollen hermetisch geschlossen sein ...

An Emil Henk (Jena, 25. September 1946)

Sehr geehrter Herr Henk, jetzt endlich komme ich dazu, die Unterlagen, die ich gesammelt habe, durchzusehen. Nachdem ich die verschiedenen Gedenkreden auf Mierendorff gelesen habe, möchte ich einige Fragen an Sie richten, überzeugt, daß Sie um der Sache willen mir das erlauben. Erstens möchte ich ein paar Tatsachen: Wann und wo er geboren ist, wer seine Eltern waren (die, wie es scheint, noch leben), ob ihre Erziehung Einfluß auf ihn hatte. Ferner: Was studierte er eigentlich? Er hatte ja wohl literarische Neigungen. Lebt die Schaupielerin Franziska Kinz noch? Wurde die Verlobung gelöst? War er mehr ein Mensch der Freundschaft oder der Liebe? Das sind vielleicht Fragen, die nicht in der Kürze zu beantworten sind, die Sie auch zum Teil vielleicht garnicht beantworten wollen. Ich versuche mir eben ein Bild von ihm zu machen. In der kleinen Schrift von Frau Leber ist ein Bild von Mierendorff, das mich enttäuschte. Ich hatte ihn mir ganz anders vorgestellt.

Haben Sie mir nicht ein Bild versprochen? Ich wäre sehr froh, wenn ich noch ein anderes sehen könnte. Und woher stammt der Name Carlo? Hängt das mit irgend einer Anekdote zusammen? Oder schien den Freunden Carlo bezeichnender als Karl? War er jünger als Sie? Wann haben Sie ihn kennengelernt? Ich wüßte nun sehr gern noch, wann und unter welchen Umständen Mierendorff mit dem Kreisauer Kreis, also mit Yorck und dem Grafen Moltke bekannt wurde. Ich bin mir bewußt, daß ich Sie sehr in Anspruch nehme; ich rechne auf Ihre Freundlichkeit, die Sie mir bereits erwiesen haben, und auf Ihr Interesse an meinem geplanten Buch, das ich nur mit Hilfe Gleichgesinnter schreiben kann. Die Arbeit ist ungeheuer groß; es ist gut, daß ich das anfangs nicht klar übersah. Manchmal gelingt es mir, aus dem, was mir mitgeteilt wird, den Menschen zu erfassen, ihn mir zu verlebendigen; manchmal springt kein Funke daraus. Über eine so zentrale Figur wie General Beck kann ich fast nichts erfahren (außer Allgemeinheiten), sowohl ein Bruder wie eine Tochter wollen nichts über ihn mitteilen, weil das nicht nach seinem Sinn wäre. Und wieviel wird doch über ihn geschrieben werden, da er nun einmal eine historische Figur ist...

An den Enkel (Jena, 29. September 1946)

Lieber Kander, ich muß Dir die neuesten Sensationen von Jena erzählen. Erstens mußte unser Oberbürgermeister abgehen, weil, sagen sie, kein

SED-Oberbürgermeister sein kann, wo LDP gewählt ist. Wir sind sehr betrübt darüber, und für Jena ist es ein großer Verlust. Gestern nachmittag aber verbreitete sich das Gerücht, es würde Gas und elektrisches Licht abgestellt. Wir hielten das für unglaubhaft, aber dann kam ein Gasmann zu uns und wollte das Gas abstellen. Zum Glück war Dr. Tröger [der Bürgermeister] gerade da und beschützte uns. Das Gerücht sagt, es würde zur Strafe wegen der Wahlen gemacht. Dafür scheint zu sprechen, daß es in der Tat in den Quartieren gemacht wird, wo schlecht gewählt wurde. Stell Dir nur vor, wie das ist, wenn man weder Gas noch elektrischen Strom hat, wo es doch um acht Uhr schon dunkel wird. Man geht um acht ins Bett – was bleibt einem anderes übrig? Wir sind sehr gespannt, wie die Landtagswahlen ausfallen. Ob die Leute Angst bekommen und befehlsgemäß wählen? Jetzt sind himmlische Septembertage, sie werden durch diese Ereignisse etwas getrübt, aber wir genießen sie doch soviel wie möglich.

Damit ist es noch nicht genug: die sämtlichen Professoren, die, nachdem sie abgesetzt waren, wieder eingesetzt wurden und lesen durften, sind wieder abgesetzt. Zwar heißt es, sie würden wieder eingesetzt, aber einstweilen sind sie draußen. Das Gerücht geht: wenn die Landtagswahlen auch schlecht ausfallen, kommt es noch schlimmer.

Du steckst nun schon in der Tyrannis des Tiberius und in den Nöten des untergehenden Senats und der untergehenden Freiheit. Vielleicht findet unsere Zeit auch einen Tacitus, und in einem späteren Jahrhundert freut man sich an der schönen Darstellung dessen, was häßlich zu erleben war. Du könntest Dir einstweilen Notizen machen. Ich denke mir, in gewisser Weise wird die Schule jetzt immer schöner, weil der Stoff desto interessanter wird, je erwachsener Ihr werdet. Das namentlich in Bezug auf die Schriftsteller, die Ihr lest. Vergiß nicht, mir Eure Aufsatzthemata zu schreiben und auch, was Ihr in der Ilias lest. Morgen ist es schon drei Wochen her, seit Du abgereist bist, wenn Du diesen Brief bekommst, schon über vier Wochen. Schnell geht ein Jahr hin. Natürlich, in dem Jahr werden manche Tage sein, die einem lang und schwer erscheinen. Wie geht es mit der Tanzstunde? Hast Du noch keine Flamme? Mein lieber Junge, lebwohl!

An den Enkel (Jena, 10. Oktober 1946)

... In unserm sonst so behaglichen Eßzimmer ist wieder die Wintergarnitur aufgezogen: Mein Schreibtisch steht am Fenster und am Nachmittag wird der Ofen ein wenig geheizt. Oben bei mir ist es grimmig kalt ... Diese Kälte ist gerade während unserer Berliner Reise eingebrochen, die Deine Mama Dir geschildert hat. Ich kann Dir nur berichten, daß wir heil wieder angekommen sind. Wir sollten eigentlich des Morgens früh abfahren, aber da wir noch auf zehn Liter Benzin warten mußten, wurde es halb elf. Es war gutes Wetter, und durch die Kiefernwälder um Berlin zu fahren, war schön. Unser behagliches Hinträumen wurde unterbrochen dadurch, daß der für vierzig Mark neu erworbene Reifen heiß wurde und sich als ziemlich defekt erwies. In Treuenbrietzen wurde er glücklich repariert ... Wegen des gebrechlichen Reifens konnten wir nicht schnell fahren und kamen erst um halb sechs an. In Berlin hat es uns gut gefallen, die Leute sind da frisch und zuversichtlich. Die vier Besatzungsmächte heben sich sozusagen gegenseitig auf, spielen keine so große Rolle wie bei uns. Wenigstens schien es uns so ... Das Trümmerfeld von Berlin ist grausig. Ohne daß man es will und weiß, laufen einem die Tränen aus den Augen, wenn man das zuerst sieht. Die Trümmer großer massiver Häuser ganze Straßen entlang geben eben ein entsetzlicheres Bild der Verwüstung als in kleinen Städten. Das kann nie wieder aufgebaut werden. Aber dazwischen läuft die Untergrundbahn und die Stadtbahn wie früher. Wannsee, wo wir wohnten, ist fast unzerstört und wunderhübsch. In gewisser Weise muß man Deine Vaterstadt, wenn man sie so nennen will, bewundern; sie ist unverwüstlich ...

Heute hat die SED sich etwas Fabelhaftes geleistet: sie hat versprochen, sich dafür einzusetzen, daß man einen Zentner Kartoffeln und mehr kriegte, daß die Frauen bessere Karten bekämen und noch ein paar ähnliche Wohltaten, wenn man nämlich SED wählte. Wir werden Dir die betreffende

Zeitung schicken, damit Du es schwarz auf weiß siehst. Ob diese Methoden verfangen, ich bin sehr gespannt... Wenn der Winter kalt wird, wie manche Leute sagen, wird es fatal. Wir wollen den kleinen Reine-Claude-Baum fällen, der dem Quittenbaum Platz nimmt und der wenig trägt; dann bekommen wir Holz. Wenn Du da wärest, könntest Du ihn umhauen; wir wissen nocht nicht, wer es tun kann. Lieber Kander, behalte trotz aller Entbehrungen und Drangsale guten Mut, das hast Du ja auch immer getan, schon als kleines Bübchen hast Du es Dir nicht anmerken lassen, wenn Dir etwas schwer wurde. Verglichen mit anderen sind wir ja sehr glücklich...

An Martin Hürlimann (Jena, 13. Oktober 1946)

... Um diese Zeit hatte ich gehofft, in der Schweiz zu sein, aber ich habe immer noch nicht die Ausreisebewilligung, die von Berlin ausgeht und deshalb schwer zu beschaffen ist. Man müßte immer an Ort und Stelle daran erinnern können. Ich gebe die Hoffnung nicht auf, aber das lange Warten nimmt der Freude ihren Schmelz, und daß es immer tiefer in den Winter hinein geht, ist auch schade.

Geld brauche ich nicht, ich freue mich, wenn Bücher von mir erscheinen nur des Lesepublikums wegen, das händeringend danach verlangt. Ich bin jetzt in der Mode und werde um Bücher bestürmt, da viele Leute glauben, der Autor hätte einen unerschöpflichen Vorrat davon. Über alle diese Fragen hoffe ich doch noch mündlich mit Ihnen reden zu können. Die Päckchen aus Säckingen haben mich sehr erfreut, und ich danke Ihnen herzlich. Es geht uns durchaus leidlich, besonders wenn man uns mit denen vergleicht, denen es viel schlechter geht. Wir erfreuten uns sogar eines Autos, bis es uns neulich nachts aus der Garage gestohlen wurde. Es hat uns aber einmal, nicht ohne Panne, nach Berlin gebracht...

An Harald Poelchau (Jena, 22. Oktober 1946)

...Ich erhielt den Brief eines Herrn Kuhn, ein Deutscher, der jetzt Professor an einer amerikanischen Universität ist (North Carolina), der daran denkt, in Amerika ein Hilfswerk für die Kinder der in Zusammenhang mit der Widerstandsbewegung Hingerichteten ins Leben zu rufen. Er fragte mich um meine Meinung und bat mich um Adressen der Hilfsbedürftigen. Ich schrieb ihm eben, daß ich den Gedanken wunderschön finde, daß zwar auch in Deutschland die Opfer des Faschismus unterstützt werden, daß aber trotzdem viele Hinterbliebenen in sehr engen Verhältnissen leben und daß ich ihm eine Liste zusammenstellen würde für den Fall, daß ein solches Hilfswerk in Amerika zustande käme. Einige Namen von solchen, denen eine Unterstützung sehr willkommen sein müßte, weiß ich; ich wäre Ihnen aber doch dankbar, wenn Sie mir noch mehr nennen würden; Sie haben mehr Erfahrung als ich und waren immer so freundlich, mir Ihren Beistand anzubieten.

Bei meinen Arbeiten ergeben sich manche Schwierigkeiten. Durch Ihre Erzählung hatte ich eine lebhafte Sympathie für Wentzel-Teutschenthal; seine Frau und seine Schwester hatten mir geschrieben. Nun bekomme ich von einem Herrn einen langen, ausführlichen Bericht über ihn, in dem er wieder und wieder versichert, W. sei vollkommen unschuldig gewesen, habe sogar den Verkehr mit Goerdeler abgebrochen, als dieser ihm seine Absicht mitgeteilt habe. Ich schrieb zurück, mir komme es nicht auf die Unschuld, sondern auf die «Schuld» an. Nun muß ich diesen Namen streichen. Ebenso ging es mit Ed. Hamm, dem früheren Minister. Sein Freund versicherte mir, er habe von dem Attentat nichts gewußt, geschweige denn es gebilligt.

Wir waren einige Tage in Berlin, und ich habe eingesehen, daß einige Tage in Berlin ganz fruchtlos sind. Sobald es uns möglich ist, vielleicht im Sommer, werde ich auf einige Wochen kommen und hoffe sehr, Sie dann zu sehen.

Meine Urphänomene waren schon vor zwei Jahren fertig, jetzt sollen sie gedruckt werden, aber nach der letzten Nachricht, die ich vom Verleger hatte, waren sie von der Zensur noch nicht freigegeben. Wenn Sie daran Interesse haben, wird es mich freuen, Ihnen ein Exemplar geben zu können...

Professor Helmut Kuhns Brief lautete (Chapel Hill, North Carolina, 14. Oktober 1946)

Verehrte Frau Huch, wie sicher viele tausend andere, so habe auch ich mit tiefer Bewegung Ihren Aufruf gelesen und von Ihrem Plan erfahren, die Lebensbilder der tapferen Männer aufzuzeichnen, deren Leben und Andenken Hitler hinter Kerkermauern auslöschen wollte. So wird wenigstens der eine Teil seines bösen Plans vereitelt, und die, die für uns starben, werden in unserer Erinnerung fortleben, uns und unseren Kindern zur Ermutigung. Zugleich drängt sich aber ein anderer Gedanke und eine neue Sorge auf. Manche dieser Toten werden Kinder hinterlassen haben, und diese Kinder sollten als eine große Kostbarkeit für Deutschland behütet werden – ein lebendiges Denkmal und zugleich ein Pfand der Zukunft. Ist für sie gesorgt? Haben sie genug zu essen, anzuziehen? Sind Erzieher da, die über ihnen wachen? Da die materielle Not in Deutschland so groß ist, sollte man hier in Amerika ein materielles Hilfswerk «zum Fortleben der Märtyrer deutscher Freiheit in ihren Kindern» in die Wege leiten. Bitte lassen Sie mich wissen, ob Sie diesen Gedanken billigen und ob Sie die Adressen derer, denen solche ehrenvolle Hilfe zuteil werden sollte, beisteuern könnten? Wie in Shakespeares Sonetten, so sollte auch hier dem Fortleben im Wort das Fortleben in Fleisch und Blut beigesellt werden. In größter Verehrung Helmut Kuhn.

An Helmut Kuhn (Jena, 22. Oktober 1946)

Sehr geehrter Herr Professor Kuhn, Sie haben mir mit Ihrem Brief eine wahre, große Freude bereitet. Der Gedanke, ein Hilfswerk für die Hinterbliebenen der Märtyrer für Deutschlands Ehre und Freiheit ins Leben zu rufen, ist so wunderschön, und wohlangebracht wäre eine solche Hilfe. Allerdings gibt es in Berlin eine Komission für die Betreuung der «Opfer des Faschismus», sie nimmt sich aber hauptsächlich derer an, die in den Konzentrationslagern waren. Von den Angehörigen der Ermordeten (Hingerichteten) weiß ich, daß viele in recht engen Verhältnissen leben.

Die jungen Frauen nehmen tapfer die Sorge für die Kinder in die Hand, wie überhaupt – das sage ich gern bei dieser Gelegenheit – die Art, wie die unvorstellbar traurigen Verhältnisse ertragen werden, bewundernswert ist. Daß für die Hinterbliebenen der Hingerichteten so wenig geschieht, daß manchmal sogar rücksichtslos gegen sie vorgegangen wird – im Zuge der Bodenreform –, ist beschämend, aber teils durch die beispiellose Verarmung, teils durch die politische Lage zu erklären. Ich werde eine Liste von solchen zusammenstellen, denen Hilfe zu wünschen wäre, damit Sie sich der Adressen bedienen können, wenn Ihr schöner Gedanke sich verwirklichen lassen sollte. Herzlichst grüßend, Ihre Ricarda Huch.

An Helmut Kuhn (Jena, 2. Dezember 1946)

Sehr geehrter Herr Professor Kuhn, mit sehr großer Freude und Dankbarkeit erhalte ich Ihren Brief und den von Miss Georgia Harkness. Sie können sich nicht vorstellen, wie froh ich in der Aussicht bin, daß Menschen, die so viel gelitten haben, durch gütige Herzen in den Vereinigten Staaten helfende Hand geboten wird. Ich bat den Grafen Hardenberg, der die Angehörigen der Ermordeten betreut, Ihnen eine Liste zu schicken – er kann besser als ich beurteilen, wer besonders bedürftig ist. Ich empfehle Ihnen ganz besonders Frau Elisabeth Gross, Köln, Rheydterstraße 6. Sie hat sechs Kinder, und ich weiß, daß sie in sehr engen Verhältnissen lebt. Der Gefängnisgeistliche, der die Opfer (obwohl es ihm verboten war) besuchte, erzählte mir, wie ergriffen er war von der tiefen, aufrichtigen Frömmigkeit, mit der Nikolaus Gross in den Tod ging – er war Gewerkschaftsführer – und mit der seine Frau das Schicksal ertrug. Aus Köln schrieb mir kürzlich ein Geistlicher, wie tapfer diese Familie sei und wie schwer sie zu kämpfen hätte, um durchzukommen.

Nehmen Sie wie Miss Harkness meinen wärmsten, innigsten Dank! Ich hoffe, daß Gott Ihnen beiden die Freude wiedergibt, die Sie fremden, notleidenden Menschen machen wollen. Herzlich grüßend, Ihre Ricarda Huch.

An Martin Hürlimann (Jena, 19. November 1946)

... Die Urphänomene sehen sehr hübsch aus, finde ich, und der Fehler, den sie haben, wird kaum bemerkt werden: es fehlt nämlich ein Kapitel, und zwar das, welches «Freiheit» betitelt ist und nach «Gewissen und Recht» kommen sollte. Dies Kapitel ist meines Erachtens nie in Freiburg angekommen, die Zensur hat vielleicht einen so gefährlichen Namen nicht passieren lassen. [Erst von der dritten Auflage an aufgenommen.] Schließlich geht es auch so, obwohl es mir leid tut.

Daß das Kapitel «Musik» vor «Liebe» hätte kommen sollen, ist nicht wichtig.

Daß hier die drei größten Druckereien abmontiert sind, werden Sie gehört haben, ich denke mir, daß sich das auf die geplante Gesamtausgabe auswirken wird. Man muß sich eben auf das langsame Tempo einstellen, wobei zwar Leben und Tod nicht berücksichtigt werden. Immer hoffe ich noch, daß wir uns in absehbarer Zeit werden sprechen können, deshalb lasse ich den Autor jetzt schweigen und bitte Sie nur noch, Ihre Frau und Barbara zu grüßen. Von der andern kleinen Gesellschaft nehme ich an, daß sie mich vergessen hat.

Uns persönlich geht es ganz gut; wir freuen uns, morgen das Requiem von Verdi zu hören. Auf Wiedersehen!

An den Enkel (Jena, 20. November 1946)

... Heute ist hier Buß- und Bettag, hoher Feiertag, und wir haben eben die Feierstunde am Radio gehört... Daß Dein Aufsatz über den Charakter Hermanns so gut war, haben wir sehr bewundert. Ich hoffe, daß Du bei der Gelegenheit diese wunderbare Dichtung recht genossen hast, ich finde, sie gehört zum vollkommensten, was wir besitzen. Ich wollte eben nur die Stelle nachschlagen, die ich besonders liebe, was am Schluß der nach Paris gehende Verlobte sagt, da kam ich ins Lesen und konnte nicht wieder aufhören. Wie sich der Charakter Hermanns entfaltet, das ist wirklich schön, und es läßt sich allerlei darüber sagen. Und dann ist alles wie für die Gegenwart geschrieben. Neulich sagte jemand, in dieser schrecklichen Zeit sollte man keine Kinder bekommen; auch darauf ist in Hermann und Dorothea eine Antwort. Allerdings ist unsere Zeit ganz anders unglücklich als die damalige...

Wir haben ein warmes Zimmer und ein leidlich warmes Haus – es ist schrecklich, an die zu denken, die frieren. Hoffentlich habt Ihr es in der Schule warm... Sei umarmt...

An den Enkel (Jena, 26. November 1946)

Lieber Kander, indem ich das Datum schreibe, fällt mir ein, daß heute der Geburtstag meiner Großmutter [Emilie Hähn] ist, die wir so sehr liebten und Grom nannten. Ich denke – ganz genau weiß ich es nicht –, sie war 1811 geboren, und gestorben ist sie, glaube ich, 1903 [Herbst 1901]. Später, wenn Du noch älter bist, mußt Du Dich doch einmal für diese Ururgroßmutter interessieren, die überaus entzückend war und das größte Vergnügen an Dir gehabt haben würde. Sie liebte es, wenn man sie abends zwischen Abendessen und Zubettgehen anregend unterhielt, und Du würdest ihren Ansprüchen genügt haben. Und wie würde sie sich über Deine Übersetzungen gefreut haben! Ich finde Deine Übersetzung von exegi monumentum aere perennis *[Horaz Oden, III, 30]* sehr gut, besonders der Anfang hat das Monumentale, was er haben muß. Nur den Schluß «geschwind» mißbillige ich. Ob er wörtlich übersetzt ist, weiß ich nicht – ich weiß den Schluß nicht auswendig und will den Horaz nicht erst heraussuchen –, aber wie dem auch sei, erstens setzt eine Muse ihre Kränze nicht geschwind auf und zweitens ist es ein Flickwort, um den Rhythmus zusammenzubringen, so klingt es wenigstens … Wir haben unsern neuen Oberbürgermeister kennengelernt; er ist sehr angenehm, aber den Schwung und die Frische von Herrn Tröger hat er nicht, und ich bezweifle, ob ich mich so mit ihm werde befreunden können, obwohl er gebildeter und gewiß auch klüger ist. Täglich erwarte ich den Besuch von Leni Baumgarten aus Basel, die mit ihrem Mann schon seit einer Woche in Leipzig ist. Du erinnerst Dich doch wohl, wer das ist. Ihr Mann hält einen Vortrag in Leipzig. Leb wohl, lieber Kander, Gott behüte Dich!

An den Enkel (Jena, 19. Dezember 1946)

Lieber Kander, Du hast mir heute schon eine Weihnachtsfreude gemacht mit Deinen guten Zensuren. Wirklich, ich muß mich in meine eigene Jugend zurückversetzen, um zu begreifen, wieviel man in dieser angenehmen Epoche leisten kann. Damals arbeitete ich auch jeden Tag bis Mitternacht und stand am andern Morgen früh auf; jetzt könnte ich das nicht mehr. Euer Gymnasium ist doch auch flotter als das hiesige, bei Euch wird ordentlich gearbeitet. Und die vielen Aufsätze, die Ihr macht, und immer ganz interessante Themata. Damit gleichst Du vielleicht den Verlust im Griechischen wieder aus.

Heute ist sehr kalt, der Schnee knirscht und es soll sehr glatt sein. Daraufhin werde ich nicht aus dem Hause gelassen; weil ich mir einmal das Bein gebrochen habe, traut man es mir immer wieder zu... Um vier Uhr wollten wir gemütlich vespern, da klopfte es an die Tür. Es war Herr W. im Auto, der Deine Mama abholen wollte... Ich ließ sie sehr ungern ziehen, denn es wird natürlich spät, und die Dunkelheit wie die Glätte sind keine guten Bedingungen zum Autofahren. Da war aber nichts zu machen, wenn ein Auto zur Verfügung steht, muß es benutzt werden. Aus dem gemütlichen Nachmittag ist nichts geworden, das heißt, ich mache ihn mir auf andere Weise gemütlich, indem ich an Dich schreibe...

Es betrübt mich, daß Du so garnichts Hübsches,

Süßes zu Weihnachten bekommst, die wenigen Süßigkeiten, die wir erraffen können, werde ich erst kurz vor Weihnachten schicken. Auch einen kunstvollen und sinnigen Kalender will ich Dir machen, vielleicht bringe ich ihn Dir mit, wenn die Schweizerreise Anfang Januar zustande kommt. Sollte nichts daraus werden, verzweifle ich nicht, denn bei der Kälte hat die Fahrt im Auto und der Aufenthalt in der Schweiz, wo sie auch nicht recht heizen können, manche Schattenseiten. Weißt Du eigentlich, daß Frau Merz recht krank war? Sie ist gottlob wieder besser, aber mein Besuch ist doch vielleicht unter diesen Umständen unbequem für sie.

Daß Karl [Förstel, ein ehemaliger Schulfreund] Dir nicht schreibt, wundert mich nicht. Er hat eben zu viel durchgemacht, und dabei die ungenügende Ernährung. Es ist rührend, wie Du ihm als «Frohnatur» eine «Lichtgestalt» bist... Er nimmt alles so schwer und zergrübelt sich über ganz einfache Dinge. Früher schien er mir gar nicht so ehrgeizig zu sein. Ehrgeiz muß sein, aber sowie er einen bitter macht, ist er vom Übel.

Lieber Kander, ich vermisse Dich immer, aber jetzt, wo geweihnachtelt wird, ganz besonders... Und doch, denke ich, in vieler Hinsicht war es gut für Dich, so wie es gekommen ist; Du hast viel gelernt, bist selbständig geworden und kannst Dir etwas zutrauen. Es war manches hart für Dich, aber wenn die schweren Zeiten vorbei sind, sind sie ein Gewinn, und man freut sich ihrer. Gott behüte Dich!

An Helene Baumgarten-von Salis (Jena, 31. Dezember 1946)

... Hab Dank für die Blümchen und Deinen ausführlichen Brief, den ich eben erhielt. So schnell wird aus unserer Reise [nach der Schweiz] nichts werden, die Busi liegt mit einer starken Erkältung zu Bett ... Kranksein ist jetzt schlimm, ich hoffe, daß es mit ein paar Tagen im Bett getan sein wird.

Daß Ihr es so wenig gemütlich habt und daß wir Euch so gar nicht helfen können, ist uns sehr arg. Wir haben doch immer unser warmes Zimmer ... Wäre nur nicht sonst alles so entsetzlich traurig. Gestern kam eine Flüchtlingsfrau aus dem Osten betteln, über sechzig Jahre alt. Sie muß sich, um ausgehen zu können, ein Paar Schuhe leihen und bezahlt jedesmal eine Leihgebühr von 1 Mark. Die, welche die Schuhe ausleiht, ist auch eine arme Flüchtlingsfrau. Das ist nur ein kleiner Ausschnitt. Ich hoffe doch, daß wir uns noch sehen. Vor Mitte Januar kommen wir keinesfalls fort, und es wird mir immer mehr zweifelhaft, ob dann etwas daraus wird. Das Unangenehme ist nur die Ungewißheit. Seid tausendmal gegrüßt! ...

An den Enkel (Jena, 3. Januar 1947)

... Den Abschnitt Deiner Lebensbeschreibung, wo Du Eure Reise [nach Freiburg im April 1945 zusammen mit dem Vater] erzählst, habe ich mit gepreßtem Herzen gelesen, obwohl ich ja von vornherein den guten Ausgang wußte. Wir erfuhren ihn erst am 16. Juni! Du hast schon viel erlebt und viel Schweres durchgemacht, und darin bist Du glücklich, denn wie furchtbar diese Erlebnisse zum Teil auch waren, wenn sie überstanden sind, möchte man sie nicht missen. Etwas zu erleben, lebt man, und gerade wenn es etwas Schweres ist, wachsen dadurch die Kräfte, und das ist das, was einen beglückt. Was von außen kommt, beglückt einen selten so wie das Gefühl des Wachsens der eigenen Kraft. Ich finde es auch deshalb gut, daß Du diese Erlebnisse beschrieben hast, weil man sehr viel einzelnes vergißt. Jetzt weißt Du noch alles, in ein paar Jahren etwa wird vieles verblassen oder ganz verschwunden sein. Es war ein schönes Weihnachtsgeschenk, und das Schriftbild, das in der Graphologie eine Rolle spielt, tadellos. Ich finde es unbegreiflich, wie Du zu allen Obliegenheiten Zeit hast. Fange jetzt nur nichts Schriftstellerisches an, sondern verwende möglichst alle Zeit auf die Schule, damit das Abiturientenexamen gut wird...

Es ist wieder kälter, acht Grad unter Null; wenn es sehr kalt ist, scheint die Sonne, grell und schadenfroh, wenn es wärmer wird, ist ein bleiches Schneelicht, das ich gerne habe...

Lieber Kander, wir müssen hoffentlich Weihnachten nicht noch einmal getrennt verleben. Ich fand es schrecklich. Ich mußte die ganze Zeit an Dich denken und wie Dir zumute wäre. Vielleicht, hoffentlich wart Ihr vergnügt; aber das richtige ist es doch nicht. Montag ist Dreikönigstag, dann kommt der Weihnachtsbaum fort, und man wendet sich dem neuen Jahr und dem Frühling zu, beobachtet täglich das Längerwerden der Tage. Leb wohl, Kander, Gott behüte Dich!

An den Enkel (Jena, 10. Februar 1947)

Lieber Kander, noch hoffe ich, daß wir Dich sehen, bevor dieser Brief bei Dir ankommt; aber heutzutage ist nichts sicher. Wir sind sehr traurig über Euren Verlust. Die arme gute Fräulein Anna! [Haushälterin von Luise Böhm] Noch viel zu jung zum Sterben! Und so viel Schweres sie auch erlebt haben mag, gewiß hätte sie doch gern noch gelebt, denn abgesehen davon, daß alles Lebendige leben möchte, fühlte sie sich doch wohl und heimisch bei Euch. Es ist wirklich ein fast unersetzlicher Verlust. Und was für ein Schrecken muß es für Dich gewesen sein, sie zu finden. Gut, daß Dein Vater bei Euch war. Es ist mir auch jetzt so tröstlich zu denken, daß er wieder zu Euch kommt und seinen Geburtstag bei Euch verlebt. Es wäre so wundervoll, wenn wir an diesem Tage überraschend bei Euch anbrausen könnten; aber ich fürchte, es wird nichts daraus ...

Übrigens steht das Leben unter dem Zeichen der Kälte. Von Tag zu Tag hofft man auf den Einbruch eines längst versprochenen Tiefs, aber verbittert meldet das Radio die vernichtende Zwischenwirkung neuer Hochs. Wir haben ja ein warmes Zimmer, und auch das übrige Haus ist wenigstens verschlagen, aber unzählige Menschen frieren und erfrieren, und das ist doch eine unerträgliche Vorstellung. In Berlin in der französischen Zone sind zweihunderttausend Haushaltungen ganz ohne Kohlen ... Der hiesige Professor B. hat bereits einen Tisch, zwei Stühle und drei Büchergestelle verfeuert, weil er nichts mehr zu heizen hatte. Ich finde das flott und sehe mich schon um, was ich zuerst in den Ofen stecken werde, wenn wir weder Briketts noch Holz mehr haben ...

An Fritz Salzer (Jena, 14. Februar 1947)

Der Achtzigste ist kein Vergnügen,
Die Hälfte würde auch genügen.
Allein was kümmert den die Zahl,
Den traf der Muse Liebeswahl.
Ihr Kuß erhält ihn jung und heiter,
Selbst nach dem Tode lebt er weiter,
Und will das Alter ihn mal kneifen,
Braucht er zur Leier nur zu greifen,
Und vor des Witzes bunten Pfeilen
Wird bald das tückische enteilen.

Freilich kann man die Situation in Prosa auch anders ansehen und über diverse Mängel verdrießlich den Kopf schütteln – ich habe doch das Zutrauen zu Ihrer Muse, daß sie Sie bis zum letzten Atemzuge begleiten und mit gelegentlichen Schoppen aus der Hippokrene erquicken wird. Wenn ich bedenke, daß wir die beiden letzten von der alten Garde sind, werde ich melancholisch. Auch Tante Marianne [Plehn] hat sich sachte davongemacht – alles, was einmal so lebensvoll, so ausgelassen, so herzlich war, ist nur noch in Ihrer und meiner und Busis Erinnerung. Wie unerschöpflich reich ist das Leben, das nach den schwersten Verlusten immer wieder neue Verbindungen knüpft, die das Verlorene wenn nicht vergessen, so doch verschmerzen lassen und zur Quelle neuen Glückes werden.

Sie haben Ihre Frau, Ihre Kinder und Enkelkinder, hoffentlich sind die Kinder an Ihrem Geburtstage um Sie versammelt und vielleicht auch die Geisteskinder in einem stattlichen Bande. Die Kinder sind eben doch die Hauptsache im Leben, und Sie haben drei wohlgeratene! Wären nur die Aussichten für das junge Volk nicht so trübe! Sie müssen es durchkämpfen, ohne daß wir dabei sind. Aber einstweilen ragen unsere greisen Häupter noch in diese kümmerliche Zeit hinein. In zehn Jahren sprechen wir uns wieder! Ihre alte Freundin.

An Ulrich und Grete Christoffel (Bern-Muri, 4. März 1947)

Liebe Christoffels, wir sind da! Schon eine ganze Woche! Wann werden wir uns sehen? Sie kommen doch zu uns? Wir bleiben jedenfalls bis Ende März, vielleicht noch eine Woche April. Es kommt mir immer noch wie ein Traum vor! Ihre inzwischen uralt gewordene Ricarda Huch.

An den Enkel (Luzern, 3. April 1947)

Lieber Kander, Du wirst zu Ostern keinen Brief von mir bekommen, das betrübt mich. Ich war unverantwortlich faul, kann mir gar nicht vorstellen, wie das wird, wenn ich wieder immerzu arbeiten muß. Nichtstun ist wundervoll, wenn die Sonne scheint und es um einen herum schön ist wie hier. Unserm Hotel gegenüber steigt die zackige Linie des Pilatus auf (den ich vor vielen Jahren zusammen mit Tante Marianne Plehn bestiegen habe), dicht unter uns fließt die Reuß und weiterhin ist der Vierwaldstättersee. Gestern abend hat es bis weit hinunter geschneit und es war recht kalt. Hier ist das schönste Denkmal, das es gibt, nach meinem Geschmack, ein sterbender Löwe in die Felsen gehauen, zur Erinnerung an die Schweizer, die zu Beginn der Französischen Revolution, den König verteidigend, gefallen sind.

Aus allen Schaufenstern lachen einen Schokolade-Osterhasen an, und wir können Dir keinen schicken! Leb wohl Kander.

An Frieda Merz (Heidelberg, 20. April 1947) [nach der Rückkehr von der letzten Reise in die Schweiz]

... Könnte ich doch jetzt an Ihrem Bett sitzen und erzählen! Sie haben gut geschlafen, freuen sich des Sonnenscheins und hören gern von unsern Erlebnissen. Wir waren vom Glück begleitet, brachten etwa eine halbe Stunde auf den beiden Zollstellen zu, wobei ich garnicht in Aktion trat, und dann waren wir plötzlich in der andern Welt. Die Fahrt über den Hochschwarzwald war wundervoll, in Freiburg stand die Kirschblüte in voller Pracht und die Bäume waren grün. Die Natur ist überall herrlich – alles andere war traurig, erbärmlich und grauenvoll. Über einem unübersehbaren Trümmerfelde hoch das Münster. Und in zwanzig Minuten ist das geschehen, so vernichtend sind diese modernen Zerstörungsmittel. Die dortigen Bewohner sind natürlich schon daran gewöhnt. Kander freute sich schrecklich, daß wir kamen, auch Frau Böhm, die sehr elend aussah und uns sehr leid tat zwischen lauter zusammengeliehenen Möbeln und Gegenständen. Das Gemüse kam in einer alten Blumenvase auf den Tisch. Das Problem war, wie wir mit unserer Gepäckmasse nach Heidelberg kamen. Kander und ein Freund von ihm brachten es auf einem Leiterwagen an die Bahn und luden es ein; der Wagen ging gerade durch die Sperre. Kander begleitete uns bis Rastatt, obgleich er dadurch seine Tanzstunde versäumte. Er saß die ganze Zeit Hand in Hand mit seiner Mutter, der

Abschied wurde uns schwer. In Karlsruhe empfing uns Antje [Lemke-Bultmann] mit einem Auto. Gott sei Dank! Wir wären niemals mit unserm Gepäck in den Zug gekommen, der von einer Menschenmenge förmlich gestürmt wurde... So hatten wir noch eine sehr schöne Fahrt nach Heidelberg und auf den Speyerershof, der auf einer Anhöhe über Heidelberg liegt, umgeben von Wäldern, mit einer bezaubernden Aussicht.

Nun muß ich Ihnen, ehe ich für heute Adieu sage, noch danken, Ihnen und Ihrem Mann für alle Freundschaft und alles Liebe, was Sie uns die ganze Zeit hindurch beglückend erwiesen haben. Ich möchte es Ihnen immer wieder und wieder sagen – ich glaube aber, Sie wissen, wie dankbar wir es empfinden.

An Barbara von Haeften (Jena, 28. April 1947)

Liebe Frau von Haeften, bald nachdem Sie fort waren [aus Freiburg, wo ein Zusammentreffen stattfand], kam das Telegramm, das Ihren Besuch ankündigte. Wäre es rechtzeitig eingetroffen, würden Sie anders empfangen worden sein. Ich war an jenem Morgen sehr angegriffen von allerlei traurigen Eindrücken in Freiburg und konnte mich Ihnen nicht so widmen, wie ich es gerne getan hätte. Frau Böhm, die Schwiegermutter meiner Tochter, mußte ihre schöne Wohnung hergeben [der Besatzungsarmee], durfte nichts mitnehmen, lebt zwischen lauter zusammengeliehenen Sachen; mein

Enkel, der vor dem Abitur steht, kommt nicht zum Arbeiten, weil er den größten Teil der Hausarbeit besorgen muß, die zerstörte Stadt – kurz, nach dem Leben in der Schweiz in gepflegten Häusern und einem glücklichen Land überkamen mich bittere Empfindungen. Dies schreibe ich nur, um Ihnen einigermaßen zu erklären, warum ich Ihnen so wenig gastfreundlich erscheinen mußte.

Ende voriger Woche sind wir wieder hier angekommen. Ich habe einen Berg von Briefen vorgefunden und bemühe mich, sie möglichst schnell zu beantworten. Es wird noch geraume Zeit vergehen, bevor ich lesen kann, was Sie mir mitgegeben haben. Bitte sagen Sie Frau von Trott und Frau Harmsen, wie sehr ich bedaure, sie nicht kennengelernt zu haben. Nun bin ich wieder so weit entfernt! Herzlich grüßend, Ihre. R. H.

An Fritz Salzer (Jena, 30. April 1947)

... Sie sind ein solcher Meister in anmutig-geistreichen Gelegenheitsgedichten, daß ich mich wundere, wie ich den Mut haben konnte, Sie in Versen anzufeiern. Wie bezaubernd sind die Begleitverse zu meinem Flügel, die ich hier vorfand! Ich freue mich, sie wieder zu besitzen. Ein goldener Tropfen, der aus der weitentrückten Vergangenheit in unseren Wermuth rinnt. Busi und ich konnten den gräßlichen Winter durch zwei Monate Schweiz unterbrechen. Die Brücke in Waldshut trennt zwei

Welten: eben befand man sich in der äußersten Misere, und sowie man über die Brücke ist, empfängt einen Überfluß und geordnetes Leben. Der Gegensatz ist überwältigend und wirft einen fast um. Da gibt es alles in Fülle: Orangen, Bananen, Feigen, Datteln, Nüsse, Geflügel, Schinken, Kaffee, Schokolade, Kleider, Schuhe – aber alles furchtbar teuer, eine Preissteigerung von hundertfünfzig Prozent. Die Löhne sind auch gestiegen, aber natürlich nicht entsprechend. Die Stimmung gegenüber Deutschland ist ganz umgeschlagen, man ist im allgemeinen von Mitleid erfüllt, und alles beeifert sich zu helfen. Wir sind von unsern Freunden sehr verwöhnt worden. Nach dem schlaraffischen Leben war die Rückreise ziemlich angreifend, besonders in Freiburg hatten wir traurige Eindrücke. Hier wagt man sich aus Angst vor dem nächsten Winter kaum des Frühlings zu freuen. Die Hungerei ist augenblicklich groß. Immerhin friert man nicht mehr so furchtbar, nur mäßig.

Ich fand hier einen Chimborasso oder Popocatepetl von Briefen vor, den ich nun abtragen muß. Den Ihrigen, den Sie in Aussicht gestellt haben, zähle ich nicht zu dem allgemeinen Alpdruck, sondern zu den seltenen Beschwingungen. Mein Glaukom ist stationär und zufriedenstellend, die Linsentrübung macht mich sehr empfindlich gegen Blendung, und ich erscheine bei Sonnenschein mit einer Schutzbrille. In Basel besuchte ich Ernst Wölfflin [Bruder des Kunsthistorikers], der seltsamer als je ist...

An Reinhard Buchwald (Jena, 1. Mai 1947)

... Sie werden gehört haben, daß wir, meine Tochter und ich, zwei Tage auf dem Speyerershof waren, wo sich der Heidelberger Frühling zauberhaft präsentierte. Gerne wäre ich länger dort geblieben, um alle alten Freunde wiederzusehen, aber wir waren an das Auto gebunden, das uns nach Jena zurückbrachte. Die schlimmste Winterszeit, wo niemand mehr Feuerung hatte und man schon zermürbt durch das lange Frieren war, haben wir in der Schweiz zugebracht. Es war so wie im Märchen, wo ein Glückskind plötzlich am Nordpol oder Weltende in ein Wunderland gerät, wo alles blüht und gedeiht und wo die Teiche aus Schokolade und die Fische aus Marzipan sind. Man kann wohl davon erzählen, aber nicht den fast erschreckenden Eindruck mitteilen, den man zuerst davon empfängt.

Für den Vortrag *[Schiller und Beethoven]* danke ich sehr, die lateinische Inschrift *[Ricarda Huch octogenariae Antonio Kippenberg septuagenario Autor sexagenarius]* machte sich pompös und amüsant. Wer zuletzt lacht, lacht am besten ...

Goethes Größe dokumentiert sich auch darin, daß man immer neue Bücher über ihn oder in Bezug auf ihn schreiben kann. Professor Strich in Bern hat «Goethe und die Weltliteratur» (oder so ähnlich) *[Fritz Strich, Goethe und die Weltliteratur, Bern 1946]* geschrieben, leider war das Buch so schwer, daß ich es nicht mitgenommen habe. Goethe und das deutsche Schicksal [von R. Buchwald,

München 1948] scheint mir einen sehr interessanten Gesichtspunkt anzudeuten, ich stelle mir vor, was für merkwürdige Betrachtungen man da anknüpfen kann...

An den Enkel (Jena, 25. Mai 1947)

Lieber Kander, Pfingsten und Sonnenschein und Wärme! Ob Ihr auch einen schönen Tag habt und ob Du ihn genießen kannst?... Das schönste Geburtstagsgeschenk kann ich Dir leider nicht schikken, weil es über zwei Pfund wiegt; es ist ein Band «Fliegende Blätter» aus dem Jahr 1873 mit vielen Bildern von Oberländer. Ich war damals neun Jahre alt, und wenn am Samstag nachmittag die «Fliegenden Blätter» kamen, stürzten sich alle darauf, jeder wollte sie zuerst haben. Ob ich damals schon Oberländer zu schätzen wußte, weiß ich nicht, wohl kaum. Jedenfalls, so hübsche Illustrationen wie damals gibt es jetzt nicht mehr, auch abgesehen von Oberländer.

Hier ist alles von der Ernährungsfrage beherrscht. In der Zeitung wird verkündet, es sei nicht so schlimm, es würden in nächster Zeit entgiftete Pilze auf den Markt kommen, außerdem müßte man sich mit Wildgemüse befreunden. Dies äße man am besten als Salat, eine sehr hübsche Zusammenstellung wäre Gänseblümchen, Löwenzahn, Hirtentäschel, Schafgarbe, Gundermann. Aus den noch geschlossenen Knospen der Sumpfdotterblume könne man Kapern machen. Wir haben davon noch nicht Gebrauch gemacht, da wir einstweilen noch Kartoffeln und Rüben haben.

Ich wurde gestern zu einer Buchausstellung nach Bielefeld eingeladen. Die Schweiz hat dorthin 25 000 Bände gestiftet, deswegen die Ausstellung, wo ich über die Verbundenheit der Schweiz mit Deutschland reden sollte. Natürlich fahre ich nicht hin, aber etwas dazu schreiben muß ich wohl oder übel; und so werde ich fortwährend von allen Seiten geplagt und komme nicht zum eigentlichen Arbeiten. Du verstehst aus eigener Erfahrung diesen Kummer zu würdigen. Aber Du bist ja erst achtzehn – wenn Du achtundzwanzig bist, ist vielleicht manches besser – und wenn Du achtzig bist, dann hältst Du vielleicht der Mondbevölkerung Vorträge über Demokratie. Bleibe gesund und schreibe zuweilen eine Karte. Gott behüte Dich!

An den Enkel (Jena, 13. Juni 1947)

... Morgen ist Dein Geburtstag, vielleicht habe ich darum diese Nacht, als ich nicht schlafen konnte, immer an Dich gedacht. Es interessiert mich sehr, daß Du Latein jetzt lieber als Griechisch hast, früher war es umgekehrt. Ich glaube, ich habe Dir damals das Latein durch meine Ungeduld verleidet. Als Kind ist man widerspruchsvoll. Ich finde die strenge Logik der lateinischen Grammatik wundervoll und die Knappheit und Präzision des

Ausdrucks «Ossa hic nomen ubique» (Grabschrift Napoleons) prachtvoll...

Kander, wegen des Examens rege Dich ja nicht auf – es ist allerdings nicht Deine Art, Dich aufzuregen, aber Du hast auch noch nie ein Abitur gemacht – es wäre wohl gut, wenn Du eine gute Note bekämest, aber wir wissen ja, wie sporadisch Dein Arbeiten in diesen Jahren war, und es wird auch so gehen. Man kann nichts erzwingen...

An Elsbeth Merz (Berlin, 6. Juli 1947)

...Wir sind seit dem 1. Juli hier, und ich finde Berlin wieder wundervoll, was vermutlich auch mit dem guten Wetter zusammenhängt. Es ist schwer zu sagen, warum es mir so gut gefällt, es ist die Atmosphäre, zum Teil ist es auch das Schauerliche, das eindrucksvoll ist. Diese Trümmerwelt gibt mit dem Leben dazwischen einen unbeschreiblich grausig-großartigen und zuweilen gespenstischen Akkord. Ich denke mir, nach einer Reihe von Jahren wird jemand mal etwas daraus gestalten. Ich sehe hier mehrere Menschen, die ich wegen meiner Arbeit [über die Märtyrer des 20. Juli 1944] sprechen muß, und Menschen kennenlernen ist immer interessant, besonders, wenn sie einem so viel aus ihrem Leben erzählen, was in diesem Fall der Zweck ist. Gestern abend waren wir in einer sehr schönen Aufführung von Hoffmanns Erzählungen. Natürlich gibt es auch viel

Unerfreuliches und Störendes, das versteht sich von selbst... Wir bleiben bis Donnerstag, zehn Tage, und mußten uns alles Essen für diese Zeit mitbringen; Du kannst Dir vorstellen, was für Gepäck wir hatten... Trotz aller meiner Bemühungen, es zu verhindern, kam es gleich in die Zeitung, daß ich hier bin, die Folge davon war allerlei Besuch...

An Leo Merz (Berlin, 8. Juli 1947)

...Meine Glückwünsche kommen zu spät, Sie werden sich aber am festlichen Tage denken, wie ich im Geiste dabei bin. Erinnern Sie sich, daß wir einmal zusammen hier auf der Bilderjagd waren? Gestern kamen wir am Lützowplatz vorbei – da ist nichts, garnichts mehr, es ist die allerschlimmste Gegend. In der Nähe sah ich auf einem vollständig zertrümmerten Hause die Aufschrift: Antiquitäten. Als wir neulich durch eine verödete Ruinenstraße gingen – es war die Französische Straße oder die Behrensstraße – ertönte plötzlich aus dem Radio ein Gedicht des Inhalts ungefähr, man sollte nicht zurückblicken, sondern in die Zukunft usw. Es hatte etwas Grauenhaftes. Daß die innere Stadt jemals wieder aufgebaut werden könnte, ist ausgeschlossen. Am Kurfürstendamm ist das unterste Stockwerk meist noch erhalten, und da sind kleine Läden eingebaut, besonders viel Parfümerien, alles zu ungeheuren Preisen, und Buchhandlungen, d.h. Antiquariate. Es müssen jetzt natürlich sehr viele

Leute Sachen verkaufen. Trotz der schrecklichen Eindrücke ist Berlin sehr anziehend, ich würde gern hierbleiben, wenn es möglich wäre. Allerdings bin ich doch meiner Augen wegen etwas krüppelhaft geworden und könnte mich allein nicht mehr in die Untergrund und die andern Bahnen trauen.

Mit großer Freude hören wir, daß Frieda schon Gehversuche macht. An dem Stock muß unten eine kleine Vorrichtung angebracht werden, weil die Spitze leicht ausrutscht, das bekommt man in den Geschäften, wo Stöcke zu kaufen sind.

Dieser heiße Sommer ist doch wundervoll, seit Jahren habe ich nicht mehr ein solches Sommergefühl gehabt, so daß man sich beinahe wieder nach Kälte sehnt. Hoffentlich geht es noch eine Weile so weiter.

Ich wünsche Ihnen ein glückliches Lebensjahr – wenn wir doch noch einmal unsere Geburtstage zusammen feiern könnten! Tausend Grüße Ihnen und Frieda und allen Kindern...

An Eva Merz (Jena, 14. Juli 1947)

...Sie haben mir zum Geburtstag gratuliert und mir eine Büchse Honig geschickt, und Sie haben gewiß an Ihrem Geburtstag nichts von mir gehabt; aber Sie werden mir nicht böse sein, denn ich bin ein armer geplagter Mensch, von allen Seiten angenagt. Sie glauben nicht, was alles die Leute von mir wollen: sie wollen wissen, wie man in die Schweiz kommt, wie man berühmt wird, was die nächste Zeit bringen wird, wie diese und jene Stelle in irgend einem Buche von mir aufzufassen ist, wo man in Berlin oder sonstwo übernachten kann usw.

Ich wurde eben unterbrochen, erstens durch den Besuch eines jungen Berliner Verlegers, der durchaus etwas von mir veröffentlichen wollte, der zwar einsah, daß ich von meinem alten Verleger nicht abgehen könne, aber trotzdem hoffte, daß sich ein Weg finden ließe – zweitens durch die Post. Diese brachte unter anderm den Brief eines Medizinalrats a. D., der mich bittet, ihm einen Verleger für ein Buch «Das Ende der Genialen» zu finden, in dem die Todesart der Genialen aller Zeiten und Völker aufzuzählen wäre. Und dabei ist so himmlisches Wetter, man sollte eigentlich den ganzen Tag im Garten sitzen und es angucken ... Hier hat es seit einem Vierteljahr nicht geregnet, und es wird eine Katastrophe für die Ernte, d. h. Gemüse und Kartoffeln, worauf wir hauptsächlich angewiesen sind. Und der Winter! Man geht in die Wälder, sammelt sich Holz, das sind die Vorbereitungen. Es ist besser, nicht daran zu denken ...

An Elsbeth Merz (Jena, 27. Juli 1947)

... Ich würde Dir öfter schreiben, wenn es Karten gäbe; aber hier gibt es nicht mal das. Innerhalb Deutschlands benütze ich Ansichtskarten, deren ich eine Menge habe, das geht zu Euch auch nicht. Indem ich «Deutschland» schreibe, kommt es mir sonderbar vor, denn das gibt es auch nicht mehr. Es gibt immerhin jetzt Blumen, und ich habe zum Geburtstag so viele und so wundervolle bekommen, daß es ordentlich eine Sehenswürdigkeit war. Außerdem gab es am Vorabend ein Ständchen und am Morgen mehrere. Ich habe nicht gern gleich am Morgen so viele Menschen, ... aber an sich war die Musik hübsch, besonders das erste – Dona nobis pacem, ein Kanon aus der Zeit Mozarts –, als ich noch zu Bette lag. Später kam ein Kindergarten und spielte allerlei Spiele, wie sie so in Kindergärten üblich sind, das war sehr niedlich. Dieser Kindergarten ist in unserer Nähe, und es sind nur Kinder von Studenten drin. Jetzt gibt es natürlich viele ältere Studenten, die im Krieg und in der Gefangenschaft waren, und namentlich Studentinnen; das sind Frauen von Gefallenen, die jetzt ihre Kinder ernähren müssen und deshalb studieren. Sie könnten das nicht, wenn nicht die Kinder inzwischen irgendwo versorgt würden. Die Kinder waren allerliebst und sahen nicht so sehr verhungert aus.

Du fragst, ob wir im Winter kommen; das hängt nicht von uns ab, Du ahnst nicht, wie unendlich schwer alles in diesem Sklavenlande ist. Man ist ebenso gefesselt, wie man die zwölf Jahre vorher war. Das Hoffnungslose und wahrhaft Verzweifelte unserer Lage ist manchmal sehr deprimierend. Wir haben trotzdem diesen wundervollen Sommer sehr genossen, und ich war so froh, als Kander telegraphierte, daß das Abitur bestanden ist. Nun möchte man ihn natürlich schrecklich gern sehen und haben, aber da spürt man wieder, daß man im eigenen Lande ein Gefangener ist...

An Agnes von Zahn-Harnack [Geschrieben in Erinnerung an deren Elternhaus in Berlin nach dem letzten Besuch bei ihr im August 1947.]

Du dachtest nicht in jenen hohen Räumen
An Reichtum oder Ruhm; denn jedes Ding
Verlor sich in des Geistes Überschäumen
Und ward vor seinem edlen Glanz gering.

Vorbei das alles. Glück und Leben schwanden.
Vom alten Hausrat, der das Haus geschmückt,
Ist noch manch liebgewordnes Stück vorhanden,
Eng in ein einziges Zimmer nun gedrückt.

Vom Glanz des Geistes, der einst ausgegossen
So überreichlich war, ist abendmild
Der Tochter einsame Gestalt umflossen;
Ein tragisches und doch versöhntes Bild.

An den Enkel (Jena, 2. August 1947)

Lieber Kander, das Bestandenhaben ist natürlich die Hauptsache, immerhin bin ich doch sehr gespannt, wie das Ganze verlaufen ist, ob die Fehler im Lateinischen schlimm, ob das Französische katastrophal war. Ich finde ein Examen etwas Wundervolles, vorausgesetzt, daß es im Anfang gut geht. Dadurch kommt man in Stimmung und dann gelingt auch das folgende. Wie mögen die Mädchen abgeschnitten haben? Und wie habt Ihr die Zeit nach dem Siege verbracht?... Garnichts zu tun zu haben ist aber doch wundervoll, und dieser Zustand dauert bei Dir nun noch eine ganze Weile. Zunächst brauchst Du nur zu tun, was Dich freut. Ich würde mich an Deiner Stelle immer ein bißchen mit modernen Sprachen beschäftigen, Du kannst ja hübsche Bücher lesen, das lernt sich bald...

Hier ist seit Wochen wundervolles warmes Sommerwetter. Seit vielen Jahren ist ein solcher Sommer nicht gewesen...

An Marie Baum (Jena, 10. August 1947)

...Sonntag vormittag – vielleicht kommt die Sonne noch durch den Nebel. In der vergangenen Woche haben wir Frau Pape's Examen gefeiert [die nach dem Tode ihres Mannes das unterbrochene Studium vollendete] – das Feiern ist natürlich nur platonisch zu verstehen... Wenn man jetzt nicht irgend eine Aufgabe hat, ist man verloren. Ich arbeite an meinem Buch – nicht gern –, aber ich habe es übernommen und muß es ausführen. Ich bin ja durch die Wirklichkeit so gebunden, daß ich sozusagen nur eben die Finger zum Schreiben bewegen kann. Der Pegasus wird zum Ackergaul. Wenn etwas nur hundert Jahre zurück liegt, hat man doch einen gewissen Spielraum – hier bin ich sklavisch gebunden an das, was die Angehörigen mir mitteilen und was sie zur Veröffentlichung freigeben...

Von Kander sind wir noch immer ohne nähere Nachrichten, wissen nur, daß er das Abitur bestanden hat. Wir hoffen, daß er das erste Semester in Basel studieren kann – d. h. man hofft es, weil es ihm gut täte –, sonst wären wir lieber mit ihm zusammen nach der langen Trennung...

An Lydia Radbruch (Jena, 14. August 1947)

... Nun habe ich die Anthologie doch bekommen und bitte Sie, Ihrem Mann meinen Dank auszusprechen. Ich habe mich sofort hineingegraben und gesehen, daß wir in vieler Hinsicht denselben, aber oft auch ganz verschiedenen Geschmack haben. Ich muß mit Ihnen und Ihrem Mann darüber debattieren, wenn wir uns wiedersehen. Eine Anthologie ist etwas so sehr Hübsches, man geht wie in einem Garten darin spazieren, pflückt sich hie und da eine besonders schöne Blume, atmet den Wohlgeruch ein. Den wirklichen Garten können wir in diesem Sommer genießen wie noch nie und tun es auch; aber die Trockenheit hat natürlich ihre Kehrseite. Meine Tochter fand eben eine Bekannte in Tränen aufgelöst, weil sie nichts mehr zu essen hat. Dabei ist der Sohn, ein Schulkamerad von Kander, kürzlich aus der Kriegsgefangenschaft zurück. Gott sei Dank können wir ein bißchen helfen, obwohl wir selbst jetzt auch knapp sind. Die Aussichten sind sehr schlecht, es wird einem zuweilen bange. Vielen Dank auch für den Daumier *[Karikaturen der Justiz-Lithographien von Daumier, ausgewählt und eingeleitet von Gustav Radbruch, Heidelberg 1947]*. Wundervoll grotesk. Zum gründlichen Betrachten bin ich noch nicht gekommen ...

An Elsbeth Merz (Jena, 13. September 1947)

... Ein Gewitter war im Anzuge, es donnerte mehrmals, und ein paar Tropfen fielen – aber es ist vorübergezogen. Es kann nicht mehr regnen. Trotzdem es so schwere Folgen hat, freuen wir uns des herrlichen Sommerwetters. Heute hatte ich Besuch von einem Flüchtlingspaar, jungen Leuten, die vier Kinder haben, aus Breslau. Sie leben jetzt in einem Dorf und waren hier, um ein Paket zu holen, das Hermann Hesse, den sie kennen, ihnen geschickt hat. Ihre Freude war rührend. Überhaupt, wie diese Menschen, denen es früher gut ging, ihr Unglück tragen, ist erstaunlich. Sie sind glücklich, daß sie schon wieder drei eigene Tassen haben, auch ein paar Teller. Die junge Frau hatte ein Kleid an, dem man es ansah, daß es aus einer Fahne gemacht war. Aber der Mann ist Maler und glücklich, daß er in eine schöne Gegend gekommen ist, die ihn zum Malen anregt. Ich bin mir sehr bewußt, daß ich es nicht so ertragen könnte; aber sie sind eben jung. Sie sind dankbar, daß sie zusammen sind, wo doch so viele nicht wissen, wo ihre Nächsten sind und ob sie überhaupt leben.

Übermorgen hat meine Schwester Geburtstag, sie wird achtundachtzig. Früher war sie viel gesünder als ich, es fehlte ihr eigentlich nie etwas, jetzt liegt sie zu Bett und wird aller Voraussicht nach nicht mehr aufstehen ...

An Marie Baum (Jena, 18. September 1947)

... Zum Briefschreiben hat niemand von uns Zeit, die Mußestündchen, die wir uns gönnen, bringen wir im Garten zu, um diesen himmlischen, sich nie wiederholenden Sommer zu genießen. Von seinen Schattenseiten rede ich nicht. Anfang Oktober muß ich beim Schriftstellertag in Berlin das Ehrenpräsidium übernehmen und einige Worte bei der Eröffnung sprechen; Du kannst Dir denken, was für Vergnügen mir das macht. Es wäre wohl viel zu erzählen – das muß auf bessere Zeiten verspart bleiben, wo es mal wieder mündlich geht. Ich bin jetzt bald mit den Münchener Studenten (Geschwister Scholl) fertig; das soll als erstes Bändchen erscheinen.

... Vorigen Montag ist meine Schwester achtundachtzig geworden. Ich bin immer in Sorge, ob Mimi [Ricardas Nichte] die Pflege aushält, denn meine Schwester wird ja nie mehr aufstehen können. Die beiden so allein, so abgetrennt von allen. [Lilly Huch war mit ihrer Tochter von Berlin in den Schwarzwald geflüchtet, wo sie einige Tage nach Ricarda im November 1947 gestorben ist.] Es ist mir ein sehr trauriger Gedanke. Natürlich gibt es zahllose solcher Schicksale und noch viel schlimmere...

An Elsbeth Merz (Berlin, 6. Oktober 1947)

...Da sind wir wieder in den Trümmern. Ich bin Ehrenpräsidentin des Schriftstelltertags und hatte gestern einen anstrengenden Tag, heute ruhe ich mich aus. Zwar werde ich zu jeder Sitzung im Auto geholt und wieder zurückgebracht, und ich sitze in einem Prunksessel und tue nichts, und neben mir sitzt ein Mann und erledigt das Geschäftliche. Aber trotzdem ist es sehr ermüdend. Gestern abend war Empfang bei den Russen. Man kam um halb neun Uhr abends in prachtvolle Räume, wo man sich erging, ohne daß sich die Gastgeber zeigten. Etwa um zehn war ein Männerchor. So etwas von Stimmen hast Du noch nie gehört, es war überhaupt faszinierend. Dann sollte ein Ballett kommen, aber da es elfeinviertel war und ich sehr müde, gingen wir fort, obwohl wir das Ballett gern gesehen hätten. Zwischen halb zwölf und zwölf fing dann das Essen an, und dann wird man auch die Gastgeber gesehen haben...

An Marie Baum (Berlin, 16. Oktober 1947)

... Morgen sind wir schon vierzehn Tage hier, ich weiß nicht, ob Du in einer Zeitung vom Schriftstellerkongreß gelesen hast, bei dem ich das Ehrenpräsidium hatte. Wie wenig Talent ich für solche Veranstaltungen habe, weißt Du; es war aber doch manches Hübsche dabei, auch hatte ich das Gefühl, daß der weiße Elephant nicht nur angestarrt, sondern auch geliebt wurde. Heute war ich in einer Schule, die nach mir genannt worden ist, ich besuchte mehrere Klassen und sah allerliebste Mädchen und sehr nette Lehrerinnen ...

An Nelly Planck (Berlin, 20. Oktober 1947)

Liebe Frau Dr. Planck, als ich vom Tode Ihres Schwiegervaters las, dachte ich lebhaft an Sie. Gewiß waren Sie bei ihm, haben ihn vielleicht noch lebend gesehen. Da wir nun in Berlin sind, vermissen wir Sie sehr, ich hätte Sie so gern noch einmal – oder öfters – ausführlich gesehen und gesprochen. Ob jemals noch Gelegenheit dazu sein wird? Ich will es hoffen, denn man steht sich beim Hoffen immer besser, und grüße Sie einstweilen herzlich, Ihre R. H.

An Eva Merz (Frankfurt a. M. – Kronberg, 31. Oktober 1947)

... Da sind wir! – Abenteuer sind hübsch, selbst wenn sie sehr strapaziös sind, aber man muß gesund dabei sein, und das war ich leider nicht. Auch war es eine Kette von Verstellung und Schwindel, und das liegt mir eigentlich nicht; die fortwährende Heimlichkeit auch Freunden gegenüber bedrückte mich. Vielleicht wäre alles anders gewesen, wenn ich gesund gewesen wäre. Jedenfalls, einen ganzen Umzug heimlich zu machen, ist keine Kleinigkeit, man kann graue Haare darüber bekommen. Ob wir ein Stück von unsern Sachen je wiedersehen, ist noch unentschieden, aber meine liebsten Spielsachen habe ich bei mir, auch die goldene Kette. In Berlin haben wir den zweiten Ohrring verkauft, erzählen Sie es Ihrem Vater. Inzwischen ist der Wert der Diamanten gesunken, aber weil die Steine so auffallend schön sind, bekam ich doch fast ebensoviel wie für den ersten. Es tat mir wirklich leid um den hübschen Stein.

Busi und ich fuhren am Samstag abend ab mit einem englischen Zug über Hannover. Die Nacht verging verhältnismäßig rasch in Gesellschaft einer reizenden goldlockigen jungen Frau, die uns von neun bis zwei ihre Lebensgeschichte erzählte. Um halb fünf kamen wir in Hannover an. Dort ist nichts, kein Warteraum, kein Gepäckträger, das pure Nichts, dazu noch schwarze Nacht. Die junge goldlockige Frau war die Strecke schon mehrmals gereist und wußte, daß man sich zuweilen in dem

Wellblechraum aufhalten darf, der den englischen Eisenbahnbeamten in ihrer freien Zeit zur Verfügung steht. Es wurde gestattet, und die arme uralte kranke Frau durfte auf dem einzigen bequemen Stuhl dicht am Ofen sitzen. Dort saß sie sechs Stunden bis zur Abfahrt des Zuges. Die Engländer boten uns immerzu von ihrem Tee an, waren sehr niedlich. Nun will ich Ihnen von der Ankunft in Frankfurt erzählen, wo ich einen der merkwürdigsten und angenehmsten Augenblicke meines Daseins erlebte. Wir hatten an Franz unsere Ankunft telegraphiert, aber ob das Telegramm angekommen war, wußten wir nicht. Unser Wagen war der letzte, der Bahnsteig erstreckte sich dunkel und unabsehbar vor uns. Unser Gepäck war mit Hilfe eines jungen Mannes hinausgeschafft, da lag es, mindestens neun Stück, dazu Mäntel usw. Nachdem wir eine Weile vergeblich gewartet hatten, machte sich Busi auf, einen Gepäckträger zu suchen. Ich stand zähneklappernd und bewachte das Gepäck. Endlich, endlich kam Busi mit einem Mann, der die größten Gepäckstücke sich auflud, das andere nahm sie. Der Mann ging mit großen Schritten voran, Busi folgte so schnell sie konnte, ich, da ich nachtblind bin und nichts sah, bemühte mich verzweifelt, die Spur nicht zu verlieren. So komm doch! rief Busi immer, es ist nichts im Wege, du kannst ohne Hindernis weitergehen. Aber das hilft wenig, wenn man nichts sieht. So halte dich doch fest an mir, rief Busi; aber ich hatte beide Hände voll. Sind Sie asthmatisch? fragte der

Mann laut (denn ich konnte ja auch taub sein). Nein, sagte ich, ich sehe schlecht. Meine Mutter ist dreiundachtzig Jahre alt, sagte Busi entschuldigend. Nun zerschmolz der Mann in Mitleid. Ja, das ist natürlich schlimm, das tut mir aber leid usw. Busi weinte beinah, sie konnte die Gepäckstücke nicht mehr halten. Mir war so zumute, wie mir, glaube ich, noch nie zuvor gewesen ist; ich hatte das Gefühl vollständiger Ohnmacht gegenüber der gegenwärtigen Lage. Was sollte aus uns werden? In die Gepäckverwahrung gibt man wertvolles Gepäck nicht mehr, das ist zu unsicher. Autos gibt es nicht. Hotels auch nicht, die einen unangemeldet aufnehmen. Die alten Frankfurter Hotels sind zerstört. Ich wußte nur das eine: ich *kann* nicht mehr, ich werde mich auf einen Koffer setzen und da die Nacht über sitzen bleiben. Da sehe ich, daß Busi mit einem fremden Mann, der an der Sperre steht, einige Worte wechselt. Es ist offenbar jemand da, der von uns weiß. Ich höre das Wort «Presse»! Es ist ein Auto für uns da, ruft Busi. Ein paar Schritte, und wir stehen vor einem Auto, der Chauffeur reißt die Tür auf. Ich denke, es ist gewiß ein Irrtum, aber ich werde doch einsteigen, dann sitze ich wenigstens einstweilen. Da plötzlich steht neben uns Herr Märtens, der frühere Oberbürgermeister von Jena, mit dem wir befreundet sind und der einige Wochen vor uns nach Frankfurt gezogen ist. Er ist unglücklich, daß er uns auf dem Perron nicht gefunden hat, ist nun froh, daß wir da sind und fährt mit uns nach Kronberg an unseren Bestimmungsort. Das Telegramm war angekommen, Franz war auch dagewesen, hatte uns aber in der Dunkelheit nicht gefunden. Das Auto gehörte einer Zeitung, und Herr Märtens hatte es dadurch bekommen, daß er dem Zeitungsmann versprach, er dürfe mich am folgenden Tag interviewen. Das Gefühl, mit dem ich in einem sehr hübschen Zimmer (mit anschließendem Bad) zu Bett ging, kann ich nicht schildern. Es war wie ein Wunder. Besonders am andern Vormittag: Ich blieb zu Bett liegen und fühlte immerzu: Ich liege! Ich ruhe mich aus! Ich bin in einem warmen Zimmer. Es war paradiesisch. In dem Zimmer – sehr groß und hübsch – waren allerdings nur drei Betten und ein kleiner Tisch und ein paar Stühle, aber darauf kam es ja nicht an. Franz kam abends noch mit der Bahn heraus, aber da schliefen Busi und ich schon. Leider können wir hier – es ist das Gästehaus der Stadt Frankfurt – nicht bleiben, und wohin wir kommen, bis eine Wohnung für uns frei wird, ist noch unbestimmt. Aber der Augenblick ist schön. Wir bekommen wenig, aber sehr gut zu essen. Zwischendurch essen wir Butterbrot, einstweilen haben wir das noch. Das gesamte Personal ist reizend. Aber solche Augenblicke wie der, als ich das Auto und dann, als ich das Bett sah, sind selten im Leben. Und dabei hat es Tausende von Flüchtlingen gegeben, alt und kränker als ich, für die es nirgends ein Auto, nirgends ein Bett und menschliche Hilfe gab. Scheußlich zu denken. Unsere Adresse ist einstweilen Universität. Bis wir eine Wohnung bekommen, geht es gewiß noch Monate. Die Wohnverhältnisse sind hier sehr schlecht. Lebensmittel viel weniger, als wir gewohnt waren. Aber das ist momentan Nebensache. Wenn wir nur unsere Sachen bekommen!

Viel lieber hätte ich Ihnen diese Geschichte erzählt, dann hätte ich sie viel schöner ausgestaltet.

Grüßen Sie bitte alle, Ihre Eltern, Elsbeth, Rolf und Maria, Hans und Suzanne. Meine Post bekomme ich nachgeschickt, aber es werden vier Wochen darüber hingehen, vielleicht ist etwas von Ihnen oder Elsbeth dabei. Ich umarme Sie!...

An den Enkel (Frankfurt a. M. – Kronberg, 1. November 1947)

Lieber Kander, eben hat Dein Vater einen Brief vorgelesen, in dem ein Teil an mich gerichtet war. Das hat mich beinahe erschreckt, denn ich habe ja seit undenklichen Zeiten nicht an Dich geschrieben. Ich bildete mir ein, bald würde ich Dich sehen, aber nun sind wir in Frankfurt, und Du bist garnicht da; das, was uns eigentlich hergeführt hat, fehlt. Unser Dasein in letzter Zeit war so voll Anstrengungen und Aufregungen, daß ich beinahe etwas krank bin. Das zu erzählen, ist nur mündlich möglich; es wäre manches abenteuerlich amüsant gewesen, und wir haben oft bedauert, daß Du nicht mit uns in Berlin warst. Wenn wir unser Hab und Gut glücklich hierher bekommen, will ich alles loben; aber das ist noch ganz ungewiß. Nur, was wir in unsern paar Handköfferchen bei uns haben, ist sicher da.

Lieber Kander, Du hörst Kolleg, als müßtest Du in einem Semester die ganze Juristerei gefressen haben. Jetzt solltest Du mal nur zu Deinem Vergnügen hören und an kein Examen denken. Du sollst Dir doch auch erst überlegen, ob Du wirklich Jura studieren willst. Ich möchte nicht Jura studieren, meistens kommt es nur auf Geldstreitigkeiten heraus und ist schrecklich trocken. Außer man studiert Strafrecht, aber das hat auch viel gegen sich. Wenn schon Jura, dann würde ich Staatsrecht studieren, das finde ich sehr interessant, und es eröffnet doch einen weiten Gesichtskreis. Was man als Idealist unter Recht versteht, davon kommt, wie mir scheint, in der Rechtswissenschaft wenig vor. Juristen sind deshalb oft angenehme Menschen, weil sie sich zum Ersatz für vieles neben ihrer Wissenschaft interessieren und Leute von allgemeiner Bildung sind. Da Du für Mathematik talentiert bist, sagt Dir vielleicht das juristische Denken zu, das, wie mir scheint, viel Ähnlichkeit mit dem mathematischen hat. Hörst Du denn keine Geschichtsvorlesungen bei Ritter? Nicht, daß ich Dir zu noch mehr Vorlesungen raten möchte. Daß Du Platos Staat auf Griechisch liest, finde ich schön. Ich kenne ihn leider nicht. Ich setze auch Hoffnung auf die Schweiz, daß Du dort Vorlesungen über die Schweizer Verfassung hörst. Fein wäre es, wenn wir gleichzeitig dort sein könnten. Leider weiß ich auch garnicht, wie es in Heidelberg bei Tante B. [Marie Baum] war. Du schreibst, daß das Befinden Deiner Großmutter wechselnd ist. Habt Ihr denn die Wohnung warm? Wir haben es himmlisch warm, sind ja aber hier [im Gästehaus der Stadt Frankfurt in Kronberg] nur vorübergehend. Leb wohl Kander! Bedenke, daß Du jetzt Jahre des Studiums vor Dir hast und es nicht in einem Bissen zu verschlucken brauchst...

NACHWORT

I

Das Werk überlebt den Autor, das ist die Regel: vita brevis, ars longa. Während die Querelen und Skandälchen, die Affären, Debatten und Salons, die einen Schriftsteller vielleicht erst seinen Zeitgenossen interessant machten, untergehen und verlöschen, beginnt das Werk sich langsam von ihm zu lösen, ja bisweilen im Bewußtsein der Nachwelt sich einen neuen Verfasser zu schaffen, der mit dem eigentlichen oft so wenig gemein hat, daß eine etwa geschriebene Biographie oder aus dem Nachlaß veröffentlichte Tagebücher und Briefe dem Publikum Schmerz und Kummer, jedenfalls aber eine große Überraschung bereiten. Doch gibt es auch den umgekehrten Fall. Der Autor überlebt sein Werk. Während dieses dem Wandel des Zeitgeschmacks zum Opfer fällt, wohl auch gewogen und zu leicht befunden wird, ist jener selbst zur literarischen Figur aufgerückt, zu einer legendären Gestalt, deren Zustandekommen nicht mehr aus seiner Feder, sondern nur aus dem Leben und seinen Begleitumständen erklärt werden kann.

Ein berühmtes Beispiel für diesen Fall ist Oscar Wilde; weniger berühmte sind August von Platen oder Kotzebue. Wer etwa liest noch Pietro Aretino? Aber seine bombastischen Bettelbriefe und giftigen Sottisen, seine hochstaplerische Lebensführung sind ein Begriff geworden. Doch wenn schon Oscar Wilde als Herausforderer der Gesellschaft und tragisch-anmaßende Außenseiterfigur vielleicht zu Unrecht über sein Werk gestellt worden ist, so gilt das in noch viel höherem Maße für eine deutsche Autorin, die wohl noch hoch verehrt, aber kaum mehr gelesen wird: Ricarda Huch.

Schulen und Straßen sind in Deutschland nach ihr benannt, ein Preis ist in ihrem Namen gestiftet worden; rühmend wird sie stets erwähnt für eine bürgerliche Intelligenz, die sich vom Nationalsozialismus nicht korrumpieren ließ. Konservativ wie die Attentäter vom 20. Juli, mit denen sie sympathisierte; beiseite stehend zwar, aber mit keinem Wort für das Regime zu vereinnahmen. Als 1933 Heinrich Mann, Käthe Kollwitz, Alfred Döblin und andere zum Austritt aus der Preußischen Akademie der Künste genötigt wurden, zögerte sie keinen Moment, ihrerseits den Austritt zu erklären; mit Worten, die an Deutlichkeit nichts zu wünschen übrigließen.

Am 9. April schrieb sie an den Präsidenten der Akademie, den Komponisten Max von Schillings: «Was die jetzige Regierung als nationale Gesinnung vorschreibt, ist nicht mein Deutschtum. Die Zentralisierung, den Zwang, die brutalen Methoden, die Diffamierung Andersdenkender, das prahlerische Selbstlob halte ich für undeutsch und unheilvoll. Bei einer so sehr von der staatlich vorgeschriebenen Meinung abweichenden Auffassung halte ich es für unmöglich, in einer staatlichen Akademie zu bleiben... Es ist wahr, daß ich mit

Herrn Heinrich Mann nicht übereinstimmte, mit Herrn Dr. Döblin tat ich es nicht immer, aber doch in manchen Dingen. Jedenfalls möchte ich wünschen, daß alle nichtjüdischen Deutschen so gewissenhaft suchten, das Richtige zu erkennen und zu tun, so offen, ehrlich und anständig wären, wie ich ihn immer gefunden habe... Daß mein Verlassen der Akademie keine Sympathiekundgebung für die genannten Herren ist, trotz der besonderen Achtung und Sympathie, die ich für Dr. Döblin empfinde, wird jeder wissen, der mich persönlich oder aus meinen Büchern kennt. Hiermit erkläre ich meinen Austritt aus der Akademie.»

Heute, nach Kenntnis dieser und anderer Briefe, erscheint uns Ricarda Huchs Haltung unzweifelhaft; doch war sie nicht allen Zeitgenossen so durchsichtig. «Und was habe ich verteidigt oder gebilligt? Ich glaube, es gibt nicht viele in Deutschland, die eine so unversöhnliche Haltung haben», schreibt sie am 4. Februar 1934 an Golo Mann: «Ja, bei solchen Briefwechseln ist es nicht leicht, sich zu verstehen.» Sie hatte Grund, gekränkt zu sein. 1934 war der erste Band ihrer *Deutschen Geschichte* erschienen und die Autorin als «parteiischer Anwalt des Judentums» angegriffen worden; sie hatte über den mittelalterlichen Antisemitismus geschrieben: «Die Judenverfolgungen des 14. Jahrhunderts wühlten auf, was an bestialischen Trieben in den Untiefen des deutschen Volks sich verbarg, und offenbarten den Heroismus, dessen die Juden fähig waren.» Das war eine deutliche Anspielung. In den

Nationalsozialistischen Monatsheften hieß es dazu: «Wir sehen in diesem Buch eine Beleidigung des deutschen Ehrgefühls. Wir sehen darin den deutschen Gedanken mit Füßen getreten... Im Deutschland Adolf Hitlers ist für Magierinnen dieser Art heute kein Platz mehr.»

Ein drittes Mal geriet Ricarda Huch 1937 mit dem Regime aneinander; sie und ihr Schwiegersohn Franz Böhm hatten sich in vertrauter Runde allzu freimütig geäußert und waren denunziert worden. «Ich habe die Deutschen sehr geliebt, bin allerdings sehr davon zurückgekommen, seit ich so viel Gemeinheit mitanzusehen habe», von dieser und ähnlichen Bemerkungen hat sie Marie Baum in einem Brief berichtet. Ein Verfahren wegen «Vergehens gegen das Heimtückegesetz» wurde angestrengt, das zwar später eingestellt, aber für Franz Böhm mit dem Entzug der Lehrbefugnis zum vorläufigen Ende seiner akademischen Karriere wurde.

Das sind die Ruhmestitel, die Ricarda Huch für das Nachkriegspublikum gesammelt hat, und bei diesen blieb es. Kurz dauerte das Werk, lang der Ruf persönlicher Unerschrockenheit in finsterer Zeit. Allenfalls erinnern wir uns noch, daß Thomas Mann sie gepriesen und die «erste Frau Deutschlands» genannt hatte; aber schon 1981 konnte ein Träger des Ricarda-Huch-Preises, der deutsche Literaturkritiker Marcel Reich-Ranicki, in seiner Rede zur Preisverleihung zu Recht mahnen: Wenn Ricarda Huch «heute nicht nur berühmt, sondern auch, obwohl fast alle ihre Bücher zugänglich sind, fast vergessen ist, so zeugt das vom gebrochenen Verhältnis der Deutschen zur besten deutschen Literatur, zur besten deutschen Tradition».

Paradoxerweise mag es aber gerade eine übertriebene Liebe zur Tradition oder vielmehr der Wunsch gewesen sein, sich einer Tradition zu vergewissern, die über den Nationalsozialismus nicht obsolet geworden ist, die Ricarda Huch den fatalen Ruf des Bildungsbürgerlichen, Antiquierten und sachte Verstaubten eingetragen hat. Die Identifikation mit dem Bürgertum, das sich ihrer zur eigenen Entlastung bediente, hat sie schließlich sogar in die Nähe jener Schriftsteller gerückt, die wie Ina Seidel den Verlockungen des neuen Regimes weniger Widerstand entgegensetzten. Gegenüber Max von Schillings konnte Ricarda Huch sich auf ihre Bücher noch berufen; ihre posthume Einschätzung dagegen läßt sich aus einer Kenntnis der Werke nicht mehr ableiten. Ars brevis, fama vitae longa: Die Nachwelt hat sich des Lebens bemächtigt und das Œuvre verdrängt.

II

Doch ist weder ihr Werk so eindeutig in seinen politischen Ansichten und von so untadelig demokratischen Optionen, wie ihre Lobredner meinen, noch so staatstreu und bourgeois, wie ihre Verächter unterstellen. Es entsprach durchaus einer Strömung der Zeit, wenn sie 1930 aus Berlin schrieb:

«Jetzt hat sich die geistige Lage so geändert, daß Zwang und Schrecken notwendiger erscheinen, als Freiheit.» Nach dem Ersten Weltkrieg hatte sie «eigentlich Lust, eine, soweit es mir möglich ist, glühende Propaganda zu machen, damit ein Reichsverweser auf Lebenszeit gewählt würde (Prinz Max von Baden), eine Art Wahlkönig, nur daß man den Namen nicht ausspricht». Solche Briefstellen könnten Zweifel sehr wohl nähren; zumal sie auch ihre Vorliebe für Mussolini bekannte. Umgekehrt hat sie 1923 ein Buch über *Michael Bakunin und die Anarchie* geschrieben, in dem sie den Russen dafür lobte, daß er an der Abschaffung des Erbschaftsrechts festhielt und anders als Karl Marx nicht bereit war, taktische Kompromisse mit den kleinbürgerlichen Sehnsüchten der Arbeiterschaft zu schließen, die letztlich die revolutionäre Bewegung korrumpieren müßten. Bakunin war ihrer Meinung nach zu Recht «überzeugt, daß, wenn die Arbeiter erst zu Parlamentariern und Teilhabern der Staatsgewalt gemacht wären, sie von der Aufhebung des Erbrechts vollends nichts mehr würden wissen wollen».

Aus ihren anarchistischen Sympathien hat Ricarda Huch nie ein Hehl gemacht. Ihre wichtigsten historischen Werke hat sie über Umwälzungen und Freiheitshelden verfaßt, über Garibaldi und das Risorgimento, über den Dreißigjährigen Krieg und die gescheiterte Revolution von 1848: «Ich war ein geborener Protestant mit einer Vorliebe für Revolutionen und Rebellionen.» Pragmatische Staatsmänner wie Cavour oder Bismarck waren ihr suspekt; und nicht nur die Machtpolitik des letzteren stieß sie ab. Der realistische Kompromiß hatte ihr selbst den Revolutionär Marx verleidet; denn freilich, nicht nur «das Wort Freiheit war das Zauberwort, das mein Herz schrankenlos öffnete». Es waren auch der Glanz des Radikalen, die Faszination von Gefahr, Aufruhr und Chaos. In den Briefen dieses Bandes finden sich einige erstaunliche Sätze; nach dem ersten Luftangriff, den sie erlebte, schreibt sie im Juni 1943: «Übrigens gestaltete sich die Angelegenheit hier zu einem Volksfest. Endlich hatte Jena eine Sensation.»

Mit sensualistischer Empfindlichkeit genießt und beschreibt sie den Aufenthalt in einem Luftschutzkeller; ihre Haltung erinnert fast an die Begeisterung Baudelaires beim Februaraufstand 1848 in Paris. «Baudelaire begrüßte die Revolution wie alles, was gewalttätig und anormal war», erinnerte sich Charles Toubin; «er war begeistert von dem, was er während der zwei Tage gesehen hatte: der Beginn des Dramas war bei ihm auf größtes Interesse gestoßen, weniger gefiel ihm allerdings die Lösung, er fand, der Vorhang sei zu früh gefallen; nie hatte ich ihn, der es nicht gewohnt war, weit zu gehen, fröhlicher, flinker und unermüdlicher gesehen. Seine Augen funkelten.» Nach dem Zusammenbruch schreibt Ricarda Huch aus der vollkommen zerstörten Reichshauptstadt: «Wir sind seit dem 1. Juli hier, und ich finde Berlin wieder wundervoll ... Es ist schwer zu sagen, warum es mir so gut gefällt, es ist die Atmosphäre, zum Teil ist es auch das Schauerliche, das eindrucksvoll ist. Diese Trümmerwelt gibt mit dem Leben dazwischen einen unbeschreiblich grausig-großartigen und zuweilen gespenstischen Akkord. Ich denke mir, nach einer Reihe von Jahren wird jemand mal etwas daraus gestalten.»

Es ist, wohlgemerkt, keine jugendliche Enthusiastin, die hier schwärmt, sondern eine Dreiundachtzigjährige in ihrem Todesjahr. Baudelaire vermerkte in seinem Tagebuch *Mon cœur mis à nu:* «Mein Begeisterungstaumel 1848. Welcher Art war dieser Taumel? Rachegelüste. Natürliches Vergnügen an der Zertrümmerung. Literarische Begeisterung; Erinnerung an Gelesenes.» Wie sagt Ricarda Huch? «Ich denke mir, nach einer Reihe von Jahren wird jemand mal etwas daraus gestalten» ... Einer Freundin kondoliert sie, man möchte fast sagen: gratuliert sie zum Tode der Tochter mit folgenden Worten: «Ich kann mir vorstellen, daß Sie trotz des schmerzlichen und unersetzlichen Entbehrens in einem verklärten Zustande leben, von etwas Heiligem umgeben. Freilich wird diese schöne Atmosphäre beständig durch die Forderungen des Tages zerrissen» ... Das ist ihre Sorge: daß der Alltag die seelische Erschütterung gefährden, in die schöne Verzückung vor dem Außerordentlichen einbrechen könnte.

Man täusche sich nicht: Ricarda Huch ist eine Intellektuelle reinsten Wassers. «Ich persönlich stehe allem fern, und ich bin ja nun einmal für das Komische empfänglich, ich kann nichts dafür – ich muß über manches lachen...», schreibt sie zum Kriegsausbruch 1914. Einen kleinen Baudelaire mit funkelnden Augen trug Ricarda Huch bis in ihr hohes Alter hinein in sich; er war nicht jederzeit zu mobilisieren, aber selbst in Momenten äußerster Erschöpfung oder Bedrohung konnte er sich plötzlich regen. Wie sie eine Bombennacht schilderte oder ihre Flucht aus der sowjetisch besetzten Zone in den Westen beschrieb, das verrät die pure Lust am Excitement: literarische Begeisterung; Erinnerung an Gelesenes.

III

Ricarda Huch ist eine schillernde Gestalt. Allen ihren frühen oder posthumen Verehrern und Feinden zum Trotz, die sie zu einer frommen Legende zu verklären oder als ein konservatives Monument zu stürzen trachten, muß diese Feststellung getroffen werden. Nicht nur ihr Werk irisiert seltsam und farbig zwischen den Gattungen, Stoffen und Positionen, zwischen Essay und Dichtung, Geschichte und Gegenwart, Engagement und Ästhetizismus; sie selbst muß ein vielfältig schimmernder, gebrochener und bisweilen dämonischer Charakter gewesen sein. Ihr zweiter Ehemann und Vetter Richard Huch hat sich mitunter regelrecht vor ihr gefürchtet; «er ging in heftiger Erregung auf und ab, stark gestikulierend, was er sonst nie tat, und überhäufte mich mit Vorwürfen», schreibt Ricarda Huch in einem unveröffentlichten Manuskript ihrer Erinnerungen, «oft drängte er sich auch in eine Ecke des Zimmers und sagte, mich wild anblikkend, daß er Angst vor mir habe». Sie hielt zwar «derartige Vorkommnisse für Hysterie»; doch glaubt man es dem Mann gerne, der in erster Ehe mit ihrer Schwester Lilly verheiratet war, wenn er nach dem Scheitern seiner zweiten Ehe mit Ricarda bekannte: «Ich war den problematischen Frauen nicht gewachsen.»

Es muß eine eigene Atmosphäre in dem Braunschweiger Elternhaus der Schwestern Huch geherrscht haben, eine weniger bürgerliche, als in dem Patriziat der früheren Hansestadt zu erwarten gewesen wäre. Schon der Vater war viel weniger ein Kaufmann als ein Intellektueller, und über seinen ausgeprägten geistigen Interessen ging das Geschäft allmählich immer mehr zurück. Der Zusammenbruch des Brasilien-Handels, in dem er engagiert war, bildet den biographischen Hintergrund von Ricarda Huchs erstem Roman, den *Erinnerungen von Ludolf Ursleu dem Jüngeren,* die mit Thomas Manns acht Jahre später erschienenen *Buddenbrooks* nicht nur den Verfall einer bürgerlichen Welt gemeinsam haben.

Zentralfigur im seelischen Haushalt der jungen Ricarda und ihrer Geschwister wird aber die Großmutter Emilie Hähn gewesen sein; zumal nach dem frühen Tod der Mutter. Witzig und gewandt, gebildet und vital, vorurteilslos und von außerordentlicher gesellschaftlicher Unabhängigkeit, taucht sie in dem Roman wieder auf, freilich in die Gestalt eines Urgroßvaters verwandelt. Sie wird auf das Weltbild der Enkel einen entscheidenden Einfluß gehabt haben; ihr hat Ricarda alles anvertraut, und es mag ein Rest auf bürgerliche Reputation bedachten Willens zur Diskretion gewesen sein, der den Briefwechsel vernichtet hat, den sie mit der Großmutter während ihrer Schweizer Studienjahre geführt hat. Denn worum wird es in den Briefen gegangen sein? Um den großen Kummer und die große Verzückung, die große Leidenschaft und den großen Jammer ihrer Jugend: die Liebe zu ihrem vierzehn Jahre älteren Vetter und Schwager, zu Richard, dem Anwalt und glänzenden Musiker, dem Beau der Familie.

Wie so oft stand am Anfang dieser eine andere, eine unglückliche Liebe. Richard spielt den Postillon d'amour, der freilich von unerwiderter Leidenschaft künden muß: «Es war ein warmer Abend und mein Schwager war zu Besuch, um mich zu trösten, weniger durch Worte als durch teilnehmende Gegenwart. Wir standen ... im Garten vor dem Haus an einen Zaun gelehnt und sahen auf die Anlagen hinaus. Mein Schwager legte den Arm um mich und sah mich an. Von diesem Augenblick an liebte ich ihn. Es war ein Augenblick reinen vollkommenen Glücks. Hatte ich ihn nicht von jeher geliebt? War ich nicht von jeher sein eigen gewesen? ... Ich stand in Flammen, die Welt war verändert.»

Ricarda Huch ist neunzehn Jahre alt, als die Flamme zündet, und dreiundvierzig Jahre alt, als sie dem geliebten Mann entgegengeht, um ihn endlich zu heiraten: «Das Herz schlug mir zum Ersticken; meine Knie zitterten, als ich die Anhöhe hinaufstieg. Dann kam der Zug und er stieg aus. Wir gingen langsam den Weg zurück. Die aus ihren Fugen gerückte Welt war nun wieder eingerückt.» Dennoch trifft sie die erstaunliche Feststellung: «Ich hatte vollen, warmen Herzens und glücklich in dieser Welt gelebt.» Ihre Leidenschaft ist weder durch vierundzwanzig Jahre der Trennung erschüttert worden noch durch die unendlichen Schwierigkeiten, die sich ihrer Verwirklichung entgegenstellten; zugleich aber hat sie Ricarda Huch auch nicht daran gehindert, eine erste Ehe einzugehen und «vollen, warmen Herzens» in der Welt zu leben. Ricarda Huch muß ein Wunder an Vitalität gewesen sein oder ein Wunder an Leichtfertigkeit; wahrscheinlich aber beides zugleich. Erst spät hat sie die Bedenkenlosigkeit bereut, mit der sie der Schwester den Mann wegnahm und ihren ersten Ehemann verließ; sie sei, bekannte sie in einem Brief 1944, gewesen, «was man fälschlich heidnisch nennt, besser elementarisch nennen sollte, ich folgte hemmungslos meinen leidenschaftlichen Gefühlen und Antrieben».

Zunächst jedoch floh sie vor der aussichtslosen Liebe zum Studium in die Schweiz. Doch kaum ist sie zurück, werden Heiratspläne geschmiedet, die Schwester ist bereit, den allzu Geliebten freizugeben, eine Übersiedlung nach Frankreich wird erwogen. Richard reist ab nach Paris, Ricarda begleitet ihn bis Köln. Dort plötzlich gesteht er, sich von seinen Kindern nicht trennen zu können: «Wir wohnten in einem Hotel dem Dom gegenüber. Ich dachte, daß er mich endlich umschließen ... würde; anstatt dessen erklärte er, seinen Entschluß aufgeben zu müssen und nach Hause zurückkehren zu wollen. Er blieb dabei steif und feindselig gegen mich, fast wie ein Wahnsinniger.» Eine jener Szenen spielte sich ab, die sich später während ihrer Ehe bis zur Scheidung steigern sollten.

«Ich war vernichtet», schreibt Ricarda Huch in der nachgelassenen Lebensskizze, aus der wir zitieren. «Diese Liebe war seit dreizehn Jahren der Kern meines Lebens gewesen, ich hatte an sie geglaubt ...» Doch findet sich in ihren Erinnerungen an den *Frühling in der Schweiz* keine einzige Bemerkung über den fernen Geliebten, des Gedenkens oder der Sehnsucht. War das nur die Diskretion, die eine Veröffentlichung gebot, wie sie 1938 an den Verleger Martin Hürlimann schreibt? Ricarda Huch hat sich mehrfach während dieser Zeit verlobt und wieder entlobt: «Ich war der Meinung und bin es noch, daß eine Frau mit derartigen Kränkungen Männern keinen Schaden zufügt; denn erstens finden sie leicht eine andere, wenn ihnen daran liegt, und zweitens wissen sie ihre Freiheit um so viel höher zu schätzen, als sie für sie wirksamer und gehaltvoller ist.» Dreimal an verstreuter Stelle in ihren Erinnerungen hat sie diesen

Gedanken mit nahezu den gleichen Worten wiederholt; von einem ihrer zeitweiligen Verlobten, einem jungen Bremer, weiß sie später nicht einmal mehr den Namen zu nennen.

Einem anderen, Basler aus vermögendem Hause, hat sie im *Frühling in der Schweiz* ein unübertrefflich ironisches Porträt gewidmet. Edmund Zaeslin war ein charmanter Wirrkopf mit dichterischen Ambitionen, über deren bizarren Dilettantismus die junge Ricarda Tränen gelacht haben muß; jedoch: «Meine Empfänglichkeit für seine liebenswerten Eigenschaften ging so weit, daß ich einige Wochen lang mit ihm verlobt war, wenn man eine Beziehung so nennen will, von der ich mir nicht vorstellen konnte, daß sie mit einer Heirat endete. Marianne Plehn, die ihm wohlwollte, war mit meinem Verhalten sehr unzufrieden. ‹Du liebst ihn ja gar nicht›, sagte sie mißbilligend zu mir. ‹Aber er ist doch so niedlich›, wandte ich ein. ‹Man heiratet einen Mann nicht, weil er niedlich ist›, sagte sie streng.» Niedlich hat Ricarda Huch Männer gerne und bis zu ihrem Tode genannt; die «arme und uralte Frau», als die sie sich in ihren letzten Briefen ironisch bezeichnete, empfand auch die Engländer als «sehr niedlich», die sie nach der abenteuerlichen Flucht aus der sowjetisch besetzten Zone 1947 in Hannover empfingen.

Neben den niedlichen Männern gab es freilich auch jene, vor denen sie eine Faszination des Interessanten verspürte, die der geschilderten Anziehungskraft des Abenteuerlichen nicht unähnlich war. Zwar bekannte sie, von den kulturhistorischen Vorlesungen bei Salomon Vögelin, den sie in Zürich hörte, wenig verstanden zu haben, «doch glaubte ich gerade von ihm etwas vernehmen zu müssen, was mich besonders anginge. In seinem sehr markanten Gesicht war etwas Schwermütiges, etwas Zweifelndes und Problematisches, das mich beschäftigte; dazu kam, daß mit einer gewissen Zurückhaltung von ihm gesprochen wurde, als sei etwas Anstößiges an ihm, was besser verschwiegen bleibe.» Noch Jahrzehnte später wird sie von ihrer eigenen Tochter den verblüffenden Vorwurf zu hören bekommen, «ich wäre noch zu jung, weil ich unter ihren Verehrern denjenigen bevorzuge, der mir am meisten gefällt, obwohl die Vernunft eher gegen ihn spricht». Besonders einer hat es ihr angetan; aber «das Sinnliche und Satanische, das in dem Jungen steckt und das mich hingerissen hätte, lehnt Busi ab, obwohl sie den Reiz fühlt...» Fast scheint es, als ob sie vor dem handfesten Charakter ihrer Tochter resignierte: «Er hatte etwas unbeschreiblich Verführerisches, und ganz verschmerzen kann ich ihn auch nicht.»

Ricarda Huch ist siebenundfünfzig Jahre alt, als sie von der Affäre in ihren Briefen berichtet; sechzehn Jahre später vermerkt sie an anderer Stelle abschließend: «Das Wort treuherzig finde ich für Busi heute bezeichnend.» Nun, als treuherzig wird man Ricarda Huch kaum bezeichnen wollen, und es nimmt wunder, daß sie selbst dessen erst so spät inne wurde: «Als junges Mädchen», schreibt sie

1944 an Reinhard Buchwald, «hatte ich eine Freundin, die ich sehr liebte. Ich bezeichnete sie als kompliziert, mich als einfach. Von meiner Einfachheit (im Gegensatz zu kompliziert) war ich sehr durchdrungen. Erst sehr viel später kam es mir in den Sinn, daß ich wohl doch nicht so einfach sei, wie ich meinte.»

Zu den interessanten und problematischen Gestalten, von denen sie sich angezogen fühlte, haben zweifellos auch ihre beiden Ehemänner gehört. Über Richards Charakter hat sie in ihren Erinnerungen, zumindest soweit diese aus dem Nachlaß veröffentlicht sind, wenig gesagt; aber die brillante und labile, verführerische und willensschwache Persönlichkeit ist vielfältig bezeugt. Dagegen ist ihr erster Ehemann, der italienische Zahnarzt Dr. Ermanno Ceconi, mit dem sie in Triest und München lebte, von ihr mehrfach geschildert, ja fast als literarische Figur gestaltet worden; Züge von ihm sollen auch in den Titelhelden ihres Romans *Der Fall Deruga* eingegangen sein. Er hat ihr Denken bis ins hohe Alter beherrscht, mit ihm hat sie gerungen, an dem sie sich schuldig fühlte; er war ihr das Rätsel, an dem ihre eigene Rätselhaftigkeit offenbar wurde.

IV

Ricarda Huch war zerrissener, widersprüchlicher und problematischer, als sie selber ahnte, und vor allem moderner, als ihr Nachruhm wahrhaben will. Sie ist nicht die verspätete Klassikerin, die es aus Weimar ins zwanzigste Jahrhundert verschlagen hat, um die ewig Gestrigen zu erquicken; sie ist auch nicht die Nachgeborene des Historismus, obwohl im neunzehnten Jahrhundert ihre Wurzeln zu suchen sind. Vielmehr gilt auch für sie, was die Romantiker, denen sie die erste umfassende historische Untersuchung gewidmet hat, zum Programm der Moderne erklärten: Die Ablösung der klassischen Ästhetik durch eine Ästhetik des Interessanten.

Das Interessante muß nicht schön sein, viel weniger noch harmonisch oder gar eine Versöhnung von Pflicht und Neigung zur Anschauung bringen. Das Interessante kann böse sein; bieder nie. Das Treuherzige ist nicht interessant; interessant ist ein Luftangriff, eine zerstörte Stadt oder «das Sinnliche und Satanische», das in einem Charakter steckt. Sehr tadelt die junge Geschichtsstudentin Ricarda Huch die vermeintliche Glätte Rankes: «Ich glaubte, die wirkliche Welt sei viel wilder, grausamer, böser und gemeiner, und doch wieder viel schöner. Verschwieg er auch keine der Schandtaten, die straflos begangen werden, so verstand sein reinlicher Pinsel doch auch, das Struppigste für gute Gesellschaft annehmbar zu machen.»

Das Interessante ist aber gerade das Struppige; das Interessante ist nicht die Regel, sondern die Ausnahme, nicht das Gesetz, sondern seine Überschreitung; es stellt, mit einem Wort, das Individuum über die Norm: das Kunstwerk über den Kanon, den einzelnen über die Gesellschaft. Eine Ästhetik des Interessanten begründet ein neues Verhältnis zur Moral, aber nur scheinbar die Überlegenheit der Ästhetik über die Moral; vielmehr will sie auf eine neue, emanzipatorische Moral hinaus, die das Individuum aus den Fesseln der Gesellschaft befreit. Von Nietzsche her, nicht aus der Arbeiterbewegung, muß Ricarda Huchs Engagement für Bakunin verstanden werden. «Zwischen System und Mensch stellte sich Marx auf seiten des Systems und Bakunin auf die Seite des Menschen.» Es geht der Autorin nicht um ein gesellschaftliches System der Gleichheit, sondern um die Freiheit des Individuums, nicht um Klassenkampf, sondern um Kampf «für die unendliche persönliche Entwicklung», und zwar «gegen den Wahn des unendlichen Fortschritts». In diesem Sinne, aber nur in diesem, kann von einem konservativen Anarchismus Ricarda Huchs gesprochen werden, wie es einige Interpreten getan haben.

Schon in ihrem Frühwerk befinden sich Individuum und Gesellschaft in einem unaufhebbaren Gegensatz, und ihre Sympathien sind dort, wo auch die Romantiker sie stets hatten: bei dem Individuum. In den *Erinnerungen von Ludolf Ursleu dem Jüngeren* tritt ein Liebespaar gegen Familie, Moral und bürgerliche Ordnung an und hat doch das höhere Recht für sich: «Ezard und Galeide gehörten zu jenen glücklichen Menschen, denen man recht gibt und auf deren Seite man sich stellt, aus keinem anderen Grunde, als weil das Schicksal und die Natur auf ihrer Seite stehen. Denn diese fragen nicht, wer recht habe nach den moralischen Grundsätzen der Menschen, sondern sie wissen, wer stark und lebensfähig ist, den begünstigen sie.»

Es liegt auf der Hand, daß Ricarda Huch hier ihre eigene verbotene Liebe zu dem Schwager gestaltet hat; doch ist es keine nachträgliche Rechtfertigung. Vielmehr empfand sie schon damals so: «Es gab nichts mehr als diese Leidenschaft. Ihr Recht war ihre Gewalt», notiert sie in ihren Erinnerungen. «Unsere Liebe stand fest wie ein Fels, sie war unser Schicksal; und es war sinnlos, die Pflicht gegen sie ins Feld zu führen. Diesem Schicksal mußte sich alles unterwerfen.» Der Begriff des Schicksals, den sie verwendet, meint freilich keine Instanz mehr über dem, sondern im Menschen selbst; es ist, mit Goethe zu sagen, «das Gesetz, wonach du angetreten». Die romantische Unabhängigkeitserklärung des Individuums findet hier den Anschluß an den Vitalismus des Jugendstils, der untergründig das ganze Werk Ricarda Huchs durchzieht; Natur, Stärke und Lebensfähigkeit sind seine Stichworte, was sich durchsetzt, hat auch das Recht auf seiner Seite. In den Revolutionen, die sie besingt, siegt stets das neue, kräftige Lebendige über eine alte, abgestorbene Ordnung. Ihr befremdliches Votum für den Bolschewismus, das sie 1919 abgibt, hat nichts mit einem sozialen Engagement zu tun: «In Deutschland haben nur mehr, wie es scheint, die Bolschewisten Kraft, Energie, Unternehmungsgeist, und wenn das so ist, gehört ihnen die Zukunft mit Recht.»

Es ist außerordentlich charakteristisch, daß sie das Interessante nicht im Leidenden, im Schwachen oder durch seine Kompliziertheit Unterlegenen gestaltet, sondern im Starken und Überlegenen; und hierin unterscheidet sie sich von den Romantikern wie Brentano oder Hoffmann, deren Intellektuelle und Künstlergestalten stets Opfer einer bürgerlichen Gesellschaft sind, die ihnen an Gesundheit weit überlegen ist. Ricarda Huchs vitale Helden dagegen sind interessante Charaktere und gesund zugleich; nicht die Gesellschaft zerstört sie, sondern sie sind umgekehrt in der Lage, die bürgerliche Ordnung zum Einsturz zu bringen, und wenn sie scheitern, dann an der zerstörerischen Macht der eigenen Lebenskraft. Das Interessante hat in ihrem Werk oft einen Zug ins Übermenschentum und ist weit abgerückt von Krankheit und Leid, vor denen sie vor allem als junge Frau eine lebhafte Abneigung empfand: «Ich war so wie jemand, der ein sauberes weißes Kleid trägt und immer in Sorge ist, es könnte schmutzig werden.» In der Wiener Pension, in der sie ihren ersten Ehemann kennenlernte, war auch eine todkranke Frau, um die er sich kümmerte; nicht nur der Schmutz in deren Zimmer, sondern schon die bloße Gegenwart der Sterbenden flößte ihr Widerwillen ein: «Mehr noch als die Wanzen beunruhigte mich die Nähe der kranken Frau.»

Ihre Begegnung mit Ermanno Ceconi ist ihre erste Begegnung mit dem Leiden und einem von Not und Leiden Geprägten, und sogleich beginnt sie sich nach der «Solidität» zu sehnen, «die der Schweiz eigentümlich ist und die man so ungern vermißt». Die Verwöhntheit, die sich in dieser unwillkürlichen Reminiszenz an die Zürcher Studienzeit ausdrückt, ist für eine über dreißigjährige Frau schon erstaunlich zu nennen; mit Verblüffung nimmt sie an Ceconi wahr, «daß er häßliche und traurige Untiefen kennengelernt hatte». Er besaß «eine Leidensfähigkeit und den Blick für die Leiden der anderen, die mir fremd waren», und sie sträubte sich gegen seinen Einfluß; wenn auch ohne Erfolg: «Er konnte ein fast unerträgliches Mitleid einflößen. Dann half es nichts, sich versuchsweise zu sagen, daß man ihn haßte.»

Der Versuch ist allerdings befremdlich genug und verrät etwas von der Vehemenz, mit der die junge Ricarda Huch sich gegen Hingabe sträubte und ihre Autonomie auch vor dem Leiden zu wahren suchte. Doch konnte sie auf Dauer nicht verhindern, daß etwas von der Weltsicht ihres Mannes auf sie überging; sie habe ihn zwar durch ihre Ungebrochenheit gestärkt, bemerkt sie vorwurfsvoll, jedoch: «Ich dagegen wurde das Gift, wenn ich es so nennen will, das er mir eingeflößt hatte, nicht mehr los. Es war, wie wenn manchmal ein Schwindsüchtiger seine Krankheit auf seine Frau überträgt und selbst gesundet, während sie stirbt.» Bis in den Stoff ihrer Werke hinein läßt sich Ceconis Einfluß verfolgen; ob es allerdings möglich ist, von einem Bruch zu sprechen, wie sie später in einem Brief an ihren früheren Lektor

Reinhard Buchwald tat, scheint fraglich. Zwar gehen die Elendsschilderungen ihres Romans *Aus der Triumphgasse* auf die Zeit zurück, die sie mit Ceconi in Triest verbrachte, doch hat sie das Armenviertel der Hafenstadt ins Überzeitliche eines düster-blutigen Mythos entrückt und nie unmittelbar und realistisch werden lassen. Eher kann man wohl sagen, daß sie es lernt, den Schimmer des Interessanten nun auch dem Elend zu verleihen und sich jene Ästhetik des Leidens zu erobern, die in dem zitierten Brief an eine Freundin zum Ausdruck kam, deren Kind gestorben war: «Ich kann mir vorstellen, daß Sie trotz des schmerzlichen und unersetzlichen Entbehrens in einem verklärten Zustande leben, von etwas Heiligem umgeben.»

V

Zwischen Ricarda Huchs Leben und Werk besteht eine Einheit, die zwar post festum leicht herstellbar und darum stets hypothetisch, gleichwohl aber verblüffend ist. Es scheint, als habe sie alles, was sie gedacht, geschrieben und verkündet hat, zugleich auch gelebt oder vielmehr das, was Ereignis in ihrem Leben war, zur Norm in ihren Werken erklärt. «In der Tat ist die Subjektivität, mit der Ricarda Huch sich äußert, von einer großartigen Naivität», schreibt ihre Biographin Else Hoppe: «Die eigene Persönlichkeit wird zum Typus verallgemeinert, und dieser Typus wird zum Ideal erhoben.»

Der grandiose, sozusagen naturalistische Fehlschluß, der darin liegt, mag auf einer glücklichen Fähigkeit zur Selbstannahme beruhen; in seiner apologetischen Übersteigerung aber, mit der er sich bisweilen äußert, steckt auch Affektabwehr und eine intellektuelle Sublimation des Erlittenen ins Notwendige. Was ist, soll auch sein; was mich unglücklich gemacht hat oder wodurch ich anderen Unglück zugefügt habe, soll wenigstens als Prinzip in der Welt sinnvoll sein. So verflüchtigen sich die Kategorien von Leid und Schuld in einer überwältigenden Affirmation des Seienden; geradezu trunken kann sie in einem ihrer letzten Briefe verkünden: «Wie unerschöpflich reich ist das Leben, das nach den schwersten Verlusten immer wieder neue Verbindungen knüpft, die das Verlorene wenn nicht vergessen, so doch verschmerzen lassen und zur Quelle neuen Glückes werden.»

Vor dem Hintergrund dieser kosmologischen Versöhnungsstrategie wird freilich auch das utopische Potential entschärft, das doch erklärtermaßen in vielen ihrer historischen und philosophischen Schriften steckt. Bakunin erscheint weniger als Vorkämpfer einer neuen, freieren und gerechteren Gesellschaftsordnung denn als ihr persönlicher Anwalt, der sub specie aeternitatis ihren Anspruch auf ungehemmte Entwicklung rechtfertigen soll. Noch deutlicher wird dies in ihrem Buch über *Luthers Glaube,* den sie zu einem umfassenden «pecca fortiter» reduziert. Mit etwas psychologischer Willkür, doch ohne allzu große Anstrengung lassen sich alle ihre künstlerischen Äußerungen auf das Bestreben zurückführen, Leid und Schuld aus dem Leben des Menschen auszugrenzen oder jedenfalls aus seiner persönlichen Verantwortung zu nehmen.

Ricarda Huch war nur zur Hälfte das Naturkind, als das sie sich gerne hinstellte. Zwar hat sie im Rückblick immer ihren «Leichtsinn» hervorgehoben, das Triebhafte ihres Wesens betont und erklärt: «Ich war früher außerordentlich unbewußt, ich tat immer, was ich mußte, und war deshalb nie uneins mit mir, selbst wenn ich wußte, daß ich Unrecht tat.» Doch legt die Thematik ihrer Werke hinreichend Zeugnis ab von den Schuldgefühlen, die sie nur in ihren Briefen nicht oder erst sehr spät bekennen konnte. Nie uneins mit sich selbst zu sein war weniger glückliche Anlage als vielmehr fester Vorsatz, der in ihren Werken zum Programm erhoben wurde. Vitalität und Skrupellosigkeit ihrer Jugend hat sie in ihrem Frühwerk ins Prinzip eines anarchischen Vitalismus gewendet und, wo Leid und Schuld aus ihm hervorgingen, diese als überpersönliches Verhängnis gestaltet, das im mythischen Glanz des Ewigen erstrahlt und ästhetisch genossen werden kann. Ihre oft befremdliche Ästhetisierung des Elends kann nicht nur auf dem geistesgeschichtlichen Hintergrund der Romantik, sondern auch als jener Wunsch zur Distanzierung des Leidens gesehen werden, wie er sich mit spontaner Heftigkeit Ceconi gegenüber äußerte.

Noch deutlicher wird das Verfahren jedoch, mit

dem sie sich selbst zum universalen Paradigma setzt, dort, wo ihr Leben und Denken auseinanderzufallen scheinen und sie im Rückblick auf ihre erste Lebenshälfte Reue zu empfinden beginnt. In der Erinnerung einzelner Szenen ihrer Ehe mit Ceconi «kam mir plötzlich meine Genußsucht und meine Gewalttätigkeit zum Bewußtsein, in einem solchen Grade, daß ich mich vor mir selbst entsetzte. Es ist merkwürdig, daß ich noch viel Schlimmeres getan habe, ohne daß mich der Gedanke daran dauernd gequält hätte, wenn ich auch meine Schuld einsah. Es mag sein, daß grad bei diesen alltäglichen Vorfällen, die nicht das Gewicht der Leidenschaft mit entschuldigt, das Unbändige meiner Selbstsucht mir erschreckend auffiel.» Doch sogleich werden nicht nur Reue, sondern auch Selbstsucht und Egoismus zu notwendigen und darum wertvollen Entwicklungsstufen erklärt: «Selbstliebe», heißt es in *Luthers Glaube,* «ist so gut Kraft wie göttliche Liebe, es ist dieselbe Kraft, nur auf verschiedene Punkte bezogen; der böse, grausame, tyrannische Mensch kann in jedem Augenblick zum verschwenderisch guten werden, wenn seine Liebeskraft von seinem Selbst auf Gott umspringt.»

Der Zwang, Einigkeit mit sich selber zu bewahren, ließ es nicht zu, daß Ricarda Huch sich von ihrer Vergangenheit distanzierte. Ihre Tendenz, die eigene Entwicklung zur schlechthin natürlichen und richtigen zu erklären, nahm bisweilen sogar kuriose Züge an, wenn sie etwa dem alternden

Ceconi in einem Brief vorwarf, daß seine jugendliche Gutmütigkeit zunehmender Bitterkeit gewichen sei: «In der Jugend egoistisch zu sein, ist natürlich, je älter man wird, desto offener, mitteilender, versöhnlicher, weitherziger sollte man werden. Es ist unnatürlich und entsetzlich, wenn es umgekehrt ist.» Nicht nur Stationen und Ziel ihrer eigenen Wandlung werden von Ricarda Huch schließlich zum Ideal erhoben, sondern Wandlungsfähigkeit überhaupt als Gradmesser persönlicher wie politischer Lebenschancen gesehen: «Die Zukunft gehört demjenigen Volke, das die meiste Fähigkeit hat, sich verwandeln zu lassen.» Damit knüpft sie zugleich wieder an den Vitalismus ihrer Jugendzeit an. Mehr noch als die Brüche, von denen sie und ihre Biographen schreiben, verblüfft die Kontinuität in Leben und Werk dieser Autorin.

Übereinstimmungen lassen sich zwischen ihren ersten Romanen und den letzten Briefen des Alters finden. Zwar setzt die vorliegende Sammlung erst im Jahre 1911 ein, «da Ricardas Leben allmählich in ruhigere Bahnen einmündete», wie Marie Baum in ihrem Vorwort schreibt, die beiden Ehen und ihre «schweren Kämpfe und bitteren Gefühle» liegen hinter ihr; doch nicht nur diese bilden weiterhin einen dauernden Hintergrund. Erlebensweisen und Denkmuster ihrer Jugend bleiben in erstaunlicher Frische erhalten; Faszination vor dem Interessanten und Abenteuerlichen hat sie bis zum Tode verspürt, und lange hält sich auch die erstaunliche Gegenwartsbezogenheit ihres Lebens: «denn mich mit Vergangenem beschäftigen ist mir, als wenn man einer Katze das Fell verkehrt streicht».

Selten überläßt sie sich düsteren Stimmungen: «Traurigkeit ist etwas so Schreckliches, ich halte sie mir um jeden Preis fern, so lange es geht.» Zwar schreibt sie 1946 über die Schicksale der Vertriebenen: «Es legt sich einem manchmal wie ein Alpdruck auf.» Doch wenige Zeilen darunter jubelt sie über das warme Frühlingswetter: «Himmlisch!» Die Harmonisierung ihres Daseins und seiner Widersprüche, um die sie sich mit soviel waghalsigem theoretischen Aufwand bemüht hat, erscheint hier als kreatürlicher Ausfluß ihrer Lebensfreude. Selbst mit dem Tod hat sie sich bis fast zuletzt nicht aussöhnen können: «Ich sollte, meinen Jahren nach, mit dem Tode in einem besseren Verhältnis stehen», schreibt sie 1942; «anstatt dessen hafte ich noch fest am Leben und möchte durchaus nicht sterben.» Vielleicht hat sie sich in den Worten, mit denen sich die Titelgestalt ihres 1903 erschienenen Romans *Michael Unger* charakterisiert, selbst ein prophetisches Denkmal gesetzt: «Es fiel ihm ein, gehört zu haben, daß er sich langsam entwickelt habe und lange Kind geblieben sei.»

Die Briefe Ricarda Huchs sind eine Überraschung wie noch alle posthum veröffentlichten Lebenszeugnisse eines großen Autors; doch verblüffen sie nicht mit der Offenbarung von Widersprüchen zwischen Leben und Werk, sondern durch das weit erstaunlichere Fehlen solcher Widersprüche. Dem landläufigen Bild der Autorin widersprechen sie heftig genug, aber nur, weil dies schon keiner Kenntnis ihrer Werke, sondern dem festen Willen der Nachwelt zur Legende entsprang. Zwar hat sich Ricarda Huch in ihren Werken stilisiert wie nur irgendeiner, jedoch nicht indem sie Schwächen verschwieg, von denen etwa ihre Briefe künden könnten, sondern indem sie noch die fragwürdigsten Seiten ihres Lebens zu notwendigen Stufen einer vorbildlichen Entwicklung verklärte. Hierin liegt ihre erstaunliche Modernität: in der radikalen Subjektivität, mit der alles, was sie schrieb, zum persönlichen Bekenntnis wurde, der Selbsterforschung diente und dem grandiosen Versuch, die eigene Person mit ihren Widersprüchen, ihrem Leid und ihrer Schuld zu einem Sinnbild des Menschlichen zu erheben, in dem alle Widersprüche versöhnt, alles Leid gestillt und alle Schuld getilgt sind.

Jens Jessen

ANHANG

EDITORISCHE NOTIZ

Marie Baum hat die vorliegende Briefauswahl zuerst 1955 veröffentlicht; in der zweiten Auflage, 1960, kam ein Anhang von sechzehn Briefen hinzu, die in unserer Ausgabe chronologisch eingeordnet wurden. Neu aufgenommen sind die Briefe an Johanna («Henny») Markus in Frankfurt a. M. Auf ein spontanes Glückwunschschreiben zum 75. Geburtstag Ricarda Huchs entspann sich ein Briefwechsel, der erst mit dem Tode der Dichterin endete. Aus den insgesamt vierundzwanzig Briefen und Karten Ricarda Huchs an Henny Markus werden in unserer Ausgabe zehn erstmals publiziert.

Fortgelassen wurden die Gedichte Ricarda Huchs, die Marie Baum als Motti über die Kapitel gestellt oder an anderer Stelle in den Text gestreut hat; davon unberührt blieben selbstverständlich alle in Briefen mitgeteilten Verse. Ebenso sind die einführenden Texte der Herausgeberin vorsichtig um einige Subjektivismen, Abschweifungen und Bezugnahmen auf seinerzeit noch lebende Personen gekürzt worden; Irrtümer konnten berichtigt werden. Der persönliche Ton dieser Einführungen, Zeugnis einer langjährigen Freundschaft, blieb aber durchweg erhalten. Marie Baum war seit ihrer Bekanntschaft 1893 in Zürich bis zum Tode Ricarda Huchs ihre wichtigste Briefpartnerin, und dieser Vorrang spiegelt sich auch in dem Anteil an sie gerichteter Briefe in diesem Band; allerdings nahm sie nur solche Briefe auf, die nicht schon zuvor in ihrer Biographie *Leuchtende Spur. Das*

Leben Ricarda Huchs (Tübingen 1950) veröffentlicht worden waren.

In ihrer Transskription der Handschriften hat die Herausgeberin charakteristische Eigentümlichkeiten der Orthographie Ricarda Huchs erhalten, ohne sie modernen Gewohnheiten anzupassen oder wechselnde Schreibweisen zu vereinheitlichen. Alle unmittelbar zum Verständnis notwendigen Anmerkungen sind von ihr in eckigen Klammern direkt an die entsprechende Briefstelle gesetzt worden. Diese Praxis wurde beibehalten, manches freilich nachgetragen oder auch berichtigt.

Gänzlich neugestaltet ist der Anhang; hinzugekommen sind eine Zeittafel mit den wichtigsten Daten zu Leben und Werk sowie ein Personen- und Werkregister. Das Personenregister orientiert sich in seiner Anlage an dem Register der Werkausgabe *(Gesammelte Werke, hrsg. von Wilhelm Emrich, Band 11, Köln 1974, S. 731ff.)* und teilt mit ihm einige Schwächen, die beim derzeitigen Stand der biographischen Forschung nicht zu beheben sind. Nicht alle der erwähnten Personen ließen sich identifizieren und nicht immer ihre Lebensdaten ermitteln, doch enthält das Register alle wichtigeren oder mehrmals angeführten Personen, und einige von ihnen werden hier zum erstenmal erfaßt.

Besonderer Dank gebührt dem Enkel Ricarda Huchs, Herrn Professor Alexander Böhm, Mainz, der diese Ausgabe mit Rat und Auskünften unterstützte, und Herrn Gerd de Bruyn, Frankfurt, der auf die Briefe an Johanna Markus aufmerksam machte und auch deren Transskription besorgte.

ZEITTAFEL

1864 Octavia *Ricarda* Huch wird am 18. Juli in Braunschweig als Tochter des Kaufmanns Georg Heinrich *Richard* Octavio Huch und seiner Frau Marie Louise Ferdinandine *Emilie* Huch (geb. Hähn) geboren. Ihr Bruder ist der Dichter Rudolf Huch (1862–1943); die Dichter Friedrich Huch (1873 bis 1913) und Felix Huch (1880–1952) sind Söhne aus zweiter Ehe ihres Onkels William Huch (1817 bis 1888). – Glückliche Kinder- und Jugendjahre in Braunschweig; Besuch einer privaten höheren Mädchenschule, Klavier- und Gesangsunterricht.

1883 Tod der Mutter (geb. 1842). Ricarda verliebt sich unsterblich in ihren Vetter Richard Huch (1850 bis 1912, Sohn aus erster Ehe ihres Onkels William Huch), der seit 1879 mit ihrer fünf Jahre älteren Schwester Lilly (gest. 1947) verheiratet ist (aus dieser Ehe drei Kinder).

1887 Am 1. Januar Übersiedlung zum Studium nach Zürich. Tod des Vaters (geb. 1830). Verkauf des elterlichen Hauses in Braunschweig, aus dessen Erlös Ricarda ihre ersten Studienjahre finanziert.

1888 Erwerb der Hochschulreife; Beginn des Studiums der Neueren Geschichte an der Universität Zürich.

1891 Promotion zum Dr. phil. mit einer Dissertation über «Die Neutralität der Eidgenossenschaft, besonders der Orte Zürich und Bern, während des spanischen Erbfolgekrieges» (gedr. Zürich 1892).

Anstellung als Bibliothekarin an der Stadtbibliothek Zürich.
«Gedichte» (unter dem Pseudonym Richard Hugo; ohne Pseudonym 1894)

1892 Oberlehrerexamen. Anstellung als Deutschlehrerin an einer privaten Mädchenschule.
«Evoë!» Dramatisches Spiel in fünf Aufzügen

1893 Bekanntschaft mit Marie Baum (1874–1964), Studentin der Mathematik und Chemie, mit der sie während ihrer gemeinsamen Zürcher Zeit bald eine enge Freundschaft verbindet, und die bis zu ihrem Tode wichtigste Vertraute und Briefpartnerin bleibt. Verlobung mit dem jungen Basler Dichter Emanuel Zaeslin; bald darauf Entlobung.
«Erinnerungen von Ludolf Ursleu dem Jüngeren»

1894 Anstellung an der städtischen höheren Töchterschule (die «Großmünsterschule») für die Fächer Deutsch und Geschichte. Ende der Bibliothekarstätigkeit.

1896 Übersiedlung nach Bremen, um bei der Gründung eines privaten Mädchengymnasiums mitzuwirken. Wiedersehen mit Richard Huch, Heiratspläne; ihre Schwester Lilly hat überraschend in eine Scheidung eingewilligt.
«Der Mondreigen von Schlaraffis»

1897 Während einer geplanten Reise im Februar nach Paris (wohin Ricarda und Richard umziehen wollten) kommt es in Köln zum Bruch: Richard gesteht, sich von seinen Kindern nicht trennen zu können, und kehrt zu seiner Frau zurück. Ricarda verlobt sich im Sommer mit einem jungen Bremer

(Name und Beruf unbekannt). Im Herbst zieht sie mit Marie Baum zusammen nach Wien; erste Bekanntschaft mit dem dort praktizierenden italienischen Zahnarzt Dr. Ermanno Ceconi (geb. 1870).
«Teufeleien» (ab 1905 unter dem Titel: «Drei Erzählungen»; enthält: «Der Mondreigen von Schlaraffis», «Teufeleien», «Haduvig im Kreuzgang»)

1898 Verlobung mit Ermanno Ceconi; im April Reise nach Florenz zu seiner Familie. Die Ehe wird am 9. Juli in Wien geschlossen. Unmittelbar darauf Übersiedlung nach Triest, wo Ceconi eine Assistentenstelle in einer Zahnarztpraxis angenommen hat.

1899 Am 9. September Geburt der Tochter Marietta («Busi») in Triest.
«Blüthezeit der Romantik» («Die Romantik», Band I); «Fra Celeste und andere Erzählungen» (enthält: «Fra Celeste», «Der arme Heinrich», «Der Weltuntergang», «Die Maiwiese»)

1900 Übersiedlung nach München. Freundschaft mit Karl Wolfskehl; gesellig-distanzierter Verkehr im George-Kreis.

1901 Tod der Großmutter Emilie Hähn (geb. 1811).

1902 Reisen nach Zürich und Wien.
«Ausbreitung und Verfall der Romantik» («Die Romantik», Band II); «Aus der Triumphgasse. Lebensskizzen»

1903 Reise nach Venedig und Ravenna; Besuch bei der Familie Ceconis.
«Vita somnium breve» (ab 1913 unter dem Titel: «Michael Unger»)

1904 Reise nach Rom.
«Gottfried Keller», «Von den Königen und der Krone»

1905 Trennung von Ermanno Ceconi. Wiedersehen mit Richard Huch, der seine Scheidung vorbereitet; die Kinder sind inzwischen erwachsen, und Lilly ist zu einer unverheirateten Tochter nach Berlin gezogen. Ricarda und Richard beschließen die Heirat.
«Seifenblasen. Drei scherzhafte Erzählungen» (enthält: «Lebenslauf des heiligen Wonnebald Pück», «Aus Bimbos Seelenwanderungen», «Das Judengrab»)

1906 Scheidung von Ceconi, der bald darauf eine zweite Ehe mit Lucie Oberwerk (gesch. Cassirer) eingeht. Aufenthalt mit der Tochter Marietta in Zürich.
«Die Verteidigung Roms» («Geschichten von Garibaldi», Band I)

1907 Übersiedlung nach Braunschweig. Am 6. Juli Trauung mit Dr. jur. Richard Huch ebendort.
«Der Kampf um Rom» («Geschichten von Garibaldi», Band II); «Neue Gedichte» (ab 1913 unter dem Titel: «Liebesgedichte»)

1908 *«Das Risorgimento» (ab 1918 unter dem Titel: «Menschen und Schicksale aus dem Risorgimento»)*

1910 Trennung von Richard Huch. (Die genauen Gründe, die dazu führten, sind nicht bekannt: Streitigkeiten und Eifersuchtsanfälle Richards um den Aufenthalt Mariettas im gemeinsamen Haus nahmen zu; kurz zuvor hatte sich Richard in eine junge Geigerin verliebt.)
«Das Leben des Grafen Federigo Confalonieri»; «Der Hahn von Quakenbrück und andere Novellen» (enthält: «Der Hahn von Quakenbrück», «Der Sänger», «Der

neue Heilige»); «Der letzte Sommer. Eine Erzählung in Briefen»

1911 Scheidung von Richard Huch. Übersiedlung nach München. Die Tochter Marietta bleibt im Sommer bei Ceconi (meist in Italien), im Winter bei Ricarda in München.

1912 *«Der große Krieg in Deutschland» (drei Bände, 1912 bis 1914; unter dem Titel «Der Dreißigjährige Krieg» in zwei Bänden, 1929)*

1914 Ermanno Ceconi kehrt bei Kriegsausbruch nach Italien zurück, und Marietta bleibt von nun an endgültig bei der Mutter.
«Natur und Geist als die Wurzel des Lebens und der Kunst» (ab 1922 unter dem Titel: «Vom Wesen des Menschen. Natur und Geist»)

1915 *«Wallenstein. Eine Charakterstudie»*

1916 Ricarda übersiedelt aus gesundheitlichen Gründen in die Schweiz und bleibt mit der Tochter zusammen bis Kriegsende in Bern. Wiedersehen mit Ermanno Ceconi, dessen zweite Ehe inzwischen wieder geschieden war.
«Luthers Glaube. Briefe an einen Freund»

1917 *«Der Fall Deruga»*

1918 Rückkehr nach München. In der Folgezeit jährlich längere Aufenthalte mit der Tochter bei Ceconi in Padua.

1919 *«Der Sinn der Heiligen Schrift»*

1920 *«Alte und neue Gedichte»*

1921 *«Entpersönlichung»*

1923 *«Michael Bakunin und die Anarchie»*

1925 *«Graf Mark und die Prinzessin von Nassau-Usingen.*

Eine tragische Biographie»; «[Freiherr vom] Stein. Der Erwecker des Reichsgedankens»

1926 Am 27. Januar wird Ricarda Huch als erste Frau in die Preußische Akademie der Künste gewählt. Am 20. März heiratet Marietta Huch den Juristen Franz Böhm (1895–1977). Schwere Erkrankung Ermanno Ceconis.

«Der wiederkehrende Christus. Eine groteske Erzählung»

1927 Langer Aufenthalt in Padua am Krankenbett Ceconis; er stirbt am 3. November. Ricarda zieht zu Tochter und Schwiegersohn nach Berlin, wo Franz Böhm als Referent im Reichswirtschaftsministerium tätig ist.

«Im alten Reich. Lebensbilder deutscher Städte»

1929 Am 14. Juni wird der Enkel Alexander («Kander») Böhm geboren (später Professor der Rechte in Mainz), an dem Ricarda besonders hängt und an den sie viele Briefe richtet.

1930 *«Alte und neue Götter (1848). Die Revolution des 19. Jahrhunderts in Deutschland»*

1931 Am 28. August Verleihung des «Goethe-Preises» der Stadt Frankfurt a. M. an Ricarda Huch.

«Deutsche Tradition»

1932 Ricarda zieht mit Tochter und Enkelkind nach Heidelberg, während sich ihr Schwiegersohn in Freiburg habilitiert.

1933 Am 9. April erklärt Ricarda ihren Austritt aus der Preußischen Akademie der Künste, nachdem zuvor Heinrich Mann, Käthe Kollwitz, Alfred Döblin u. a. zum Austritt genötigt wurden und «Säuberungsaktionen» gegen alle «nichtarischen» und politisch «unzuverlässigen» Mitglieder einsetzten.

1934 Übersiedlung nach Freiburg, wo sich Franz Böhm inzwischen habilitiert hat und bald in die politischen Kämpfe zwischen Lehrkörper und nationalsozialistischer Studentenschaft gerät.
«Römisches Reich Deutscher Nation» («Deutsche Geschichte», Band I)

1936 Franz Böhm erhält einen Ruf nach Jena; Übersiedlung der Familie ebendorthin.

1937 Gegen Franz Böhm und seine Schwiegermutter Ricarda Huch wird ein polizeiliches Ermittlungsverfahren wegen Vergehens gegen das Heimtückegesetz eingeleitet.
«Das Zeitalter der Glaubensspaltung» («Deutsche Geschichte», Band II; Band III: «Untergang des Römischen Reiches Deutscher Nation» erscheint erst nach Ricarda Huchs Tod, 1949)

1938 Dienstentlassung Böhms. Ricarda und er haben Kontakt mit Widerständlern wie Goerdeler, Yorck von Wartenburg, Helmut Gollwitzer, Emil Henk u. a., von denen einige später am Attentat vom 20. Juli 1944 teilhaben.
«Frühling in der Schweiz. Jugenderinnerungen»

1942 Reise im Mai nach Zürich zur Feier des fünfzigjährigen Doktorjubiläums.

1943 *«Weiße Nächte. Novelle»*

1944 Zum 80. Geburtstag wird Ricarda die Ehrendoktorwürde der Universität Jena verliehen; ferner der «Wilhelm-Raabe-Preis» der Stadt Braunschweig.
«Herbstfeuer. Gedichte»

1945 Das Kriegsende erlebt Ricarda mit ihrer Tochter in dem Dorf Tautenburg bei Jena. Franz Böhm ist in Begleitung Alexanders einem Ruf an die Universität Freiburg gefolgt, wo er nach Einmarsch der Alliierten Ordinarius wird.

1946 Als Ehrenpräsidentin des Thüringer Kulturbundes wird Ricarda Huch in den neuen Landtag gewählt, den sie am 26. Juni als Alterspräsidentin in Weimar eröffnet. Die Familie bleibt getrennt, da Franz Böhm nach einigen Monaten als hessischer Kultusminister einen Lehrstuhl in Frankfurt a. M. übernimmt und alle Angebote, nach Jena zurückzukehren, aus politischen Gründen ablehnt.
«Neujahrsbetrachtung 1945/46» (in: «Tägliche Rundschau» vom 1. 1. 1946 u. a. Tageszeitungen); «Mein Tagebuch»; «Urphänomene»

1947 Im Frühjahr Reise mit Marietta in die Schweiz, nach Freiburg, Heidelberg und Wiesbaden. Am 4. Oktober eröffnet sie als Ehrenpräsidentin den ersten Deutschen Schriftstellerkongreß in Berlin. Von dort (heimliche) Ausreise in einem britischen Militärzug nach Frankfurt a. M. Am 17. November stirbt sie in Kronberg/Taunus.
«Der falsche Großvater. Erzählung»

WERKVERZEICHNIS

Zu Lebzeiten veröffentlichte Werke werden unter dem Titel der Erstdrucke aufgeführt, nachgelassene und unvollendet gebliebene unter dem Titel, mit dem sie in der Werkausgabe *(Gesammelte Werke, hrsg. v. Wilhelm Emrich, 11 Bde., Köln 1966–1974)* erscheinen. Gedichte sind mit Titel und Anfangszeile, Einleitungen, Vorworte usw. unter dem entsprechenden Buchtitel aufgeführt. Kursive Seitenzahlen verweisen auf vollständig oder teilweise in den Briefen enthaltene Texte.

PERSONENREGISTER

Aufgeführt sind alle wichtigeren oder mehrmals erwähnten Personen mit Namen, Vornamen, Lebensdaten, Titel, Beruf, Stand oder gesellschaftlicher Rolle, soweit diese sich ermitteln ließen. Nicht alle Angaben sind vollständig; fehlendes Todesdatum etwa deutet nicht notwendig auf eine noch lebende Person. Wenn nicht anders angegeben, sind die Personen deutscher Nationalität. Briefempfänger sind mit kursiven Seitenzahlen gekennzeichnet.

ABBILDUNGSVERZEICHNIS

Die Briefe an Anton Kippenberg, Elsbeth Merz, Gertrud Knoop, Leo Merz, Golo Mann, Ulrich Christoffel, Gustav Radbruch und Henny Markus, deren Faksimiles wir auf den Seiten 33–36, 77f., 99–102, 175, 229ff., 279ff., 353f. und 427ff. geben, befinden sich im Besitz des Deutschen Literaturarchivs der Deutschen Schillergesellschaft e. V., Marbach am Neckar, mit deren freundlicher Genehmigung die Reproduktion erfolgte.

INHALT

INHALT